MICHAEL WOLFF

Michael Wolff est écrivain et journaliste. Il collabore régulièrement à *USA Today*, *The Guardian*, *Vanity Fair* et *GQ*. Il a écrit plusieurs ouvrages sur les États-Unis et les médias. *État de siège, Trump seul contre tous* a paru en 2019 chez Robert Laffont et fait suite au premier tome, *Le Feu et la Fureur*, paru en 2018 chez le même éditeur.

ÉTAT DE SIÈGE

DU MÊME AUTEUR
CHEZ POCKET

LE FEU ET LA FUREUR

ÉTAT DE SIÈGE

MICHAEL WOLFF

ÉTAT DE SIÈGE

Trump seul contre tous

Traduit de l'anglais (États-Unis)
par Odile Demange, Laure Joanin
et Pierre Reignier

Robert
Laffont

Titre original :
SIEGE. TRUMP UNDER FIRE

ISBN : 978-2-266-29790-5
Dépôt légal : janvier 2020

À la mémoire de mon père,
Lewis A. Wolff

Préface

Peu après l'investiture de Donald Trump, le quarante-cinquième président des États-Unis, j'ai été autorisé à fréquenter la West Wing[1] où je me suis fait observateur discret. Mon précédent livre, *Le Feu et la Fureur*, rend compte de la désorganisation totale et des drames à répétition – psychodrames plus que drames politiques, s'entend – qui ont caractérisé les sept premiers mois de la présidence Trump. Se révèle alors un chef d'État versatile et confus qui, chaque jour ou presque, donne libre cours à d'étranges fureurs contre le monde entier et en même temps contre son propre entourage. La première période de la Maison Blanche la plus anormale de l'histoire américaine s'achève en août 2017 avec le départ du stratège Stephen K. Bannon et la nomination de John Kelly, général à la retraite, comme chef de cabinet.

Ce nouveau récit retrouve Trump en février 2018, soit au début de la seconde année de son mandat.

1. L'aile ouest de la Maison Blanche. C'est dans la West Wing que se trouvent le Bureau ovale et les bureaux des proches collaborateurs du président. *(Toutes les notes sont des traducteurs.)*

La situation a beaucoup évolué. Aux furies capricieuses du président s'oppose une réponse institutionnelle de plus en plus organisée et résolue. La justice se penche inexorablement sur le cas Trump. De bien des façons, l'ensemble de son administration, Maison Blanche comprise, a commencé à se rebeller. La quasi-totalité des centres de pouvoir et d'influence situés à gauche de l'extrême droite le jugent inapte. Même certains membres de sa propre base électorale le trouvent peu fiable, étourdi, totalement dépassé par les événements. Jamais un président n'avait été la cible d'une telle attaque concertée, et en ayant une capacité si limitée à se défendre.

Ses ennemis le cernent, bien décidés à le faire tomber.

Ma fascination pour ce train fou qu'est Trump, et ma conviction qu'il finira par s'autodétruire, sont partagées, je crois, par la totalité ou presque de ceux qui l'ont côtoyé depuis sa victoire à l'élection présidentielle. Travailler avec lui, c'est être confronté au comportement le plus extrême et le plus déroutant qui se puisse concevoir. Je n'exagère pas. Trump n'est pas seulement différent des autres présidents : il ne ressemble à personne. Du coup, quiconque l'a approché de près se sent obligé d'essayer d'expliquer le phénomène et passe des soirées entières à discuter de ses particularismes invraisemblables. Voilà encore un autre de ses handicaps : tous les gens qui l'entourent, aussi tenus soient-ils par la promesse qu'ils ont faite de se taire, sinon par des engagements de confidentialité signés – ou même par leur amitié pour lui –, ne peuvent s'empêcher de raconter les expériences qu'ils vivent à son contact. En ce sens il est plus exposé, dévoilé, qu'aucun président de l'histoire ne l'a jamais été.

Beaucoup d'employés de la Maison Blanche qui m'ont aidé pendant que j'écrivais *Le Feu et la Fureur* ne travaillent plus pour le gouvernement, mais ils restent très impliqués dans la saga Trump. Je suis reconnaissant de faire partie de ce considérable réseau. Un grand nombre de copains de Trump d'avant la Maison Blanche continuent de l'écouter et de l'épauler, mais, en même temps – c'est une expression de leur inquiétude et de leur incrédulité –, ils parlent entre eux, et autour d'eux aussi, de son caractère, de ses humeurs, de son impulsivité. De manière générale, j'ai remarqué que plus les gens sont proches de lui, plus ils s'interrogent avec appréhension, à certains moments du moins, sur sa santé mentale. Ils se demandent comment cette histoire va se terminer : très mal pour lui, concluent-ils presque tous. C'est sûr, Trump est sans doute un sujet d'étude plus captivant pour les écrivains intéressés par les forces et les défaillances de la nature humaine, que pour la plupart des journalistes et des auteurs habitués à couvrir Washington, qui s'intéressent au premier chef à la quête de pouvoir et à la soif de réussir des politiques.

En écrivant *État de siège*, j'ai voulu avant tout écouter mon intuition et produire un récit digne d'intérêt – c'est sa raison d'être. Mon deuxième objectif a été de rédiger une sorte de chronique en temps réel de cette période extraordinaire de la vie politique des États-Unis, car après les faits il sera peut-être trop tard pour bien la saisir. Troisième objectif, enfin, celui du pur portrait : Donald Trump en tant que personnage américain extrême, presque hallucinatoire, et qui doit assurément servir d'avertissement. Pour faire tout cela, pour mettre les choses en perspective et inclure les voix dont j'avais besoin afin de livrer un tableau complet, j'ai garanti l'anonymat à toutes celles de mes sources qui le demandaient. Lorsque quelqu'un m'a raconté, contre la promesse de ne pas en divulguer l'origine, un événement, une conversation privée, une remarque dont personne n'avait encore parlé, j'ai fait tous les efforts possibles pour confirmer la chose par d'autres sources ou avec des documents. Dans certains cas, j'ai été témoin des événements ou des conversations que j'expose dans ces pages. Concernant l'enquête Mueller, le récit que j'en livre est basé sur des documents internes qui m'ont été communiqués par des proches du bureau du procureur spécial.

Avec mes sources à la Maison Blanche de Trump, j'ai régulièrement été confronté à un ensemble de problèmes bien spécifiques. L'une des conditions requises pour travailler là-bas, c'est qu'il faut, à n'en pas douter, être prêt à rationaliser sans cesse, à délégitimer la vérité et, si nécessaire, à mentir tout net. J'ai découvert que cela pousse certains individus à mentir en public et à dire toute la vérité en privé. Voilà leur étrange pacte avec le diable. Mais l'écrivain qui interviewe de telles sources, capables d'une telle duplicité, est face à un dilemme, car il dépend de gens qui mentent pour dire également la vérité – et qui pourraient ensuite désavouer la vérité qu'ils ont confiée. Et de fait, la nature extraordinaire d'une grande partie de ce qui se passe à la Maison Blanche de Trump est souvent niée par ses porte-parole, tout comme par le président lui-même. À chaque nouvelle aventure de cette administration, néanmoins, le fantastique ridicule dont elle est capable

– et dont elle ne cesse de repousser les limites – se confirme presque toujours.

Dans une atmosphère qui encourage l'hyperbole, et l'exige même fréquemment, le ton sur lequel est dite une chose devient une composante déterminante de sa validité. Par exemple – c'est tout à fait fondamental –, le président, selon un large éventail de personnes qui le côtoient de près, est souvent décrit en termes frappants d'instabilité psychique. « Je n'ai jamais connu un malade mental comme Donald Trump », dit notamment un membre de son équipe qui a passé d'innombrables heures avec lui, et ce genre de jugement a été prononcé devant moi par une douzaine d'autres personnes de son entourage direct. Comment transcrire cela en termes plus classiques ? Comment qualifier cette Maison Blanche si singulière ? Ma stratégie consiste à essayer de montrer et non de dire, de décrire le contexte le plus large possible, de rendre compte de l'expérience vécue, et de faire en sorte que le tableau soit assez réaliste pour que les lecteurs déterminent par eux-mêmes si Donald Trump s'écarte ou non de la norme du comportement humain. C'est un état émotionnel plutôt qu'un état politique qui est au cœur du livre.

1

La cible

Le président prend cette mine dégoûtée qu'on lui connaît si bien, puis agite les mains comme pour repousser un insecte.

« Ne me racontez pas ça, dit-il. Pourquoi vous me racontez ça ? »

Février 2018, un peu plus d'un an après l'investiture. Son avocat personnel, John Dowd, essaie de lui faire comprendre que des procureurs fédéraux s'apprêtent probablement à contraindre la Trump Organization[1] à leur fournir certaines de ses archives.

La réaction de Trump semble moins due aux conséquences possibles d'une telle plongée de la justice dans ses affaires, qu'au seul fait d'être obligé d'en entendre parler. Agacé, il se lance dans une petite diatribe. Le problème, ce n'est pas tant que des gens veuillent sa peau – il sait bien que des tas de gens en ont après lui –, mais que personne ne le défende. Le problème, ce sont les gens de son propre entourage. Surtout ses avocats.

---

1. Nom du conglomérat de Donald Trump et de sa famille, qui regroupe environ cinq cents entreprises et dont le siège se trouve à la Trump Tower à New York.

Il veut que ses avocats lui « facilitent » les choses, un peu comme un chef de la Mafia a ses « facilitateurs » pour aplanir certaines difficultés. Une de ses platitudes préférées de P-DG est : « Ne m'apportez pas des problèmes, apportez-moi des solutions. » Il jauge ses avocats à l'aune de leur capacité à travailler en sous-main, à se livrer à des tours de passe-passe, et leur en veut quand ils sont incapables de faire disparaître les problèmes. Ses problèmes à lui deviennent *leurs* fautes. « Faites disparaître ça » est l'un de ses commandements fréquents. Qu'il répète souvent trois fois de suite : « Faites disparaître ça, faites disparaître ça, faites disparaître ça. »

Le conseiller juridique de la Maison Blanche, Don McGahn – officiellement il représente plutôt la Maison Blanche que le président lui-même, mais c'est une distinction que Trump n'a jamais vraiment saisie –, n'a guère prouvé sa capacité à faire disparaître les problèmes. Son interprétation du bon fonctionnement de l'exécutif dans le respect de la loi va trop souvent à l'encontre des désirs de son patron. Il encaisse donc constamment ses colères et ses invectives.

John Dowd et ses collègues, Ty Cobb et Jay Sekulow – c'est ce trio qui est chargé d'accompagner le président dans ses soucis juridiques personnels –, ont en revanche acquis un vrai savoir-faire pour s'épargner la mauvaise humeur de leur client, laquelle peut souvent se manifester par des attaques personnelles inquiétantes, à peine contrôlées. Ces hommes ont compris que, pour réussir en tant qu'avocat auprès de Donald Trump, il faut dire à Donald Trump ce qu'il veut entendre.

Trump se fait une idée du juriste idéal qui n'a pas grand-chose à voir avec la pratique du droit. Il cite invariablement deux hommes : Roy Cohn, son grand ami, son avocat, le dur à cuire qui a été son mentor autrefois à New York, et Robert Kennedy, le frère de John F. Kennedy. « Il me bassinait sans arrêt avec Roy Cohn et Bobby Kennedy, se souvient Steve Bannon, le stratège politique qui est peut-être plus responsable que quiconque de sa victoire à l'élection présidentielle. Il répétait ça : "Roy Cohn et Bobby Kennedy ! Ils sont où, mes Roy Cohn et Bobby Kennedy ?" » Pour son profit et l'édification de sa propre légende, Cohn a inventé ce mythe auquel Trump continue de croire : avec assez de tchatche et de poigne, il est toujours possible de truquer le système. Bobby Kennedy était l'avocat et l'homme de main de son frère ; il protégeait JFK et œuvrait dans les coulisses du pouvoir pour le bénéfice de toute la famille.

C'est un thème récurrent chez Trump : être plus fort que le système. « Je suis le mec qui n'a pas de comptes à rendre », se vantait-il souvent devant ses amis lorsqu'il habitait encore à New York.

En même temps, il ne veut pas entrer dans les détails. Il veut juste que ses avocats lui assurent qu'il va gagner. « On est champions, non ? C'est ça que je veux savoir. C'est *tout* ce que je veux savoir. Si on n'est pas champions, c'est que vous avez merdé ! » crie-t-il un après-midi à certains membres de son équipe juridique.

Dès le début de la présidence Trump, il a été très difficile de trouver de brillants avocats qui acceptent de se charger de ce qui a pourtant toujours été l'une des missions les plus prestigieuses dont puisse rêver un juriste : représenter le président des États-Unis. Pressenti pour le poste, un spécialiste des affaires de criminalité en col blanc, très en vue à Washington, a présenté au président élu une liste de vingt problèmes qui devraient être immédiatement abordés s'il acceptait cette charge : Trump a refusé d'en prendre ne serait-ce qu'un en considération. Plus d'une douzaine de grands cabinets d'avocats ont poliment décliné la proposition qui leur était faite de s'occuper de ses affaires. Au bout du compte, il s'est retrouvé avec un groupe disparate de juristes solo sans le poids et les ressources des gros cabinets. Aujourd'hui, treize mois après son investiture, il est confronté à des difficultés juridiques personnelles au moins aussi graves que celles qu'ont pu connaître Richard Nixon et Bill Clinton, et il remet cela à une équipe dont on ne peut guère affirmer qu'elle soit de toute première catégorie. Mais il paraît ne pas avoir conscience de cette fragilité. Poussant toujours plus haut le curseur de son déni face aux menaces qui le cernent, il peut même rationaliser la chose avec une certaine jovialité : « Si j'avais de bons avocats, j'aurais l'air coupable. »

John Dowd, 77 ans, a fait une longue et belle carrière d'homme de loi, en partie au gouvernement, en partie dans des cabinets de Washington. Mais cela, c'est le passé. Il est indépendant maintenant, et il ne demande pas mieux que de ne pas prendre sa retraite. Il sait l'importance, ne serait-ce que pour préserver sa propre position dans le cercle des défenseurs de Trump, de comprendre les attentes de son client. Il est contraint d'acquiescer à l'opinion que se fait le président de l'enquête sur les liens entre sa campagne électorale et l'État russe : cette enquête ne l'atteindra pas. Et dans cette optique, comme les autres membres de l'équipe juridique, il recommande de coopérer avec le procureur spécial Mueller.

« Je ne suis pas visé, on est d'accord ? » leur demande sans cesse Trump.

Il ne pose pas la question à la légère. Il insiste pour obtenir une réponse et, plus encore, une confirmation : « Monsieur le président, vous n'êtes pas visé. » Au début de son mandat, c'est cette assurance-là qu'il a réclamée à James Comey, le directeur du FBI. Et dans ce qui restera comme l'une des décisions marquantes de sa présidence, il l'a débarqué de son poste en mai 2017 en partie parce qu'il jugeait sa réponse trop peu enthousiaste, et supposait par conséquent qu'il complotait contre lui.

Le fait que le président, précisément, soit visé – il faudrait vraiment vivre dans un monde féerique pour ne pas le voir comme *la* cible de l'enquête Mueller – ne semble pas pouvoir affecter, comme s'il relevait justement d'une réalité parallèle, son besoin impérieux et optimiste de croire qu'il n'est pas visé.

« Trump m'a bien rentré ça dans le crâne, a dit un jour Ty Cobb à Steve Bannon. Même si ça va mal, ça va super bien. »

Trump s'imagine, avec une confiance presque surnaturelle, et que rien ne peut saper, qu'il aura directement des nouvelles du procureur spécial dans un avenir très proche. Voilà : Mueller va lui envoyer un courrier pour s'excuser et expliquer qu'aucun reproche ne peut être fait au président des États-Unis.

« Où est ma putain de lettre ?! » ne cesse-t-il de réclamer.

Le grand jury[1] constitué par le procureur spécial Robert Mueller se réunit les jeudi et vendredi à la cour fédérale de district de Washington. Ses travaux ont lieu au quatrième étage d'un bâtiment administratif situé au numéro 333 de Constitution Avenue. Il siège dans une pièce tout à fait banale, qui ressemble moins à une salle d'audience de tribunal qu'à une salle de classe, où les procureurs se tiennent debout à un pupitre tandis que les témoins convoqués s'assoient à un petit bureau. Parmi les grands jurés, on trouve plus de femmes que d'hommes, plus de Blancs que de Noirs, et la moyenne d'âge est assez élevée. Ils montrent tous beaucoup de concentration et de sérieux. Ils écoutent les débats avec une « attention un peu effrayante, comme s'ils savaient déjà tout », dit un témoin.

Trois catégories de personnes sont susceptibles d'être convoquées devant un grand jury. Il y a d'abord les « témoins de faits » : les personnes dont les procureurs pensent qu'elles détiennent des informations sur l'une ou l'autre des investigations en cours. Deuxième catégorie, les « sujets » sont les individus considérés par les procureurs comme ayant un rapport direct, personnel, avec le crime sur lequel porte l'enquête. Enfin, plus inquiétant encore, il y a les « cibles » : ces individus-là sont convoqués parce que les procureurs veulent convaincre le grand jury de les inculper. Les témoins deviennent souvent des sujets, et les sujets des cibles.

---

1. Aux États-Unis, le grand jury (composé de 12 à 23 citoyens tirés au sort) décide en fonction des éléments et des témoignages qui lui sont présentés s'il y a lieu d'organiser un procès contre la ou les personnes visées par les enquêtes des procureurs.

Au début de l'année 2018, l'équipe de Mueller et son grand jury gardent si bien le secret sur leurs travaux qu'aucun employé de la Maison Blanche ne peut plus vraiment se fier à ses collègues. Impossible de savoir qui est quoi. Ou qui raconte quoi à qui. Tous ceux, sans exception, qui travaillent pour le président ou l'un de ses plus proches conseillers sont susceptibles de parler au procureur spécial. L'omerta pèse particulièrement sur la West Wing. Personne ne sait, et personne ne dit, qui crache le morceau.

Presque tous les membres importants de la Maison Blanche – l'éventail des conseillers directement en contact avec le président – ont pris un avocat. Depuis les tout premiers jours de cette administration à vrai dire, le passé juridique très embrouillé de Trump, et son insouciance criante face à ce problème, jettent une ombre sur ceux qui travaillent avec lui. Certains responsables apprenaient encore à se repérer dans le labyrinthe de la West Wing qu'ils se cherchaient déjà un avocat.

En février 2017, quelques petites semaines après l'investiture et peu après que le FBI a commencé à soulever certaines questions sur Michael Flynn, le conseiller à la sécurité nationale, Reince Priebus, chef de cabinet de la Maison Blanche, entre dans le bureau de Steve Bannon et annonce : « Je vais te rendre un grand service. Donne-moi ta carte de crédit. Ne me demande pas pourquoi et donne-la-moi, c'est tout. Tu me remercieras toute ta vie. »

Bannon ouvre son portefeuille, confie à Priebus sa carte American Express. Le chef de cabinet revient peu après et lui rend la carte en disant : « Maintenant, tu as une protection juridique. »

Au fil de l'année qui suit, Bannon, qui a été convoqué comme témoin des faits, consacre des centaines d'heures, avec ses avocats, à préparer ses témoignages devant le procureur spécial et devant le Congrès. De leur côté, ses avocats empilent les heures d'entretien avec l'équipe de Mueller et les juristes des différentes commissions du Congrès concernées. La facture des frais de justice de Bannon s'élèvera fin 2017 à 2 millions de dollars.

Tous les avocats donnent à leurs clients de la Maison Blanche le même conseil sans équivoque : ne parlez à personne, de crainte d'avoir ensuite à témoigner au sujet de ce que vous avez dit. Très rapidement, donc, l'obsession permanente des hauts responsables de la Maison Blanche de Trump est d'en savoir le moins possible. C'est le monde à l'envers : alors que se trouver « dans la pièce », comme on dit à Washington, est traditionnellement une marque de prestige, le statut le plus convoité, il s'agit désormais de se tenir à l'écart des réunions. Il faut éviter d'assister à certaines conversations ; il faut éviter d'*être vu* assistant à certaines conversations – en tout cas si l'on a un minimum de jugeote. Clairement, personne n'est l'ami de personne. Il est impossible de savoir où tel collègue se situe par rapport à l'enquête et, du coup, dans quelle mesure ce collègue risque de témoigner au sujet des uns ou des autres – vous-même, par exemple – et de faire de sa coopération avec le procureur spécial, pour sauver sa peau, un argument de négociation (autrement dit, de se retourner contre son camp).

La Maison Blanche, presque tous ceux qui y travaillent en prennent très vite conscience – cela devient même une raison de ne pas vouloir y travailler –, est le théâtre d'une enquête criminelle de longue haleine, et qui risque de prendre tout le monde dans ses filets.

Hope Hicks, la directrice de la communication de la Maison Blanche, est la grande détentrice des secrets de la campagne, de la transition entre la victoire et l'investiture, puis de toute la première année de la présidence Trump. Elle a été témoin de presque tout. Elle a vu ce que le président a vu ; elle sait ce que le président, un homme incapable de refréner son incessant monologue, sait.

Le 27 février 2018, alors qu'elle témoigne devant la commission du renseignement de la Chambre des représentants (elle a déjà été entendue par le procureur spécial), ses interrogateurs la pressent de dire s'il lui est jamais arrivé de mentir pour le président. Peut-être une professionnelle de la communication plus aguerrie saurait-elle se sortir de cette ornière. Hicks n'a guère d'expérience sinon d'avoir été la porte-parole de Donald Trump pendant la campagne, ce qui signifie qu'elle a souvent dû essuyer son mépris de la vérité et de la réalité. Elle se lance alors, comme soudainement affranchie de tout cadre moral, dans une analyse de l'importance relative des mensonges de son patron. Puis elle admet avoir parfois eu recours à des « mensonges pieux », comme si c'était moins grave que de mentir franco. Cet aveu entraîne une interruption de séance de près de vingt minutes afin que ses avocats s'entretiennent avec elle : ils ont très peur de ce qu'elle risque encore d'admettre et se demandent où pourrait les conduire la déconstruction des incessantes culbutes verbales du président.

Peu après, un autre témoin du grand jury de Mueller s'entend demander jusqu'où Hope Hicks serait selon lui susceptible d'aller, en matière de mensonges, pour le président. Il répond : « Je pense que dans son rôle de "béni-oui-oui" de Trump, elle ferait à peu près n'importe quoi. Mais elle ne prendra quand même pas une balle pour lui. » Cette affirmation peut se comprendre à la fois comme un compliment équivoque et comme une estimation du degré de loyauté – pas très élevé sans doute – en vigueur à la Maison Blanche de Trump.

Il ne serait pas faux de dire qu'aucun membre ou presque de l'administration Trump n'a les qualités habituellement requises pour le poste qu'il occupe. Mais à l'exception peut-être du président lui-même, qui, mieux que Hicks, aura su incarner cette Maison Blanche débutante et ignorante ? Elle n'a aucune expérience réelle des médias ou de la politique, et elle n'a pas le caractère trempé par des années de travail sous haute tension. Toujours vêtue de jupes plutôt courtes que Trump affectionne beaucoup, elle paraît constamment égarée. Trump l'apprécie non pas parce qu'elle aurait le moindre savoir-faire politique pour le protéger, mais pour sa malléabilité et son obéissance. Le boulot de Hicks, c'est de se consacrer à lui à cent pour cent.

« Dans la discussion, commencez par lui donner une image positive de lui-même », conseille-t-elle à ceux qui s'apprêtent à rencontrer le président. Elle sait comme il a constamment besoin de s'affirmer ; elle connaît son incapacité presque totale à parler d'autre chose que de lui-même. Son caractère docile et l'attention qu'elle porte à Trump l'ont placée, à l'âge de 29 ans, à la tête de la communication de la Maison Blanche. Et dans la pratique, c'est elle le véritable chef de cabinet. Trump ne veut pas que son administration soit gérée par des professionnels ; à tous les postes, il veut des gens qui s'occupent de lui et lui donnent satisfaction.

Hope Hicks, qu'il surnomme affectueusement « Hope-y » (prononcer « hope-iiii »), est pour le président un rempart et un baume. Souvent, il manifeste aussi envers elle une curiosité fortement teintée de concupiscence. Au travail, même à la Maison Blanche, Trump préfère toujours ce qui relève du domaine privé. « Qui baise Hope ? » exige-t-il de savoir. La question intéresse aussi son fils, Don Jr., qui proclame régulièrement son intention de « niquer Hope ». Ivanka, la fille du président, et son époux Jared Kushner, tous deux conseillers de la Maison Blanche, ont des attentions plus tendres envers Hicks ; ils essaient même de lui suggérer de bons partis.

Mais la jeune femme, sans doute parce qu'elle a compris la nature insulaire du monde trumpien, ne fréquente qu'à l'intérieur de celui-ci et y choisit les plus mauvais bonshommes : Corey Lewandowski, l'ex-directeur de campagne, pendant la campagne, puis Rob Porter, un assistant du président à la Maison Blanche. Lorsque cette seconde relation se confirme à l'automne 2017, ceux qui savent – preuve d'appartenance au noyau dur trumpien – veillent à cacher la chose à leur très possessif président. Ou pas : certains, conscients que Trump n'appréciera guère de savoir Porter en couple avec Hicks, se montrent tout sauf discrets sur le sujet.

Dans l'ambiance d'hostilité de tous envers tous qui règne à la Maison Blanche de Trump, Rob Porter est sans doute le personnage qui inspire le plus d'antipathie, excepté peut-être le président lui-même. Porter a une tête d'homme des années 1950, à la mâchoire carrée et au sourire parfait, que l'on aurait pu voir dans la réclame d'une marque de brillantine, mais en réalité il incarne jusqu'à la caricature le traître et le perfide de service : s'il ne vous a pas encore poignardé dans le dos, vous êtes obligé de reconnaître qu'il vous considère vraiment comme un moins-que-rien. C'est aussi un lèche-cul. « Porter, c'est Eddie Haskell », dit Bannon en référence à un personnage hypocrite et fayot d'une très vieille série de la télé américaine, *Leave It to Beaver*. Lorsque John Kelly devient chef de cabinet de la Maison Blanche fin juillet 2017, Porter lui fait bon accueil, tout en le dézinguant auprès du président. À en croire les avis qu'il profère sur ses éminentes responsabilités au sein de la Maison Blanche – et sur les postes de tout premier plan, veille-t-il à faire savoir autour de lui, que lui a promis le président pour l'avenir –, le gouvernement et le pays reposent entièrement sur ses épaules.

À tout juste 40 ans, Porter a déjà deux ex-femmes très amères à son égard, dont une au moins qu'il a battue, et qu'il a toutes les deux tellement souvent trompées que c'en est devenu un sujet de conversation rebattu dans Washington. Avant Trump, lorsqu'il travaillait pour un sénateur du Congrès américain, une aventure adultère avec une stagiaire lui a coûté son poste. Lorsque sa petite amie, Samantha Dravis, emménage avec lui à l'été 2017, elle ignore qu'il couche déjà avec Hicks. « Je t'ai trompée parce que tu n'es pas assez séduisante », dira-t-il plus tard à Dravis.

En violation totale (et peut-être illégale) du protocole, Porter se procure le pré-rapport d'approbation du FBI le concernant, et y découvre les déclarations de ses ex-épouses qui, sans le nommer, le désignent clairement. Craignant que cela ne l'empêche d'obtenir son habilitation de sécurité, il enrôle Dravis pour l'aider à apaiser ses relations avec les deux femmes.

Lewandowski, ancien compagnon de Hicks, apprenant qu'elle fréquente Porter, se met au travail pour faire éclater l'affaire au grand jour et lance des paparazzis sur les traces de Hicks. Si le passé de mari abusif de Porter ne remontait que lentement à la surface avec l'enquête du FBI, la campagne de Lewandowski contre Hicks sape brutalement les efforts pour dissimuler les péchés de Porter.

À l'automne 2017, Dravis entend parler de la rumeur propagée par Lewandowski sur la liaison de Hicks et Porter. Après avoir trouvé le numéro de téléphone de Hicks – sous un nom d'homme – dans les contacts de Porter, elle l'oblige à avouer. Porter fiche promptement Dravis à la porte de chez lui. Contrainte de se réinstaller chez ses parents, elle entreprend à son tour de se venger : elle parle des problèmes d'habilitation de sécurité de Porter à qui veut l'écouter, y compris à certains membres de l'équipe juridique de la Maison Blanche à qui elle affirme qu'il est protégé au plus haut niveau. Puis, avec Lewandowski, elle fait fuiter la liaison Hicks-Porter au *Daily Mail* qui publie un article sur le sujet le 1er février 2018.

Coup d'épée dans l'eau. Comme les deux ex-femmes de Porter, Dravis est scandalisée de découvrir que l'article du *Daily Mail* donne en fait une bonne image de l'homme qui l'a trahie : il forme avec Hicks un *power couple* des plus glamour ! Porter appelle Dravis pour se moquer d'elle : « Tu as cru m'avoir ! » Dravis et ses ex-femmes révèlent alors publiquement les violences qu'il leur a fait subir. Sa première femme dit qu'il l'a battue à coups de poing et à coups de pied ; elle publie une photographie la montrant avec un œil au beurre noir. Sa seconde épouse informe les médias qu'elle a obtenu une ordonnance restrictive d'urgence contre lui.

La Maison Blanche, ou en tout cas John Kelly (et probablement Hicks), connaissait nombre de ces allégations. Et les avait efficacement dissimulées. « En général on a suffisamment de gens compétents, quand il s'agit de pourvoir les postes de la Maison Blanche, pour écarter les maris abusifs. Mais sous l'ère Trump, il n'est pas possible de trop faire la fine bouche », commente un républicain qui connaît Porter. Le scandale qui éclate à cause de Porter et de sa troublante histoire de sale type répugnant et violent agace Trump – « Il pue la mauvaise presse » – et affaiblit encore un peu plus Kelly. Le 7 février 2018, après que ses deux ex-femmes ont donné des interviews à CNN, Porter démissionne.

Hicks, qui est toujours très discrète – Donald Trump valorise les collaborateurs qui ne lui volent pas la vedette auprès des médias –, voit soudain sa vie amoureuse passée au crible par la presse internationale. Sa liaison avec un Rob Porter discrédité met en relief son étrange relation avec le président et sa famille, ainsi que la gestion confuse, les troubles relationnels et, de manière plus générale, le manque de sens politique de la cour de Trump.

Mais cette histoire, curieusement, n'est que le moindre des problèmes de Hicks. Il vaudrait peut-être même mieux pour elle qu'elle profite du scandale Porter pour dire adieu à la Maison Blanche, sans attendre l'affaire qui, d'après presque tout le monde à la West Wing, va véritablement l'obliger à prendre la porte.

Le 27 février 2018, Jonathan Swan, un journaliste d'*Axios*, le webzine des connaisseurs de Washington – un canal de choix pour les fuites de la présidence –, rapporte que Josh Raffel quitte la Maison Blanche. Raffel est entré là-bas en avril 2017 en tant que porte-parole exclusif du gendre du président, Jared Kushner, et de sa femme Ivanka : une nomination tout à fait inédite pour la Maison Blanche, dans la mesure où elle signifiait que deux de ses membres influents préféraient se passer de son équipe de communication. Raffel, qui est démocrate comme Kushner, a travaillé auparavant pour Hiltzik Strategies, une société de relations publiques new-yorkaise qui a géré l'image de la marque de vêtements d'Ivanka. Mais elle est peut-être surtout connue pour avoir longtemps représenté le producteur de cinéma Harvey Weinstein, rattrapé à l'automne 2017 par un monumental scandale de harcèlement, d'abus sexuels et de tentatives de dissimulation.

Hope Hicks, qui a elle aussi travaillé chez Hiltzik, a eu le même genre de poste que Raffel à la Maison Blanche, au début, mais à un niveau plus élevé : elle était la porte-parole personnelle du président. Et en septembre 2017, elle est promue directrice de la communication de la Maison Blanche, avec Raffel pour numéro deux.

Le problème date de l'été 2017. En juillet, Hicks et Raffel sont tous deux à bord d'Air Force One au moment où les médias révèlent que Donald Trump Jr. a rencontré à la Trump Tower, pendant la campagne, des intermédiaires du gouvernement russe ayant dans leur besace des informations susceptibles de salir la réputation de Hillary Clinton. Dans l'avion présidentiel qui les ramène aux États-Unis après le sommet du G20 en Allemagne, Hicks et Raffel aident le président à mettre au point un récit pour l'essentiel mensonger sur la rencontre de la Trump Tower. Ils deviennent donc parties prenantes de l'opération de dissimulation.

Alors que Raffel est à la Maison Blanche depuis un peu plus de neuf mois, l'article d'*Axios* précise que son départ était en discussion depuis plusieurs mois. C'est inexact. Son départ est abrupt.

Le lendemain, tout aussi abruptement, Hope Hicks, la personne la plus proche du président à la Maison Blanche, démissionne elle aussi.

La seule collaboratrice de Trump qui en sait peut-être plus que n'importe qui sur les arcanes de sa campagne électorale et sur son administration s'en va du jour au lendemain. Il est raisonnable de supposer, et c'est la source de l'inquiétude profonde qui prévaut à la Maison Blanche, que Hicks et Raffel, à la fois acteurs et témoins des efforts entrepris par le président pour cacher les détails de la rencontre de son fils et de son gendre avec les Russes, sont « sujets » ou même « cibles » du grand jury de Mueller – ou pis, qu'ils ont déjà négocié un accord avec le procureur spécial.

Le président, qui chante encore publiquement les louanges de Hicks, n'essaie pas de la dissuader de partir. Dans les semaines à venir, il se morfondra de son absence : « Où est ma Hope-y ? » Néanmoins, dès qu'il entend dire qu'elle s'est peut-être mise à table devant Mueller, il la lâche complètement et entreprend, récrivant le passé comme il sait le faire, de la discréditer et de nier l'importance qu'elle a pu avoir pendant la campagne et à la Maison Blanche.

Du point de vue de Trump, en tout état de cause, le cas Hope Hicks a quelque chose de rassurant : même si elle a longtemps été au cœur de sa campagne et de sa présidence, son rôle n'a réellement consisté, au fond, qu'à lui faire plaisir. Il est bien improbable qu'elle puisse se faire l'agent de stratégies téméraires et de conspirations judiciaires d'envergure contre lui. L'entourage de Donald Trump ne se compose jamais que de seconds couteaux.

John Dowd rechigne peut-être à donner de mauvaises nouvelles à son client, mais il comprend très bien le danger que peut représenter un procureur appliqué et consciencieux disposant de ressources quasi illimitées. Plus une équipe déterminée de barbouzes du FBI sonde, scanne et inspecte, plus elle a de chances de dénicher petits délits fortuits et grands crimes réfléchis. Plus les recherches sont étendues et fouillées, plus l'issue devient inévitable. Le cas Donald Trump – une longue histoire de faillites, de magouilles financières et d'associations douteuses, accompagnée du plus grand sentiment d'impunité de sa part – offre assurément aux procureurs une abondance, presque un trop-plein, de pistes et de découvertes.

De son côté, pourtant, Trump semble encore penser que son instinct et son talent font largement le poids face au travail minutieux et aux ressources du département de la Justice des États-Unis. Il estime même que le caractère exhaustif du travail des enquêteurs doit jouer en sa faveur. « Aucun intérêt. Tout le monde s'y perd, dit-il avec dédain au sujet des rapports sur l'enquête que lui présentent Dowd et d'autres. Impossible de rien comprendre là-dedans. Aucune accroche. »

L'un des nombreux aspects étranges de la présidence de Trump, c'est qu'il ne considère pas qu'être président – avoir les responsabilités du président, être exposé au monde en tant que président – le change beaucoup par rapport à sa vie d'avant. Au cours de sa longue carrière, il a essuyé un nombre colossal d'enquêtes sur sa personne et ses affaires. Pendant quarante-cinq ans, il a été en procès presque sans arrêt pour toutes sortes de litiges. Trump est un battant, un bagarreur effronté et agressif, et il a su se dépêtrer de problèmes qui auraient ruiné un joueur moins solide, moins malin que lui. C'est le cœur de sa stratégie : ce qui ne me tue pas me rend plus fort. Il a souvent pris des coups, mais il n'a jamais été envoyé au tapis.

« Faut savoir jouer, explique-t-il dans l'un de ses fréquents monologues sur sa propre supériorité (et la stupidité de tout le monde). Je joue bien. Mieux que personne peut-être. Vraiment, je suis peut-être le meilleur. Je crois que je suis le meilleur. Je suis très bon. Très tranquille. La plupart des gens ont peur qu'il arrive le pire. Mais le pire n'arrive pas, sauf si vous êtes stupide. Et je ne suis pas stupide. »

Dans les semaines qui suivent le premier anniversaire de son mandat, et alors que l'enquête russe se poursuit depuis déjà huit mois, Trump continue de considérer le travail d'investigation du procureur spécial Mueller comme l'affrontement de deux volontés.

Il ne le voit pas comme une guerre d'attrition : une opération d'affaiblissement et de décrédibilisation graduelle d'une cible que l'on soumet à un examen soutenu et à une pression croissante. Non, il voit un problème à évacuer, une manœuvre fallacieuse de l'administration judiciaire qui prête le flanc à ses attaques. Il a confiance. Il est sûr de pouvoir convaincre le monde, avec son bagout, que cette « chasse aux sorcières », souvent tweetée de sa main en majuscules, n'est qu'une attaque de ses adversaires politiques.

Il continue de s'agacer contre ceux qui s'efforcent de le persuader de jouer le jeu selon les règles ordinaires de Washington – élaborer un système de défense discipliné, négocier, essayer de réduire la casse – au lieu de faire les choses à sa façon. Nombre de personnes de son entourage sont déconcertées. Mais elles sont plus soucieuses encore de constater que plus Trump s'indigne et se sent personnellement insulté par l'enquête Mueller, plus il est persuadé d'être innocent.

À la fin du mois de février 2018, en plus d'avoir fait inculper un groupe de ressortissants russes par le grand jury, pour des activités illégales liées aux efforts de Moscou visant à influencer les élections américaines, Mueller a fait de belles prises dans l'entourage de Trump. Parmi ceux qui ont été inculpés ou ont plaidé coupable pour divers forfaits, on trouve son ancien directeur de campagne Paul Manafort, son ancien conseiller à la sécurité nationale Michael Flynn, l'enthousiaste et serviable conseiller junior George Papadopoulos, et l'associé en affaires de Manafort et directeur adjoint de la campagne Rick Gates. Cette succession de coups juridiques peut être vue, de façon classique, comme une manœuvre d'approche méthodique, pas à pas, de la porte du président. Ou bien, du point de vue du camp de Trump, elle peut être considérée comme une rafle parmi les opportunistes et les parasites qui ont toujours collé aux basques du grand homme.

Douter de l'utilité des « parasites » de Trump revient à souligner leur utilité : ils peuvent être chassés et désavoués à tout moment, comme cela arrive d'ailleurs vite et bien dès qu'un problème survient. Les trumpistes épinglés par Mueller sont tous requalifiés par les proches de Trump : ce sont des poseurs, des gens insignifiants, le président ne les a jamais rencontrés personnellement, ne se souvient pas d'eux, ne voit pas qui ils sont ou n'a eu que des relations très superficielles avec eux. « Je connais M. Manafort ; il y a longtemps que je ne lui ai pas parlé, mais je le connais », déclare Trump, l'air hautain, jouant une fois de plus la scène « C'est qui celui-là ? » de son script personnel.

La difficulté pour démontrer qu'il y a conspiration (en l'occurrence conspiration avec le gouvernement russe), c'est de prouver l'intention qu'il y a derrière, le but délictueux. Plusieurs membres du premier cercle présidentiel jugent que Trump lui-même, la Trump Organization, et par extension la campagne Trump, ont toujours fonctionné d'une façon tellement bordélique, à la six-quatre-deux, sans ligne directrice, que le but délictueux serait bien difficile à définir. Qui plus est, il est tellement évident qu'un grand nombre des parasites de Trump sont des joueurs médiocres, qu'à l'intention de nuire, la défense pourrait sans difficulté opposer l'argument de la stupidité pure et simple.

Dans l'entourage de Trump, beaucoup sont d'accord avec lui : ils croient que quelles que soient les décisions *imbéciles* qui ont pu être prises par des trumpistes *imbéciles*, l'enquête russe est à la fois trop absconse et trop insignifiante pour tenir durablement la route. En même temps, beaucoup, et peut-être tous, sont persuadés en privé qu'une vraie plongée dans le passé financier du boss – ou même, d'ailleurs, un examen superficiel de celui-ci – révélerait un trésor d'infractions évidentes et, sans doute, une carrière entière bâtie sur la corruption.

Il n'est guère surprenant, par conséquent, que Trump s'efforce depuis le début de l'enquête du procureur spécial de tracer une ligne à ne pas franchir devant les finances de la famille Trump, et menace sans ambages Mueller s'il se risquait à aller dans cette direction. L'hypothèse qui gouverne le comportement du président, c'est que le procureur spécial a peur de lui et sait très bien jusqu'où et comment il peut éprouver sa patience. Trump est persuadé qu'il est tout à fait possible de faire comprendre à l'équipe Mueller – soit à grand renfort de clins d'œil, soit par l'intimidation pure et simple – quelles sont les limites à ne pas dépasser.

« Ils savent qu'ils ne peuvent pas m'avoir, dit-il à l'un des correspondants qu'il a régulièrement au téléphone le soir. Parce que je n'ai jamais été mêlé à tout ça. Je ne suis pas visé. Il n'y a rien. Je ne suis pas visé. Ils me l'ont dit, je ne suis pas visé. Et ils savent ce qui arriverait s'ils me prenaient pour cible. On se comprend tous. »

Livres et journaux qui se penchent sur les quarante-cinq années de Trump dans le monde des affaires regorgent de récits de ses transactions louches. Son arrivée à la Maison Blanche n'a pas seulement contribué à mettre celles-ci en relief : elle en a fait ressortir de plus juteuses encore. L'immobilier est sur toute la planète la devise de prédilection des blanchisseurs d'argent, et les montages immobiliers de catégorie B de Donald Trump – qu'il vend sans vergogne, bien sûr, comme du triple A – sont assez explicitement organisés pour séduire les blanchisseurs d'argent. Qui plus est, les propres soucis financiers de Trump, et ses efforts désespérés pour entretenir son mode de vie très coûteux, son image de milliardaire à qui tout réussit et sa viabilité sur le marché, l'ont sans cesse obligé à se livrer à des combines peu subtiles. Au volet de l'ironie suprême, il faut noter que Jared Kushner, quand il était étudiant en droit (et avant qu'il ne rencontre Ivanka), a relevé, pour un article qu'il a écrit sur un certain contrat immobilier, de possibles accusations de fraudes contre la Trump Organization ; c'est un sujet qui fait aujourd'hui beaucoup rire certaines de ses connaissances de l'époque. En pratique, comme l'enquête Mueller semble le découvrir, Trump s'est toujours caché en pleine lumière.

En novembre 2004, par exemple, Jeffrey Epstein, le financier qui sera plus tard emporté dans un scandale de prostituées mineures, accepte d'acheter une propriété en faillite et mise en vente depuis deux ans, située à Palm Beach en Floride, pour la somme de 36 millions de dollars. Epstein et Trump sont très bons amis – frères playboys, à vrai dire – depuis plus de dix ans. Trump demande souvent de l'aide à Epstein pour mettre un semblant d'ordre dans le chaos de ses finances. Peu après avoir négocié le contrat de la maison de Palm

Beach, Epstein emmène Trump la visiter car il veut des conseils sur certains problèmes de terrassement posés par le déplacement de la piscine. Puis, alors qu'il se prépare à finaliser l'achat de la propriété, il découvre que Trump, qui est pourtant sévèrement à court de liquidités à ce moment-là, l'a devancé en mettant 41 millions sur la table par le biais d'une entité baptisée Trump Properties LLC et financée à cent pour cent par la Deutsche Bank (laquelle aurait déjà dans ses tiroirs un nombre conséquent de prêts douteux accordés à la Trump Organization et à Trump lui-même).

Trump, Epstein le sait, prête son nom à des affaires immobilières : contre de substantiels honoraires, il s'offre comme façade pour masquer les véritables acteurs de certaines transactions. (D'une certaine façon, c'est une variation sur le modèle de base du système Trump qui consiste à louer l'affichage de son nom sur des biens commerciaux possédés par d'autres.) Epstein, furieux et persuadé que Trump se contente de faire écran devant l'acquéreur réel de la propriété, menace de révéler la vérité sur cette vente qui s'attire une importante couverture médiatique en Floride. La discorde devient plus amère encore lorsque, peu après, Trump remet la maison en vente pour 125 millions de dollars.

Mais si Epstein connaît certains secrets de Trump, ce dernier sait aussi deux ou trois choses au sujet d'Epstein. Ils se sont souvent rencontrés à la propriété qu'Epstein possède lui-même à Palm Beach, et où il reçoit presque tous les jours, depuis des années, des filles qu'il paie pour des massages et davantage – des filles recrutées dans des restaurants, des clubs de strip-tease de la région, et même chez Trump à Mar-a-Lago[1] ! Alors que le conflit s'envenime entre les deux amis, Epstein découvre que la police de Palm Beach mène une enquête sur son compte. Ensuite, pendant que les problèmes juridiques d'Epstein s'accumulent, la maison du litige, alors qu'elle n'a eu droit qu'à des rénovations mineures, est achetée 96 millions de dollars par Dmitri Rybolovlev, un oligarque qui fait à ce moment-là partie de l'entourage de Poutine. (Il ne s'installera jamais dans la propriété.) Trump a miraculeusement empoché 55 millions de dollars sans avoir lui-même déboursé un sou. Ou, plus probable, il a touché une enveloppe pour avoir masqué le véritable premier acquéreur, un fantôme à qui Rybolovlev a sans doute viré de l'argent pour des raisons qui n'ont aucun rapport avec la valeur de la maison. Ou bien il est possible que le véritable premier acquéreur et le véritable second acquéreur ne soient qu'une seule et même personne. Rybolovlev pourrait, de fait, avoir racheté lui-même la maison qu'il avait déjà achetée, blanchissant dans l'opération 55 millions supplémentaires.

Tel est le monde de l'immobilier selon Donald Trump.

C'est à croire qu'il pratique l'autohypnose : Jared Kushner a acquis une capacité remarquable à dissimuler le profond agacement que lui inspire son beau-père. Il demeure impassible, parfois même statufié, quand Trump déraille et déblatère, pique des crises de colère,

1. Mar-a-Lago est un hôtel et site historique national, situé à Palm Beach, que Trump a racheté en 1985. Une partie du domaine est réservée à son usage personnel.

propose des politiques ou des stratégies parfaitement crétines. Courtisan d'une cour insensée, Kushner possède un calme et un sang-froid angoissants. Mais il est très inquiet. Il lui paraît aussi sidérant qu'absurde que cette pudique assertion – « Vous n'êtes pas visé, monsieur le président » – suffise à réconforter son beau-père.

Kushner comprend au contraire très bien que Trump est visé par tout un carquois de flèches empoisonnées dont chacune est susceptible de le tuer : l'affaire de l'obstruction à la justice ; l'affaire de la connivence avec les Russes ; tout examen attentif de ses finances (une histoire louche qui dure depuis des décennies) ; le problème toujours prêt à ressurgir de ses relations avec les femmes ; la perspective d'une déroute aux élections de mi-mandat et la menace d'une procédure de destitution si les résultats ne sont pas favorables aux républicains ; les valses-hésitations du Parti républicain qui pourrait à tout moment se retourner contre lui ; les nombreux hauts responsables de l'administration qui ont été débarqués (Kushner lui-même a contribué à pousser nombre d'entre eux dehors) et risquent de témoigner contre lui. Rien qu'au mois de mars 2018, Gary Cohn, le directeur du Conseil économique national, Rex Tillerson, le secrétaire d'État, et Andrew McCabe, le directeur adjoint du FBI, ont été écartés du gouvernement. Et ces trois hommes méprisent de tout leur cœur Donald Trump.

Mais le président n'est guère d'humeur à écouter les sages conseils de son gendre. Et Kushner, qui n'a jamais réellement gagné la confiance de son beau-père – il faut dire que celui-ci ne fait confiance à *personne* (excepté, probablement, à sa fille Ivanka) –, se trouve désormais du mauvais côté de la ligne rouge de la loyauté telle que Trump la conçoit.

En tant que membre de la famille engagé dans des intrigues de cour tellement brutales qu'en d'autres époques elles auraient pu se traduire par des meurtres, Kushner a semblé jusqu'à maintenant l'emporter sur ses rivaux de la Maison Blanche. Mais Trump finit par en vouloir aux gens qui travaillent pour lui, tout comme eux s'aigrissent à son contact. C'est une constante, pour cet homme, notamment parce qu'il en arrive presque toujours à croire que son staff s'engraisse à ses dépens. Il est convaincu que tout le monde est cupide, et que tôt ou tard les uns et les autres s'en prennent à ses biens. À présent, il semble de plus en plus persuadé que Jared Kushner n'est qu'un membre du personnel comme un autre, qui s'efforce de profiter de lui.

Trump a récemment appris qu'un important fonds d'investissement, Apollo Global Management, dirigé par le financier Leon Black, a offert 184 millions de dollars de financement à Kushner Companies, le groupe immobilier de la famille Kushner, géré et développé par Jared quand son père, Charlie, était en prison il y a une douzaine d'années.

C'est une situation troublante à de multiples niveaux, et qui fragilise Kushner en soulevant une fois de plus des questions sur les conflits d'intérêts entre ses affaires privées et son rôle à la Maison Blanche. Pendant la transition, entre la victoire de Trump et l'investiture, Kushner a offert à Marc Rowan, le cofondateur d'Apollo, le poste de directeur du Bureau de la gestion et du budget. Rowan a commencé par accepter, pour ensuite se désister lorsque Leon Black, le président d'Apollo, s'est interrogé sur ce qu'il serait nécessaire de dévoiler publiquement, pour cette nomination, des investissements de Rowan et des activités du fonds.

Mais le président se fiche de cet aspect des choses : ce qu'il voit, ce qui retient furieusement son attention, c'est que jamais Apollo n'a proposé ses services à la Trump Organization. Une compagnie immobilière de moyenne catégorie comme la sienne est constamment obligée de chercher de nouveaux financements. Aujourd'hui, semble-t-il, et ce n'est pas pour lui plaire, Apollo soutient les Kushner pour l'unique raison qu'ils ont des liens avec la Maison Blanche. La petite machine, dans la tête de Trump, qui se demande sans cesse qui cherche à profiter de qui, et estime que tout lui est dû puisqu'il crée les circonstances dans lesquelles il est permis à tant de gens de s'en donner à cœur joie, le tient assurément éveillé la nuit.

« Tu crois que je ne sais pas ce qui se passe ? ricane-t-il un jour devant sa fille, l'une des rares personnes au monde qu'il s'efforce de traiter avec bienveillance. *Tu crois que je ne sais pas ce qui se passe ?* »

Les Kushner se sont rempli les poches. Et lui ?

La fille du président défend son époux. Elle parle des incroyables sacrifices que Jared et elle ont faits en venant à Washington. Et à quoi bon ? « Nos vies sont détruites », dit-elle. C'est un peu mélodramatique, mais il y a du vrai dans ce constat. L'ex-jeune couple étincelant de la bonne société new-yorkaise est aujourd'hui la risée des médias. Et menacé par les tribunaux pour diverses affaires.

Amis et conseillers lui murmurant depuis plus d'un an que sa fille et son gendre sont responsables du chaos qui règne à la Maison Blanche, Trump se convainc de nouveau qu'ils n'auraient jamais dû venir. Récrivant le passé comme il sait le faire, il raconte à plusieurs de ses correspondants téléphoniques du soir qu'il a *toujours* jugé qu'ils n'avaient pas leur place dans son administration. Ivanka a beau réclamer, il refuse d'intervenir pour régler le problème de l'habilitation de sécurité de son gendre. Le FBI continue de retarder la délivrance de cette habilitation à Kushner, alors que le président a le pouvoir de l'approuver d'un trait de stylo, lui répète Ivanka avec amertume. Hors de question : Trump laisse son gendre dans l'expectative.

Kushner fait néanmoins preuve d'une patience et d'une détermination surhumaines. Il attend son heure. La grande difficulté, pour qui chuchote à l'oreille de Trump, est de réussir à capter son attention. Car on ne peut jamais compter sur cet homme pour mener une conversation à peu près normale, basée sur des échanges de points de vue raisonnablement cohérents. En revanche, le sport et les femmes sont des sujets sur lesquels on peut se reposer : là il s'anime tout de suite. Tout ce qui a trait à la trahison ou au manque de loyauté des uns ou des autres l'intéresse aussi. Et les conspirations. Et l'argent – l'argent, toujours.

L'avocat de Kushner, Abbe Lowell, un m'as-tu-vu célèbre dans le monde du droit criminel de Washington, se prévaut d'être en permanence informé – c'est avec cela qu'il gère les attentes de ses clients – des toutes dernières rumeurs sur les stratégies et les ruses que les procureurs fédéraux se préparent à sortir de leur chapeau. La vraie force d'un avocat très en vue n'est peut-être pas son adresse en salle d'audience, mais ses renseignements de coulisses.

Confirmant ce que John Dowd, l'avocat du président, a déjà appris, Lowell annonce à Kushner que les procureurs sont sur le point d'aggraver sérieusement la menace qui pèse sur Trump et sa famille. Si cette nouvelle n'a pas dissuadé Dowd de prendre le président dans le sens du poil, Kushner, armé des informations que lui fournit Lowell, n'hésite pas à parler à son beau-père de ce nouveau front qui s'est ouvert dans la guerre judiciaire engagée contre lui. Et le 15 mars, effectivement, la nouvelle tombe que le procureur spécial Mueller a délivré à la Trump Organization une assignation contraignant à fournir des documents. Une très grande quantité de documents. Couvrant de nombreuses années.

Kushner avertit Trump que l'enquête est aussi sur le point de déborder du bureau de Mueller (dont l'ordre de mission porte sur l'affaire de l'entente supposée entre l'équipe Trump et les Russes), pour intéresser le district Sud de New York[1], c'est-à-dire le bureau du procureur fédéral de Manhattan, qui lui n'a aucune obligation de se cantonner à l'enquête russe. Cette manœuvre du procureur spécial a pour but de contourner la limite qui lui a été imposée, mais elle montre aussi comment son équipe s'efforce de court-circuiter d'avance toute tentative du président d'interrompre ou d'écourter l'enquête. En déplaçant des pans entiers de ses investigations vers le district Sud, explique en substance Kushner à Trump, Mueller s'arrange pour

1. Raccourci américain de cour de district des États-Unis pour le district Sud de New York, qui est un tribunal de première instance du système judiciaire fédéral. L'État de New York compte quatre de ces tribunaux, pour quatre districts (Nord, Sud, Est, Ouest).

que les enquêtes visant le président continuent même si lui, le procureur spécial, devait sauter. Mueller joue avec habileté, et protège ses fesses, tout en suivant des procédures précises : alors même qu'il se concentre sur le cadre bien délimité de son enquête, il en détache les informations relatives à d'autres crimes éventuels pour les confier à diverses juridictions toutes enthousiastes à l'idée de se mettre en chasse.

Mais il y a pire, dit Kushner à Trump.

Le district Sud a jadis été dirigé par Rudy Giuliani, un véritable ami de Trump et l'ancien maire de New York. Dans les années 1980, lorsque Giuliani était procureur fédéral (et lorsque James Comey, curieusement, travaillait pour lui), le district Sud est devenu la principale chambre d'accusation de l'État fédéral contre la Mafia et contre Wall Street. Giuliani a été l'un des premiers à se prévaloir d'une interprétation draconienne (et inconstitutionnelle, d'après un certain nombre de gens) de la loi RICO (Racketeer Influenced and Corrupt Organizations) contre la pègre. Puis il s'est appuyé sur la même interprétation des textes pour s'attaquer à la haute finance : en 1990, la menace d'une mise en accusation RICO, qui permet au gouvernement fédéral de saisir des biens presque sans aucune limite, a fait tomber la banque d'investissement Drexel Burnham Lambert.

Le district Sud inquiète Trump depuis longtemps. Après sa victoire à l'élection présidentielle, il a voulu rencontrer Preet Bharara, le procureur fédéral de cette cour : une décision très malencontreuse dont l'image auprès du public a beaucoup inquiété tous ses conseillers, y compris Don McGahn et Jeff Sessions qui allait devenir procureur général[1] des États-Unis. (Cette rencontre a aussi annoncé celle que Trump devait bientôt avoir avec Comey, le patron du FBI, pour tenter d'obtenir son allégeance en lui promettant en retour la sécurité de l'emploi.) Quoi qu'il en soit, sa discussion avec Bharara n'a pas été satisfaisante : le procureur fédéral a refusé de se prêter à son jeu. Peu après, il a même refusé de simplement le prendre au téléphone. En mars 2017, Trump l'a limogé.

Aujourd'hui, même privé de Bharara, explique Kushner, le district Sud essaie d'aborder la Trump Organization comme une entreprise mafieuse. Il va utiliser contre elle les dispositions de la loi RICO, et s'attaquer au président comme s'il était un baron de la drogue, un parrain de la Camorra. Kushner précise, histoire de bien enfoncer le clou, que les conglomérats n'ont pas la possibilité de se réfugier derrière le cinquième amendement qui autorise une personne à ne pas témoigner contre elle-même, et que le président ne peut pas gracier un conglomérat. En outre, tous les biens utilisés lors d'un crime, ou tirés de la perpétration d'un crime, peuvent être saisis par la justice.

En d'autres termes, parmi les plus de cinq cents compagnies et entités distinctes dans lesquelles Donald Trump a pu officier jusqu'à ce qu'il devienne président, beaucoup risquent d'être confisquées par la justice. Et l'une des victimes potentielles d'une telle procédure de confiscation pourrait être le fleuron de l'empire

1. Le procureur général, qui dirige le département de la Justice, est à peu près l'homologue du ministre de la Justice en France. Mais lui et son second, le procureur général adjoint, sont deux personnages plus indépendants et par conséquent plus puissants.

immobilier du président : le gouvernement risque de saisir la Trump Tower.

À la mi-mars 2018, un témoin qui possède une très grande connaissance des activités de la Trump Organization prend le train de Washington pour se présenter devant le grand jury de Mueller. Accueilli à Union Station par le FBI, il est conduit directement à la cour de district fédérale. De 10 heures à 17 heures, deux procureurs de l'équipe Mueller, Aaron Zelinsky et Jeannie Rhee, épluchent avec lui, entre autres sujets abordés, la structure de la Trump Organization.

Les procureurs interrogent le témoin sur les personnes qui parlent régulièrement à Trump, la fréquence de leurs rencontres avec lui, et les objets de leurs discussions. Ils veulent aussi savoir comment ces rencontres avec Trump sont organisées, et où elles ont lieu. Le témoin livre de nombreuses informations utiles, dont un fait particulièrement saillant : tous les chèques émis par la Trump Organization sont signés par Donald Trump lui-même.

Les activités de la Trump Organization à Atlantic City, la ville balnéaire du New Jersey réputée pour ses casinos, intéressent aussi particulièrement les procureurs ce jour-là. Le témoin est interrogé sur les relations qu'entretient Trump avec certains membres de la Mafia connus de la justice : on ne lui demande pas si Trump a ou non des relations avec eux, mais quelle est la nature précise de ces relations dont les procureurs savent déjà qu'elles existent. Les procureurs veulent aussi des informations sur la Trump Tower de Moscou, un projet que Trump cherche à faire aboutir depuis de nombreuses années – qu'il a défendu, à vrai dire, jusque tard dans la campagne présidentielle de 2016 –, sans succès.

Michael Cohen, l'avocat personnel de Trump, qui travaille pour la Trump Organization, est un autre personnage important. Les procureurs interrogent le témoin sur la déception que ressent Cohen, supposent-ils, du fait qu'il n'a pas été convié à entrer dans l'équipe du président à la Maison Blanche. Ils semblent essayer de jauger la rancœur que l'avocat est susceptible de nourrir contre Trump. Le témoin en déduit qu'ils veulent estimer l'emprise qu'ils pourraient avoir sur Cohen s'ils essayaient de le retourner contre le président.

Zelinsky et Rhee veulent des réponses sur Jared Kushner. Et sur Hope Hicks.

Ils se plongent enfin dans la vie privée du président. Trompe-t-il souvent sa femme ? Avec qui ? Comment les rendez-vous galants sont-ils organisés ? Quels sont ses goûts en matière de sexualité ?

Mueller et son grand jury recueillent petit à petit jusqu'aux moindres détails de la longue histoire de la perfidie professionnelle et personnelle de Trump.

À la fin de la journée, le témoin quitte le grand jury choqué. Moins par ce que les procureurs ont voulu savoir que par ce qu'ils savaient déjà.

Lorsque arrive la troisième semaine de mars, Jared Kushner a enfin toute l'attention de son beau-père. « Ils peuvent non seulement vous chasser de la Maison Blanche, affirme-t-il, mais ils peuvent aussi vous ruiner. »

Nerveux et très mécontent, Trump insiste auprès de Dowd pour être rassuré, et lui reproche les propos rassurants qu'il a lui-même fréquemment exigé d'entendre par le passé. Dowd tient bon : il croit encore que la bataille n'en est qu'à ses débuts et que Mueller est à la pêche aux informations.

Mais Trump est à bout de patience. Il décide que Dowd est un imbécile et doit retourner à cette retraite ennuyeuse à laquelle il l'a arraché. Réticent, Dowd plaide pour sa propre cause et assure au président qu'il peut encore lui apporter une aide précieuse. En vain. Le 22 mars, il doit démissionner. Un ex-trumpiste plein d'amertume de plus lâché dans la nature.

2

Une présidentielle bis

Le jour où John Dowd est débarqué de la Maison Blanche, Steve Bannon, assis à la table de sa salle à manger, s'efforce de prévenir une nouvelle menace contre la présidence Trump. Cette fois il ne s'agit pas d'un procureur implacable, mais d'une base électorale trahie. Il s'agit du Mur qui ne vient pas.

Les maisons mitoyennes du quartier de Capitol Hill à Washington, anciennes propriétés de la classe moyenne construites au XIXe siècle, sont souvent exiguës, tout en hauteur et biscornues – un modeste rez-de-chaussée au-dessus d'un entresol bas de plafond, un salon en mouchoir de poche, des petites chambres. Nombre d'entre elles abritent les bureaux de groupes militants et d'organisations qui n'ont pas les moyens de piocher dans l'immense parc de bureaux standardisés de Washington. Certaines servent en même temps de logement aux dirigeants de ces organisations. Beaucoup, aussi, accueillent des microentreprises ou des activités plus ou moins excentriques qui incarnent souvent des espoirs, des rêves et des chamboulements sociaux à venir. C'est à l'« Ambassade », dans A Street – une maison datant de 1890 qui abritait auparavant Breitbart

News, le site d'information piloté par Bannon –, que vit et travaille cet homme depuis son exil de la Maison Blanche en août 2017. Elle tient à la fois de l'antre, du club d'étudiants et de la redoute paramilitaire. On y trouve de la littérature conspirationniste. Divers jeunes gens sous-employés et à la mine grave, qui se rêvent en miliciens, squattent les marches du perron.

La jovialité et l'expansivité de Bannon contrastent de façon frappante avec l'atmosphère générale sombre, un peu louche, de l'Ambassade. Car si Bannon n'est plus à la Maison Blanche, son bannissement semble l'électriser. Peut-être avec l'aide du café, voire d'autre chose.

Au cours des dernières semaines, il a travaillé à installer ses alliés – les individus qu'il avait choisis pour sa première liste de propositions, avant l'investiture – à des postes clés de l'administration Trump. Mike Pompeo est depuis peu secrétaire d'État, John Bolton doit bientôt devenir conseiller à la sécurité nationale, Larry Kudlow a été nommé directeur du Conseil économique national. Les deux principaux conseillers politiques du président sont Corey Lewandowski et David Bossie, des alliés de Bannon eux aussi, sinon des complices, qui travaillent à l'extérieur de la Maison Blanche et passent fréquemment à l'Ambassade. Nombre des intervenants qui défendent jour après jour la Maison Blanche de Trump sur les chaînes de télévision sont des agents de Bannon qui prêchent sa parole autant que celle du président. Qui plus est, ses ennemis à la Maison Blanche s'en vont les uns après les autres, y compris Hope Hicks, le conseiller à la sécurité nationale H. R. McMaster, et divers membres du cercle de plus en plus réduit des soutiens du gendre et de la fille du président.

Bannon est souvent en déplacement. Il va en Europe où il rencontre des groupes de la droite populiste en pleine ascension. Ici et là, aux États-Unis, il discute avec des patrons de fonds d'investissement qui s'arrachent les cheveux pour comprendre la variable Trump. Il essaie aussi, chaque fois qu'il en a l'occasion, de convaincre les libéraux[1] qu'ils doivent à leur tour s'engager sur la voie du populisme.

Au début de l'année 2018, notamment, il se rend à Cambridge, Massachusetts, pour rencontrer Larry Summers qui a été secrétaire du Trésor sous Bill Clinton, directeur du Conseil économique national sous Barack Obama et, pendant un temps, président de l'Université de Harvard. La femme de Summers refusant de laisser entrer Bannon chez eux, la discussion a lieu à Harvard. Summers a une barbe de deux jours et porte une chemise à laquelle il manque un bouton ou deux. Bannon a son accoutrement habituel : deux chemises l'une par-dessus l'autre, un pantalon cargo et une parka de chasseur. « On aurait dit deux Asperger », commente un témoin de la réunion.

« Vous rendez-vous compte, nom de Dieu, de ce que votre putain de copain est en train de faire ? s'écrie Summers à propos de Trump et de son gouvernement. Vous allez foutre le pays par terre, bordel !

1. Aux États-Unis, le « libéralisme » met plutôt l'accent sur la liberté individuelle et l'égalité des droits (tandis que le libéralisme européen renvoie davantage à l'économie de marché). La politique américaine contemporaine se divise entre libéraux et conservateurs, les libéraux étant en gros « de gauche » et/ou « progressistes ».

— Vous autres, l'élite démocrate, vous ne vous préoccupez que des extrêmes, réplique Bannon. Les gens riches ou les gens pauvres.

— Votre baragouin sur le commerce va faire plonger le monde dans la dépression, explose Summers.

— Et vous, vous avez exporté les emplois américains vers la Chine ! » assène un Bannon ravi – il adore les joutes verbales avec des membres de l'establishment.

Bannon est un facilitateur, une éminence grise, un faiseur de rois sans portefeuille. Il se voit en tout cas comme tel. Comme une version un peu trash de Clark Clifford, ce conseiller politique et homme d'influence discret des années 1960 et 1970. Ou comme une sorte d'oxymore : le sage d'une frange extrême du monde politique. Ou comme le chef d'un gouvernement auxiliaire. Ou bien peut-être est-il quelque chose de réellement unique, un homme hors norme, car jamais semblable personnage, il est vrai, n'a joué un rôle aussi central dans la vie politique nationale américaine, ou ne l'a tant affolée. Quant à Trump, avec des amis comme Bannon, qui a besoin d'ennemis ?

Les deux hommes sont peut-être essentiels l'un à l'autre, cela ne les empêche pas de se honnir et de se ridiculiser mutuellement. L'analyse que Bannon ne cesse de dérouler en public sur la nature déconcertante du personnage Trump – ses aspects comiques, ses côtés pathétiques, son comportement de tonton cinglé –, sans parler de ses diatribes indiscrètes sur les inepties de la famille Trump, ne peuvent que lui aliéner toujours plus le président. Et pourtant, alors que les deux hommes ne se parlent plus, chacun est suspendu à la parole de l'autre et chacun tient désespérément à savoir ce que l'autre dit de lui.

Quel que soit le sentiment que Trump puisse inspirer à Bannon selon les moments – son humeur oscille entre exaspération et fureur, entre dégoût et incrédulité –, il reste persuadé que personne, dans le monde politique américain, ne peut égaler le sens du spectacle (version fête foraine) de Donald Trump. Oui, cet homme a ramené le *sens du spectacle* dans la politique américaine – adieu les intellos, les raseurs – et, en un mot, il connaît son public. En même temps, il est incapable de suivre la moindre ligne directrice. Chaque pas qu'il fait dans la bonne direction, dans n'importe quelle direction, est menacé, aussitôt après, par une vilaine embardée. Comme chez beaucoup de grands acteurs, son côté profondément autodestructeur est toujours en conflit avec son puissant instinct de conservation. Dans son entourage, certains font confiance au second pour l'emporter sur le premier. D'autres, prêts à toutes les frustrations et à tous les efforts, comprennent à quel point il a besoin d'être accompagné, guidé par des mains invisibles – où *invisibles* est le mot clé.

Personne ne lui disant de s'arrêter, Bannon continue, invisible donc, de conduire les affaires du président depuis la salle à manger de son « Ambassade » d'A Street.

Cet après-midi-là, le Congrès a voté avec une facilité étonnante l'*appropriations bill*, la loi de financement pour le gouvernement fédéral, qui est d'un montant de 1 300 milliards de dollars pour 2018. « McConnell, Ryan, Schumer et Pelosi, explique Bannon à propos des leaders républicains et démocrates du Congrès.

Dans un moment singulier de noble unanimité politique, ils ont réussi à duper Trump. »

Cet événement législatif a été rendu possible grâce à l'indifférence de Trump et à un effort concerté de toutes les parties concernées. La plupart des présidents ne demandent pas mieux que de se plonger dans les complexités des processus budgétaires. Trump ne s'y intéresse pas du tout, ou si peu. Un leadership commun de républicains et de démocrates, soutenu par les équipes budgétaires et législatives de la Maison Blanche, a donc pris l'affaire en main et réussi à voter une énorme loi qui fait l'impasse sur le financement de l'objet fétiche de Trump, le sacro-saint Mur, ce monument de plus de trois mille kilomètres censé longer d'un bout à l'autre la frontière entre les États-Unis et le Mexique. À la place, cette loi alloue simplement 1,6 milliard de dollars à la sécurisation de la frontière. Le texte adopté est à peu près le même, à vrai dire, que celui qui a été avancé fin septembre 2017 sans financement du Mur. Au cours de l'automne, Trump a accepté que le Congrès, contrôlé par les républicains, vote pour prolonger cette loi budgétaire de septembre. Mais la *prochaine* fois qu'elle allait être étudiée, a-t-il menacé, le Mur devrait être financé, *impérativement*, ou bien ce serait le *shutdown* – l'ensemble de l'administration fédérale serait mise à l'arrêt par manque de fonds.

Même les plus fervents trumpistes du Congrès semblent plutôt contents de ne pas devoir laisser leur peau sur le champ de bataille du financement du Mur, puisque cela signifierait devoir défendre, ou à tout le moins tolérer, cet événement toujours politiquement très risqué qu'est le shutdown. Trump aussi, à sa façon, semble comprendre que le Mur est plus un mythe qu'une réalité, plus un slogan qu'un véritable programme. Le Mur peut toujours être remis à demain.

Mais en vérité, qu'a-t-il *réellement* compris, le président, à toute cette histoire ? Ce n'est pas très clair. « On a le budget, dit-il en privé à son gendre à la fin des négociations budgétaires de mars. On a le Mur. Complètement. »

Le 21 mars 2018, un mercredi, la veille du dernier vote sur la loi de finances, Paul Ryan, président de la Chambre des représentants, vient à la Maison Blanche afin de recevoir la bénédiction présidentielle pour le projet.

Trump tweete peu après : « Déjà $1,6 milliard pour entamer le Mur à la frontière sud. Et le reste de l'argent arrive. »

La Maison Blanche a demandé 25 milliards de dollars pour le Mur, à l'origine, tandis que les estimations les plus élevées chiffrent son coût autour de 70 milliards. Quoi qu'il en soit, le milliard six de budget prévu par la loi de finances n'est pas tant destiné au Mur qu'à l'amélioration des mesures de sécurité à la frontière.

À l'approche du vote ultime, un accord tacite semble avoir été trouvé qui satisfait toutes les parties concernées, au Congrès comme dans les différents organes du gouvernement. Trump lui-même – ou son appréciable manque d'attention – paraît le soutenir. L'idée maîtresse de cet accord est simple : quelle que soit leur couleur politique, les membres du Congrès ne feront pas voler en éclats le processus budgétaire en cours pour le Mur.

En outre, certains républicains comme Paul Ryan – avec l'approbation de soutiens financiers du parti tels que Paul Singer et Charles Koch – ne demandent pas mieux que de revenir autant que possible, à petits pas, sur la ligne dure de la politique et des discours de Trump en matière d'immigration. Ryan et d'autres ont mis au point une méthode assez simple pour atteindre ce genre d'objectif : acquiescer à tout ce que dit le président, puis l'ignorer aussitôt après. Ils savent qu'avec cet homme il y a d'un côté les bavardages enthousiastes, dont il se délecte, et de l'autre les mesures concrètes à mettre en œuvre, dont il se désintéresse.

Ce mercredi, Trump passe plusieurs coups de fil pour vanter les mérites de tous ceux qui ont travaillé sur la loi. Le lendemain matin, au cours d'une conférence de presse télévisée sur le vote, Ryan déclare : « Le président soutient cette loi. On ne peut pas dire les choses autrement. »

Voilà : deux réalités parallèles. Le Mur est la manifestation la plus concrète qui soit de la politique, du comportement, des croyances et de la personnalité de Trump. En même temps, le Mur oblige chaque personnalité du camp républicain à faire preuve de bon sens, de prudence fiscale et de flexibilité politique.

Au-delà de son prix insensé et de la difficulté à le faire sortir de terre, le Mur supposerait, pour devenir réalité, que les républicains s'engagent dans une bataille potentiellement très dangereuse. Un shutdown gouvernemental entraînerait une confrontation aux enjeux considérables entre le monde trumpien et le monde non trumpien. Cet événement, s'il devait se produire, serait aussi spectaculaire que l'élection de 2016.

Si les démocrates voulaient exacerber les tensions entre les républicains et eux-mêmes, et s'ils cherchaient à offrir à l'Amérique une nouvelle illustration, peut-être l'illustration la plus frappante de toutes, de Trump dans ce qu'il peut avoir d'extrême, un shutdown à cause du Mur serait plutôt bienvenu. Si les républicains voulaient faire oublier Trump-le-barbare et mettre en avant, par exemple, la loi fiscale tout récemment adoptée par le Congrès, un shutdown gouvernemental les priverait tout net de cette possibilité.

Totalement à l'insu de Trump, la Maison Blanche travaille d'arrache-pied pour que la loi de finances soit adoptée et qu'il n'y ait pas de shutdown. Le vice-président, Mike Pence, apporte à Trump l'assurance qui lui a déjà été donnée plusieurs mois auparavant, quand le budget voté a écarté le financement du Mur : cette loi de finances contient le versement d'une « provision » pour ledit Mur. Trump, à qui ce terme de comptabilité semble évoquer quelque plan de financement obligataire, est satisfait ; il le répète même avec enthousiasme autour de lui. Marc Short, le directeur du Bureau des questions législatives, chargé des relations avec le Congrès, et Mick Mulvaney, le directeur du Bureau de la gestion et du budget, se présentent ensemble dans la salle de presse de la Maison Blanche, ce jeudi-là, et éloignent le débat du Mur pour parler de l'armée. « Cette loi contient la plus forte augmentation annuelle du budget de la Défense depuis la Seconde Guerre mondiale, dit Mulvaney. Elle apporte aussi aux hommes et aux femmes de nos forces armées la plus forte augmentation de salaire qu'on ait vue depuis dix ans. »

Mais cette tentative de diversion de la base trumpienne à coups de banalités échoue totalement. Chez les cadres, les inconditionnels du Mur insistent pour obtenir gain de cause. Et Bannon, à l'Ambassade, est ravi de leur servir de général.

Quelques minutes à peine après l'adoption de la loi budgétaire le 22 mars, il commence à passer des coups de fil. Il exhorte les plus fervents soutiens de Trump à « mettre le feu ». L'effet est presque immédiat : Trump, qui ne se doute de rien, commence à entendre les protestations furieuses d'un grand nombre de représentants et de sénateurs de sa base.

Bannon comprend bien ce qui anime Trump. Pas les détails. Pas les faits tels qu'ils sont. Mais si Trump a l'impression qu'on lui prend quelque chose qui a de la valeur, il est aussitôt sur le qui-vive. S'il a peur de perdre, il réagit au quart de tour. Réagir au quart de tour est même à vrai dire son unique mode de fonctionnement. « Ce n'est pas qu'il ait besoin d'un triomphe durable, dit Bannon, méditatif. Il a besoin de gagner *tout de suite*. Dans l'instant. Ensuite il laisse dériver. »

Pour la ligne dure de ses soutiens, il s'agit de revenir à un thème dominant, fondamental, du trumpisme : il est constamment nécessaire de rappeler à Trump à quel camp il appartient. En organisant son mouvement de protestation massive avec la base électorale du président, Bannon ne perd pas le sens de la réalité trumpienne : « Il n'y aura tout simplement pas de Mur, jamais, si Trump n'est pas obligé de payer le prix politique d'une absence de Mur. »

Si la construction du Mur n'est pas engagée d'ici les élections de mi-mandat en novembre, Trump passera pour un menteur ou, pis, pour un faible. Le Mur *doit* devenir réalité. L'absence du Mur dans la loi de finances dit donc bien ce qu'elle semble dire : Trump est complètement à l'ouest. Le message le plus efficace de ce président, l'argument massif de sa rhétorique – oui au rejet total, avec agressivité maximale, des immigrants illégaux – a été mis de côté.

Et cela s'est passé sans qu'il s'en rende compte.

Le soir du 22 mars, la parade des présentateurs de Fox News – Tucker Carlson, Laura Ingraham, Sean Hannity – martèle le message : trahison.

La bataille est engagée. La direction républicaine au Capitole et le petit groupe de ses riches soutiens financiers gardent la tête froide. Les réalités politiques, ils connaissent. Ils restent pragmatiques face à la perspective de dépenser des dizaines de milliards d'argent public pour le Mur, et n'imaginent pas une seconde, bien sûr, que le Mexique puisse payer ce projet. En face d'eux se dressent les experts de Fox News, *la* chaîne de télévision pro-Trump : vertueux et inflexibles, ils prônent un retour à la véritable émotion du trumpisme.

Le président se métamorphose par convulsions successives au fil de la soirée. Car les trois experts de Fox lui assènent plusieurs décharges électriques d'intensité croissante. Trump a trahi le mouvement. Ou pis, Trump a été dupé par plus malin que lui. Et Trump, au téléphone, rugit alors de douleur et de fureur. La victime, c'est lui ! Il n'a personne dans son camp ! Il ne peut faire confiance à personne ! La direction de son parti au Congrès : contre lui ! La Maison Blanche elle-même : contre lui ! Trahison ? C'est lui, *lui*, que presque tout le monde à la Maison Blanche a trahi !

Le lendemain matin c'est encore pire. Dans l'émission *Fox & Friends*, Pete Hegseth, le plus obséquieux des fans de Trump sur Fox, semble presque au bord des larmes face à la traîtrise de son idole.

Alors, presque en même temps que retentissent les lamentations de Hegseth, Trump change tout à coup son fusil d'épaule et tweete, à la sidération générale, qu'il envisage d'opposer son véto à la loi de finances. Cette même loi que, vingt-quatre heures auparavant, il soutenait haut et fort.

Le vendredi matin, il descend de la résidence présidentielle et entre dans le Bureau ovale dans un tel état de fureur que, pendant quelques instants, il est complètement décoiffé. À la stupeur de tous les témoins de la scène, c'est un Donald Trump presque chauve qui se tient devant eux.

Le revirement soudain du président soulève un vent de panique sur l'ensemble du Parti républicain. Si Trump met sa menace à exécution et ne signe pas la loi, il fera s'abattre sur le pays ce que tout le monde craint le plus : un shutdown. Et par-dessus le marché, il pourrait bien mettre l'incident sur le dos de son propre parti.

Mark Meadows, un ardent supporteur de Trump qui dirige le Freedom Caucus, un groupe parlementaire ultra-conservateur de la Chambre des représentants, appelle le président depuis l'Europe pour lui dire qu'après le vote, jeudi après-midi, la plupart des élus ont quitté la ville pour les vacances parlementaires. Le Congrès ne sera donc pas en mesure de revenir sur le vote de la veille, et le shutdown commencera dans une poignée d'heures seulement si le président fait barrage à la loi…

Mitch McConnell, le chef de la majorité républicaine au Sénat, pousse le secrétaire à la Défense, Jim Mattis, à intervenir : il faut dire au président que les militaires américains ne seront pas payés le lendemain s'il ne signe pas la loi. C'est une scène qui a déjà eu lieu : Mattis a mis Trump en garde de la même façon, face à la menace d'un shutdown, au mois de janvier.

« *Plus jamais... jamais... jamais !* » hurle Trump, abattant son poing sur la table à chaque « jamais ».

Une fois de plus, il cède et signe la loi. Mais il jure que la prochaine fois il y aura des milliards et des milliards pour le Mur, ou bien ce sera le shutdown. Pour de vrai. *Pour de vrai.*

Bannon a déjà vu cela. Si souvent.

« C'est Donald Trump, mec, putain », dit-il avec dédain, le lendemain, assis à la table de la salle à manger de l'Ambassade.

Bannon n'est pas troublé : il sait pertinemment que Trump peut être un problème pour sa carrière et son grand projet. Car Bannon a un grand projet. Son entourage peut bien glousser, il estime que l'homme destiné à faire de grandes choses pour le populisme, c'est lui. Pas Donald Trump.

Et là, il y a vraiment urgence. Bannon considère qu'il représente le travailleur face à la machine corporato-gouvernemento-technocratique qui s'appuie, en guise de base électorale, sur la frange supérieurement éduquée de la population. Dans la vision idéalisée du monde selon Bannon, le travailleur sent la cigarette, vous serre la main dans sa poigne de fer et a les muscles durs comme la brique – et pas parce qu'il va en salle de gym. Ce souvenir du temps passé, d'un monde plus juste et apaisé (s'il a jamais existé), où le travailleur était fier de son labeur et de sa propre identité, est d'après Bannon le ferment d'une colère planétaire. C'est une révolution, ce malaise qui prend tant de pays, cette peur, ce renversement jour après jour des postulats libéraux, et c'est *sa* révolution. Le pouvoir suprême global, il l'entrevoit déjà. Il est l'homme qui, en coulisses (mais il pourrait bien être appelé sur le devant de la scène), essaie d'arracher le monde à son anomie postmoderne et de remettre en place quelque chose de similaire à la vie harmonieuse, homogène et cordiale de 1962.

Et la Chine ! Le crépuscule des dieux qui s'annonce à cause de la Chine ! Pour Bannon, c'est une question de mode de vie. La Chine est la Russie de 1962, mais plus futée, plus tenace, plus menaçante aussi. Les fonds d'investissement américains, par le soutien qu'ils apportent secrètement à la Chine contre les intérêts de la classe moyenne américaine, sont la nouvelle cinquième colonne.

Dans quelle mesure Trump comprend-il ces choses-là ? Dans quelle mesure Trump partage-t-il les idées qui animent Bannon et, par une sorte d'osmose émotionnelle, leur base électorale ? Déjà plus d'un an à la Maison Blanche, et pas la moindre pelletée de terre n'a encore été creusée pour le Mur, pas un sou de budget alloué à cette idée. Le Mur et tant d'autres choses qui font partie de la révolution populiste bannonienne – quand Bannon était à la Maison Blanche, il dressait sur des tableaux blancs des listes entières de mesures à prendre – sont prisonniers de l'étourderie et des folles sautes d'humeur du président. Bannon l'a compris depuis longtemps, « Trump n'en a rien à foutre du programme. Le programme, il ne sait même pas ce que c'est ».

À la fin du mois de mars, une fois que les nuages de la catastrophe budgétaire évitée de justesse se sont dissipés, les fidèles du premier cercle de Trump connaissent un bref moment de répit et d'optimisme.

John Kelly, le chef de cabinet, qui n'en peut plus du président – comme le président n'en peut plus de lui –, semble bien parti pour prendre la porte. Kelly est arrivé à la Maison Blanche en août 2017 (remplaçant Reince Priebus, le premier chef de cabinet de Trump), avec pour mission de remettre de l'ordre et de la discipline dans la gestion chaotique de la West Wing. Mais au milieu de l'automne, Trump contourne déjà les règles instaurées par Kelly. Jared et Ivanka, que nombre de ces règles empêchent d'avoir librement accès au président, le court-circuitent. À la fin de l'année, Trump se moque de son chef de cabinet et dénigre son goût de l'efficacité et des procédures rigoureuses. De fait, les deux hommes se débinent ouvertement, sans guère se préoccuper du nombre tout de même élevé de personnes qui entendent les insultes dont ils se gratifient. Pour Trump, Kelly est un « grand nerveux », un « faible » qui est prêt à « cogner ». Pour Kelly, Trump est « dérangé », « fou » et « stupide ».

Et l'ambiance va devenir encore plus bizarre.

En février, Kelly, qui est un ancien général quatre étoiles, attrape le conseiller Corey Lewandowski par le col, dans le couloir du Bureau ovale, et le plaque contre un mur. « Ne le regardez pas dans les yeux », murmure Trump au sujet de Kelly après coup, et il fait des moulinets de l'index près de sa tempe. L'incident ébranle tout le monde, Trump demande à Lewandowski de n'en parler à personne, et Lewandowski explique aux gens à qui il en parle quand même qu'il a failli pisser dans son froc.

En mars, donc, Trump et Kelly ne s'adressent quasiment plus la parole. Trump ignore le chef de cabinet et Kelly boude. Ou bien Trump sous-entend, çà et là dans la conversation, que Kelly devrait démissionner, et Kelly l'ignore. Tout le monde suppose néanmoins que le compte à rebours est lancé.

Plusieurs républicains de diverses tendances, de Ryan à McConnell jusqu'à leur adversaire de la droite ultra-conservatrice Mark Meadows, ainsi que Bannon, se sont mis d'accord pour pousser Trump à prendre Kevin McCarthy, alors chef de la majorité républicaine à la Chambre des représentants, comme chef de cabinet. Même Meadows, alors qu'il déteste McCarthy, est favorable à cette nomination. Voilà enfin une bonne idée. McCarthy, qui est un tacticien de première bourre, va orienter cette Maison Blanche qui a perdu le nord sur une mission et une seule : les élections de mi-mandat en novembre. Chaque tweet, chaque discours, chaque décision prise devra avoir pour objectif de sauver la majorité républicaine.

Hélas, Trump ne veut pas d'un chef de cabinet qui l'oriente. Trump, c'est clair, ne veut pas d'un chef de cabinet qui lui dise quoi que ce soit. Trump ne veut pas d'une Maison Blanche qui suive une quelconque méthode, sinon pour satisfaire ses désirs. Quelqu'un, un jour, a dit en sa présence, mais à tort, que John F. Kennedy n'avait pas de chef de cabinet. Il répète souvent cette petite légende présidentielle.

Au fil de son enquête sur d'éventuels liens entre la campagne Trump et la Russie, l'équipe du procureur spécial Mueller continue de tomber sur divers aspects du passé financier peu reluisant de Trump – exactement le genre de choses que Trump lui a interdit de regarder. Mueller, qui se protège, se donne du mal pour rassurer les avocats du président et les convaincre qu'il n'est pas lancé à la poursuite des entreprises Trump. En même temps, il transmet à divers procureurs fédéraux les preuves matérielles accumulées au fil de son enquête sur les entreprises et les affaires privées de Trump.

Le 9 avril 2018, sur l'ordre de procureurs de New York, le FBI perquisitionne le domicile et le bureau de Michael Cohen, ainsi qu'une chambre qu'il occupe à l'hôtel Regency de Park Avenue. Cohen, qui se présente comme l'avocat personnel de Trump, reste assis plusieurs heures dans sa cuisine, menottes aux poignets, pendant que les agents du FBI fouillent, recensent et emportent chaque appareil électronique qu'ils peuvent trouver.

Coïncidence, Bannon descend lui aussi au Regency lors de ses fréquents séjours à New York. Et il croise parfois Cohen dans le lobby. Il l'a côtoyé pendant la campagne présidentielle, et le rôle assez mystérieux que l'avocat jouait auprès de Trump l'a souvent inquiété. Quand il apprend à Washington la nouvelle de la perquisition du FBI, il sait qu'un autre domino crucial vient de tomber.

« Si nous ne savons pas où est la fin, dit-il, nous pouvons deviner où elle commence peut-être : avec frère Cohen. »

Le 11 avril, trois semaines après que le président a signé la loi de finances, Paul Ryan, l'une des personnalités les plus puissantes du gouvernement fédéral étant donné l'emprise du Parti républicain sur Washington, annonce son intention de quitter son poste de président de la Chambre des représentants, et le Congrès.

« Écoutez ce que raconte Ryan, dit Bannon en début de matinée, ce jour-là, à l'Ambassade. C'est fini. Terminé. Terminé. Et Ryan veut lâcher la caravane Trump dès maintenant. »

Ryan raconte à peu près à qui veut l'entendre que dans sept mois, aux midterms, les républicains risquent de perdre cinquante, voire soixante sièges à la Chambre des représentants. L'un de ses lieutenants, Steve Stivers, président du Comité national républicain au Congrès, envisage même une perte de quatre-vingt-dix à cent sièges. À cette heure sombre, il paraît tout à fait possible que les démocrates comblent leur déficit de vingt-trois sièges et acquièrent une majorité supérieure encore à celle dont disposent actuellement les républicains. Et contrairement aux républicains, leur parti sera alors un et indivisible, ou en tout cas, il fera bloc contre Donald Trump.

Ryan et Stivers ne sont guère les seuls politiques à prédire un tel résultat. Le sénateur Mitch McConnell dit aux donateurs de ne même pas se fatiguer à soutenir les candidats à la Chambre. L'argent doit plutôt aller aux campagnes pour le Sénat, où les perspectives de conserver la majorité républicaine sont bien meilleures.

De l'avis de Bannon, il s'agit là du moment le plus désespéré de la carrière politique de Donald Trump – plus grave encore, sans doute, que celui de la vidéo des coulisses de l'émission *Access Hollywood* où il a été entendu en train de se vanter d'« attraper les femmes par la chatte ». Il est déjà en mauvaise posture sur le plan juridique, avec Mueller et le district Sud qui menacent de lui tomber dessus. Désormais, face à une déconfiture probable aux élections de mi-mandat, il est aussi terriblement menacé sur le terrain politique.

Mais Bannon ne tarde pas à retrouver son exubérance. Sa propre verve le sort de son accablement et bientôt il est presque joyeux. Si l'establishment – les démocrates, les républicains, les penseurs modérés de tous poils – estiment qu'il faut chasser Donald Trump de la ville, Bannon se réjouit d'avance de le défendre. Pour lui, c'est la mission à accomplir, mais c'est aussi du sport. C'est lorsque le chaos s'annonce que Bannon s'épanouit. Son irruption sur la scène mondiale, il la doit au fait que l'équipe de campagne de Trump en était arrivée à un tel degré de désespoir qu'il a pu en prendre les rênes. Et puis le 9 novembre 2016, contre toute attente, contre tous les pronostics imaginables, Trump a remporté l'élection présidentielle grâce aux méthodes de Bannon (et la prééminence que ce succès a conférée à Bannon n'a pas tardé à être une pilule amère pour Trump). Aujourd'hui, alors que tous les indicateurs de l'élection de novembre sont négatifs, Bannon estime qu'il peut encore concocter une solution pour maintenir les pertes républicaines sous les vingt-trois sièges nécessaires pour conserver la majorité à la Chambre. Mais la bataille sera pénible.

« Quand Trump appelle ses amis de New York, après le dîner, pour se plaindre de n'avoir pas un seul ami au monde, il a un peu raison », souligne-t-il avec ironie.

Les reproches adressés à Trump, dit-il, sont à la fois purement politiques – ses ennemis sont prêts à faire tout ce qu'il faut pour l'abattre – et au fond justifiés. Il ne doute pas que Trump soit coupable de la plupart des choses dont il est accusé. « Comment a-t-il eu le pognon pour la primaire, et ensuite pour la campagne, avec ses problèmes de "liquidités" ? demande le stratège populiste, mains écartées et sourcils en accent circonflexe. Bon, n'y pensons pas trop. »

Pour Bannon, la politique américaine compte deux camps, oui, mais pas tant la droite et la gauche que le *cerveau droit* et le *cerveau gauche*. Le cerveau gauche est incarné par le système juridique, qui est empirique, méthodique, fondé sur la preuve, et qui, si on lui en donne la possibilité, condamnera inévitablement et à juste titre Donald Trump. Le cerveau droit est incarné par la politique, et par conséquent par des électeurs qui sont émotifs, volatiles, fébriles, et toujours prêts à relancer le dé. « Suscitons l'enthousiasme des déplorables[1], dit-il en claquant vigoureusement ses mains l'une contre l'autre, et nous sauverons notre homme. »

Près d'un an et demi après la présidentielle, toutes les questions de 2016 restent aussi pressantes et sensibles que jamais : l'immigration, le ressentiment de l'homme blanc, le mépris des libéraux pour le travailleur (et le chômeur). L'année 2018, pour Bannon, c'est 2016 en plus grand : la base déplorable est devenue la nation déplorable. « C'est la guerre civile », dit-il – une affirmation qu'il répète souvent sur un ton joyeux.

---

1. C'est Hillary Clinton qui, en septembre 2016, pendant la campagne présidentielle, a dit des électeurs de Trump qu'ils n'étaient qu'un « ramassis de gens déplorables ». Les soutiens de Trump ont fièrement repris l'épithète à leur compte.

Le cœur du problème, c'est Donald Trump lui-même : les gens qui l'ont élu vont être galvanisés, Bannon en est certain, si on cherche à les priver de leur président. Il est horrifié de constater que les républicains traditionnels essaient d'axer la campagne des élections de mi-mandat sur les récentes réductions d'impôts imposées par le Parti républicain. « Vous voulez rire ? Oh mon Dieu ! Vous déconnez, j'espère ?! » Ces élections ne porteront sur rien d'autre que sur le destin de Donald Trump.

« Faisons une présidentielle bis. C'est ce que veulent les libéraux de toute façon. Pas de problème. Allons-y. Quitte ou double, Trump ou pas Trump. »

L'impeachment n'est pas une chose à craindre : il faut même accueillir cette perspective à bras ouverts. « C'est pour *ça* que vous votez : destituer Donald Trump ou le sauver. »

Problème : la menace juridique pourrait se rapprocher plus vite que les élections. Et tel que Bannon voit les choses – Bannon qui en sait plus que quiconque sur les lubies, les sautes d'humeur et l'impulsivité incontrôlable du président –, il est impossible de trouver défendeur plus fragilisé par son égocentrisme que cet homme.

Depuis qu'elle a pris ses fonctions à l'été 2017, l'équipe juridique personnelle de Trump – John Dowd, Ty Cobb et Jay Sekulow – n'a cessé de servir à celui-ci le message qu'il veut à tout prix entendre : vous n'êtes pas visé par la justice, vous serez sous peu lavé de tout soupçon. Mais elle est même allée plus loin encore dans sa mission de réconfort.

Les présidents américains, quand ils sont confrontés à des enquêtes hostiles voulues par les autres branches du gouvernement – par le Congrès ou le département de la Justice, dont les pouvoirs contrebalancent celui de la Maison Blanche –, évoquent invariablement le privilège de l'exécutif[1]. Il s'agit autant de l'application d'un principe légitime que d'une tactique dilatoire. C'est un argument de négociation inhérent au système. Mais voilà : les avocats de Trump, portés par les innombrables fois où ils ont assuré au président qu'il n'avait rien à craindre, ont donné dans la surenchère optimiste, pour son plus grand plaisir bien entendu, en faisant carrément l'impasse sur l'invocation du privilège de l'exécutif et en répondant de bon cœur à toutes les demandes du procureur spécial. Trump est devenu un livre ouvert, avec tout ce qu'il peut avoir de louche. Qui plus est, sans jamais douter de la puissance et du charme de sa personnalité, et avec l'assentiment de ses avocats semble-t-il, le président est allé jusqu'à se déclarer prêt à témoigner.

Mais, comme Bannon le sait, il y a encore pire. Les avocats du président ont envoyé plus de 1,1 million de documents au procureur spécial. Et l'équipe qui a rassemblé ces documents était squelettique : elle se composait juste de Dowd, de Cobb et de deux assistants inexpérimentés. Dans les grandes affaires judiciaires, tous les documents sont méticuleusement répertoriés, enregistrés, leurs données croisées dans des bases de

---

1. L'expression désigne le pouvoir qu'a le président (et d'autres agents de l'exécutif) de résister à certaines assignations à comparaître ou à livrer des documents, ainsi qu'à d'autres interventions des pouvoirs législatifs et judiciaires.

données complexes et ultra-performantes. Dowd et son petit monde ont envoyé l'essentiel de leurs documents comme de simples pièces jointes d'e-mails, et ils n'ont conservé que des traces minimales, sinon inexistantes, de toutes ces expéditions. À la Maison Blanche, presque personne ne sait ce qu'ils ont lâché, et par conséquent ce que le procureur spécial détient désormais. Et l'impéritie bordélique des avocats va encore plus loin : Dowd et Cobb ne préparent pas la plupart des témoins qui travaillent (ou ont travaillé) à la Maison Blanche avant leur passage devant l'équipe Mueller, et ne les débriefent pas davantage après coup.

Bannon est saisi par la drôlerie et la stupidité de cette attitude moi-pas-inquiet face à des procureurs fédéraux dont la réputation même dépend de leur capacité à pincer le président. Trump a besoin d'un plan, c'est sûr ! Et Bannon, c'est sûr, en a un pour lui.

Il jure qu'il ne veut pas retourner à la Maison Blanche. C'est hors de question, promet-il. Jamais. Les humiliations qu'il a endurées en travaillant au sein de l'administration Trump ont failli anéantir toute la satisfaction qu'il éprouvait à être miraculeusement devenu le roi du monde.

Certains observateurs, cependant, ne sont pas tout à fait convaincus par ces protestations. Ils estiment que Bannon, au contraire, fantasme beaucoup sur l'idée d'être rappelé à la West Wing pour sauver le président – et de tenir là sa revanche définitive, fatalement, puisqu'il sauverait Trump *une fois de plus*. Il est certain, en tout cas, que Bannon pense être le seul à pouvoir réussir ce sauvetage difficile, car non seulement il a la conviction d'être le stratège politique le plus doué de son temps, mais en plus il estime que Trump n'est entouré que de lourdauds.

Trump, pense Bannon, a besoin d'un *consigliere* de guerre. Et dans l'hypothèse où Jared et Ivanka seraient enfin mis à la porte… Ah, mais non, insiste-t-il, même pas dans ce cas-là.

En outre, Trump ne le tolérerait pas. Bannon comprend bien que seul Trump peut tout arranger, ou en tout cas que Trump *croit* être le seul à pouvoir tout arranger. Il n'y a pas d'autre scénario envisageable. Trump préférerait perdre, il irait même en prison, plutôt que de devoir partager la victoire avec quiconque. Il est psychiquement incapable de ne pas être le centre du monde, au cœur de toutes les attentions.

Finalement, il est plus facile et plus productif de conseiller Trump à distance. Par sécurité, il vaut mieux faire ce qui doit être fait sans que Trump soit impliqué, ou même informé de ce qui se passe.

Le matin où Ryan annonce qu'il va se retirer de la présidence de la Chambre des représentants, Bannon a grande envie de faire passer un conseil à Trump. Et comme il sait adroitement jouer par la bande, il invite Robert Costa, un reporter du *Washington Post*, à lui rendre visite à l'Ambassade.

Bannon consacre une bonne partie de ses journées à parler aux médias. Certains jours, peut-être presque tous, sa parole riche en petites phrases et citations anonymes – introduites par des formules convenues comme « cette information est le fruit d'échanges avec d'anciens et d'actuels responsables » – domine les autres voix qui commentent la crise du moment, quelle qu'elle soit, dans l'administration Trump. Ces commentaires de Bannon qui joue un peu le rôle de souffleur au théâtre, Trump peut faire semblant de ne pas les entendre. Mais en réalité, Trump est toujours désespérément à l'affût des conseils de Bannon, et il les entend bien s'il a le plus petit prétexte pour croire qu'ils viennent de quelqu'un d'autre que de Bannon. À vrai dire, il est tout à fait capable d'entendre Bannon dire ceci ou cela en interview, pour affirmer ensuite qu'il y avait pensé tout seul.

Costa passe deux heures dans la salle à manger de l'Ambassade. Il prend soigneusement note du plan de Bannon pour protéger Trump de lui-même.

La stupidité de Trump, dit Bannon, peut parfois passer pour de la vertu. Voilà donc le programme : le président doit se prévaloir *rétroactivement* du privilège de l'exécutif. *Je ne savais pas. Personne ne m'a rien dit. J'ai été mal conseillé.*

Difficile de ne pas imaginer la satisfaction de Bannon devant un Trump tête basse, forcé d'admettre qu'il a manqué d'habileté et de sournoiserie.

Bannon sait bien que cette revendication tardive du privilège de l'exécutif n'a aucune chance d'aboutir, et il ne faut d'ailleurs pas qu'elle aboutisse. Mais la simple audace du geste engendrera quatre ou cinq mois de piétinement juridique. Or, chaque retard est leur allié, et ils n'ont peut-être aucun autre allié. Cette réclamation rétroactive, aussi cinglée soit-elle, ils pourront même la porter jusqu'à la Cour suprême s'il le faut.

Pour que le plan fonctionne, le président doit aussi se débarrasser de ces incompétents qui lui servent d'avocats. Oh, et puis il faut qu'il limoge Rod Rosenstein, le procureur général adjoint des États-Unis, le numéro deux du département de la Justice, qui supervise l'enquête du procureur spécial Mueller. En mai 2017,

Bannon s'est opposé à ce que Comey soit mis à la porte du FBI, et, dans les mois qui ont suivi la nomination du procureur spécial, il s'est battu contre l'envie manifestée presque quotidiennement par le président de se débarrasser de Mueller et de Rosenstein, car il voyait dans leurs limogeages le plus sûr moyen d'arriver à l'impeachment. (« Ne faites pas attention à tout ce délire », conseillait-il à l'entourage de Trump.) Mais maintenant, il n'a plus d'autre solution.

« Virer Rosenstein, c'est notre seule façon de nous en sortir, affirme Bannon à Costa. Je ne dis pas cela à la légère. Dès qu'ils sont tombés sur le dos de Cohen – c'est ce qu'ils font dans les enquêtes sur la Mafia pour débusquer la véritable cible. Alors soit nous ne bougeons pas et nous attendons de nous faire saigner – être inculpés, passer devant un grand jury –, soit nous nous battons sur le terrain politique. Il faut sortir cette histoire du système juridique, de la chasse aux méchants criminels, où nous perdons déjà, où nous allons perdre. Un nouveau proc-gén adjoint devra examiner la situation, voir où nous en sommes. Rien que ça, déjà, ça pourrait prendre deux ou trois mois. Retarder, retarder, retarder les choses. Et passer sur le terrain politique. Pouvons-nous gagner ? J'en ai aucune idée, putain ! Mais je sais que sur l'autre voie, je vais perdre. Ce n'est pas parfait… mais nous vivons dans un monde imparfait. »

Dans son article mis en ligne plus tard dans la journée, Costa dit de Bannon qu'il « défend un plan auprès des conseillers de la West Wing et des alliés de la Maison Blanche au Congrès, d'après quatre personnes au courant de la situation, dont le but est de paralyser l'enquête fédérale sur l'ingérence de la Russie dans l'élection de 2016 ». Qu'importe le nombre de personnes à qui Costa a parlé des machinations d'arrière-cour de Steve Bannon. Ce qui compte, c'est qu'il s'est entretenu, et longuement, avec Bannon lui-même, et que Bannon s'est servi du *Washington Post* pour proposer son idée au président.

Le plan d'action en trois points de Bannon trouve aussitôt son chemin jusqu'au Bureau ovale. Le lendemain matin, le président fait part à Kushner de ses réflexions : il estime qu'il doit virer Rosenstein, revendiquer à nouveau le privilège de l'exécutif, et se trouver un avocat coriace.

Kushner, qui a son propre programme, exhorte son beau-père à se montrer prudent en ce qui concerne Rosenstein.

« Jared flippe complètement, dit Trump avec dédain plus tard ce jour-là, à un confident téléphonique. Quelle gonzesse ! »

3

Les avocats

Au sein de la Maison Blanche, il y a comme une sorte de concours permanent de la personne la plus malheureuse du moment. Beaucoup ont décroché le titre, mais l'un des gagnants les plus fréquents est Don McGahn, le conseiller juridique. Il compte parmi les cibles privilégiées du président, qui ne cesse de le rabaisser, de l'imiter en prenant une voix de fausset, de proférer des jugements négatifs sur son rôle et son utilité.

« Voilà pourquoi on n'obtient rien de bien », marmonne McGahn, citant une chanson de Taylor Swift, après chaque coup d'éclat de Trump. (« … Parce que tu casses tout », continue la chanson.)

McGahn a fait l'essentiel de sa carrière comme avocat spécialisé dans les élections fédérales. Dans l'ensemble, il est plutôt du côté de plus de pognon, moins de transparence ; il n'est pas très favorable à l'application stricte des lois électorales. Il a été conseiller juridique de Trump pendant sa campagne, laquelle a sans doute été l'une des plus insouciantes de l'histoire récente en termes de respect du droit électoral. Avant d'entrer dans l'administration Trump, McGahn n'avait aucune expérience de la Maison Blanche ou de l'exécutif ; il n'avait jamais travaillé pour le département de la Justice, ni, à vrai dire, pour aucune agence gouvernementale. Jadis avocat d'une organisation de levée de fonds affiliée aux richissimes frères Koch, fameux conservateurs et soutiens financiers du Parti républicain, il est connu pour ses positions très à droite ; il compte même parmi les ultras de sa famille politique. Lorsque son prédécesseur à la Maison Blanche, Kathy Ruemmler, la conseillère juridique d'Obama, a pris contact pour le féliciter de sa nomination et lui proposer de l'informer sur les pratiques établies, McGahn n'a même pas répondu à son e-mail.

L'une des missions de McGahn est de gérer ce qui est peut-être la relation la plus compliquée au sein de l'État américain moderne : il est le premier intermédiaire entre la Maison Blanche et le département de la Justice. Son job consiste donc en partie à encaisser la fureur noire et l'ahurissement qu'inspire au président l'acharnement du département de la Justice contre sa personne. Son incompréhension, aussi, devant le fait qu'il n'y peut rien.

« C'est *mon* département de la Justice », s'insurge Trump devant McGahn. Il répète souvent cette revendication douteuse quand il s'emporte.

Personne ne peut dire combien de fois McGahn a dû menacer de démissionner, avec plus ou moins de conviction, si Trump mettait à exécution sa menace de limoger le procureur général des États-Unis ou son adjoint, qui dirigent le département de la Justice, ou encore le procureur spécial nommé pour l'enquête russe. De façon étrange, il est possible de dire pour la défense du président, concernant le reproche qui lui a été fait d'avoir essayé de virer Mueller en juin 2017 – comme le *New York Times* l'a affirmé dans un scoop de janvier 2018 –, qu'il essaie en fait *presque sans arrêt* de se débarrasser de Mueller et d'autres personnalités du département de la Justice. Et souvent plusieurs fois par jour.

Jusqu'à maintenant la fermeté de McGahn a permis d'éviter une crise majeure. Mais il a aussi loupé, ou laissé passer, ou simplement ignoré un certain nombre d'actions excessives, malavisées ou déplacées du président qui pourraient justifier, il le sait lui-même, une inculpation pour entrave à l'exercice de la justice. Très impliqué dans la Federalist Society – une organisation conservatrice qui cherche à réformer le système judiciaire américain selon une interprétation stricte, ou *originaliste*, de la Constitution – et dans la campagne que celle-ci mène en faveur de juges « textualistes », McGahn a longtemps rêvé de devenir lui-même juge fédéral. Mais étant donné le no man's land qu'il occupe à présent entre Trump et le département de la Justice – sans parler des attaques par moments quotidiennes du président contre l'indépendance de la justice, que McGahn doit accepter ou pardonner –, il sait qu'il n'a plus aucun avenir de ce côté-là.

Quinze mois après le début de la présidence Trump, les tensions entre son administration et le département de la Justice se sont transformées en conflit ouvert. Maintenant la guerre est déclarée entre la Maison Blanche et son propre département de la Justice.

C'est là un paradoxe moderne, post-Watergate : l'indépendance du département de la Justice. Dans ses statuts comme dans son organisation, il paraît être un instrument de la Maison Blanche, et sa mission, autant que celle de n'importe quelle agence gouvernementale, semble pilotée par le président en exercice. En théorie cela fonctionne ainsi. Mais l'inverse est vrai aussi. Au sein du département de la Justice, on trouve toute une classe d'employés concernés par la continuité de la marche de l'État qui estiment que les élections ne doivent avoir absolument aucun rôle, aucune conséquence sur le travail du procureur général ni de l'ensemble de son personnel. Le département de la Justice est apolitique ; il doit être aussi aveugle que la justice elle-même. Dans cette optique, en tant que premier investigateur et procureur de la nation, le département de la Justice se doit d'être un contre-pouvoir à la Maison Blanche, et d'être capable de lui répliquer, comme n'importe quelle autre branche du gouvernement. (Et à l'intérieur du département de la Justice, le FBI revendique son propre degré d'indépendance par rapport à ses maîtres, comme par rapport à la Maison Blanche.)

Même les employés du département de la Justice (et du FBI) qui ont une vision plus nuancée – qui reconnaissent plus facilement la nature symbiotique de la relation entre leur ministère et la Maison Blanche – sont convaincus que certaines lignes ne doivent pas être franchies. Depuis le Watergate, le département de la Justice et le FBI ont à répondre devant le Congrès et les tribunaux. Toute tentative de la hiérarchie pour influencer le cours d'une enquête, ou tout signe de soumission (potentiellement consigné dans une note interne ou un e-mail) à des pressions venues d'en haut, peut faire dérailler une carrière.

En février 2018, Rachel Brand, la procureure générale associée, une ancienne avocate de Bush qui a été nommée par Obama à cette troisième place de l'organigramme du département de la Justice, démissionne pour devenir juriste chez Walmart. Si Trump devait limoger Rosenstein, le procureur général adjoint, elle n'aurait d'autre choix que de prendre son fauteuil par intérim et deviendrait donc responsable de l'enquête Mueller. Elle explique à des collègues qu'elle préfère s'en aller avant que Trump ne se débarrasse de Rosenstein, puis n'exige qu'elle dégage Mueller. Entre Bentonville, Arkansas, où se trouve le siège de Walmart, et Washington, D.C., elle a fait son choix.

Depuis une génération au moins, la relation d'entités proches mais indépendantes qui unit la Maison Blanche et le département de la Justice a souvent pris la forme d'un interminable conflit entre deux camps armés. Bill Clinton, dans les années 1990, ne pouvait pas souffrir sa procureure générale, Janet Reno, qui l'obligea à essuyer les conséquences de décisions qu'elle prit seule dans l'affaire Ruby Ridge, un affrontement entre un groupe de survivalistes et le FBI (qui eut une réaction disproportionnée), dans l'affaire Waco, un autre affrontement catastrophique avec une secte chrétienne, et dans l'enquête sur le Dr Wen Ho Lee, où le département de la Justice fut réprimandé pour les poursuites irresponsables qu'il avait engagées contre un espion présumé. Clinton faillit aussi renvoyer Louis Freeh, son directeur du FBI, qui le critiquait ouvertement, mais réussit à ravaler sa colère. Au début des années 2000, de hauts responsables de la Maison Blanche de George W. Bush, du FBI et du département de la Justice en sont presque arrivés à échanger des coups au chevet du lit d'hôpital du procureur général John Ashcroft (qui venait d'être opéré de la vésicule biliaire), James Comey lui-même s'interposant face aux représentants de la Maison Blanche qui essayaient de convaincre Ashcroft de reconduire un programme de surveillance sur le territoire des États-Unis (la Maison Blanche a finalement été obligée de faire marche arrière). Sous Obama, Comey, qui entre-temps était devenu directeur du FBI, a franchi un pas supplémentaire dans l'indépendance de son agence par rapport au département de la Justice quand il a pris la décision unilatérale de mettre un terme à l'enquête sur les e-mails de Hillary Clinton, puis de la rouvrir (faisant alors probablement basculer l'élection en faveur de Trump).

Puis débarque Donald Trump qui ne connaît ni la politique ni l'administration américaine. Toute sa vie professionnelle, il l'a passée à la tête de ce qui est fondamentalement une petite entreprise familiale mais organisée pour répondre à ses désirs et se plier à sa façon bien à lui de faire des affaires. Au moment de son élection, il ignore complètement ce qu'est un gouvernement moderne, ses règles de fonctionnement, ses usages.

Depuis l'investiture, Trump s'entend constamment sermonner sur l'importance de « la coutume et la tradition » au département de la Justice. Et parce qu'il est Trump, il répond : « Je ne veux pas entendre ces conneries ! »

Il a besoin, observe un conseiller, de « lignes bien nettes, bien noires, qu'il ne peut pas franchir. S'il ne voit pas cela devant lui, il fonce ».

Trump croit une chose qui, à ses yeux, est une évidence : le département de la Justice et le FBI travaillent pour lui. Ils sont sous sa direction et c'est lui qui les contrôle. Donc ils doivent faire exactement ce qu'il exige d'eux ; ils doivent réaliser ses quatre volontés. « C'est à moi qu'ils rendent compte ! répète-t-il souvent au début de son mandat, furibard et plein d'incompréhension, au sujet du procureur général Jeff Sessions et de son directeur du FBI, James Comey. Le patron, c'est moi ! »

« J'aurais pu nommer mon frère procureur général, insiste Trump (en réalité il n'est même plus en contact avec son frère, Robert, un homme d'affaires retraité de 71 ans). *Comme Kennedy !* » Sauf que six ans après que JFK a placé son frère Robert à la tête du département de la Justice, le Congrès a voté une résolution fédérale « anti-népotisme », surnommée « loi Bobby Kennedy », pour rendre impossible à l'avenir exactement ce genre de chose. Mais il est vrai que cela n'a pas empêché Trump de prendre sa fille et son gendre comme principaux conseillers.

Quiconque s'efforce de lui expliquer les subtilités des relations unissant entre elles les différentes institutions du gouvernement américain est sûr de l'exaspérer et de le braquer de plus belle sur son indignation et ses revendications. Il a souvent le sentiment que les gens se liguent contre lui, ce qui l'énerve bien sûr encore plus. Comme cela s'est produit tant de fois dans sa vie, la clique des avocats veut sa peau. Cela l'obsède : Mueller et Rosenstein au département de la Justice, Comey et McCabe au FBI, font partie d'un club auquel il n'appartient pas. « Ils discutent ensemble tout le temps, dit-il. Ils sont complices à fond. »

Si la relation entre le président des États-Unis et son procureur général est en général assez froide, sinon à peu près toujours tendue, elle s'est infiniment détériorée avec Trump. À force de subir ses humiliations, Jeff Sessions, qui a pourtant été un des premiers à le soutenir au Congrès, est devenu son plus grand ennemi et lui voue une haine tenace. Trump ne se contente pas de harceler publiquement Sessions : il le menace, ou bien il fait pression sur lui, de façon aussi claire que possible, pour qu'il démissionne ou cesse de se récuser[1]. Régulièrement, il ordonne aussi à McGahn, le conseiller juridique de la Maison Blanche, de peser sur Sessions pour qu'il revienne sur sa décision de se récuser. Et il insiste auprès de nombre de ses conseillers et assistants, sinon auprès de tous, pour qu'ils en fassent autant. Peu de temps après que Sessions a annoncé qu'il se récusait, le président a ordonné à Cliff Sims, un jeune employé de la West Wing qui s'est attiré ses bonnes grâces (« une fripouille qui fait carrière à coups de fripouilleries », selon Bannon) et qui, comme Sessions, est originaire de l'Alabama, de se rendre au domicile du procureur général un samedi matin et d'exiger qu'il revienne à la raison. Bannon est intervenu auprès de Sims pour annuler la directive présidentielle.

S'il existe un monde où le procureur général des États-Unis, nommé par le président, est susceptible d'user de son autorité pour faire baisser d'un cran ou deux la tension entre le président et les enquêteurs du département de la Justice, Jeff Sessions, qui encaisse des insultes presque quotidiennes, n'en fait pas partie. Lors d'une période particulièrement tendue, il fait même informer Trump que si ses harcèlements et ses menaces

1. Sessions s'est déclaré incompétent pour ce qui est de l'enquête menée par le procureur spécial Mueller.

ne cessent pas, il va démissionner et recommander que soit entamée une procédure d'impeachment.

Dans les jours qui suivent la perquisition du bureau et du domicile de Michael Cohen, le 9 avril 2018, le président bout de colère. Non seulement le département de la Justice est contre lui, mais il a en plus mijoté un sale coup pour le frapper en son point le plus vulnérable : son avocat. Tant pis s'il est souvent arrivé par le passé, lorsque Michael Cohen se présentait justement comme son « avocat personnel », que Trump rectifie avec hargne : « Il s'occupe de ma com. »

Et comment le département de la Justice a-t-il obtenu un mandat pour débarquer chez Cohen ? D'un côté, Trump insiste sur le fait que le raid n'a aucun rapport avec lui. Tout ça, c'est à cause des magouilles de l'avocat dans les taxis (Cohen est propriétaire de licences de taxis new-yorkais). Et d'ailleurs, il a des liens avec la pègre. D'un autre côté, le raid prouve aux yeux de Trump que le département de la Justice s'est servi de tous les prétextes possibles pour établir un réseau d'écoutes, chez des gens de son entourage, grâce auquel l'État profond[1] peut espionner ses conversations. Car dans la vision du monde autocentrée de Trump, le gouvernement américain n'est pas une structure pérenne d'individus partageant le même sens du devoir, et qui ont fait preuve de la même loyauté envers Barack Obama et George Bush, mais une entité hostile qui cherche à lui nuire.

---

1. Ou le *deep state* en anglais. Un petit noyau de gens très riches, puissants, capables d'influencer le gouvernement. Une obsession trumpienne.

Par une sorte d'étrange et très significatif renversement des rôles, de nombreux conservateurs qui, par le passé, apportaient naturellement leur soutien aux institutions chargées de faire respecter la loi, sont devenus méfiants, sinon paranoïaques, vis-à-vis de la mission de surveillance et de maintien de l'ordre du gouvernement. Au fil des mois, depuis le début de l'enquête Mueller, l'idée que l'État profond existe bel et bien (et essaie de faire tomber Trump) s'est enracinée dans la culture de droite. Beaucoup de républicains mainstream l'ont même adoptée. Sean Hannity, le journaliste star de Fox News, en parle sans arrêt, aussi bien à l'antenne que dans ses conversations privées, dont celles qu'il a au téléphone avec le président. « Sean est complètement barré, observe Bannon. Mais ça lui fait de bonnes histoires à raconter à Trump, le soir, pour l'endormir. »

À l'inverse, de nombreux libéraux (jadis méfiants envers le FBI, les procureurs fédéraux, la communauté du renseignement) comptent aujourd'hui sur les enquêteurs du gouvernement pour poursuivre sans relâche Trump et sa famille et, par cette action, sauver la démocratie. Sur MSNBC, les agents du FBI sont devenus des dieux. Dans la nouvelle vision du monde des libéraux, les dirigeants des agences de renseignement et de maintien de l'ordre, autrefois profondément méprisés, sont soutenus avec enthousiasme. Des personnages comme James Comey, dont l'enquête sur Hillary Clinton a contribué à mener Donald Trump à la présidence, sont devenus des héros de la résistance à Trump.

Le 17 avril 2018 paraît aux États-Unis *Mensonges et vérités*, le livre de James Comey. Invité de *The Late Show* sur CBS, Comey trinque (dans un gobelet en carton) avec son présentateur, Stephen Colbert, devant le pays tout entier.

Au-delà des diverses révélations qu'il contient, ce livre présente deux aspects qui devraient beaucoup inquiéter le président et son entourage : d'un, il est parcouru par l'idée que Donald Trump se comporte comme un gangster ; de deux, Comey n'y parle absolument pas de la Trump Organization. Si l'ancien patron du FBI dit de vous que vous ressemblez à un parrain de la Mafia, c'est assez grave. Et s'il ne dit rien de la société où votre famille et vous faites toutes vos affaires, c'est un signe qui ne trompe pas : votre société est dans le collimateur du FBI.

La Maison Blanche savait que le livre devait sortir, mais elle est terriblement mal préparée à cet événement. Ainsi qu'à la réaction démesurée qu'il inspire à Trump. Kellyanne Conway est vite envoyée au feu pour le dézinguer, mais elle se focalise sur les e-mails Clinton en insinuant que Comey a fait basculer l'élection en faveur de Trump : une chose qu'il ne faut jamais dire à la Maison Blanche, car le résultat de la présidentielle ne peut être qu'une victoire décisive de Trump, et rien d'autre.

Caractéristique fondamentale de cette présidence, presque tous les conflits y prennent un caractère personnel. Dans cette optique, Comey, rongé par l'envie de mordre après avoir été limogé avec tant de malveillance trumpienne, est un adversaire idéal. « Comey pense que je suis stupide. Je vais lui montrer comment je suis stupide s'il pense que je suis stupide. Je suis tellement stupide que je vais tous les baiser, voilà comment je suis stupide », déclare un Trump étrangement satisfait de lui dans une conversation téléphonique avec un ami new-yorkais. Le livre de Comey, qui contient bien sûr de nombreuses justifications personnelles de son auteur, conforte joyeusement Trump dans l'idée que les fédéraux ont pété les plombs et en ont clairement après lui. « Je comprends ces mecs, continue-t-il (il attribue évidemment à ses ennemis sa propre rapacité). Je comprends bien. C'est toujours pareil. Toujours pareil. Il faut attaquer la plus belle prise possible. Je comprends ça. »

D'une certaine façon, le regard que Trump porte sur le FBI n'est pas tant celui du président garant des lois de la nation, que celui de l'homme d'affaires qui risque à tout moment d'attirer l'attention des fédéraux et de les avoir sur le dos. Pendant sa longue carrière dans l'immobilier, les fédéraux ont toujours constitué un danger pour lui et pour ses proches. Les procureurs fédéraux sont « comme le cancer – le cancer du côlon », déclare-t-il un jour à un ami qui a des soucis avec le département de la Justice.

Mais cela ne signifie pas, souligne-t-il, qu'il en a peur comme beaucoup de gens qu'il connaît. Il y a un jeu à jouer, là, auquel il estime exceller. Il va tout simplement se montrer plus intimidant que les procureurs. « S'ils pensent que *eux*, ils peuvent t'avoir *toi*, ils y vont. S'ils pensent que *toi*, tu risques de les baiser *eux*, ils y vont pas », dit-il en résumé de sa théorie juridique.

L'une de ses plus vives déceptions est d'avoir découvert que le président qu'il est devenu ne contrôle pas le gouvernement fédéral. Cela le dépasse complètement, maintenant qu'il est au sommet de l'État, que les fédéraux soient en mesure de l'enquiquiner et de le menacer *encore plus*.

En tout cas, ce n'est pas sa faute. Ni même celle du système ou de l'organisation du gouvernement. Pour Trump, le coupable c'est Jeff Sessions, le procureur général des États-Unis. Il répète souvent qu'il aurait dû donner le poste à Rudy Giuliani ou à Chris Christie[1], ses deux seuls vrais copains en politique, « parce qu'ils connaissent la musique ».

Et pour faire bonne mesure, il reproche aussi la nomination de Sessions à Bannon – il sait que les deux hommes sont alliés depuis longtemps. « Baisé une fois de plus par ce mec. Baisé, baisé, *baisé* – tellement souvent, tellement souvent, *tellement souvent.* »

Après le départ de John Dowd, Trump reporte sa colère sur Ty Cobb, le second des avocats sur le retour que la Maison Blanche a recrutés, dans le courant de l'été 2017, après avoir échoué à convaincre les meilleurs cabinets du pays de prendre le président comme client. Trump couvre d'injures l'avocat de 68 ans. Notamment parce qu'il porte la moustache. Toutes les moustaches déplaisent à Trump, mais celle-là, qui est en guidon, avec ses élégantes boucles cirées, lui est particulièrement insupportable. (Dans une moquerie dont la logique n'est pas tout à fait claire – ou bien peut-être s'agit-il d'un petit dérapage cognitif dû à l'âge –, Trump appelle l'avocat, qui a le même prénom et le même nom qu'un ancien grand joueur de base-ball, par le nom d'un autre ancien grand du base-ball, Cy Young.) Et bien entendu, le président est persuadé que Cobb n'est pas de taille contre l'équipe Mueller.

1. Gouverneur du New Jersey de 2010 à 2018.

Début avril, il se livre jour après jour à des questions-réponses téléphoniques dont l'objet est le licenciement de Cobb. « Qu'est-ce que je dois faire ? demande-t-il à ses interlocuteurs. Je crois que je dois virer Cobb. Vous croyez qu'il faut dégager Cobb ? Je crois que je dois le faire. »

Comme avocat, il veut un « tueur ». Il pose la question à tout le monde : « Où est mon tueur ? » Soudain, ses collaborateurs essaient une fois encore de trouver un grand cabinet juridique qui ait la carrure et les ressources pour tenir tête au gouvernement des États-Unis. Mais les grands cabinets ont des comités exécutifs qui pèsent prudemment le pour et le contre quand il s'agit de prendre des clients difficiles comme Donald Trump. Le contre, en l'occurrence – le risque de se voir tout à coup publiquement répudié par le président, puis de rester avec une ardoise impayée sur les bras –, est rédhibitoire.

Qu'importe. Trump ne veut pas de ces avocats de cabinets prestigieux de toute façon. Il veut un tueur. « Vous voyez, dit-il comme si le mot expliquait tout. Un tueur. »

Dans sa vision des choses, le droit n'est pas le droit, mais un champ de bataille – théâtral. Et il sait exactement le genre de tueur/bête de scène qu'il veut pour le défendre.

Depuis maintenant plusieurs mois, les médias s'intéressent beaucoup à Stormy Daniels, une star du X avec qui il a eu une relation il y a plus de dix ans (et à qui Michael Cohen a théoriquement offert un règlement financier). Trump ne se préoccupe guère de cette affaire, et quand il en parle c'est pour *très mal* mentir :

tous ses interlocuteurs comprennent qu'il les pipeaute quand il affirme n'avoir jamais couché avec Daniels.

Ce dont il ne se lasse pas, par contre, c'est de voir le nouvel avocat de Stormy Daniels, Michael Avenatti, à la télévision. En voilà un, de tueur ! En plus il est génial à l'écran. Il a complètement la tête de l'emploi ; il pourrait jouer un avocat dans une série. Le genre de mec que Trump recherche.

« C'est une star », dit-il. Voilà ce dont il a besoin pour résister aux pressions auxquelles il est soumis. À toutes ces attaques. « Trouvez-moi une star. »

La conclusion, c'est que tous ses petits problèmes deviennent de gros problèmes parce qu'il n'a pas un avocat comme Avenatti, un mec prêt à tout. Ce raisonnement lui fait parfois broyer du noir et s'apitoyer sur lui-même : des tueurs, chez les avocats, il y en a, mais on les lui cache.

« Dershowitz, ne cesse de proclamer Trump, est l'avocat le plus célèbre du pays. » Puis il ajoute : « Prenons Dershowitz. »

Si Alan Dershowitz a longtemps occupé un poste de professeur à la faculté de droit de Harvard (il a pris sa retraite en 2014), nombre de ses confrères le considèrent moins comme un éminent spécialiste du droit, ou même comme un praticien très consciencieux, que comme un petit malin et une mouche du coche qui a bien su tirer son épingle du jeu. En effet, il a réussi à s'inviter dans tout un éventail de débats publics et d'affaires criminelles célèbres, notamment celles de l'héritière Patty Hearst, du boxeur Mike Tyson et du joueur de football américain O. J. Simpson. Mais si les livres qu'il a écrits et l'attention médiatique qu'on lui porte – il apparaît régulièrement à la télévision et il a été incarné au cinéma – n'ont pas amélioré sa réputation de spécialiste du droit, ils lui ont apporté une forme de renommée. L'agressivité de Dershowitz, son érudition, son sens du spectacle et sa grandiloquence ont bel et bien fait de lui l'un des plus célèbres avocats du pays. Bien sûr cela ne fait pas pour autant de lui un bon avocat : « Quel que soit le conseil qu'il vous donne, faites le contraire », dit une personne célèbre, et mécontente, qu'il a eue comme cliente. Mais il compte à n'en pas douter parmi les juristes de télévision les plus brillants et les plus performants, et Trump, justement, veut avant tout quelqu'un qui soit capable de faire l'avocat à la télévision. Dans sa vision des choses, savoir jouer un rôle est *la* compétence primordiale du juriste.

Récemment, Dershowitz a attiré l'attention de Trump en défendant l'idée, lors de plusieurs apparitions télévisées, que le président des États-Unis est au-dessus des lois. Ou en tout cas qu'il a un statut spécial, un peu comme un monarque. Au début du mois d'avril, il est donc invité à dîner à la Maison Blanche pour discuter. Trump est persuadé qu'il est l'homme dont il a besoin : un défenseur agressif qui saura plaider sa cause à la télévision.

Au cours du dîner, Dershowitz demande une provision sur honoraires d'un million de dollars.

Trump, qui a toujours considéré que *ne pas payer* les juristes qu'il emploie fait partie du jeu, dit à Dershowitz qu'il le rappellera. Mais la conversation est close. Jamais, jamais de la vie il ne lâchera d'entrée de jeu un million à un avocat !

Rudy Giuliani, l'homme qui a jadis été surnommé « le maire de l'Amérique », n'a occupé aucune fonction gouvernementale ou administrative depuis dix-sept ans. Durant cette période, il a été candidat infortuné à la présidence, orateur ambulant, animateur de réceptions diverses, oracle, consultant et homme à tout faire contre un cachet à six chiffres. D'après son vieil ami Roger Ailes, l'ancien patron de Fox News décédé en mai 2017, il a toujours rêvé de revenir sur le devant de la scène.

Les deux premiers mariages de Giuliani ont été affreux, mais le troisième est bien pire. C'est un sujet qui ne cesse d'étonner et de faire s'esclaffer ses amis. Judi Giuliani passe son temps à asticoter et à rabaisser l'ancien maire de New York.

« Pauvre Rudy, je n'ai jamais vu un gâchis pareil », dit son ami Donald Trump. Il éprouve une profonde antipathie pour Judi Giuliani et a donné l'ordre qu'on la tienne à distance.

Malheureux dans son ménage, Giuliani a accepté de participer à des heures et des heures de débats télévisés lamentables, humiliants pour un homme de son niveau, après la publication de la fameuse vidéo « Je les attrape par la chatte » de Trump. « Il ferait n'importe quoi pour ne pas être chez lui », a alors souligné Ailes qui n'en croyait pas ses yeux.

Mais la loyauté de Giuliani envers Donald Trump est aussi bien réelle. Il estime qu'il a envers lui une dette de cœur, et le dit avec une sincérité qu'on ne peut sans doute observer chez personne d'autre dans l'entourage de Trump. Après que le deuxième mariage de Giuliani vole en éclats, en 2000, de façon très publique et très laide, ses enfants le rejettent. Une querelle terrible éclate en particulier entre son fils Andrew et lui. Mais Andrew est un adolescent passionné par le golf ; il aspire même à entrer sur le circuit professionnel. Trump, qui n'est guère connu pour son empathie mais veut remercier Giuliani des nombreux services qu'il lui a rendus, en tant que maire de la ville, pour ses affaires immobilières, fait l'effort d'inviter Andrew à jouer en sa compagnie sur des parcours de golf Trump. Et il défend devant lui la cause de son père avec des résultats assez positifs. Beaucoup plus tard, Trump fait entrer Andrew à la Maison Blanche avec le titre de directeur adjoint du Bureau des relations publiques ; il lui accorde aussi, comme à une douzaine d'autres personnes seulement, le droit d'accéder sans escorte au Bureau ovale.

La loyauté de Giuliani, et son empressement à défier toute logique pour prendre sa défense, obligent Trump. À l'automne 2016, après sa victoire, il envisage de lui donner un poste important dans son administration. Mais ce projet pose problème à tout l'entourage du président élu. Rudy, de l'avis général – y compris, parfois, de Trump lui-même –, est un peu *dérangé*. « Démence sénile », tranche Bannon. « En plus il boit trop », dit Trump qui, plus d'une fois pendant la campagne, a jeté au visage de Giuliani qu'il « perdait la boule ».

Cette idée d'un Giuliani « dérangé » n'est pas sans ironie, car certains traits de son comportement – la surexcitation, la grandiloquence, la tendance à dire à peu près tout ce qui lui passe par la tête – font étrangement penser à Trump.

Pour nombre des principaux conseillers de l'équipe de transition, avoir réussi à empêcher Rudy Giuliani, 74 ans, de décrocher un poste dans l'administration

Trump est une de leurs plus belles victoires. « Voilà au moins une balle que nous avons pu éviter », dit alors Reince Priebus, le premier chef de cabinet du président.

Il faut dire que Giuliani, aiguillonné paraît-il par sa femme qui s'est jadis imaginée en première dame des États-Unis, a lui-même contribué à se disqualifier en affirmant tout de go que le seul poste qu'il pourrait accepter serait celui de secrétaire d'État. Même Trump s'est rendu compte qu'il était possible que son copain ne soit pas tout à fait assez diplomate pour ce rôle. À la place, il l'a exhorté à devenir procureur général. « Je suis trop vieux pour me remettre au droit », a répondu Giuliani, déçu, à Bannon qui lui apportait la nouvelle que la place de secrétaire d'État ne serait pas pour lui.

Mais voilà qu'une nouvelle opportunité se présente à Giuliani. Le 19 avril 2018, alors qu'il est loin d'être le premier choix – dans le genre « tueur », on trouverait quand même plus convaincant que lui –, la Maison Blanche apprend avec stupeur et effroi qu'il rejoint l'équipe juridique du président. Les médias en font un gros titre de leur longue chronique Ça-ne-s'invente-pas de la présidence Trump : Giuliani, l'ancien patron de James Comey, faisant son come-back à un poste où il devra s'attaquer à Comey et à Mueller.

Enfin le tarif est correct. Bien sûr qu'il travaillera gratis, assure-t-il à Trump.

Lors de plusieurs échanges téléphoniques entre les deux hommes – Giuliani dit ensuite à ses amis que Trump « pleurait dans l'appareil », tandis que Trump affirme de son côté que Giuliani le « suppliait d'avoir le job » –, le président s'emballe et essaie de persuader l'ancien maire qu'il devrait « s'y coller avec Michael Avenatti ».

Pour l'arrivée de Giuliani à la Maison Blanche, il a été prévu qu'il sélectionne des collaborateurs du très gros cabinet d'avocats auquel il appartient, Greenberg Traurig – notamment son collègue Marc Mukasey (le fil de Michael Mukasey, ancien procureur général de George W. Bush) –, et que tout ce monde constitue la nouvelle équipe juridique du président. Giuliani sera le visage public de la défense du président, tandis que les gens de Greenberg Traurig travailleront d'arrache-pied sur les problèmes du président.

Mais Greenberg Traurig, où Giuliani est davantage un apporteur de clientèle qu'un avocat, ne voit pas les choses ainsi. Comme dans les autres cabinets qui ont été sollicités depuis l'élection, le comité de direction estime que défendre Trump serait profondément mal vu par l'ensemble de son personnel. En outre, les partenaires craignent de ne jamais être payés.

Giuliani, désespérément déterminé à décrocher ce boulot à la Maison Blanche, décide de quitter le cabinet. Il assurera seul la défense du président.

4

Seul à la maison

On pourrait croire que la Maison Blanche est constamment hantée par un Trump furibond et vengeur. Mais en vérité, ce Trump-là est souvent éclipsé par le Trump désœuvré, nonchalant et même tout à fait content de lui, un homme de 71 ans qui dresse avec tendresse le bilan de sa formidable prestation et de ses extraordinaires réalisations.

« C'est peut-être terrible à dire, vraiment terrible, mais il peut être heureux comme un coq en pâte », confie Ivanka Trump à une connaissance à qui elle parle du comportement de son président de père.

C'est la bulle Trump. Cet homme est incapable de se voir la moindre vulnérabilité. Il ne peut pas reconnaître que sa Maison Blanche a peut-être des soucis, ou qu'il est lui-même en danger. Personne, dans le large cercle de ses connaissances et de ses collègues, ne l'a jamais entendu dire qu'il regrette, qu'il doute, ou qu'il souhaiterait avoir fait quoi que ce soit autrement qu'il ne l'a fait. Si la bulle Trump est troublée parce qu'il y entre moins que de l'adulation pure, la faute en revient forcément à quelqu'un, et il faut alors sans doute limoger ce quelqu'un.

Mais pour l'essentiel la bulle est là, fermée, imprenable. L'un des effets de l'accumulation des problèmes judiciaires de Trump, c'est que de plus en plus de gens, craignant d'être eux-mêmes pris pour cibles par Mueller et compagnie, évitent purement et simplement de parler à Trump de ses problèmes. Nombre de ses copains de l'immobilier avec qui il discute au téléphone en fin de journée – notamment Richard LeFrak, Steven Roth et Tom Barrack, qui se font parfois auprès de lui la voix de la raison et de la réalité – ont désormais peur d'être appelés par Mueller. La bulle Trump se réduit et devient de moins en moins pénétrable : le soir il est seul dans son lit, il mange des Three Musketeers[1] (sa confiserie préférée) et parle au téléphone à un Sean Hannity servile et rassurant.

Trump ne peut appartenir qu'à une structure qui s'occupe de lui avec une dévotion sans faille. Il ne peut en imaginer d'autre. Il insiste pour que la Maison Blanche fonctionne davantage comme la Trump Organization, une entreprise dont la raison d'être est de le satisfaire et qui doit s'appliquer à suivre le fil tortueux de son impulsivité. Ses pratiques de management sont totalement autocentrées : sa préoccupation principale n'est ni de faire aboutir un projet donné, ni d'assurer le bon fonctionnement de la société. Se concentrer sur l'objectif à atteindre – se concentrer sur quoi que ce soit –, ce n'est ni ce qui l'intéresse, ni sa façon de faire.

Sauf s'il a en tête un grief particulier – qui parfois lui vient pendant la nuit –, Trump arrive tard au bureau le matin. La plupart du temps, il aime avoir un programme de rencontres mises en scène, avec

1. Barre chocolatée qui porte en Europe le nom de Milky Way.

une ou plusieurs personnes, dans le Bureau ovale ou la Roosevelt Room[1], dont l'objectif est de lui valoir admiration et compliments de la part de ses interlocuteurs, et, surtout, de le divertir. Comme le sait désormais très bien son staff, un Trump diverti est un Trump heureux.

Quand Trump est tranquille, la Maison Blanche et l'ensemble de l'exécutif sont également satisfaits. Dans cette atmosphère positive, les professionnels de la politique et du gouvernement sont en mesure de faire avancer les dossiers auxquels Trump ne trouve aucun intérêt. Or, Trump ne trouve aucun intérêt à la très grande majorité de leurs dossiers.

Si Trump est au comble de la bonne humeur quand il est diverti, il est aussi susceptible de se montrer très enjoué quand il se trouve entouré des personnes dont il s'entiche régulièrement. Ces amours, si elles finissent invariablement par passer, sont intenses sur le moment. Il a eu le béguin pour Michael Flynn. Il a eu le béguin pour Bannon. Paul Ryan et même Rob Porter ont eu leur heure de gloire dans son cœur.

Et puis il y a le contre-amiral Ronny Jackson, le médecin de la Maison Blanche. Il entre littéralement en transe quand il s'agit de couvrir le président de louanges. En janvier 2018, dans son compte rendu sur la santé de Trump, il émet l'avis professionnel que « certaines personnes ont tout simplement de fabuleux gènes. J'ai dit au président que s'il avait eu un régime alimentaire plus sain ces vingt dernières années, il pourrait vivre deux cents ans ».

1. Une salle de réunion de la West Wing.

Fin mars, Trump limoge David Shulkin, le secrétaire aux Anciens combattants[1], avec l'intention de nommer Jackson à sa place. C'est un choix étrange – Jackson n'a aucune expérience dans l'administration, et aucun rapport professionnel avec les problématiques des anciens combattants – mais qui reflète bien le désir de Trump de récompenser ses amis et ses soutiens. Durant les semaines qui suivent, il se rend à peine compte qu'une faction de la Maison Blanche mène une campagne offensive pour faire tomber son candidat. Une campagne qui a démarré dans le bureau du vice-président.

Trump n'a jamais eu de sympathie pour son vice-président. Depuis qu'ils sont arrivés à la Maison Blanche, à vrai dire, Mike Pence l'ennuie. (Pence a été gouverneur de l'Indiana de 2013 à 2017 ; les douze années précédentes il a été représentant de l'Indiana au Congrès.) Trump exige une obéissance servile de son entourage, mais quand il l'obtient il se montre méfiant envers ceux qui la lui témoignent. Plus Pence courbe l'échine, plus Trump pense qu'il cache quelque chose.

« Pourquoi il me regarde comme ça ? » demande-t-il au sujet de l'air presque béat avec lequel Pence semble parfois le contempler. « C'est un fanatique religieux, conclut-il. Il était gouverneur et il allait perdre sa place quand nous lui avons donné ce boulot. Alors je suppose qu'il a une bonne raison de m'aimer. Mais il paraît qu'il était le type le plus stupide du Congrès. »

---

1. Directeur du département des Anciens combattants, il fait partie du cabinet présidentiel, le groupe des membres les plus importants de l'exécutif fédéral.

En juin 2017, Bannon a contribué à faire installer Nick Ayers, un jeune stratège politique républicain discipliné et ambitieux, au poste de chef de cabinet du vice-président. Pence, qui dans la langue de Bannon est « notre roue de secours, mais la moitié du temps il ne sait même pas où il est », avait manifestement besoin d'aide. Dirigé par Ayers, son bureau est devenu la mécanique la plus efficace de la West Wing.

Ce qui n'est pas beaucoup dire. Au printemps 2018, nombre des satellites du Bureau ovale sont très mal en point. Le bureau du chef de cabinet, à cause de l'animosité de Trump envers John Kelly, est assurément un des plus faibles que la Maison Blanche ait jamais connu. Les diverses initiatives et centres de pouvoir instaurés par Jared Kushner – notamment le Bureau de l'innovation américaine créé en mars 2017 – ont tous capoté. Avant de se résoudre à démissionner en mars, H. R. McMaster, le conseiller à la sécurité nationale, a quasiment été persona non grata à la West Wing pendant à peu près six mois (et Trump s'amusait souvent à imiter la voix monotone et la respiration pesante de McMaster). Marc Short et le bureau des relations avec le Congrès sont boudés par le président depuis le malentendu sur la loi de finances.

Du côté des relations publiques, le degré de confusion atteint est proprement ridicule. Les trois principales personnalités de la Maison Blanche dans ce domaine – Mercedes Schlapp, la directrice des communications stratégiques, Sarah Huckabee Sanders, la porte-parole (Trump l'appelle « la Huckabee »), et Kellyanne Conway, la conseillère du président qui a des responsabilités, en matière de communication, dont elle est à peu près la seule informée – ne cessent de se tirer dans les pattes. Sans oublier Hope Hicks qui, citée par les médias comme « source informée » anonyme depuis son départ de la Maison Blanche fin mars, dézingue bien entendu ses anciennes collègues. « Elles se crêpent le chignon », commente Trump avec une certaine satisfaction – Trump qui assure lui-même une bonne partie de sa relation avec les médias sur son smartphone.

La gabegie de la Maison Blanche à l'époque de Reince Priebus, le chef de cabinet des sept premiers mois, passerait presque pour un modèle d'ordre – un centre d'étude IBM dans les années 1950 – en comparaison du chaos qui y règne maintenant. Mais au milieu de cet effondrement général, on peut quand même compter sur le bureau de Mike Pence pour piloter la Maison Blanche grâce à deux personnes : Nick Ayers et la femme de Pence, Karen.

Au début de la mandature, un article de *Rolling Stone* a cité Pence appelant sa femme « Mère ». Le surnom est resté. Toute la West Wing l'utilise pour évoquer Mme Pence, et pas de façon affectueuse. La puissance derrière le trône vice-présidentiel, dit-on, c'est elle : la stratège rusée, infatigable, à la volonté de fer, qui a hissé à bout de bras son infortuné mari.

« Elle me fout les jetons », dit Trump qui l'évite autant qu'il peut.

Tout comme George Conway, le mari de Kellyanne Conway, un éminent avocat de Wall Street qui enchaîne les tweets moqueurs sur le président, ou Karen Hernest, la femme de John Kelly, qui prend à partie des gens qu'elle connaît à peine pour témoigner de la haine que son mari voue au président, ou encore l'actrice Louise Linton, épouse du secrétaire au Trésor Steve Mnuchin, qui fait parfois le geste de s'étrangler, Mère compte parmi ces conjoints de l'équipe présidentielle stupéfiés par Trump.

Tandis que Pence courbe l'échine devant Trump et lui manifeste jour après jour une loyauté presque insoutenable, Ayers et Mère, eux, envisagent le pire pour cette présidence et positionnent le vice-président comme une excellente solution de repli si le président devait être destitué (ou démissionner), un événement dont Mère estime auprès de ses amis les chances qu'il se produise comme plutôt bonnes. En avril 2018, Ayers et Mère jugent que la Chambre des représentants basculera en faveur des démocrates aux élections de mi-mandat en novembre, et que même la majorité du Sénat est menacée. Cette perspective suscite de nouvelles ambitions bravaches dans l'orbite Pence.

Trump, entre-temps, ne semble toujours pas avoir conscience de la perfidie de Pence et sa famille. Il ne se doute absolument pas que la nomination de l'amiral Jackson est sur le point de constituer un test de la puissance du tandem Mère-Ayers (et par extension de Pence), et de sa propre faiblesse.

Jackson, qui a été le médecin de l'administration Obama avant l'arrivée de Trump, soigne le président et son entourage, et supervise l'unité médicale de la Maison Blanche. C'est un homme au contact facile et très apprécié, de manière générale, notamment parce qu'il prescrit des comprimés avec une certaine désinvolture. Il fournit régulièrement à Trump du Provigil[1], un stimulant que son médecin new-yorkais lui prescrivait

1. Molécule : modafinil. Psychostimulant prescrit en France comme « médicament d'exception ».

depuis longtemps. Certains membres du personnel de la Maison Blanche, s'ils ont besoin de somnifères, savent qu'ils peuvent compter sur Jackson pour obtenir de l'Ambien[1]. Il s'entend particulièrement bien avec les hommes ; c'est un « copain, un peu vieux jeu, et il a une bonne descente », entend-on dire à son sujet. Ses relations avec les femmes, dont plusieurs se plaignent, sont par contre moins faciles.

L'une des femmes qu'il a contrariées est Mère.

Durant la première année de la présidence Trump, elle l'a consulté pour un problème gynécologique. Comme il faisait partie du chœur des railleurs de Mère, il s'est montré indiscret. Elle n'a pas tardé à entendre parler de cette violation du secret médical ; son embarras et sa colère se sont bientôt mués en désir acharné de vengeance.

Une bonne partie des fuites, reprises par les médias, concernant l'alcoolisme de Jackson, sa libéralité en matière d'ordonnances, et les accusations de harcèlement dont il est l'objet – fuites que Trump a commencé à mettre sur le dos des démocrates et d'autres ennemis et qui, vers la mi-avril, s'ajoutent au flux quotidien d'informations négatives sur sa présidence – proviennent de Mère et d'Ayers. La nomination de Jackson au poste de secrétaire aux Anciens combattants ne tarde pas à paraître irrecevable. Il retire sa candidature le 26 avril.

« Porter ce coup-là à l'amiral, c'est une des choses les plus impressionnantes que j'aie vu la West Wing faire, dit Bannon. Ils ont démoli ce fils de pute. »

---

1. Stilnox ou zolpidem (générique) en France.

L'affaire Jackson peut être abordée moins comme un exemple d'opposition à Trump, ou de déloyauté à son égard, que comme un signe que le travail de la Maison Blanche continue en dépit de lui. Déconnecté des aspects concrets de la conduite d'un gouvernement, scotché à la télévision et obsédé d'heure en heure par les défis et les insultes auxquels il s'imagine confronté, Trump donne souvent l'impression de ne pas être réellement en prise avec sa propre administration. Mère et Ayers ont pris cette revanche politique parce qu'ils ont pu le faire. Et si Ronny Jackson était certes le choix de Trump, c'était un choix dicté par le désœuvrement. Le médecin ne s'inscrivait pas dans un grand projet trumpien, et par-dessus le marché il a offensé Mère, alors pourquoi ne pas le démolir ?

N'empêche, si distrait Trump soit-il, le fiasco Jackson l'exaspère et le conforte dans l'idée qu'il devrait pouvoir nommer qui lui plaît, où il lui plaît. La question des affectations aux postes de son administration le fait toujours partir au quart de tour, et l'opposition qu'il rencontre parfois est pour lui un affront. Perplexe de découvrir que le pouvoir de la présidence a certaines limites, il en arrive à voir celles-ci comme ses propres limites, comme un signe de sa propre faiblesse. Le poste de secrétaire aux Anciens combattants est un petit job sans importance : pourquoi ne peut-il pas y nommer qui il veut ? C'est la Maison Blanche qui se met en travers de sa route. C'est Washington qui se met en travers de sa route. C'est toute cette bureaucratie gargantuesque qui est infoutue de l'aider !

Malgré cela, son entourage est étonné de relever chez lui une caractéristique inattendue : il n'est pas paranoïaque. Il s'apitoie sur son sort, il fait du mélodrame, mais il n'est pas sur ses gardes. Le négativisme et la trahison le surprennent toujours. Le narcissisme est vraiment le contraire de la paranoïa : Trump pense que les gens le protègent et doivent le protéger. Il est déconcerté, et d'autant plus profondément blessé, quand il se rend compte que c'est à lui de s'occuper de lui-même.

Cette fois encore, comme au moment de la loi de finances, la pilule est amère. Même Mike Pence, ce lèche-cul, ne l'a pas soutenu. Quand Ivanka lui révèle le fond de l'affaire – le manque de respect de Jackson envers Mme Pence –, il préfère écarter cette vérité désagréable. Et continue de ressasser la question des limites de sa puissance. Il est président des États-Unis ! Pourquoi ne peut-il avoir ce qu'il veut ?

Le problème, c'est la Maison Blanche elle-même. L'éventail des personnalités qui y travaillent et ses nombreux centres de pouvoir exigent une perspicacité, une affabilité, une diplomatie, une adresse – au fond, une bonne volonté à travailler avec une équipe – que Trump n'a jamais su trouver en lui. Les nombreux postes vacants de la Maison Blanche le sont en partie par manque de candidats, mais la situation perdure aussi parce qu'il indiffère à Trump de recruter qui que ce soit.

L'histoire des quinze derniers mois n'est pas celle d'un président qui étoffe et consolide son administration, mais de l'usure de l'équipe d'entrée de jeu relativement faible que Trump a dû accepter dans l'urgence. La quasi-totalité des principaux responsables de la Maison Blanche ont été emportés en un peu moins d'un an : Flynn, Priebus, Bannon, Cohn, Hicks, McMaster…

ceux-là et tant d'autres sont partis. En un sens, on peut dire qu'il n'a pas de chef de cabinet, pas de service de relations publiques, pas de bureau de liaison avec le Congrès. Et son équipe juridique est boiteuse.

Ceux qui sont restés, et les nouveaux arrivés, semblent mieux comprendre la règle du jeu : ils travaillent pour Donald Trump, pas pour le président des États-Unis. S'ils veulent tirer leur épingle du jeu, ils ne peuvent se permettre de considérer qu'ils servent une institution ; ils doivent accepter qu'ils sont là pour le bon plaisir d'un boss totalement unique en son genre, et qui fait de tout une affaire personnelle. Mike Pompeo, secrétaire d'État depuis fin avril, s'en sort jusqu'à maintenant parce qu'il semble avoir fait le pari que son avenir dépend de sa soumission à Trump. Il suppose, à vrai dire, que s'il tient sa langue et se montre stoïque, le Bureau ovale sera peut-être un jour à lui. Par ailleurs, Larry Kudlow, nouveau directeur du Conseil économique national à la place de Gary Cohn, et John Bolton, nommé conseiller à la sécurité nationale à la place de H. R. McMaster, sont parfaits parce qu'ils avaient tous les deux désespérément besoin de ces postes : Kudlow avait perdu son job de commentateur sur CNBC et Bolton était depuis longtemps exilé dans l'arrière-pays de la diplomatie américaine, avec peu d'espoir de s'en échapper.

Ces remplacements exceptés, plus d'un an après le début de la présidence Trump, nombre d'emplois de la Maison Blanche restent donc vacants. Les risques d'ennuis judiciaires sont trop élevés, les difficultés à travailler avec ce président trop grandes, et puis qui a envie d'une telle tache – *membre de la Maison Blanche de Trump* – sur son CV ?

La West Wing donne parfois l'impression d'être presque déserte. Trump est plus seul que jamais.

Mais bon, cela a-t-il la moindre importance ? Le seul show qui ait jamais fonctionné pour Donald Trump, c'est le one man show.

Le dîner des correspondants de la Maison Blanche, un événement annuel au cours duquel le président en exercice, traditionnellement, prononce un discours dans lequel il éreinte un large éventail de politiques et de personnalités médiatiques, puis, en retour, se fait éreinter par un comédien célèbre, doit se tenir le 28 avril. Aux yeux de Trump, ce dîner est peut-être la preuve ultime que les médias non seulement sont ligués contre lui, mais qu'ils essaient aussi sans relâche de l'obliger à s'aplatir devant eux.

« Je ne suis pas un lèche-bottes. Trump ne fait de la lèche à personne. Je ne serais pas Trump si j'étais un lèche-bottes », dit-il à un ami qui défend l'idée qu'il aurait avantage à participer au dîner et à y faire quelques blagues à ses dépens. Il refuse et affirme : « Personne n'y va même plus, aujourd'hui. C'est mort. »

À l'approche du dîner, il cherche le moyen de souffler la vedette aux correspondants, comme il l'a déjà fait en 2017, avec un meeting Trump. Il décide donc qu'il sera ce soir-là à Washington, Michigan, pour un grand rassemblement. En organisant celui-ci, l'entourage du président prend conscience qu'il va constituer un événement politique majeur : il constituera même le coup d'envoi officieux de la campagne des midterms de novembre. Jusque-là indifférent, pour l'essentiel, à ces élections de mi-mandat qui menacent beaucoup sa présidence, Trump s'est en fait tout à coup attribué le rôle du personnage central.

Le 28 avril au soir, au dîner des correspondants qui se tient à l'hôtel Washington Hilton, la comédienne Michelle Wolf étrille joyeusement le président, enchaînant moqueries, remarques dédaigneuses et franches cruautés devant une assemblée nombreuse et pour l'essentiel acquise. Au même moment, Trump parle pendant plus d'une heure, dans la salle du centre sportif Total Sports Park de la commune de Washington, Michigan, devant un public qui l'accueille avec un enthousiasme tapageur. Son intention déclarée, en venant ici, était de soutenir Bill Schuette, le procureur général du Michigan qui doit se présenter contre le lieutenant-gouverneur Brian Calley, lequel a commis le crime impardonnable de retirer son soutien au futur président juste avant l'élection de 2016. Trump mentionne Schuette en passant, au début de son discours, puis digresse pour se lancer dans une longue énumération, aussi flamboyante que délirante, de tout ce contre quoi il doit se battre.

Après avoir déroulé un moment sa pelote sur plusieurs de ses sujets de prédilection – le drapeau américain, le Mur, la Chine, la Bourse, la Corée du Nord –, il s'en prend à Jon Tester, le sénateur du Montana à qui il faut reprocher, juge-t-il, d'avoir saboté la nomination de Ronny Jackson au poste de secrétaire aux Anciens combattants.

« Je vous dis, ce que Jon Tester a fait à cet homme est une honte. L'amiral Jackson a commencé à étudier, et il travaillait tellement dur. C'est moi qui lui ai suggéré. Vous savez, c'est un héros de la guerre, un leader, un grand, vous savez, il est, il est amiral, un type génial, génial, 50 ans, il s'est mis à étudier, et là il a commencé à entendre des rumeurs méchantes, méchantes, et le *Secret Service* qui me dit : "C'est tout frais, monsieur. Nous avons vérifié tout ça, monsieur, et ils ne disent pas la vérité." Ils ne disent pas la vérité, alors ils essaient de détruire un homme.

« Bon, ils en font autant avec nous, ils essaient tout ce qu'ils peuvent, mais ça, mais un peu – je veux remercier, à propos, la commission du renseignement, à la Chambre des représentants, voyez ? Ils font ça avec nous, aussi. Collusion avec la Russie. Vous savez, je vous le garantis, je suis plus dur avec la Russie que personne y a jamais pensé. En fait, savez-vous, avez-vous entendu parler de l'avocate pendant un an, une avocate, elle était, genre : "Oh, je ne sais rien." Maintenant, tout à coup, il paraît qu'elle est associée à son gouvernement. Vous savez pourquoi ? Si elle a fait ça, parce que Poutine et le groupe ont dit : "Tu vois, ce Trump nous fait du mal. Pourquoi tu dirais pas que tu as des liens avec le gouvernement, pour qu'on puisse mettre encore plus de foutoir dans leur existence, là-bas, aux États-Unis ?" Regardez ce qui est arrivé ! Regardez comme tous ces politiciens se sont laissé avoir par cette camelote. Collusion avec la Russie… lâchez-moi !

« La seule collusion, je vais vous dire, c'est quand les démocrates se sont entendus avec les Russes, et les démocrates sont aussi de mèche avec des tas d'autres gens. Regardez les agences de renseignement, et aussi regardez, hé, et Comey alors ? Vous l'avez vu répondre, dans les interviews ? "Ah, ah, ah…" Et Comey, alors ? Et ça ? Alors quoi, et ce type, Comey ? Il a dit l'autre soir – le fake, le sale dossier, il a dit l'autre soir sur

Fox, il a dit, avec du punch : “Non, je ne savais pas que les démocrates et Hillary Clinton avaient payé pour.” Il ne savait pas, il ne savait pas… Ça en bouche un coin, non ? Ils ont lancé un truc fondé sur un document qui a été payé par le Comité national démocrate et Hillary Clinton. Honnêtement, tout le monde, écoutez-moi, écoutez-moi, c’est une honte. Nous devons nous remettre au travail. C’est une honte, ce qui se passe dans notre pays, et ils ont fait ça, ils ont fait ça à l’amiral Jackson. Ils font ça à des tas de gens.

« Des insinuations. Vous savez, autrefois, quand les journaux écrivaient, ils mettaient les noms. Aujourd’hui ils disent : “Selon certaines sources, le président Trump…” Certaines sources ! Ils ne disent jamais qui sont ces “certaines sources”, ils n’ont pas de sources. Les sources n’existent pas, dans bien des cas. Ils n’ont pas de sources et les sources dans bien des cas n’existent pas. Ce sont des gens très malhonnêtes, beaucoup d’entre eux. Ils sont très, très malhonnêtes. Fake news. Très malhonnêtes. Mais regardez Comey, et regardez comme il ment, et il a ses notes. Je me demande quand il a écrit ses notes, voyez ? Alors il a ses notes et il fait remonter ça. Regardez comme il ment, ce truc est tout juste incroyable…

« Au fait, au fait, au fait, est-ce qu’on est mieux ici qu’à ce dîner bidon des correspondants de la Maison Blanche à Washington ? Est-ce qu’on s’amuse plus ? Je pourrais être là-bas ce soir, à sourire, comme si j’adorais où ils tapent, *bam*, *bam*, ces gens ils peuvent pas vous piffrer, *bam*, et ensuite je suis censé… [il sourit]. Car vous savez, il faut sourire. Et si vous ne souriez pas, ils vont dire : “Il a été très mauvais, il n’a pas pu encaisser.” Et si par contre vous souriez, ils vont dire : “Pourquoi il sourit ?” Vous savez, on ne peut pas gagner… »

Libre et dans son élément, Trump monologue ainsi quatre-vingts minutes durant.

5

Robert Mueller

Trump est peut-être souvent à deux doigts de limoger Mueller, mais, à vrai dire, tout aussi souvent il renonce à le faire. Ce n'est pas vraiment une preuve de retenue de sa part : jouer au chat et à la souris lui convient bien. Menacer de virer le procureur spécial, puis ne pas le virer, cela fait partie de sa stratégie juridique. Intimider ou être intimidé, voilà sa théorie. À plusieurs reprises, lorsque les médias annoncent que Mueller est sur le point d'être remercié par le président, ils reprennent des fuites provoquées par Trump lui-même. « Faut les faire marcher », explique-t-il.

L'enquête du procureur spécial se poursuivant sans qu'il en filtre la plus petite information – ce silence est sans doute l'un des aspects les plus aberrants de l'aberrant Washington de Trump –, Robert Mueller lui-même est devenu pour la West Wing une sorte d'hologramme : toujours là mais insaisissable. Cependant, si la persistance de l'enquête ennuie Trump, son aspect fantomatique, informe, semble aussi lui donner du courage. Il estime que si Mueller et son équipe avaient quelque chose, eh bien, évidemment qu'ils laisseraient fuiter ça !

« C'est du pipi de chat, tout ce qu'ils ont, affirme Trump, peu après la fin de la première année de son mandat, à un ami au téléphone. Du pipi de chat, du pipi de chat, du pipi de chat. Quand je dis chasse aux sorcières, en fait je veux dire pipi de chat. »

Trump pense qu'il sait très bien ce qu'il fait. Après tout, il a été en procès à peu près constamment depuis qu'il fait des affaires. Sa carrière est une longue histoire de litiges juridiques. Il pense qu'il est capable de faire peur au camp d'en face. Mueller, c'est le genre d'adversaire qui lui a toujours inspiré du mépris, parce qu'il ne sort jamais des clous, et il sait exactement comment le prendre. Tout le monde considère peut-être sa droiture professionnelle comme une force, mais lui y voit une faiblesse.

« Souvenez-vous, dit-il à McGahn, Mueller ne veut pas être viré. Qu'est devenu ce type que Nixon a viré ? Massacre du samedi soir[1], bien sûr. Mais est-ce qu'on se souvient du type qui a été viré ? Non. »

Le procureur spécial est un « charlatan », dit Trump. Un « rigolo », un mec qui « se croit futé, mais non », ce par quoi il veut dire que Mueller n'a pas la rouerie du mec de la rue, qu'il n'est pas prêt à *faire ce qu'il faut*. « Je connais ce genre de type, un faux dur. »

Trump et Mueller, curieusement, ont des biographies parallèles. Parallèles et en même temps fortement contrastées.

---

1. Il cite l'expression employée à l'époque du scandale du Watergate (octobre 1973) au sujet du limogeage du procureur spécial Archibald Cox (par Nixon), qui entraîna la démission du procureur général et du procureur général adjoint des États-Unis.

Trump est né en 1946 à New York ; Mueller est né en 1944 à New York. Tous deux ont pour ancêtres des immigrés allemands débarqués à New York au XIXe siècle. Ils ont grandi, dans les années d'après-guerre, dans des familles de la haute bourgeoisie élégante et sélecte du nord-est des États-Unis.

Ici s'arrêtent les points communs. Trump est le fils d'un certain archétype américain : Fred Trump est un homme qui n'écoute que son instinct, vit dans un monde qu'il considère comme impitoyable, un jeu à somme nulle, et croit en la victoire à n'importe quel coût. Donald Trump commence très jeune à désirer le surpasser. Mueller est le fils d'un autre type d'homme : son père est un cadre dirigeant du groupe industriel de chimie DuPont, très conventionnel, qui fonctionne pour sa part (avec une sublimation très années 1950) dans un monde où réussir, c'est nécessairement ne jamais faire de vagues. Et Mueller, dès son plus jeune âge, veut suivre cet exemple.

Robert S. Mueller III, classe de Princeton de 1966, appartient à la dernière génération de républicains de l'Ivy League[1], c'est-à-dire de républicains modérés, bourgeois, appartenant à l'establishment. Depuis les années 1960, l'Ivy League s'est inexorablement transformée en un centre culturel de gauche, mais, dans la mémoire de l'époque, sa véritable nature est incarnée par la famille Bush et autres membres du country club. La famille Mueller en est l'illustration

1. L'Ivy League désigne un groupe de huit universités du nord-est des États-Unis (Brown, Columbia, Cornell, Dartmouth, Harvard, Pennsylvania, Princeton et Yale) parmi les plus anciennes et les plus prestigieuses du pays.

la plus aboutie : WASP dépassionnés, ils s'abstiennent de toute vanité personnelle et n'ont aucune arrogance. Adolescent, Bob Mueller est un excellent élève et un athlète accompli – l'ancien idéal du corps sain dans un esprit sain – au lycée St. Paul de Concord, New Hampshire. Chaque année il est capitaine de son équipe sportive, chaque année dans une discipline différente. Il ressemble à ces personnages de certains romans, certaines histoires des années 1940, 1950 et 1960 : *Une paix séparée* de John Knowles, publié en 1959, où le sentiment de classe et de bienséance est déjà en train de disparaître ; les romans de Louis Auchincloss sur la souffrance et les déceptions de l'élite américaine ; les nouvelles publiées dans le *New Yorker* d'alors, qui dépeignent un stoïcisme bon chic bon genre et une vie émotionnelle réprimée. Tous personnages qui seront ouvertement tournés en dérision dans la fiction des décennies suivantes.

Comme son camarade de St. Paul John Kerry, le futur sénateur, candidat à la présidence et secrétaire d'État d'Obama, Mueller part au Viêtnam, en 1968, après ses études. Le mouvement d'opposition à la guerre mettra bientôt un terme à la tradition des militaires issus de l'Ivy League, et Kerry se fera un nom comme porte-parole de ce mouvement avant de se bâtir une carrière d'homme politique libéral. Mueller, lui, entame une carrière au sein de la haute administration et réussit à se tenir à l'écart des quatre décennies de bouleversements politiques et culturels qui suivent. « Il était soit au-dessus de tout ça, soit complètement en dehors du coup ; ce n'était pas forcément évident de savoir », dit un collègue du département de la Justice.

Comme il n'a qu'un cercle très restreint d'intimes, rares sont les personnes qui savent ce qu'il ressent, ce qu'il pense ou ce qu'il peut souhaiter exprimer (s'il a toutefois quelque chose à exprimer). Si certains le jugent énigmatique comme l'on dirait sage ou brillant, d'autres se demandent souvent s'il n'a pas tout simplement rien à dire. Il a sans doute été le plus important directeur du FBI de l'époque contemporaine. Nommé à ce poste juste avant le 11 Septembre, il a complètement transformé le *bureau* : d'une maison centrée sur le crime américain, il a fait une organisation capable de lutter contre le terrorisme international. Et pourtant, selon Garrett Graff dont le livre *The Threat Matrix* relate l'apparition de la doctrine de la « guerre contre la terreur » et la création du nouveau FBI, Mueller reste si discret, son profil public est si modeste, qu'il donne presque l'impression de n'être qu'un « personnage secondaire ».

La méfiance profonde que Mueller éprouve pour l'excès de personnalité est devenue le trait dominant de sa propre personnalité. C'est un procureur à l'ancienne, au sens où il représente et sert l'administration. Il respecte les règles et ne met jamais en avant son indépendance (il est en cela une sorte d'anti-Giuliani). Il n'a ni talent, ni intérêt pour les médias ; de fait, il juge presque incompréhensible et moralement douteux que quiconque puisse avoir talent et intérêt pour les médias. Il est, selon la nomenclature d'antan, un honnête chef de famille, marié à sa petite amie du lycée, père de deux enfants. En bref, il est désespérément ringard et n'a jamais cessé de l'être, pas même lorsque la culture américaine a enterré la ringardise, mais aujourd'hui, curieusement, cela fait de lui le héros de l'Amérique de gauche, branchée et anti-Trump.

Changement notable par rapport à la pratique établie, son mandat de dix ans de directeur du FBI, théoriquement non renouvelable, est prolongé de deux ans en 2011 par Barack Obama. Selon des conseillers de l'ancien président, les deux hommes éprouvent clairement de la sympathie l'un pour l'autre. Ils partagent la même éthique de dévouement au gouvernement et de vertu individuelle, la même approche analytique en matière de résolution de problème, et une grande aversion pour toute forme de sensationnalisme.

Il est difficile d'imaginer plus différent de Robert Mueller que Donald Trump. Deux hommes du même âge et issus du même environnement social ne pourraient être plus opposés dans leurs visions des choses, leurs tempéraments, leurs comportements et leurs conceptions morales. Sans doute leur binôme illustre-t-il mieux qu'aucun autre ce qui sépare d'un côté les institutions, leur poids et le respect qui leur est dû, et de l'autre la rouerie, la prise de risque et la présomption. Mais peut-être n'incarnent-ils pas tant un clash des cultures qu'un simple contraste : le symétrique contre l'asymétrique, le sérieux contre l'agitation, la pondération contre le rentre-dedans.

« Il sait pas jouer », affirme Trump à propos de Mueller à un ami.

Quand Steve Bannon se présente devant le procureur spécial en janvier 2018 – quinze agents du FBI et huit procureurs se serrent dans la salle pour voir Dark Vador –, Mueller arrive juste avant le début de la déposition. Il marche droit vers Bannon, le salue avec une très grande courtoisie, puis le sidère en disant : « Je pense que Maureen va beaucoup se plaire à West Point. »

La fille de Bannon, Maureen, qui est capitaine dans l'armée de terre, vient d'accepter un poste à l'Académie militaire de West Point. Même ses plus proches amis ne le savent pas encore. Bannon se souvient : « Là je me dis : "Putain, c'est quoi ce truc ?" »

Pendant la pause, il interroge son avocat Bill Burck : « Ça veut dire quoi, à votre avis ?

— C'est très clair, répond Burck. Il vous dit : "N'oubliez jamais, jamais, que votre fille nous appartient." Il vous dit : "*Vous* nous appartenez." »

Presque aussitôt après avoir été nommé procureur spécial en mai 2017, Bob Mueller a recruté Andrew Weissmann, un juriste hyper-expérimenté, considéré par beaucoup comme le procureur de crime en col blanc le plus offensif des États-Unis, qui est le patron du service de la fraude au département de la Justice.

Donald Trump croit tout savoir de Weissmann. C'est un bidouilleur et un loser, dit-il. Weissmann a poursuivi Arthur Andersen, une des cinq plus grandes sociétés d'audits financiers et de services comptables du monde, dans le cadre de l'affaire Enron[1]. Il a obtenu une condamnation et fait mettre la clé sous la porte à l'une des plus grandes entreprises de la planète, qui comptait quatre-vingt-cinq mille employés. Puis le jugement a été annulé. C'est une tragédie pour les affaires, dit Trump, et Weissmann aurait dû être puni. Il l'appelle « Arthur Weissmann ».

1. Scandale financier révélé en 2001, qui a entraîné la faillite de cette société du secteur de l'énergie dont les dirigeants avaient dissimulé leurs pertes financières (et poussé leurs comptables d'Andersen à ignorer le problème).

Si tant est que l'affaire Andersen ait pu ternir la réputation de Weissmann, elle a surtout renforcé sa réputation de guerrier implacable. Pour Weissmann, en faire trop est une sorte de postulat philosophique : pour lui, les criminels en col blanc essaient de contourner le système, d'être plus forts que lui, donc le système doit être plus fort qu'eux. Or, toute sa vie, toute sa carrière, Donald Trump n'a jamais cherché qu'à vaincre le système.

En mars 2018, l'équipe de Mueller réfléchit à un coup audacieux. Sur une initiative pilotée par Weissmann, le bureau du procureur spécial rédige un projet de mise en examen du président. La liste des chefs d'accusation qu'il contient est une sorte de feuille de route de la première année de la présidence Trump.

L'affaire « LES ÉTATS-UNIS D'AMÉRIQUE contre DONALD J. TRUMP, défendeur » compte trois chefs d'accusation. Dans le premier il est reproché au président, selon les termes du Titre 18, Section 1505 du Code des États-Unis, d'avoir influencé, entravé ou menacé, par des pratiques malhonnêtes, une procédure en cours dans un département ou une agence du gouvernement des États-Unis. Dans le deuxième, d'après la section 1512, il est reproché au président d'avoir soudoyé un témoin, une victime ou un informateur. Le troisième enfin, évoquant la section 1513, reproche au président d'avoir usé de représailles contre un témoin, une victime ou un informateur.

D'après ce projet de mise en examen, les tentatives d'entrave à la justice de Donald Trump ont commencé le septième jour de son mandat. Le document les détaille en citant successivement les mensonges proférés par Michael Flynn, l'ancien conseiller à la sécurité nationale, devant le FBI, au sujet de ses contacts avec des représentants du gouvernement russe, puis les efforts entrepris par le président pour que James Comey protège Flynn, puis le limogeage de Comey, puis les efforts du président pour contrecarrer l'enquête du procureur spécial, puis sa tentative de dissimulation de la rencontre de son fils et de son gendre avec des agents du gouvernement russe, et, enfin, tout ce que le président a essayé de faire pour perturber le témoignage du directeur adjoint du FBI Andrew McCabe, ainsi que pour user de représailles contre lui. Le document précise aussi sans ambages ce qu'est, d'après le procureur spécial, le thème dominant de la présidence Trump : depuis l'investiture, le président s'est donné un mal considérable pour fuir la justice et ne pas avoir à rendre de comptes, et pour saper les efforts des commissions officielles chargées d'enquêter sur ses actions.

Depuis le Watergate, il y a maintenant quarante-cinq ans, la question de savoir si les procureurs peuvent traîner un président en exercice devant les tribunaux comme un citoyen ordinaire, et le juger pour avoir violé la loi, agite les spécialistes de l'interprétation de la Constitution et refait surface au gré des scandales de la Maison Blanche. Le Bureau de conseil juridique, un auxiliaire méconnu du département de la Justice qui prépare des recommandations pour le procureur général des États-Unis, a émis l'opinion, au moment du Watergate, puis de nouveau pendant l'affaire Clinton-Lewinsky, qu'un président en exercice ne pouvait être inculpé. Si cette opinion est loin de constituer une interdiction légale ou un jugement contre l'inculpation d'un président, elle a fini par être une sorte de position par défaut, notamment parce que personne n'a jamais essayé d'inculper un président.

Dans certains cercles spécialisés en droit constitutionnel, la question de savoir si un président peut être mis en examen soulève depuis plusieurs décennies des débats plutôt houleux. Contre les objections de nombreux libéraux, Ken Starr, le procureur indépendant qui a mené l'enquête sur Bill Clinton, a défendu l'idée que la Constitution américaine ne protégeait pas un président en exercice d'une mise en examen, et que, à l'instar de n'importe quel citoyen ou agent fédéral, il pouvait être l'objet de poursuites pénales. Certains ont dit qu'il était allé trop loin.

À la fin du mois de mars 2018, Mueller a non seulement ce projet de mise en examen, mais il a aussi préparé un argumentaire juridique destiné à rejeter la requête d'irrecevabilité que le « défendeur », Donald Trump, essaiera probablement d'opposer à sa mise en examen.

Cet argumentaire contredit explicitement l'opinion exprimée de longue date par le Bureau de conseil juridique. Nulle part dans la loi, affirme-t-il, il n'est écrit que le président ne peut être inculpé ; nulle part, il n'est accordé au président un statut juridique différent de celui d'autres responsables fédéraux, qui tous peuvent être inculpés et condamnés, ainsi que soumis à des procédures de destitution. La Constitution est claire sur les immunités qu'elle accorde, et elle n'en accorde aucune au président.

« La Clause de jugement de l'impeachment, qui s'applique de la même façon à tous les fonctionnaires civils, explique l'argumentaire, stipule qu'un fonctionnaire civil peut encourir une procédure d'impeachment et être destitué, mais que l'individu condamné encourra néanmoins le risque d'être mis en examen, jugé et condamné selon les termes de la loi.

« La Clause de jugement de l'impeachment considère qu'il va de soi (...) qu'un fonctionnaire peut être mis en examen, et jugé, avant toute procédure d'impeachment. Dans le cas contraire, la clause apporterait précisément aux fonctionnaires civils l'immunité que les Pères fondateurs ont rejetée. »

L'argument est simple et clair : pas d'exception statutaire dans la loi pour le président. C'est même tout le contraire, en fait, puisque le cadre constitutionnel stipule que le président n'est au-dessus des lois à aucun égard. La procédure d'impeachment et de destitution est un recours qui peut être utilisé contre tous les fonctionnaires civils des États-Unis, et elle ne les protège pas d'une éventuelle mise en examen, par conséquent la clause de l'impeachment du président ne doit pas plus protéger celui-ci d'une mise en examen. L'objection selon laquelle la charge de la procédure juridique imposée au président en cas de mise en examen affecterait sa capacité à remplir les fonctions pour lesquelles il a été élu est spécieuse, car cette charge ne serait pas plus lourde que celle que peut supposer une procédure d'impeachment.

Bob Mueller n'a pas atteint les plus hautes strates du gouvernement fédéral sans être parfaitement conscient des limites de la bureaucratie. À vrai dire, il compte parmi les joueurs les plus aguerris de ce gouvernement.

Chaque jour ou presque, Mueller et son équipe doivent se demander si le président ne va pas décider de les limoger. L'existence même de l'enquête du procureur spécial est devenue, en un sens, la question centrale de l'enquête. Y mettre un terme, ou la ralentir, ou lui causer du tort, c'est la mesure – l'ironie de la chose n'est pas assez appréciée – que doit logiquement prendre le président ou le substitut de son choix, puisque Mueller s'applique à montrer la nécessité de le faire inculper pour entrave à la justice.

Durant l'hiver et le printemps 2018, tout en travaillant sur son projet de mise en examen, le bureau du procureur spécial essaie de faire le point sur cet acte suprême d'entrave à la justice. Ses découvertes ne sont pas rassurantes.

« Le président Trump peut-il ordonner à Jeff Sessions de bloquer les arrêtés du procureur spécial (et le renvoyer s'il ne le fait pas) ? » demande l'une de ses notes internes.

« La réponse est tout simplement oui », conclut la recherche de l'équipe Mueller. Même s'il s'est récusé afin de ne pas être mêlé à l'enquête, le procureur général Sessions pourrait faire annuler les arrêtés du procureur spécial, et laisser ainsi toute liberté à Trump de virer lui-même Mueller.

La seule chose qui semble empêcher une décision aussi drastique, c'est la peur que ne se répète le Massacre du samedi soir de Nixon : renvoyer le procureur spécial pourrait provoquer un dramatique effet domino de démissions et de limogeages qui risquerait de se retourner contre la majorité républicaine du Congrès et, par conséquent, de porter préjudice aux républicains aux élections de novembre. De fait, Mitch McConnell, qui est prêt à tout pour protéger la majorité dont il est le chef au Sénat, adresse de sombres avertissements à la Maison Blanche : il ne faudra plus compter sur le Congrès pour soutenir le président si celui-ci se montre imprudent avec Mueller.

Mais la peur d'un drame, ou de conséquences imprévues, ou de la vengeance de McConnell, ne risque guère de préoccuper beaucoup ce président. Qui plus est, le drame pourrait être limité si Trump avait l'option d'ignorer les peurs et les hésitations de tout le monde, et de juste limoger directement Mueller. Est-ce envisageable ?

C'est à vrai dire possible, conclut la recherche : « Le président pourrait renvoyer le procureur spécial de lui-même, et justifier cette action en arguant que les arrêtés du procureur spécial sont inconstitutionnels dans la mesure où ils limitent la capacité du président à renvoyer le procureur spécial. » Cette décision serait sans doute considérée, soutient l'équipe de Mueller, comme un abus de pouvoir. Mais « il y a au moins certaines chances pour que l'action du président soit validée si elle devait être examinée par un tribunal, en particulier parce que les arrêtés pertinents [déterminant le fonctionnement du bureau du procureur spécial] n'ont jamais été intégrés par le Congrès dans le Code des États-Unis ».

Le procureur spécial, apparaît-il, est une construction étrangement fragile et instable.

Question d'une autre note existentielle de l'équipe Mueller : « Que deviennent le bureau du procureur spécial, son équipe, ses dossiers, les investigations en cours et les grands jurys qui examinent les éléments de l'enquête présentés, si le procureur spécial est renvoyé, ou si son enquête est interrompue ? »

Réponse en bref : « La question ne se prête pas à une réponse concluante fondée sur le droit statutaire ou le droit jurisprudentiel. » Puis la recherche enfonce le clou : « Pour le meilleur ou pour le pire, il n'existe aucun statut ou jurisprudence faisant autorité, qui énonce en termes précis les effets qu'une (...) interruption du travail effectué aurait sur ce bureau, son personnel, les investigations en cours et les données de l'enquête. » D'un jour à l'autre, le bureau tout entier pourrait être démantelé, et ses dossiers passés à la déchiqueteuse.

Néanmoins, il y aurait peut-être un certain laps de temps pendant lequel le procureur spécial pourrait être en mesure de « partager les données du grand jury avec des collègues procureurs dans le but de faire appliquer le droit pénal fédéral ». De fait, ce processus – confier des pans entiers de l'enquête, comme le dossier Michael Cohen, au district Sud de New York – a déjà commencé, autant pour protéger l'affaire si Mueller était limogé que pour éviter à Mueller de s'entendre reprocher d'être sorti du cadre de sa mission et d'en avoir trop fait.

Et puis il y a la date limite du 1er juillet qui approche. C'est ce jour-là que doit être présentée la demande de crédits budgétaires de Mueller : quatre-vingt-dix jours avant le début de l'année fiscale 2019. Le procureur général – ou, celui-ci s'étant récusé, le procureur général adjoint – a le droit de refuser unilatéralement cette demande. Et d'interrompre les travaux du procureur spécial, par conséquent, le 30 septembre 2018.

En vérité, le procureur général adjoint Rod Rosenstein a fait savoir au Congrès qu'il n'exécuterait pas un ordre présidentiel visant à révoquer le procureur spécial Mueller sans une « bonne raison ». Dans cette perspective encourageante, en outre, il « s'inquiète des retombées politiques qui accompagneraient » une décision de retirer ses crédits au bureau du procureur spécial. D'un autre côté, le président menace régulièrement de virer Rosenstein.

Mais qu'arrive-t-il si la demande de crédits budgétaires est bel et bien refusée et l'enquête arrêtée ? « Si le bureau du procureur spécial est fermé, il est possible, et peut-être probable, que le mandat de tout grand jury constitué par le procureur spécial expirera, et que le tribunal décidera alors de congédier ce grand jury. » Autre conséquence envisageable, tout le travail fourni prendra la direction, en passant par la déchiqueteuse, de la poubelle.

La recherche décrit ensuite un autre scénario, néanmoins, qui est plus encourageant : « Il est également possible qu'un autre "représentant autorisé du gouvernement", très probablement le bureau d'un procureur fédéral, poursuive l'enquête du grand jury, auquel cas le tribunal ne congédierait pas nécessairement le grand jury. »

Et si le pire arrive ? Si le président limoge le procureur spécial ? Ou s'il se produit un massacre systématique de toute la chaîne de commandement responsable de l'enquête ? Quelqu'un pourra-t-il résister ? Hélas, conclut la recherche du procureur spécial, ni un procureur général ni un procureur général adjoint ne peuvent s'opposer à leur licenciement, car ils sont tous deux nommés par le président.

D'autres questions se posent. Le procureur spécial, du fait qu'il n'a pas été nommé par le président, pourrait-il contredire son propre limogeage ?

Presque certainement pas, car l'arrêté par lequel il a été nommé ne lui donne « nul droit de se porter partie plaignante ». Il pourrait, à la limite, plaider la violation de la Constitution : défendre l'idée que son limogeage, en lui-même, est un exemple d'entrave à la justice. Qui plus est, théorise la recherche de l'équipe Mueller, il se pourrait que les représentants ou les sénateurs, au Congrès, aient le droit de demander l'arbitrage d'un tribunal. Peut-être même des membres de l'équipe du procureur spécial pourraient-ils porter plainte à titre personnel. Ou peut-être pourrait-on invoquer le « droit de comparaître d'un tiers » – par exemple l'association de juristes American Bar Association, ou l'organisation privée Judicial Watch, qui se consacre à la surveillance des activités du gouvernement américain –, c'est-à-dire qu'il existerait des motifs justifiant une exception à la règle selon laquelle un plaignant ne peut pas intenter une poursuite pour défendre les droits d'autrui. Enfin, précise la recherche, il y aurait peut-être quelques autres pistes à explorer, mais peu nombreuses et trop tortueuses sans doute pour aboutir.

Page après page, l'équipe de Mueller explore de nombreux scénarios envisageant la fermeture du bureau du procureur spécial et la mise au pilon de son travail. Mais au bout du compte, l'affaire se résume à ceci : tant que le président conserve le soutien du parti majoritaire au Congrès, il a en main de très bonnes cartes. Sans doute même des cartes gagnantes.

Le 2 mai, après quelques verres dans un restaurant du centre de Manhattan, Rudy Giuliani participe à *Hannity*, l'émission de Sean Hannity sur Fox News, et se livre à l'une des interviews télévisées les plus bizarres de la politique contemporaine, où l'incohérent le dispute à l'absurde pendant dix-huit longues minutes. La stratégie juridique du président des États-Unis exposée par un avocat-pilier de bar.

« Je connais James Comey. Je connais le président, dit Giuliani à Hannity. Désolé, James, vous êtes un menteur ; c'est scandaleux comme vous mentez. Il aurait mieux valu pour Dieu que Dieu vous empêche de prendre la direction du FBI. »

Il continue de divaguer : « Je crois, je crois que le procureur général Sessions, mon excellent ami, et Rosenstein, que je ne connais pas, je crois qu'ils devraient intervenir, dans l'intérêt de la justice, pour mettre un terme à cette enquête. »

Et encore : « Je ne vais pas laisser mon client, mon président, mon ami, et un président qui a accompli davantage en un an et demi, contre toute attente, que ce que tout le monde avait le droit d'espérer, je ne vais pas le laisser se faire traiter plus mal encore que Bill Clinton, qui a absolument menti sous serment… Je veux dire, on le traite plus mal que Hillary Clinton… Je ne vais pas accepter qu'il soit plus mal traité encore que Hillary Clinton. »

Et : « Je regrette, Hillary, je sais que vous êtes très déçue, vous n'avez pas gagné, mais vous êtes une criminelle. »

Bannon est horrifié par la prestation de Giuliani. « Il faut pas faire ça, mec, dit-il ensuite à Hannity. Il faut pas le laisser débloquer tout seul comme ça.

— Je ne suis pas la baby-sitter, objecte Hannity.

— C'est Rudy. Y a pas le choix. »

Mais Giuliani n'en a pas terminé. Quelques jours après sa prouesse à *Hannity*, il est reçu par George

Stephanopoulos sur ABC News. Il nie que Trump ait eu une aventure avec Stormy Daniels et, en même temps, il reconnaît que Trump l'a payée.

« Ce qui importe pour moi, c'est deux choses, déclare-t-il à Stephanopoulos. Il y a deux aspects juridiques pertinents, et mon travail c'est ça. Primo, ce n'était pas un financement de campagne parce que cela aurait été fait de toute façon. C'est le genre de chose que j'ai réglée pour des stars et des gens célèbres. Tout avocat qui fait ce genre de travail l'a fait. Et secundo, même si c'était considéré comme un financement de campagne, il a été entièrement remboursé sur des fonds personnels, et je ne crois pas qu'on en arrivera même là, parce que le primo suffit. Donc… affaire classée – affaire classée pour Donald Trump. »

Regardant l'émission, Bannon constate que le journaliste est presque gentil avec Giuliani. « Stephanopoulos aurait pu le laminer, mais on se rend bien compte qu'il est diminué. Comment mettre le bonhomme au tapis ? »

Bannon secoue la tête l'air ébahi. « Sans même parler de l'alcool, des gens vous diront que Rudy ne peut pas soutenir une vraie conversation. Ça se voit aux tics du visage, aux yeux ronds, à ses apartés ; on dirait qu'il se parle à lui-même alors qu'il vous lâche des bombes sur le plateau. Allons ! Et la femme de Rudy, future première dame ou au moins reine de Foggy Bottom[1], qui ne s'en ira pas avant d'avoir la certitude qu'il n'y a plus rien à presser dans le citron. C'est sidérant. »

1. Le surnom du département d'État (Giuliani espérait devenir secrétaire d'État), car il se trouve dans le quartier du même nom à Washington.

Même Trump est perplexe devant Rudy.

Il est content de voir que Giuliani a adopté la rhétorique d'invalidation juridique avec laquelle Alan Dershowitz l'a tant impressionné dans ses interviews télévisées : *Il ne saurait y avoir de responsabilité pénale pour un président exerçant ses pouvoirs constitutionnels, et ce quelle que soit la raison pour laquelle il les exerce. Si le président décide de limoger quelqu'un, la Constitution lui donne l'autorité de limoger, point final. Même si le président limoge ce quelqu'un dans le cadre, disons par exemple, d'une tentative de dissimulation, il n'y a pas de problème. Les pouvoirs absolus du président sont absolus.*

Sauf que, dans la bouche de Giuliani, cette théorie de Dershowitz sur l'impunité présidentielle paraît bizarre. Autrefois, quand il était procureur fédéral pour le district Sud de New York, il a bâti sa réputation, et plus tard sa carrière politique, sur l'application d'une justice très rigoureuse, implacable contre la grande criminalité et capable de faire tomber les puissants. Célèbre pour son approche « pas de prisonniers », il était tout le contraire de l'avocat de la défense prudent, intellectuellement agile, relativiste sur le plan moral. Et voilà qu'aujourd'hui, tout à coup, il semble chercher désespérément à jouer ce rôle.

Trump, qui fait toujours une fixation sur les caractéristiques physiques des gens, se repasse les prestations télévisées de Giuliani et observe qu'il a des « yeux de dingue, de dingue ». Il commente aussi son poids – Giuliani atteint presque les cent trente kilos, désormais – et sa démarche mal assurée. « On dirait un malade mental », dit-il.

Pour presque tout le monde à la Maison Blanche, et en particulier pour son conseiller juridique, Don McGahn, le système de défense de Giuliani est aussi loufoque qu'il est préoccupant. Trump se trouve dans l'obligation, rôle inhabituel pour lui, d'essayer de modérer son ami et de le convaincre de lever le pied sur la boisson.

Et pourtant, surprise, plus Giuliani semble délirant, plus il babille et s'éloigne de toute stratégie politico-juridique conventionnelle, et plus il semble modifier le rapport de force avec le procureur spécial, qui se met à tourner en faveur de Trump. L'aplomb qu'il met dans ses assertions, et la confusion qu'il crée avec certaines de ses déclarations improvisées et sans queue ni tête, ouvrent un nouveau front. Pas vis-à-vis du département de la Justice, bien sûr : à la télévision. D'un côté il y a le procureur spécial, pas causant, bûcheur, conformiste, prosaïque, totalement establishment. De l'autre il y a Rudy et Trump, rois de l'impro, imprévisibles, audacieux, toujours en représentation. Comment prédire le comportement de deux fous ?

Soudain, le sentiment que Giuliani possède quelque génie inexplicable s'empare de la Maison Blanche. Rudy est dingue, mais la dinguerie, ça marche. Rudy est un acolyte parfait de Trump. Il propose de façon maniaque une défense absurde, extravagante, niaise et hyperbolique. Pourtant, en termes de pure théâtralité, elle surpasse et fait oublier ces cartouches de petit calibre que sont les arguments juridiques ordinaires. Dans la longue carrière de Trump devant les tribunaux, les rodomontades et la confusion ont toujours rapporté gros. C'est exactement cette stratégie que Rudy applique à présent avec enthousiasme.

Le procureur spécial, silencieux, travailleur, anonyme, est sur la défensive. Peut-être va-t-il être limogé, peut-être même d'un moment à l'autre. Comme Trump aime à dire, toujours pour faire grimper le suspense : « Qui sait ce qui peut arriver ? » Dans la nouvelle interprétation de la loi selon Giuliani, il doit désormais arriver précisément ce que le président veut qu'il arrive. Le président, répète un Giuliani effronté, insouciant et volubile, a toutes les cartes en main, et c'est à lui de décider quand et comment les jouer.

À vrai dire, Mueller porte tout à fait le même regard sur la situation.

Dans un monde où personne ne connaît les règles – et où chacun pourrait avoir le pouvoir, après les élections de mi-mandat, de les redéfinir –, n'importe quelle affirmation ou presque est potentiellement recevable.

Marc Mukasey, le collègue de Giuliani (et son ancien partenaire chez Greenberg Traurig), apprend par la rumeur que Mueller et Weissmann préparent une mise en examen du président. Afin que ce projet aboutisse, il faudra qu'il soit approuvé par Rod Rosenstein qui supervise l'enquête Mueller. Et pour ce faire, le procureur général adjoint devra contredire l'opinion du Bureau de conseil juridique du département de la Justice selon laquelle un président ne peut être mis en examen.

C'est sûr, on peut difficilement exagérer l'hostilité que ce président inspire à Rosenstein. Trump est un escroc, dit-il à ses amis. Trump est un menteur. Trump est inapte.

Le 16 mai, pourtant, s'appuyant sur une logique qui échappe à tout le monde, ou peut-être sur quelque conversation privée avec Dieu, Giuliani déclare qu'il n'y aura pas d'inculpation du président. Il va même plus loin encore, affirmant que le bureau du procureur spécial – tant pis pour le projet de mise en examen déjà rédigé – lui a fait savoir qu'il partageait l'opinion prévalant au département de la Justice, selon laquelle le président ne peut être inculpé.

C'est un Giuliani barré, peut-être saoul, qui parle. Ou bien un Giuliani soudainement rusé. Ou les deux.

La manœuvre – révéler au public une opinion juridique du procureur spécial – fait l'effet d'une provocation. Maintenant Mueller doit choisir. Il peut publiquement manifester son désaccord avec l'avocat du président, et du coup entrer dans le débat politique. Ou il peut garder le silence, continuer de ne rien dévoiler de ses pensées, et laisser tout le monde supposer, tacitement, que l'affirmation de Giuliani est vraie. Dans les mois qui suivront, de fait, la quasi-totalité des experts et des médias conviendront platement que le président n'est pas menacé par une mise en examen.

Si Andrew Weissmann tient à mettre le président en examen, Bob Mueller, lui, veut continuer de travailler. Et les avocats de Trump ont beau se persuader que le président des États-Unis ne peut pas avoir de problèmes avec la justice, ils se rendent bien compte que leur client pourrait tout à fait être l'exception qui confirme la règle.

Il faut temporiser. Les deux camps y ont intérêt.

Du point de vue de Trump, si son administration parvient aux midterms sans que Mueller soit passé à l'action contre lui – et ces élections, suppose-t-il toujours avec allégresse, les républicains et lui vont les gagner –, il pourra se débarrasser sans problème du procureur spécial. L'équipe Mueller, de son côté, juge que si elle atteint les midterms sans avoir été mise à la porte, et si les démocrates emportent la majorité à la Chambre des représentants, elle sera en mesure de poursuivre tranquillement son travail.

Lors d'une conférence téléphonique avec les avocats de Trump vers la fin avril, des membres de l'équipe Mueller esquissent les sujets sur lesquels ils souhaiteraient interroger le président. Jay Sekulow transforme ensuite les points cités en une liste de questions bien définies, puis les fait fuiter comme s'il s'agissait de questions effectivement énoncées par le procureur spécial.

Si cette manœuvre peut sembler annoncer une épreuve de force imminente, elle est conçue, aussi bien de la part des avocats de Trump que de celle de l'équipe Mueller, pour avoir l'effet inverse : mettre Trump en garde et l'empêcher de foncer. Annoncer que le président risque de témoigner – avec la certitude absolue, pour tout le monde sauf le président lui-même, qu'un témoignage sans garde-fou le coulerait – est pour les deux camps une tactique de temporisation.

Si la liste de questions fuitée ne dissuade pas totalement Trump, elle lui donne au moins à réfléchir. Malgré cela, ce président déterminé, bavard et toujours sûr de lui continue de penser qu'il n'existe aucune assemblée qu'il ne puisse faire basculer en sa faveur par sa prestance et son pouvoir de persuasion. Jamais non plus, bien sûr, il n'admettra avoir peur de quoi que ce soit. Ses avocats peuvent s'angoisser, lui jamais. Il est, à ses propres yeux, un maître bonimenteur, un séducteur rusé, l'homme le plus charmant du monde.

Si nécessaire, il n'hésite pas à donner dans la flatterie et l'obséquiosité pour parvenir à ses fins. Il peut convaincre n'importe qui de n'importe quoi.

Cette approche a peut-être donné de bons résultats pour lui à New York, où la principale devise est la tchatche du VRP. Mais à Washington, les milliers de fois où Trump a déjà essayé d'employer son irrésistible charme, elle n'a, selon Bannon, absolument jamais fonctionné.

Voici les termes de la trêve officieuse : tant que le procureur spécial et son entourage ne le poussent pas trop loin, le président évite l'affrontement. Et tant que Trump a le pouvoir de mettre à exécution sa menace d'anéantir l'équipe Mueller, celle-ci évite l'affrontement. *Statu quo* pour le moment.

6

Michael Cohen

Steve Bannon évoque souvent, et toujours avec le même ébahissement, les nombreuses fois où le président « m'a menti en me regardant droit dans les yeux », et comment il ment toujours avec un parfait sang-froid.

L'épisode de la vidéo des *golden showers* est très instructif à ce titre.

Le 6 janvier 2017, deux semaines avant l'investiture, les patrons du renseignement américain se rendent à la Trump Tower pour briefer le président élu sur certains des grands secrets de la nation. Après la rencontre, James Comey, le directeur du FBI, reste un moment avec Trump. Il l'informe de l'existence d'un certain « dossier Steele » préparé par un agent du renseignement britannique, Christopher Steele, et largement financé par les démocrates. D'après ce dossier, un collage de rumeurs et d'hypothèses qui circulent déjà dans plusieurs rédactions américaines, et qu'une ou plusieurs d'entre elles vont sans doute publier bientôt, les Russes détiennent des informations potentiellement compromettantes sur Trump. Dont, paraît-il, des enregistrements vidéo et audio de scènes qui se seraient déroulées dans la suite du Ritz-Carlton de Moscou où Trump a logé, en 2013, à l'occasion du concours de beauté Miss Univers, avec en particulier des images de prostituées urinant sur le vaste lit double de la chambre. (Le lit où ont dormi Barack et Michelle Obama en visite à Moscou.)

Peu de temps après cette réunion, un Trump mécontent et déterminé ordonne à Bannon de s'asseoir devant lui. Avec un aplomb total, soutenant son regard, il affirme que cette histoire est grotesque. Non seulement grotesque, mais à vrai dire impossible, et pour une raison simple : il n'a pas passé la nuit dans cet hôtel. Quand il a atterri à Moscou ce jour-là, il est en effet allé de l'aéroport au Ritz-Carlton accompagné de Keith Schiller, son responsable de la sécurité, mais juste pour se changer avant le concours et le dîner de Miss Univers. En fin de soirée, il est retourné directement à son avion.

« Cette histoire m'a été répétée dix fois, peut-être plus, mot pour mot, sans qu'aucun détail change, se souvient Bannon. Ce n'est que plus tard que j'ai découvert qu'elle était vraie, mais à une petite différence près : ils ont atterri à Moscou la veille. Ils sont arrivés le vendredi matin, pas le samedi matin, et ils ont passé toute une journée là-bas. C'est donc ce soir-là que les filles ont été envoyées dans la chambre. Mais que Keith, dans la version des événements qu'il raconte maintenant, les a congédiées. »

Autre article sur la liste des énormités trumpiennes de Bannon, le toupet avec lequel le président lui a assuré qu'il n'avait jamais passé une seule nuit avec l'actrice porno Stormy Daniels. « C'est jamais arrivé », a-t-il soutenu à Bannon. Il a aussi fait l'innocent quant à la somme payée à Daniels : il n'était absolument pas au courant. Deux mensonges qui n'ont pas tardé à imploser.

Trump, Bannon a compris cela peu à peu, ment de façon compulsive, sans arrêt, et sans jamais tenir compte de la réalité. Un jour, niant l'indéniable avec le plus grand calme, il a affirmé devant le présentateur de Fox News Tucker Carlson que ce n'était pas lui qu'on entendait, en fait, sur le fameux enregistrement « Je les attrape par la chatte » : il s'agissait d'un montage visant à ternir son image.

Conscients eux aussi que le président est un menteur éhonté, ses conseillers et ses assistants vivent presque constamment dans l'inquiétude, tenaillés par un mauvais pressentiment. Mais cette particularité contribue également à définir ce qui fait la force de Trump : le mensonge est tout simplement une arme puissante de son arsenal. Les responsables politiques et du monde des affaires déforment, manipulent, tergiversent ou cachent la vérité, mais ils préfèrent éviter de mentir purement et simplement. Ils éprouvent quand même, quelque part, une forme de honte, ou ils ont en tout cas peur de se faire prendre. Mais mentir délibérément, catégoriquement, sans peine ni regret, et sans se soucier en aucune façon des conséquences, cela peut être un rempart, sinon un système de défense à toute épreuve. Il s'avère qu'il y a toujours quelqu'un pour vous croire. Tromper une partie des gens tout le temps, c'est ce qui définit le rapport de Trump à sa base.

Ses mensonges constants obligent son entourage à en devenir complices, ou, au grand minimum, à en être les témoins embarrassés. Sarah Huckabee Sanders, la porte-parole de la Maison Blanche, s'est inventé une mimique particulière, mélange de souffrance et d'impassibilité, pour tous les moments où elle est appelée à répéter et à défendre les bobards du président au pupitre de la salle de presse.

Kellyanne Conway, pour sa part, le cite mot pour mot en adoptant une posture presque moralisatrice. Si le président dit quelque chose, le simple fait qu'il l'ait dit implique que son énoncé mérite d'être défendu. Par ce biais, comme un avocat (elle est avocate), elle peut défendre l'énoncé parce que son client ne lui a pas dit qu'il était faux.

Au vrai, Conway est devenue spécialiste dans l'art de donner satisfaction à Trump tout en le fuyant. Elle est arrivée à la Maison Blanche dès l'investiture, en déclarant son intention d'être « dans la place », mais elle a survécu en n'y étant pour ainsi dire jamais, car elle sait que c'est à ce moment que Staline vous tue.

En défendant les mensonges du président, elle semble s'opposer publiquement à son mari, George Conway, qui est associé chez Wachtell, Lipton, Rosen & Katz, un cabinet d'avocats de Wall Street qui compte parmi les plus riches et les plus prestigieux du pays. George Conway subit une énorme pression de la part de ses collègues pour se distancier de Trump, et il fait cela sur Twitter, apparemment aux dépens de sa femme, en enchaînant les commentaires cinglants sur les mensonges et les déformations du président à propos de sa situation juridique. Le torrent de tweets de Conway a inventé une sorte de nouveau genre en politique : le commentaire de conjoint.

De l'avis de certaines de leurs connaissances et collègues, cette querelle affichée des Conway est une parade. Un mensonge concocté par le couple pour prendre ses distances par rapport aux mensonges de Trump. « Ils ont la même opinion à son sujet, dit l'une de ces connaissances, amie des deux. Ils le détestent. » Le mari se place donc au-dessus de la mêlée, protégeant sa propre réputation et sa place d'associé dans son cabinet d'avocats, tandis que l'épouse, qui déclare en privé être atterrée par Trump, continue de défendre son client. Les Conway possèdent une maison vaste comme un hôtel, évaluée à 8 millions de dollars, à proximité du quartier de Kalorama à Washington, pas loin de la maison de Jared et Ivanka, un logis que le couple apprécie beaucoup. Tous les voisins, anti-Trump cela va de soi, snobent Jared et Ivanka. Ils apprécient par contre les protestations très publiques de George Conway contre le président.

Quoi qu'il en soit, si les bobards catégoriques de Trump mettent son entourage mal à l'aise, ils ont aussi quelque chose de rassurant. Ni la réalité des faits ni la logique ne forceront jamais le président au moindre aveu. Il fait corps avec ses mensonges et n'en démordra pas.

À la Maison Blanche, beaucoup vivent constamment dans la peur que quelque preuve irréfutable ne fasse tout à coup surface et ne provoque des dégâts très graves, sinon fatals. Et si, par exemple, quelqu'un sortait la vidéo des *golden showers* ? Pas d'inquiétude, répondent néanmoins ceux qui connaissent le mieux le président : même dans une situation aussi désastreuse, non seulement Trump niera la chose, mais il convaincra aussi une bonne partie de l'électorat qu'il a raison. Ce sera sa parole contre une fake vidéo.

Il est impossible de le secouer pour lui faire lâcher la vérité. On peut toujours compter sur lui : quelles que soient les circonstances, Trump ne se laissera pas abattre, il ne se soumettra pas. C'est sa parole contre parfois celle de tout le monde, mais c'est sa parole et il ne se dédit jamais.

On pourrait dire que le point fort de Trump et ce qui a toujours été sa principale stratégie en affaires, à vrai dire, c'est sa capacité à mentir. La Trump Tower, Trump Shuttle, Trump Soho, Trump University, les hôtels-casinos Trump, Mar-a-Lago[1], tous ces projets ont entraîné un chapelet de plaintes et de procès qui, pris ensemble, racontent une longue histoire de pratiques douteuses et souvent clairement frauduleuses. Ruiné en 1990, Trump se débrouille pour remonter la pente et se prétend quelques années plus tard milliardaire – et même dix fois milliardaire, bon sang ! Donald Trump est bel et bien un escroc, mais ce n'est pas cela qui surprend. La surprise c'est que, confronté à l'évidence, face au déballage de ses affaires louches et de ses méfaits, il soit capable de nier avec un parfait culot, en restant absolument inébranlable dans sa morgue. Très peu de choses chez lui sont vraies, et pourtant il parvient toujours à persuader suffisamment de gens de le croire, au moins en partie, pour dérouler encore et encore la grande arnaque Trump.

1. Trump Tower : son célèbre gratte-ciel de la Cinquième Avenue, construit au début des années 1980 ; Trump Shuttle : sa compagnie aérienne (1989-1992) ; Trump Soho : un gratte-ciel construit en 2008 au sud de Manhattan, rebaptisé en 2017 The Dominick ; Trump University : une sorte d'école de l'immobilier, sans diplôme, qui proposait des séminaires ou « retraites » (2005-2010) ; les hôtels-casinos Trump : pour la plupart à Atlantic City, et aujourd'hui presque tous fermés ou repris par d'autres groupes ; Mar-a-Lago : voir note p. 38.

C'est là qu'il brille vraiment : il est toujours dans son personnage. Quand une personne qui est la cible de multiples enquêtes semble conserver toute sa tranquillité, l'effet est assez extraordinaire. Ce flegme, cette impassibilité hautaine alors qu'il est attaqué exploite à fond, à un degré presque inimaginable, le principe de la présomption d'innocence. Trump croit que sa culpabilité ne sera jamais prouvée, par conséquent il est innocent. Et il arbore l'assurance absolue, sinon la sérénité, de l'innocent, ou en tout cas de l'homme qui sait à quel point il est difficile d'établir la culpabilité de quelqu'un qui est capable de ne jamais rien admettre, de ne jamais vaciller. Le fait qu'il ait toujours échappé à la prison – beaucoup d'observateurs sont impressionnés par cela – souligne à quel point il est facile de tromper le système. Considéré sous cet angle, Trump est peut-être un véritable génie.

Quoi qu'il arrive, il reste inébranlable. Il se plaint des accusations portées contre lui, mais il ne se départ jamais de son optimisme quant à l'issue finale de toutes ces affaires.

« Je gagne toujours, déclare-t-il fréquemment. Je sais comment m'y prendre. » Et une autre de ses formules préférées : « Je ne cille jamais. »

Trump dirige ses affaires comme s'il était à la tête d'une entreprise criminelle. Dans la Trump Organization, c'est l'ingrédient secret : la vérité a toujours été confinée à un cercle très restreint d'individus. Trump considère comme loyaux – la loyauté étant une valeur primordiale de son mode de vie affairiste et risque-tout – ceux qui sont à ce point dépendants de lui, et à ce point mêlés à ses micmacs, qu'ils sont forcément obligés de mentir pour lui.

Le modèle est bien celui de la pègre. Trump ne connaît pas seulement des truands et des mafieux, il n'a pas seulement fait des affaires avec eux, il les idéalise. Chez les gangsters on s'amuse mieux. Il a toujours refusé de conformer son comportement aux exigences de la respectabilité ; il s'est toujours donné du mal pour *ne pas* être respectable. Trump homme d'affaires, c'est un autre Parrain fringant[1]. À l'époque, il s'en donnait à cœur joie. Son New York, sa période de vie nocturne débridée et de combats sans pitié en affaires – en compagnie de Roy Cohn, l'étalon-or des avocats de la pègre –, c'est aussi l'âge d'or de la Mafia.

D'où la nature particulière de son premier cercle à la Trump Organization. Tous ses plus proches collaborateurs lui sont totalement acquis : Rhona Graff, son attachée de direction (qui a le titre de première vice-présidente) ; Allen Weisselberg, son comptable, directeur administratif et financier ; ses avocats Michael Cohen et Marc Kasowitz ; Keith Schiller, son responsable de la sécurité ; Matt Calamari, son garde du corps, qui sera un jour promu président de la Trump Organization ; et enfin ses enfants. Plus tard, à la Maison Blanche, Hope Hicks entrera dans le cercle de confiance, ainsi que Corey Lewandowski.

Le degré de codépendance est extrême. En travaillant avec Donald John Trump, vous devenez une extension

1. John Gotti (1940-2002), patron de la famille Gambino de New York, était surnommé le Parrain fringant (Dapper Don) pour ses costumes élégants et hors de prix et sa flamboyance devant les caméras.

de l'étrange organisme qui, jour après jour, démontre une capacité étrange, presque surnaturelle, à survivre à toutes les menaces.

Erik Whitestone, un jeune ingénieur du son de New York, a rejoint cet organisme une douzaine d'années avant que Trump ne devienne président. Il travaille alors pour Mark Burnett, le producteur de télévision qui lance en 2004 *The Apprentice*, l'émission de téléréalité qui présentera Trump, alors quasiment ruiné, comme un homme d'affaires suprêmement doué et couronné de succès, et le fera connaître dans le monde entier. Dès la toute première semaine de tournage, Whitestone est chargé de poser à Trump son micro. Cette tâche suppose une certaine proximité physique, puisqu'il faut glisser un fil sous la veste et la chemise de Trump, et tous les autres membres de l'équipe refusent de s'y coller. Il faut dire que Trump n'est pas simplement intimidant à cause de sa taille, de son gabarit et de son attitude perpétuellement bourrue : pour quelque raison obscure, il déboutonne son pantalon et le baisse à moitié sur ses jambes, dévoilant ses slips moulants blancs. « J'avais un peu l'impression de mettre la tête dans la gueule du lion », dira Whitestone à propos de la mission qui lui est imposée.

Peu de temps après le début des enregistrements, Whitestone, qui est désormais systématiquement de corvée pour poser son micro à Trump, prend un jour de congé. C'est un collègue technicien du son, un Noir, qui doit le remplacer. Trump pique une crise.

Burnett est dans tous ses états quand il réussit à joindre Whitestone à son domicile. Trump s'est barricadé dans les toilettes. « Donald refuse de sortir tant que tu ne seras pas là, dit le producteur. Tu rappliques illico ! »

Whitestone se dépêche, mais il lui faut une heure pour arriver sur place. Trump hurle derrière la porte des toilettes : « Erik, putain, ils ont essayé de me foutre en l'air… Ils ont mis leurs sales traces de doigts sur mon col, ils ont essayé de me foutre en l'air ! »

Une fois le tournage de la journée achevée, Burnett prend Whitestone à part pour lui dire : « À partir de maintenant, mon grand, ton boulot c'est de t'occuper de Donald. » Ainsi Whitestone devient-il le dompteur officiel de Trump sur *The Apprentice*.

Chaque jour de tournage de chaque saison de l'émission, pendant les douze années qui suivront, Whitestone sera accueilli en début de matinée par Keith Schiller, au domicile de Trump, pour l'accompagner partout comme une ombre. « Des heures et des heures assis chez lui », observe-t-il.

Au souvenir de cette expérience, Whitestone ajoute : « J'ai été tellement dans son intimité, et pendant tellement longtemps, qu'il devenait par moments un peu sentimental : "Erik, tu es comme un fils pour moi et j'ai un fils qui s'appelle Eric. C'est pas bizarre, ça ?" »

C'est bien sûr une intimité selon les règles de Trump. Il offre en cadeau à Whitestone des choses qu'il a obtenues gratuitement, par exemple les produits d'Art of Shaving, une marque kitsch de soins pour homme. S'il transforme un peu tout le monde en membre de la famille, cela ne l'empêche pas de se plaindre des membres de sa propre famille. « Il me disait souvent qu'il regrettait beaucoup d'avoir donné son prénom à Don Jr. [Donald Trump Jr.] et qu'il aurait aimé pouvoir revenir là-dessus », raconte Whitestone.

Un jour, dans la limousine, Trump a tout à coup une inspiration : « Il me dit : "Erik, je vais écrire une lettre à ton père pour lui dire que tu es un type formidable." Une semaine plus tard, Rhona m'appelle pour me demander l'adresse de mes parents. Et deux semaines après, mon père me téléphone : "J'ai reçu une lettre super de M. Trump qui me dit que tu es un type formidable. Je crois que je vais lui répondre." À ce moment-là, le tournage de la saison s'achève et je ne revois plus Trump pendant près de quatre mois. Et puis quand je reviens dans son bureau, il me dit : "Erik, j'ai reçu une lettre de ton paternel." Et il me récite mot pour mot la lettre qu'il a reçue quatre mois plus tôt. "Ton père est d'accord pour dire que tu es un mec super." »

Trump rend certains services à Whitestone, ou en tout cas il ordonne à des gens de s'en charger. Michael Cohen, par exemple, fait entrer l'enfant de Whitestone dans une école privée new-yorkaise.

Erik Whitestone acquiert ce que toutes les personnes de l'entourage de cet homme doivent avoir : une patience à toute épreuve. Notamment car Trump est toujours prêt à exploser de colère. « "Ce n'est pas ta faute. C'est juste ton tour", se souvient Whitestone. Voilà ce qu'on se disait entre nous. »

Le code pour se faire part de l'humeur du boss : « C'est quoi la météo ? »

Mais Trump est aussi une machine simple. Whitestone comprend qu'il a deux centres d'intérêt majeurs, le sport et les filles, et il apprend à les utiliser comme des déflecteurs sur lesquels il peut toujours compter.

« Si par exemple il était de mauvaise humeur et que nous allions de son bureau à la salle du conseil – il fallait passer par le lobby de la Trump Tower où il y avait tous ces touristes d'Europe de l'Est qui admiraient la cascade ("l'urinoir de Dieu", comme il l'appelait) –, je cherchais des yeux une jolie femme et je disais : "Hé, à 6 heures." »

Les filles, c'est une constante. « "Erik, va voir celle-là et ramène-la." Et moi, donc : "M. Trump aimerait savoir s'il vous plairait de monter visiter la salle du conseil." Il les prenait dans ses bras, il les pelotait, et puis il les relâchait. »

Parfois, dans la limousine, « il baissait la vitre, comme ça, et il lançait à une femme : "Alors, quoi de neuf ?" Ou bien "Salut les filles…" à deux nanas splendides. "C'était marrant", il disait ensuite. "Erik, rappelle-moi de refaire ça." »

Un jour qu'ils sont à Chicago, une séduisante jeune femme – une décoratrice d'intérieur qui a un projet à vendre à Trump – embarque avec eux dans son avion. « Il l'emmène dans une chambre, celle avec le miroir au plafond… Elle ressort une demi-heure plus tard en titubant, la robe arrachée, elle s'assoit sur son siège… et puis lui il se pointe, la cravate défaite, la chemise sortie du pantalon, et il dit : "Les mecs… je viens de tirer ma crampe." »

En voiture, Trump est toujours accompagné de l'une de ses assistantes. « Toutes ses assistantes personnelles étaient super mignonnes. "Viens avec nous", il ordonnait à l'une ou l'autre au moment de partir. Et dans la limousine, il l'asseyait à côté de lui, il essayait de la peloter, et elle le repoussait comme elle l'avait déjà fait cent fois. »

D'une certaine façon, tous ceux qui côtoient Trump, tous ceux qui font partie du cercle de ses intimes, deviennent ses factotums, ses serviteurs dévoués. « Un jour nous devons aller à Chicago et l'avion est en panne, donc nous sommes obligés de prendre un autre appareil, un petit, et je me retrouve assis en face de lui ; nos genoux se touchent presque. Il rouspète, parce qu'il est énervé que son avion soit en panne. Je sors un livre pour éviter de croiser son regard. À ce moment-là je lisais *DisneyWar*[1]. Mais qu'on l'ignore, c'est impossible. Il faut qu'il parle. Il faut qu'on soit là. "C'est quoi ce livre… ? Ça parle de quoi… ? Je suis dedans ? Lis-le-moi !" Je lui dis qu'il y a un passage où Mark Burnett fait l'éloge de *The Apprentice*. "Quelle image il donne de moi ?" »

Whitestone souligne aussi que travailler avec Trump, c'est devoir s'adapter à une créature non seulement unique en son genre, mais aussi parfois un peu inquiétante. « Il ne peut pas descendre les escaliers… il ne peut pas descendre un terrain en pente. [Il a] des blocages psychologiques… [Il] est incapable de traiter les chiffres… ils n'ont aucun sens pour lui. »

Trump est d'une limpidité qui consterne autant qu'elle fascine. « Une fois, nous étions avec tout un groupe, Don Jr. a commencé à dire que son père avait assisté à deux matchs des Yankees consécutifs, et que les Yankees avaient perdu, alors ça voulait peut-être dire qu'il portait la poisse. Et là, [Trump] a carrément pété un câble. "Pourquoi tu dis ça devant ces gens, bordel ?! Ils vont aller le répéter à tout le monde, putain, 'Trump porte la poisse'." Don Jr. était presque

1. De James B. Stewart. Sur The Walt Disney Company pendant les deux décennies (1984-2005) où elle a été dirigée par Michael Eisner.

en larmes. “Je suis désolé, papa. Papa, je suis vraiment désolé.”

« Et à l’hôpital, à la naissance d’un de ses petits-enfants, le fils de Don Jr., [Trump dit :] “Pourquoi je dois me faire chier à aller voir son gamin ? Il en a trop, putain, des gamins.” »

Tous ceux qui gravitent autour de Trump sont embarqués dans ses combines. Dans les premiers temps de la campagne présidentielle, Whitestone entre dans l’équipe de communication, notamment parce qu’il n’est pas cher. « [Trump] a une idée. Je vais faire ses spots publicitaires de campagne. “Je veux que tu utilises le décor de notre salle du conseil [de *The Apprentice*], que tu y mettes un groupe d’Arabes avec leurs frusques d’Arabes, et tu poses une pancarte ‘OPEP’ sur la table. On leur dit de parler comme ils font, ‘Houlââââlâââhouuu, houlâââliiiihouuuuud’, en sous-titres on écrit ‘Mort à l’Amérique’, ou alors ‘Nous allons baiser les Américains’, et là j’entre dans la salle et je sors tout un tas de conneries comme un président, tu vois… Ensuite on mettra la vidéo en ligne pour qu’elle devienne virale. Appelle Corey Lewandowski – tiens, voilà son numéro – et organise ça.” »

Comme le sait Whitestone, le Trump en roue libre, auquel l’équipe de *The Apprentice* était si souvent exposée, a été filmé durant des milliers d’heures qui constituent aujourd’hui les rushs non exploités de l’émission. Ces enregistrements légendaires existent encore, mais ils appartiennent à Burnett et à la MGM. « Comme l’arche d’alliance dans *Les Aventuriers de l’arche perdue*, [ils sont] sur une palette, enveloppés de film plastique, quelque part dans le désert pas très loin de Los Angeles. Les images de dix-huit caméras filmant presque vingt-quatre heures sur vingt-quatre, conservées sur des DVD… Nous n'avions pas de disques durs. »

C'est sans doute la plus riche archive historique jamais vue sur l'activité professionnelle d'un homme avant qu'il ne devienne chef d'État : quatorze années de *The Apprentice*. Whitestone se souvient de certains moments de cette période avec une acuité particulière.

« Un jour, quelqu'un dit "salope", et quelqu'un d'autre dit : "On ne peut pas dire 'salope' à la télévision." Alors Donald dit : "Pourquoi on pourrait pas dire 'salope' ?", et puis il fait : "Salope, salope, salope, salope. Voilà, je l'ai dit à la télévision. Maintenant on peut le dire." »

Et aussi : « "Vous êtes très jolie, levez-vous, approchez, tournez-vous." [Il y a] tout le temps des discussions pour savoir laquelle a les plus beaux nichons, et puis des disputes sévères avec les producteurs parce qu'ils ne veulent pas se servir de cela. "Pourquoi pas ? demande Donald. C'est super. C'est de la super télé !" »

Au sujet de Trump, de manière plus générale, Whitestone dit : « Un garçon de 12 ans dans le corps d'un adulte. Et tout le temps à dénigrer les gens sur leurs caractéristiques physiques : trop petit, trop gros, trop chauve, n'importe quoi. Il n'y avait aucun producteur qui pouvait lui dire : "Ne faites pas cela"… On le faisait entrer sur le plateau, voilà, et on lançait l'enregistrement… C'était comme d'être à l'arrière d'une voiture conduite par un type complètement bourré… La vache. Il était tout aussi incohérent à l'époque… ni plus, ni moins… Comme aujourd'hui, à dire et à répéter ce qui lui passait par la tête, des expressions étranges… Et sa façon bizarre de renifler ("J'ai le rhume des foins")… [Il était] tout le temps à manger du saucisson de Bologne de la marque Oscar Mayer… [Une fois] il en a tiré une tranche de la boîte et me l'a fourrée dans la bouche… »

Michael Cohen est entré dans le monde de Trump en 2006. C'est un garçon d'une famille de la bourgeoisie juive de Long Island (son père est chirurgien), mais, impressionné par un oncle qui possède à Brooklyn un restaurant où la Mafia a ses habitudes, il aimerait bien jouer les durs. Il a épousé une fille ukrainienne qui s'est installée à Brooklyn lorsqu'elle a émigré aux États-Unis avec ses parents. Il a fait ses études à la faculté de droit Thomas M. Cooley de l'université du Michigan (la fac de droit la moins bien cotée du pays, selon le site web Above the Law), il est devenu avocat et il s'est lancé dans le business des taxis en achetant des licences et en se constituant une flotte à New York. C'est par l'entremise du père de sa femme qu'il rencontre Donald Trump. Pour lui, Trump est un homme remarquable : un mélange fascinant de méthodes douteuses mais efficaces en affaires, et de mode de vie glamour des gens riches et célèbres.

Pour réussir dans la Trump Organization, il faut commencer par capter l'attention de Trump, et s'attirer ses faveurs. Cohen, comme Trump, joue au truand jusqu'à en devenir un. À ses yeux, plus on paraît grossier et rentre-dedans, mieux cela vaut ; ce genre d'attitude assure une place auprès du boss. L'injonction que Trump répète souvent – « Ne m'apportez pas des problèmes, apportez-moi des solutions » –, Cohen l'interprète à la fois comme une autorisation et comme une directive pour faire ce qu'il faut, *tout ce qu'il faut*, afin de promouvoir la cause de Trump.

Sam Nunberg, conseiller politique pendant la campagne, a auparavant travaillé plusieurs années à la Trump Tower. Devant le grand jury de Mueller qui le convoque en mars 2018, il déclare qu'il a vu Cohen, à l'époque, avec des sacs d'argent liquide. Cohen a littéralement été le « facilitateur » de Trump – ce mot qui sent la pègre leur plaît bien à tous les deux –, chargé de collecter et trimballer les liasses de billets, de régler les histoires de femmes et de traiter d'autres questions confidentielles.

Dans la nébuleuse de la Trump Organization, les lieutenants de Trump empochent une grande part de leurs revenus grâce à des à-côtés. D'un bout à l'autre de la planète, Michael Cohen prétend parler pour Donald Trump ; il essaie de négocier des contrats lucratifs et de valoriser la marque Trump. Ces efforts ne tardent pas à lui valoir l'hostilité d'Ivanka et de ses frères, car c'est exactement leur travail. Et puis l'avocat leur vole l'attention de Trump : un concurrent de plus parmi tant d'autres.

Pendant la campagne présidentielle de 2016, Cohen essaie de s'imposer. À la Trump Tower, il fait sans cesse la navette entre les bureaux de la Trump Organization et l'étage où s'est installée l'équipe de campagne. En août 2016, Bannon finit par lui interdire les bureaux où sont abordées les questions politiques. À un moment, Cohen essaie de « faciliter » la victoire du boss en prenant l'initiative de mener des négociations avec l'une des innombrables personnes qui prétendent posséder les 33 000 e-mails disparus de Hillary Clinton. Il est choqué de ne pas être appelé à remplacer

Corey Lewandowski quand celui-ci quitte son poste de directeur de campagne ; il croyait avoir tout organisé pour cela avec Don Jr., mais c'est Paul Manafort qui décroche le poste à sa place. Puis il est choqué une seconde fois lorsqu'il n'est pas sollicité pour remplacer Manafort ; c'est Bannon qui prend le poste.

Les médias savent qu'ils peuvent compter sur Cohen pour obtenir des fuites sur Trump et la campagne. Un an plus tard, les conseillers de Trump le considéreront comme l'une des principales sources du livre que Katy Tur, une journaliste de NBC, écrira malgré l'antipathie qu'elle inspire au président.

Après la victoire surprise de novembre 2016, Cohen continue de viser haut : il s'attend à être nommé chef de cabinet. L'entourage présidentiel s'applique avec détermination à le tenir à l'écart de la Maison Blanche. L'exclusion dont il est victime le rend très amer.

Cohen n'a aucun autre soutien que Trump lui-même. Or, le soutien de Trump, pour presque tout le monde, est superficiel et fragile. « Il est censé être facilitateur, dit Trump à son sujet, mais en fait il complique beaucoup de choses. »

Pour tout l'entourage de Trump, Cohen est un danger ambulant. Bannon secoue la tête : il est d'avis qu'on ne mesure pas assez « le genre de trucs dingues qu'il a faits avec Trump au fil des années. On ne peut pas imaginer ces trucs. Impossible ».

Après la perquisition du FBI chez Cohen, Trump ne s'inquiète pas encore : la loyauté de l'avocat lui est acquise. Dans son entourage, certains sont pourtant beaucoup plus pessimistes. Ils savent que Cohen ne considère pas seulement que Trump lui a manqué d'égards : il lui reproche aussi de l'avoir souvent escroqué. Cohen a secrètement enregistré certaines de leurs réunions, en partie au moins pour conserver une trace de leurs arrangements financiers pas toujours totalement réglos. Mais en même temps, Cohen est tout aussi susceptible d'avoir escroqué Trump que d'avoir essayé de lui donner satisfaction. En tout cas ils sont dans le même bateau.

L'indemnité versée à Stormy Daniels est une opération Cohen classique, dont le but est autant de faire plaisir à Trump que de régler un problème spécifique. Marc Kasowitz, qui est à l'époque l'avocat privé de Trump, s'oppose pour sa part à l'idée de verser une quelconque somme à l'actrice du X. Après tout, l'histoire de cette fille est déjà connue : dans un article évoquant les rumeurs d'une autre liaison de Trump, en 2006 et 2007, avec le mannequin Karen McDougal, le *Wall Street Journal* a parlé de Daniels. Bannon lui aussi hausse les épaules. Après l'affaire « Je les attrape par la chatte », estime-t-il, un papier sur un badinage de plus de Trump ne changera rien pour les électeurs. Mais Trump, comme il le fait souvent, n'écoute pas les avis de ses conseillers et encourage Cohen, son facilitateur le plus loyal, à arranger tout cela.

Trump prend comme une offense personnelle le comportement du FBI lors de la perquisition du domicile et du bureau de Cohen. Il déplore que les « tactiques de la Gestapo » aient été utilisées contre son avocat, tactiques dans lesquelles il voit la main trop lourde du département de la Justice. Mais il reste aussi étrangement optimiste. « J'ai le doute raisonnable », répète-t-il, faisant allusion à la possibilité que lui donne le droit américain de nier avoir eu connaissance de certains crimes commis par d'autres, mais en disant cela il ne rassure personne.

La vérité, c'est que nul ne sait ce que sait Michael Cohen. La Trump Organization est un monde clos où chacun travaille au nom de Donald Trump, ou s'applique à faire les quatre volontés de Donald Trump, ou essaie d'anticiper les envies de Donald Trump afin de les satisfaire.

De toute façon, juge Trump, qu'importe ce que sait Cohen, il n'en parlera pas. Car le président pourra toujours le gracier ! La grâce présidentielle, pour Trump comme pour Cohen, c'est de l'or en barres. Indéniablement, Trump se sent très protégé par ce pouvoir spécial, et très fort du fait qu'il en dispose. Son idée sur la question a toutefois évolué depuis qu'il est à la Maison Blanche : alors que la grâce présidentielle lui apparaissait auparavant comme un outil pour sa propre protection, il la voit désormais comme un cadeau qu'il peut accorder, ou, et c'est aussi une preuve de grande puissance, qu'il peut menacer de ne pas accorder.

Pour le plus grand déplaisir du président, Michael Cohen, peu de temps après la descente du FBI dont il a été la cible, commence à s'afficher régulièrement à la terrasse d'un café tout proche de l'hôtel Regency, à Manhattan, au carrefour de Park Avenue et de la 61ᵉ Rue. Ici encore il semble chercher à se donner des airs de mafioso, sauf qu'au lieu de fréquenter un social club de Brooklyn, il est à ce café de l'Upper East Side. Le cigare au bec, il se laisse photographier par les paparazzis et arbore la mine d'un homme tout à fait insouciant.

Cette façon de se montrer, c'est un message clair – et une menace – pour le président : Je suis là, tout le monde me voit, alors attention. Et puis, chose aussi importante que la grâce présidentielle qui lui est due, il s'attend également à ce que Trump paie ses frais de justice. Parce que s'il ne le fait pas…

Problème, Trump ne voit pas dans cette attitude une menace, chose qu'il aurait peut-être comprise. Il voit juste un homme qui lui vole la vedette. Le factotum, le petit flagorneur, essaie d'attirer l'attention sur lui. Et par-dessus le marché, il veut de l'argent de Trump !

Ivanka, qui est également préoccupée, et se sent elle-même insultée, par les rodomontades de Cohen, décide de faire découvrir à son père le compte Instagram de Samantha Cohen, la fille de l'avocat. Trump manifeste alors un intérêt extravagant pour cette jeune fille de 19 ans dont le fil Instagram tient la chronique de ses coûteux voyages à travers le monde (des voyages dont le calendrier n'est d'ailleurs pas affecté par les problèmes judiciaires de son père). Elle semble avoir beaucoup de plaisir à poser devant l'objectif dans un large éventail de Bikini et de tenues de plage.

Tout au long du mois d'avril, Trump fait une fixation sur Cohen, sur ce que l'avocat pourrait tirer de toute cette attention qu'il reçoit. Il veut devenir une star, affirme Trump. « Il a une stratégie médiatique », déclare-t-il aussi, sans cacher son étonnement. Il commence à comparer défavorablement Cohen à Manafort, son ancien directeur de campagne, qui a lui aussi des ennuis avec la justice et pourtant « fait profil bas ».

C'est une violation étrange, et potentiellement dangereuse, du code des gangsters. Dans une approche plus conventionnelle du problème, qui tiendrait compte du fait que les intérêts des deux hommes se rejoignent, il pourrait paraître raisonnable de préserver Cohen, de lui apporter soutien et assistance. Mais Trump, ici comme dans tant d'autres situations, ne semble pas être capable d'établir le lien de cause à effet nécessaire. Au contraire, il donne l'impression de vouloir se mettre à dos son ancien avocat en le rabaissant et en l'insultant publiquement.

Il s'en prend aussi à la fille de Cohen et à l'étalage de sa vie privée sur Instagram. « Elle montre sans arrêt ses nichons, dit-il à un ami. Aucun respect pour la situation. »

À force de répéter que Cohen n'a aucune importance, zéro, ce mec est insignifiant, Trump arrive à obtenir exactement l'effet inverse : après des années de flagorneries et de basses œuvres pour la Trump Organization, après s'être inlassablement occupé et soucié de Donald Trump, après avoir voué un culte à un homme qui ne lui a donné aucune considération en retour, Michael Cohen sort de l'ombre. Tout à coup, Trump et lui sont réunis sur le devant de la scène, avec le même poids et le même pouvoir, leurs noms publiés presque chaque jour dans de nouveaux articles, et souvent dans le même paragraphe. Leurs destins sont unis comme il en a toujours rêvé.

7

Les femmes

Le 7 mai 2018, le président sort de son pas lourd dans le Rose Garden, le jardin qui borde le Bureau ovale et la West Wing. Après avoir salué le vice-président, déjà assis au premier rang de l'assemblée réunie sur la pelouse, il prend place sur une chaise pliante.

Sur un immense écran de télévision commence la diffusion d'un clip vidéo. Les images sont commentées en voix off par l'épouse du président. Dans un anglais posé, soigneusement articulé, mais teinté d'un fort accent slovène, elle annonce les thèmes sur lesquels elle prévoit de se focaliser dans son rôle de première dame. Il était temps. Depuis dix-sept mois, la Maison Blanche ne sait pas très bien quel message ou quelle utilité Melania Trump pourrait avoir pour le pays. Aussi, voilà : elle défendra les droits des enfants, alertera sur les dangers des réseaux sociaux et s'appliquera à attirer l'attention sur la crise des opioïdes. Ce programme de sensibilisation de la première dame sera baptisé « Be Best » – l'allitération souligne bizarrement, dans sa bouche, l'imperfection de sa prononciation anglaise.

Une semaine plus tard, Melania entre au Centre médical militaire Walter Reed. La Maison Blanche est désemparée. Personne n'a rien prévu, apparemment, pour annoncer ou caractériser l'hospitalisation de la première dame. Personne ne sait comment faire face aux questions que va sans doute soulever l'explication vague et insatisfaisante avancée par son entourage : « problème rénal sans gravité ».

Les premières dames sont *toujours* intéressantes. Pour les médias, une première dame à l'hôpital, c'est couverture tous azimuts. Et à la Maison Blanche la règle est d'ordinaire simple : il faut avoir des réponses à toutes les questions. Faire des mystères, atermoyer, cela ouvre la porte à toutes sortes de conjectures, de théories qui créeront forcément des problèmes. Au sujet de la santé de Melania, les jours passant et les réponses crédibles n'arrivant pas, les médias deviennent fébriles. Pourquoi la première dame a-t-elle séjourné presque toute une semaine à l'hôpital (et à Walter Reed, de surcroît, où personne n'aime s'attarder) pour un problème qui, tel qu'il a été qualifié, n'aurait dû exiger qu'une seule nuit d'hospitalisation, voire aurait pu être réglé en chirurgie ambulatoire ? Bientôt cent hypothèses fleurissent, dont les plus conspirationnistes et les plus macabres.

Au bout du compte, la faute de ce cafouillage doit logiquement retomber sur l'un ou l'autre de ces responsables : soit le perpétuel dysfonctionnement des équipes de communication de la Maison Blanche, soit le perpétuel dysfonctionnement du mariage présidentiel. Trump choisit la première cible. C'est une diatribe bien connue : les imbéciles de sa com. Mais presque tout le monde à la Maison Blanche choisit de condamner son mariage.

Les couples présidentiels sont toujours mystérieux. Comment font-ils ? Comment justifier, et compenser, la perte de ce qui est la raison même du mariage : avoir ensemble une vie privée ? Pour les Trump, cependant – en tout cas selon presque tous ceux qui peuvent suivre leur relation de près –, la situation est plus claire. Ils ont trouvé un arrangement. « Ils cohabitent, un peu comme Katie Holmes et Tom Cruise[1] », semblent penser la plupart des observateurs. Ce qui est un mystère, c'est de savoir si cet arrangement va pouvoir durer encore longtemps.

En 2016, lorsque la campagne Trump décolle pour de bon, les problèmes posés par ce mariage soulèvent des inquiétudes. Ivanka, qui n'est pas franchement en adoration devant sa belle-mère, ne cesse de mettre l'entourage du candidat en garde. Très préoccupantes, en particulier, sont les questions liées au passé de mannequin de Melania en Europe de l'Est, et aux circonstances de sa rencontre avec Trump. Qui est Melania Knavs (ou Knauss, dans la version germanisée que le président préfère) ? Plus ennuyeux encore, en tout cas en termes politiques traditionnels, est le fait que les Trump semblent mener, depuis un bon moment déjà et sans se cacher, des vies bien distinctes.

Quelques intimes du couple, préoccupés par les questions qui ne peuvent manquer d'être posées – et par l'absence de réponses bien définies à leur apporter –,

1. Après un démarrage fracassant (déclarations publiques enflammées, bébé venu très vite…), la relation amoureuse des deux stars a, paraît-il, assez vite flanché. Leur mariage a tenu cahin-caha de 2006 à 2012.

essaient d'aborder le sujet avec Trump. Parmi eux Keith Schiller, son responsable de la sécurité, et Tom Barrack, un homme d'affaires qui est l'un de ses plus proches amis. Trump répond avec un haussement d'épaules : il n'est pas différent de Kennedy. Quand il s'entend dire, en guise de conseil, qu'à l'époque actuelle l'exemple de JFK ne l'aiderait pas forcément à justifier une vie privée très désordonnée, il réagit par une mine Trump particulièrement revêche : Fais pas ta chochotte.

Lorsque le *Daily Mail* laisse entendre en août 2016 que Melania, dans sa carrière passée, a parfois pu franchir la ligne séparant le mannequin de l'escort-girl, la solution de Trump est d'engager un avocat. Charles Harder, qui a remporté quelques années plus tôt le procès intenté par Hulk Hogan contre le site people Gawker (qui avait mis en ligne une vidéo érotique privée du célèbre catcheur), et que les personnalités s'arrachent depuis lors pour leurs procès en diffamation, attaque le *Mail* au nom de Melania. Mais il fait cela au Royaume-Uni où les lois sur la diffamation sont plus favorables pour les plaignants. Il sait qu'il peut y espérer un résultat qu'il n'obtiendra certainement pas aux États-Unis, où le président et sa famille, en tant que personnalités publiques, doivent affronter des obstacles quasi insurmontables pour faire valoir qu'ils ont été victimes de diffamation ou d'atteinte à leur vie privée. Finalement, l'affaire se règle avec un accord incluant une rétractation du journal, des excuses et un dédommagement financier. L'empressement de Donald Trump à porter plainte et à chercher un tribunal loin des États-Unis, ainsi que la réputation post-*Gawker* de Harder, contribuent à dissuader les médias, pendant la fin de la campagne et jusqu'après l'investiture, de trop fouiller dans le passé de Melania et dans le mariage Trump.

Melania ne devient réellement une personnalité politique que le 8 novembre 2016 vers 20 h 45 (heure de la côte Est), lorsqu'il apparaît, comme un étrange miracle, que son époux – ou plutôt, selon l'interprétation de certains, l'homme avec lequel elle vit en couple désuni – est élu président des États-Unis. Avec le temps, une femme d'homme politique prend des habitudes, s'invente des justifications et se crée une armure personnelle pour affronter le fait qu'elle n'a plus de vie privée, qu'elle ne s'appartient plus. Pour côtoyer le visage public parfois inquiétant de l'homme qu'elle a épousé. Melania n'a aucune de ces protections.

Les Trump ont longtemps mené une vie « je ne te demande rien, tu ne me dis rien », et cela ne leur était pas difficile étant donné la distance considérable qu'ils pouvaient maintenir entre eux grâce à leur vaste parc immobilier, lequel comprend au moins une maison, près de son terrain de golf de la banlieue de New York, que Trump a toujours soigneusement cachée à sa femme. Mais cela leur est désormais impossible. Quel que soit l'arrangement courtois qu'ils avaient avant l'élection, celui-ci a certainement été torpillé en octobre 2016, pour commencer, avec la révélation de l'enregistrement « Je les attrape par la chatte ». Dans la foulée de ce terrible affront public, il y a eu les témoignages de nombreuses femmes affirmant avoir été violentées par Trump. Maintenant que son mari est élu, Melania est exposée au-delà de tout ce qu'elle aurait jamais pu imaginer.

« Événements exogènes ». C'est l'expression de Steve Bannon pour qualifier les perturbations inattendues qui semblent régulièrement survenir dans le monde de Trump. Tout en haut de la longue liste d'événements exogènes qui, estime Bannon, pourraient mettre un terme à sa présidence, il y a ces deux-là : si quelqu'un apportait la preuve que Trump a payé un avortement, ou si sa femme le quittait.

Pour l'avortement, peut-être un déni catégorique, trumpien à souhait, réussirait-il à écarter le scandale. Mais en cas de divorce, aussi doué Trump soit-il pour mentir, il ne pourrait guère nier l'effondrement de son mariage avec une épouse blessée et impitoyable. Et selon Bannon, ce n'est pas tant l'esclandre de la rupture qui ferait tomber Trump, que la douleur pour lui d'être publiquement humilié.

En 1996, Marla Maples, sa seconde épouse, a été surprise en pleine nuit avec son garde du corps sous la cabane des maîtres nageurs de la plage de Mar-a-Lago. Cet événement, Bannon en est certain, a porté un coup énorme à Trump.

« Le but, dans presque tout ce qu'il fait, c'est d'échapper à l'humiliation, dit Bannon. Or, il la frôle en permanence. Elle l'attire. Si vous le prenez en défaut, il vous regarde de haut. Il a un don pour cela. Son père l'humiliait constamment. Il a d'ailleurs brisé l'un de ses frères[1]. Mais lui, il a appris à tenir le coup. En même temps, c'est la roulette russe à laquelle il joue tout le temps, dans l'attente de l'humiliation qui le brisera. »

1. Fred Trump Jr., le frère aîné de Trump, mort à 43 ans de complications dues à l'alcoolisme.

Trump semble tout à fait incapable de reconnaître qu'il a une vie privée, surtout si c'est pour admettre que celle-ci puisse exiger la moindre concession sur le plan émotionnel, ou la moindre explication. Sa vie privée, à vrai dire, n'a besoin que d'être « facilitée », tout comme sa vie professionnelle : si un problème surgit, quelqu'un agit pour le résoudre, quitte à employer des méthodes peu orthodoxes, et voilà. Quand Marla Maples est tombée enceinte en 1990, avant leurs noces, il a discuté avec un ami des solutions qu'il pouvait envisager pour s'éviter et le mariage, et le bébé. L'un des scénarios envisagés impliquait de pousser Maples dans l'escalier pour provoquer une fausse couche.

Pour Trump, le mariage est au mieux une complication. Cela pose un sérieux défi à ses conseillers, depuis la campagne, car il a toujours refusé, ou été incapable (c'est un autre symptôme de son impréparation à la présidence), d'engager une discussion sur la façon d'intégrer sa vie privée dans la communication de son administration ou dans la mise en valeur et le fonctionnement de la Maison Blanche. « Je n'ai pas vu de mariage, jamais », dit Bannon lorsqu'il évoque la période durant laquelle il a travaillé à la Maison Blanche. Presque chaque fois qu'il évoquait Melania, il s'attirait une grimace perplexe de Trump, comme pour dire : Melania ? Quel rapport ?

Trump est entré à la Maison Blanche avec un fils, Barron, âgé de 10 ans. Les jeunes enfants apportent en général une facette humanisante et sympathique à la biographie présidentielle. Mais Trump n'a presque pas de relations avec le petit Barron.

Dans les premiers temps de la mandature, un conseiller récemment entré dans l'équipe suggéra au président de se faire photographier jouant au golf avec son fils. Il se pâmait sur le lien tellement spécial que les papas golfeurs peuvent avoir avec leurs garçons, lorsqu'il se rendit compte que sa proposition se heurtait au blizzard trumpien : le don de faire comme si la personne qui s'adresse à lui n'existe pas, tout en donnant l'impression qu'il pourrait bien la tuer si elle existait quand même.

À l'inverse, Melania s'occupe avant tout de Barron. Ensemble, mère et fils constituent un cercle à part dans le cercle Trump. Elle s'applique constamment à protéger le petit garçon de l'attitude distante de son père. Sans cesse snobés par les enfants adultes de Trump, Melania et Barron sont la famille non trumpienne à l'intérieur de la famille Trump.

Melania parle parfois slovène avec Barron, en particulier quand ses parents sont avec eux – et ils sont souvent dans les parages. C'est une chose qui a toujours fait enrager Trump. Avant de devenir président, il quittait systématiquement la pièce. Mais les quartiers privés de la Maison Blanche sont beaucoup moins vastes que leur logement de la Trump Tower, et cela complique les choses quand les époux sont contraints de cohabiter.

« Nous ne sommes pas ici chez nous », répète souvent Melania à ses amis.

Affolée par la victoire de novembre 2016 – son mari lui avait pourtant régulièrement assuré, pendant la campagne, qu'il était impossible qu'il l'emporte –, elle a commencé par refuser de venir s'installer à Washington.

Et de fait, la première dame n'habite pas réellement à la Maison Blanche. Il lui a fallu près de six mois pour déménager officiellement de New York à Washington, et encore, pas tout à fait. En plus de ne pas partager la chambre de son mari à la Maison Blanche (les Trump sont le premier couple présidentiel à faire chambre à part depuis JFK et Jackie), elle passe une grande partie de son temps dans une maison située à quelques kilomètres de là, dans le Maryland, où elle a installé ses parents et où elle s'est créé ce qu'il faut bien appeler une autre vie privée, juste pour elle et pour Barron.

C'est l'arrangement, un nouvel arrangement, qu'ils ont trouvé. Pour Trump, cela fonctionne. Pour Melania, c'est moins facile. Le Maryland lui convient bien – elle s'implique beaucoup dans l'école de Barron, l'école épiscopale St. Andrews à Potomac –, mais les obligations qui la retiennent parfois à la Maison Blanche lui sont d'autant plus pénibles que la relation de Trump avec son fils ne va pas en s'améliorant.

En mars 2018, Barron a fêté ses 12 ans. Depuis un an, à peu près, il se montre de plus en plus distant vis-à-vis de son père. Ce n'est pas forcément une attitude inhabituelle pour un garçon de son âge, mais Trump y répond par une forme d'hostilité qui lui fait ignorer son fils quand ils sont obligés d'être ensemble. Il se donne du mal pour éviter d'avoir simplement à le rencontrer. Et quand il apparaît quand même en public avec Barron, il parle de lui avec désinvolture, à la troisième personne, et s'adresse rarement à lui.

Trump adore l'idée qu'avec son mètre quatre-vingt-dix, il domine ses interlocuteurs. C'est une sorte d'obsession : dans une pièce, il aime se savoir plus grand que tout le monde. En 2018, après une soudaine poussée de croissance, Barron approche déjà le mètre quatre-vingts. Cela inspire à Trump une méchante blague qu'il répète à tout-va : « Comment je fais pour l'empêcher de grandir ? »

Ses amis, notamment Keith Schiller, ont informé Melania que Trump a toujours traité ses enfants de cette façon, surtout ses fils. Il fait souvent mine d'ignorer Eric, son troisième enfant et deuxième fils (qu'il a eu avec sa première femme, Ivana), quand ils sont en présence l'un de l'autre. Quant à Don Jr., l'aîné, il en fait sans cesse la cible de ses moqueries, tout en chantant les louanges de Corey Lewandowski, le rival de Don Jr. dans le cercle politique trumpien. De Tiffany, son avant-dernière, une fille qu'il a eue avec sa seconde épouse, Marla Maples, il ne dit à peu près rien, tandis qu'il traite sa fille Ivanka avec beaucoup de sollicitude et sur un mode très copain-copain. « Hé, *baby* », dit-il pour la saluer. De tous ses enfants, elle est clairement sa préférée.

Trump regarde le monde à travers le prisme des faiblesses des gens. Il se focalise sur leurs défauts, physiques ou de caractère, sur leurs bizarreries de langage ou vestimentaires. Il se défend en ridiculisant les autres. Et avec Barron, on a l'impression que la seule attitude qu'il soit capable d'avoir, à défaut de le mépriser ouvertement, est de se le rendre invisible.

Melania, elle, semble faire tous les efforts possibles pour vivre sa vie à part et protéger leur fils du malheur qu'est son père.

À l'automne 2017, au moment où le *New York Times* et le *New Yorker* se focalisent sur la longue histoire de prédation sexuelle de Harvey Weinstein

– leurs enquêtes auront des conséquences profondes –, Trump s'applique activement à le défendre. « Un mec bien, affirme-t-il. Un mec bien. » Il est convaincu que, comme l'enquête russe, cette affaire est elle aussi une chasse aux sorcières. Qui plus est, il connaît Harvey, et Harvey peut tout se permettre. C'est ça le truc avec Harvey, il s'en sort toujours. Parce que c'est la promotion canapé… la promotion canapé ! Pour chaque nana qui fait sa petite malheureuse aujourd'hui, affirme Trump, il y en a cinquante autres, cent autres, qui en veulent et ne demandent pas mieux que d'y aller. Dans l'entourage de Trump, il n'y a pas vraiment de bonne façon de réagir à ce genre d'assertion, et même sans doute aucune à cet instant précis, alors la plupart des gens font juste comme s'ils n'avaient rien entendu.

#MeToo, en tant que phénomène culturel et variable politique, provoque beaucoup d'embarras, et donc de déni, à la Maison Blanche de Trump. On ne fait jamais le lien, bien sûr, entre #MeToo et le comportement de Donald Trump envers les femmes. Et on ne discute assurément jamais de la possibilité que Trump soit lui-même la cause de ce soulèvement médiatique, culturel et juridique qui va faire tomber des dizaines d'hommes puissants et très en vue.

Trump, quant à lui, n'a pas la plus petite idée de la nouvelle sensibilité qui prévaut au sujet des femmes et de la sexualité. « Je n'ai pas besoin de Viagra, a-t-il déclaré lors d'un dîner à New York, pendant la campagne, à la consternation de tous les convives. Il me faut une pilule pour faire retomber mon érection. »

Comme il est impossible d'en parler, personne à la Maison Blanche ne peut bien sûr s'interroger sur les conséquences que pourrait avoir un nouveau scandale.

Mais quand même : et si le soulèvement #MeToo devait finir par l'atteindre ? Bannon, qui a joué un rôle central pendant le scandale de l'enregistrement « Je les attrape par la chatte » et n'en revient toujours pas qu'ils y aient survécu, compare #MeToo à l'inspecteur Columbo, de l'ancienne série télévisée éponyme, qui, par sa ténacité, sa curiosité et son sens de la déduction, parvient toujours, au bout du compte, à la porte du criminel. De l'avis de Bannon, #MeToo ne lâchera pas prise avant d'entrer à la Maison Blanche.

Personne n'a la moindre idée du nombre de femmes qui pourraient avoir des raisons de se déclarer victimes de harcèlement ou d'abus sexuel de la part de Trump. Bannon cite le chiffre de cent filles, mais il dit aussi parfois un millier. Marc Kasowitz, l'avocat de Trump, tenait un décompte, autrefois, mais un décompte forcément incomplet car il arrivait aussi que le boss charge Michael Cohen de certaines missions. Ou peut-être était-ce l'inverse : Cohen était le principal agent de ces basses œuvres, responsable de la gestion courante des frasques sexuelles de Trump – c'est-à-dire de tout ce qui serait considéré aujourd'hui comme relevant du harcèlement ou de l'agression sexuelle –, tandis que Kasowitz s'occupait du trop-plein. Dans un cas comme dans l'autre, personne ne connaît vraiment l'étendue des dégâts.

Un an avant Weinstein, au moment de la sortie de la vidéo « Je les attrape par la chatte », plusieurs femmes ont tout à coup avancé des accusations diverses contre Trump : selon le décompte de Bannon, il y a eu « vingt-cinq femmes prêtes à faire feu ». Sur le moment, toutes ces affaires se sont confondues en une sorte de plainte générale, à la fois confuse et presque désindividualisée.

Mais depuis, le sens même du harcèlement sexuel et des accusations de violences sexuelles a évolué. Chaque plainte s'accompagne d'une histoire particulière, qui raconte une agression et une blessure spécifiques. Chaque accusatrice a un nom et un visage. Qui plus est, les dénégations de Trump concernant Stormy Daniels et Karen McDougal ont été démontées, détail après détail, comme n'ayant aucun rapport avec la réalité. Il a tout écarté d'un revers de main, tout contredit, et puis il est apparu que tout était vrai. Il se révèle donc être non seulement le prédateur sexuel ultime, mais aussi le type même de l'agresseur qui nie avoir agressé ; il est la preuve vivante que les femmes doivent être crues.

Après l'explosion de #MeToo, l'une des questions qui hantent la Maison Blanche devient : que sont devenues ces femmes dont Trump a rejeté et nié les accusations en 2016 ? À quel moment pourraient-elles refaire surface ? Et risque-t-on d'en voir surgir d'autres ?

« Nous avons mis toutes ces femmes dans le même sac, dit Bannon au sujet des accusatrices de la période de la campagne. Personne n'a pu y regarder de près. Nous avons juste nié en bloc. Prendre toutes les femmes ensemble, nier en bloc. J'interroge beaucoup de gens à leur sujet, souvent, mais personne ne s'en souvient. Moi je me souviens, par contre. Je les ai toutes à l'esprit. Elles occupent mes nuits. Qui se rappelle la fille du China Club[1] ? Moi. Kristin Anderson. Elle dit qu'il a enfoncé deux doigts dans son vagin. Elle a 43, 44 ans aujourd'hui, et un de ces jours elle va être invitée sur

1. Une célèbre boîte de nuit de Manhattan. L'incident date du début des années 1990.

le plateau de *Good Morning America*, elle va regarder bien droit dans la caméra et elle va raconter : "J'avais 18 ans, j'étais dans cette boîte, il s'est approché et il m'a mis deux doigts dans le vagin… le vagin… le vagin." Et vous allez entendre ça à 8 h 03, un matin, et elle va se mettre à pleurer. Et puis deux jours après il y aura une autre fille… et une autre encore. Ce sera la guerre et il sera cerné. Celle-ci aujourd'hui, laissez mijoter, maintenant faites venir la suivante, mettez la pression, et ainsi de suite. On en a vingt-cinq, ou trente, ou cent. Ou un millier. Elles se présenteront, une à la fois, et toutes les femmes à travers le pays diront : "Attendez, qu'est-ce qu'il a fait, pourquoi elle pleure ?" »

Devant le grand jury, les procureurs du bureau de Mueller s'intéressent à la vie sexuelle de Trump. Ils veulent tout savoir ; où, à quelle fréquence, avec qui, comment. D'après un témoin qui leur a décrit certaines « activités infâmes » de Trump, ces questions ont sans doute autant pour but de braquer le grand jury contre Trump le voyou que de dresser le nécessaire inventaire des histoires (du genre de celles de Stormy Daniels ou de Karen McDougal) qui ont été liquidées par des règlements financiers. Il s'agit également d'examiner de plus près les allégations du dossier Steele sur les *golden showers*. De son côté, la commission sénatoriale du renseignement, qui cherche elle aussi à corroborer les informations de Steele et à évaluer ce que les Russes savent peut-être sur le président, a entendu le témoignage sous serment d'une personne qui a accompagné Trump à Moscou en 1996. Pour le dossier confidentiel de la commission, cette personne a fourni des photos de Trump, prises pendant ce voyage, en compagnie d'escort-girls.

Qu'arriverait-il si de nouvelles accusations étaient portées contre Trump ou si les accusations passées refaisaient surface ? Personne ne peut dire si la méthode trumpienne de la dénégation en bloc continuera de fonctionner, en particulier auprès de sa base. Mais aussi inquiétantes ces hypothèses puissent-elles être pour Trump, le pire des pires scénarios serait qu'un nouveau scandale incite Melania à le quitter.

La situation ne risque pas de s'arranger au printemps 2018, puisque la relation de Trump avec l'actrice porno Stormy Daniels, sous l'impulsion de l'avocat Michael Avenatti, est devenue une saga dont les médias font quotidiennement leurs choux gras. C'est déjà très grave en soi, et la première dame fait de son mieux pour épargner à son fils le déluge d'articles et de reportages produits sur le sujet. L'insulte suprême pour Melania, cependant, c'est que l'on a appris que Trump et Daniels n'ont pas utilisé de préservatif. Et Michael Avenatti adore jouer la provoc : Trump et sa cliente n'ont pas seulement couché ensemble, ils ont eu une relation sexuelle « non protégée », répète-t-il comme s'il évoquait une catégorie très particulière de jeux sexuels.

Au fil des mois, l'entourage de Trump a acquis un respect croissant pour Melania. Elle cache son jeu et avance avec habileté. Au bout du compte, c'est peut-être elle la meilleure négociatrice de la famille Trump. Elle montre clairement le pouvoir qui est le sien et elle sait accepter ce qu'elle peut obtenir. Néanmoins, les incessants raccommodages et les nouveaux arrangements du couple masquent de l'inconstance chez les deux époux. Personne n'écarte la possibilité qu'existe bel et bien, comme le prétendent quantité de rumeurs et d'hypothèses, une certaine vidéo où l'on verrait Trump frapper Melania dans un ascenseur. Et à la Maison Blanche, on considère que si cet enregistrement existe effectivement, l'incident s'est produit à Los Angeles, sans doute en 2014, après une réunion avec des avocats qui a été organisée dans le but de négocier une révision de leur contrat de mariage.

Au fond, il s'agit comme toujours que Donald Trump puisse être Donald Trump. « Je ne baise que des belles filles ; toi, tu peux le confirmer », dit-il à un ami de Hollywood en visite à la Maison Blanche. (Un jour, il a laissé le message suivant sur la boîte vocale de Tucker Carlson, un présentateur de Fox News qui avait critiqué sa chevelure : « C'est vrai que vous avez de plus beaux cheveux que moi, mais j'ai plus de chattes que vous. ») Être Donald Trump – *le* Donald Trump, Donald Trump sans entraves –, voilà ce qui importe le plus à ses yeux. Et il est prêt à généreusement dédommager Melania pour cela.

Mais les enjeux, et le pouvoir dont dispose Melania, ont augmenté de façon astronomique depuis que Trump est entré à la Maison Blanche.

À la West Wing, personne ne croit les explications qui ont été apportées à l'hospitalisation de la première dame. Melania entre à Walter Reed le lundi 14 mai, et pendant vingt-quatre heures, presque rien n'est fait pour produire un récit cohérent à ce sujet. Politique de l'autruche généralisée. *Je ne vois rien. Je ne sais rien.* Et puis l'incrédulité atteignant son paroxysme, une poussée fiévreuse d'hypothèses, à l'intérieur de la Maison Blanche, fait écho, ou peut-être ouvre la voie, à l'emballement des médias. Chirurgie esthétique ? Affrontement physique ? Overdose ? Dépression nerveuse ? Tactique de négociation financière ?

La Maison Blanche semble coupée en deux : East Wing contre West Wing. Dans la première travaille Stephanie Grisham, la directrice de la communication de Melania, considérée comme extrêmement protectrice envers la première dame. La seconde, suivant l'exemple du président, se comporte comme si Melania n'avait guère d'importance. En tout cas les jours passent et personne ne peut dire quand Melania va revenir.

Aussi remarquable que sa disparition est l'imperturbabilité de Trump. Les questions devenant de plus en plus pressantes, le chef de cabinet John Kelly réclame des informations précises. Quel est le problème de Melania, au juste ? demande-t-il. Le président tranche : « À part les médias, tout le monde s'en fiche. Elle est première dame, pas président. » Comme lors de toutes ses crises existentielles, il hausse les épaules et retourne le truc. Il va bien. Melania va bien. Leur mariage va bien. Tout à fait bien. C'est le monde qui l'entoure qui est toxique, cruel, mauvais, obsédé, menteur.

De fait, tout le monde s'accorde à dire que Trump ne voit vraiment pas, dans cette affaire, la moindre anomalie par rapport au cours normal des choses dans son mariage ou, de façon plus générale, dans sa vie privée. Son mariage est peut-être un village Potemkine, mais c'est comme cela qu'un mariage est censé être. L'arrangement trouvé, c'est ça !

C'est une logique un peu perverse. Il n'y a *pas* de mariage ; aucun, en tout cas, que quiconque ait jamais pu observer. Alors comment son mariage pourrait-il poser problème ?

Ici, de nombreux membres de l'entourage du président relèvent un dilemme qui pourrait décider de leurs carrières, de leurs avenirs. Donald Trump est-il un maître cynique et insouciant – le monde est à moi et basta ? Ou Donald Trump est-il juste inconscient de la terrifiante fragilité de son monde, et totalement aveugle au risque très réel qu'il s'effondre d'un moment à l'autre sur lui ?

Le samedi 19 mai 2018, la première dame revient à la Maison Blanche, mais très vite, à vrai dire, elle est réinstallée chez elle, dans la maison du Maryland où elle vit avec ses parents. Neuf jours plus tard, elle ne participe pas à la cérémonie de Memorial Day[1] au cimetière national d'Arlington. Le 1er juin, Trump se rend à Camp David[2] – il y va très rarement – avec toute la famille, y compris Tiffany, mais sans Melania ni Barron. Le 4 juin, Melania réapparaît enfin, à l'occasion de la cérémonie donnée chaque année à la Maison Blanche en l'honneur des familles « Gold Star[3] ». Cela faisait vingt-quatre jours qu'elle n'avait pas été vue : depuis le 10 mai, juste après le lancement de « Be Best ».

---

1. Jour férié aux États-Unis (le dernier lundi de mai), en hommage aux membres des forces armées décédés dans toutes les guerres.

2. La résidence de villégiature du président des États-Unis, dans le nord-ouest du Maryland.

3. Les familles qui ont perdu un des leurs, membre des forces armées, au combat. Elles sont autorisées à porter au revers de leur vêtement un pin's frappé d'une étoile dorée.

Le 21 juin, elle fait une visite impromptue dans un refuge pour enfants immigrés au Texas. À la descente de l'avion, elle est photographiée vêtue d'une parka Zara décorée dans le dos de l'inscription : I REALLY DON'T CARE, DO U[1] ?

Le président insiste : elle visait les médias et leurs fake news.

1. *Je m'en fiche pas mal, pas vous ?*

8

Michael Flynn

Début juin 2018, l'équipe de Mueller se prépare à combattre ce qui semble sur le point d'arriver : la grâce présidentielle de Michael Flynn, l'éphémère et arrogant conseiller à la sécurité nationale, qui a été mis en examen pour avoir menti au FBI.

L'une des marottes de Trump est de chercher des gens à gracier. Sa liste comprend à la fois des figures historiques et des personnalités contemporaines. Il encourage vivement ses collaborateurs à lui suggérer des noms qu'il pourrait ajouter au catalogue. Jared tente d'obtenir la grâce de son père ; ses efforts ne donnent rien (Trump n'est pas fan de Charlie Kushner). Mais le shérif Joe Arpaio, anti-immigrationniste notoire et supporter de Trump, a été amnistié. Ainsi que Scooter Libby, le mouchard de l'administration Bush que l'ancien président, cible fréquente des moqueries de Trump, n'a jamais souhaité réhabiliter. Il a aussi gracié Dinesh D'Souza, l'auteur néoconservateur. Il envisage d'accorder une grâce à Martha Stewart, une personnalité de la télévision condamnée en 2004 pour entrave à la justice dans une affaire de délit d'initiés. Et également à l'ancien gouverneur corrompu de l'Illinois,

Rod Blagojevich, un homme outrecuidant et audacieux dans la veine trumpienne. Les grâces présidentielles de Trump constituent moins des révisions judiciaires ou des mesures de clémence et de bienveillance que des actes de défi.

Mais Trump a sans cesse besoin d'être rassuré sur l'étendue de ses pouvoirs. Il veut savoir à quel point absolu veut dire « absolu ». Ses avocats se mettent en quatre pour le convaincre qu'il bénéficie, effectivement, d'un pouvoir absolu, le confortant ainsi dans l'idée qu'il est totalement maître de sa destinée : à la rigueur, il pourrait même se gracier lui-même. Cependant, ils lui enjoignent de garder cette munition en réserve, du moins pour l'instant. Tout le monde, disent-ils, a maintenant compris que vous disposez du droit de grâce et que vous êtes prêt à vous en servir, ce qui est suffisant pour envoyer le signal voulu.

« C'est vraiment la carte chance "Vous êtes libéré de prison", s'émerveille fièrement Trump au téléphone auprès d'un de ses contacts réguliers. On me dit qu'on ne peut rien faire si je gracie quelqu'un. Je suis totalement protégé. Et je peux même protéger n'importe qui de n'importe quoi. J'ai le droit absolu de me gracier. Vraiment. » D'après cet interlocuteur, Trump ne cesse de revisiter le sujet.

La grâce est devenue, pour Trump, un peu comme les enregistrements de Nixon. C'est un sujet qui lui inspire des réflexions profondes : si Nixon s'était contenté de détruire les bandes, il n'y aurait pas eu de problème. De la même façon, s'il gracie tout le monde, tout est réglé.

Face à ce genre de démonstration, Don McGahn, le conseiller juridique de la Maison Blanche, a le sentiment de marcher sur la corde raide. Est-il simplement en train d'expliquer le droit de grâce présidentielle, ou incite-t-il plutôt Trump à user de son pouvoir pour faire obstruction à la justice ? La question de la grâce présidentielle est devenue un nouveau sujet hautement inflammable à la Maison Blanche : personne n'a envie de devoir exposer le contenu d'une discussion sur l'amnistie devant le grand jury ou devant une commission du Congrès.

Trump continue de se persuader que Mueller est une insulte, mais pas une menace. À l'inverse, l'état-major de la Maison Blanche ne redoute que Mueller. Dans les bureaux, tout le monde se livre à des hypothèses pour savoir si, dans le meilleur des cas, Mueller penchera pour l'obstruction à la justice, la collusion, le parjure, la fraude électorale ou des malversations financières associées aux ambitions russes de Trump. Les principaux collaborateurs craignent surtout Mueller parce qu'ils ont peur de Trump : personne n'est totalement sûr qu'il n'a pas enfreint la loi dans de multiples circonstances, et ils n'ont pas non plus de raison de croire qu'il a fait le ménage derrière lui dans le cas où il aurait commis certains délits. Voilà encore l'un des faits majeurs de la présidence Trump : aucun de ceux qui travaillent pour lui n'a d'illusions sur lui. « C'est Donald Trump » est l'explication générique qu'ils donnent pour justifier l'existence entre ombres et lumières et la menace existentielle qu'ils affrontent tous les jours.

Tout aussi préoccupant : aucune procédure officielle n'a encore été mise en place pour permettre à la Maison Blanche de gérer toutes les implications d'une enquête sur le président. L'équipe de Mueller a démarré ses investigations en mai 2017 ; depuis, une année s'est écoulée et, concrètement, le président n'a toujours pas de véritables avocats. Il n'y a aucune équipe juridique ni aucun juriste chevronné spécialement dédiés à cette affaire ou plutôt aux affaires qui le mettent en cause. Ty Cobb, qui, après l'éviction de John Dowd, est dans l'esprit du président le seul responsable de l'investigation en cours, quitte la Maison Blanche début mai. Désormais Trump ne peut plus compter que sur Jay Sekulow, le dernier de son trio initial d'avocats indépendants, et Rudy Giuliani, son défenseur attitré dans les médias. Et même Trump semble avoir compris que quels que soient les avantages que peut présenter le culot de Giuliani en matière de relations publiques, l'homme est susceptible de tout fiche par terre d'un moment à l'autre, soit parce qu'il s'enivre de l'attention des médias, soit parce qu'il est ivre tout court. Trump ne fait assurément confiance à aucun de ses avocats. En réalité, il continue de demander des conseils à tout le monde, et par conséquent de mouiller potentiellement tout le monde.

Chaque journée est un champ de mines. Trump pense constamment à voix haute. Il n'a aucune pensée secrète et il exprime tout ce qui lui passe par la tête, sans opérer de tri. De ce fait, tout le monde fait virtuellement partie d'une vaste conspiration. Tout le monde est au courant, dans le moindre détail, de la dissimulation.

Les collaborateurs ont même peur que le fait de se concerter pour éviter de participer à des cachotteries – « Je n'ai pas entendu ça » ou « C'est une réunion qui ne vous intéresse pas » – soit interprété comme une duplicité en tant que telle. C'est pourquoi se met en place un système mutualisé d'avocats, informel et officieux. Bill Burck, par exemple, représente à la fois Don McGahn, Steve Bannon et Reince Priebus. Dès lors, les trois hommes peuvent ainsi communiquer entre eux en toute confidentialité, sous le sceau du secret professionnel de l'avocat.

C'est le règne du chacun pour soi. Au printemps 2018, le staff de la Maison Blanche éprouve le genre de panique qu'on ne rencontre généralement que lorsqu'on a épuisé toutes les possibilités et toutes les options, et qu'il est évident que l'heure est grave. Tout le monde doit admettre la possibilité que Trump puisse être destitué, en entraînant beaucoup de gens avec lui. Les probabilités sont-elles réellement de 50/50 ? C'est le chiffre que John Kelly, le chef de cabinet, confie parfois à ses amis. Sa femme murmure que les risques sont même encore plus élevés. L'ambiance presque apocalyptique qui règne dans la West Wing pousse les principaux collaborateurs à envisager des plans d'urgence : à quel moment sera-t-il raisonnable de partir ? Don McGahn, qui est profondément déprimé, se retrouve piégé parce que son sens de l'honneur l'oblige à ne pas quitter son poste tant qu'il n'y a pas de volontaire pour le remplacer… et la place n'est pas facile à vendre.

Des avocats sont approchés, à tour de rôle, pour intégrer le service juridique de la Maison Blanche avec l'objectif précis de prévenir une procédure d'impeachment. Emmet Flood, un ténor du barreau qui s'est fait une spécialité de défendre les gros bonnets politiques, a refusé le job un peu plus tôt dans l'année après avoir demandé une certaine autonomie que Trump ne voulait pas ou était incapable de lui donner.

Face à une nouvelle série de refus, et après avoir mis sa démission dans la balance, McGahn trouve enfin comment faire pression sur Trump pour qu'il accède aux souhaits de Flood. En mai, ce dernier remplace Cobb en ayant l'assurance qu'il aura toute l'autonomie qu'il réclame afin de protéger au mieux les intérêts de la présidence.

McGahn a commencé fin 2017, à l'insu du président, à collaborer avec les enquêteurs de Mueller. Bannon, qui est au courant de ces démarches, se délecte de l'ironie de la situation : Trump est fasciné par John Dean, le collaborateur qui a dénoncé publiquement Nixon, sans vraiment se rendre compte que Dean était comme McGahn le conseiller juridique de la Maison Blanche. Et Trump paraît ignorer à quel point désormais McGahn le déteste : « Il lui voue une haine féroce », fait remarquer un ami du juriste.

Grâce à McGahn, l'équipe de Mueller commence à soupçonner que Trump, même si on lui a conseillé de s'en abstenir, pourrait gracier Flynn et tenter, de ce fait, de priver les enquêteurs d'un témoin essentiel.

Bannon est en fait convaincu que Mueller est plus vulnérable que ne le croit la Maison Blanche. Il pense que les intuitions de Trump, dont on a réussi jusqu'ici à le détourner, sont justes. Mueller a plus peur de Trump que Trump ne devrait avoir peur de lui. Le président est peut-être la cible du bureau du procureur spécial – une cible de choix – mais il représente également pour lui une menace mortelle.

Trump a l'avantage, du moins pour le moment. Tant qu'il conserve la mainmise sur le Congrès, il garde son impunité. Face à une majorité républicaine à la Chambre, Mueller n'est qu'un tigre de papier. Il est probablement une balle pointée sur le président, mais cette balle est dépourvue de dispositif de mise à feu. Il détient la vérité morale, mais il n'a aucun moyen de la défendre.

En outre, après sa propre audition devant le procureur spécial un peu plus tôt dans l'année, Bannon en est venu à douter que Mueller ait vraiment des billes. À part avoir découvert que le camp Trump abrite les individus les plus brouillons, les plus inexpérimentés et les plus stupides de la Terre – et qu'ils n'ont, pour le moins, pas la clairvoyance nécessaire pour « dironsnous, accepter une aide étrangère », selon les termes de Bannon –, qu'ont déniché les enquêteurs ? Ou en d'autres termes, *qui* ont-ils trouvé ? Roger Stone, Carter Page, George Papadopoulos, Julian Assange ?

Bannon n'est pas perturbé : « Impossible de destituer le président avec ces nobles guerriers. » Ce sont juste des épaves.

L'entrave à la justice ? « N'importe quoi. »

Face à un Congrès républicain, Mueller a besoin d'éléments capables de déstabiliser Trump auprès des 35 % et quelques d'électeurs qui le suivent aveuglément. Tant que ce soutien durera, Bannon estime que le Congrès républicain sera bien obligé de tenir bon.

Le choc et l'effroi[1], voilà ce qu'il faut à Mueller. Mueller doit donner aux déplorables – Bannon a complètement adopté ce terme méprisant de Hillary Clinton désignant les électeurs de Trump dans son acception positive et affectueuse – une raison imparable de changer d'avis sur Trump. C'est-à-dire qu'il doit produire une preuve irréfutable qui démontre que Trump a fait

1. « *Shock and awe* », en anglais, désigne une doctrine militaire américaine de domination rapide et massive du champ de bataille.

bien pire que ce dont il est accusé, et l'obstacle est de taille. Le procureur spécial ne peut pas se contenter de confirmer ce que les gens pensent déjà de Trump. Apprenez-moi quelque chose que j'ignore !

Bannon continue de plaider pour qu'on limoge Rosenstein, le procureur général adjoint, et par conséquent qu'on attaque Mueller. Il travaille au corps son chœur grec : l'ancien directeur de campagne Lewandowski, l'ancien collaborateur Bossie, le présentateur de Fox News Sean Hannity, et enfin Mark Meadows, élu de la Chambre des représentants et président du Freedom Caucus, un groupe parlementaire inspiré par le Tea Party. Il pousse également les défenseurs de Trump à imiter le modèle de la Maison Blanche sous l'ère Clinton, qui était aussi populaire que vertueuse. Il est vrai que Clinton avait toujours un taux d'approbation de plus de 50 % et que Trump avoisine plutôt les 40 %, mais le soutien dont bénéficie Trump est composé d'un noyau dur, ce qui est remarquable. Selon Bannon, Trump est le président le plus aimé de son époque, mais également le plus détesté. Mueller, l'allié de tous ceux qui détestent Trump, veut défier la volonté des Américains qui aiment le président. C'est l'argument, d'après Bannon, qui devrait occuper le débat.

Mais la Maison Blanche, en particulier Rudy Giuliani, semble incapable de construire un plaidoyer digne de ce nom. Au mieux, Giuliani offre une défense équivoque. En effet, son argumentaire se limite à : Oui, le président est peut-être coupable, mais comme il est le président, il a le *droit* d'être coupable. (Trump tient quasiment le même couplet en parlant de sa carrière : il est peut-être un salaud, mais un salaud qui a réussi.)

Au lieu de discréditer l'enquête, la Maison Blanche, avec son attitude ambiguë, donne l'impression de jeter l'éponge et de reconnaître une fois encore que Donald Trump est Donald Trump, pour le meilleur comme pour le pire. On dira ce qu'on veut, fait remarquer Bannon, mais il y a une sacrée dose de réalisme à la Maison Blanche de Trump, à défaut d'en trouver chez le président.

Même les trumpistes les plus dévoués admettent volontiers que les zones d'ombre autour de la Russie sont nombreuses. Ils pensent que Trump est plutôt bien disposé envers Poutine, comme envers tous les hommes qui ont réussi et qui sont plus riches que lui. Ils admettent que Trump a envie d'être respecté par le président russe et qu'il aurait très bien pu faire l'impossible pour lui plaire. Ils se rendent également compte que Trump, qui était un emprunteur de seconde zone à une époque où la Russie renouait avec la fuite des capitaux, a dû, au minimum, volontairement fermer les yeux sur certaines subtilités juridiques afin de profiter de l'aubaine. Et ils ont parfaitement conscience que Trump est peu enclin, voire incapable, de séparer les sphères privée et publique.

Cependant, ils ont du mal à croire qu'il y ait eu un plan, un subterfuge, une conspiration de grande ampleur. Donald Trump a peut-être fait certaines choses dont il aurait dû s'abstenir, par sagesse et par respect pour la loi. Mais lui coller sur le dos une vaste conspiration semble un peu gros quand on connaît sa capacité d'attention limitée, son inaptitude à gérer plusieurs paramètres en même temps et à s'intéresser à autre chose qu'à ses besoins immédiats, et sa tendance à se moquer des conséquences de ses actes.

Non, répliquent les trumpistes, ce sont simplement les libéraux et Mueller qui profitent du fait que Trump est ce qu'il est, un homme qui a toujours été son pire ennemi. Et nous pouvons fort bien soutenir un Trump fidèle à lui-même, parce que, malgré ses collaborateurs serviles, ses exagérations hors norme, sa désinvolture envers la vérité et la loi… il a été élu, voilà, avec tous ces défauts.

Par conséquent, ce n'est pas Trump qui conspire, c'est… Obama.

Au printemps 2018, la fameuse théorie de l'État profond, adoptée depuis longtemps par le président, semble convaincre plus ou moins tout le monde. Les démocrates sont convaincus que Trump a comploté avec les Russes pour remporter les élections. Et de leur côté, les trumpistes croient que l'administration Obama a conspiré avec la communauté du renseignement dans le but de donner l'impression que Trump et ses affidés ont mis sur pied un plan d'envergure avec les Russes pour gagner la présidentielle. Ce ne sont pas Trump et les Russes qui ont réussi à fausser les élections, mais plutôt Obama et ses alliés qui ont essayé de les truquer, sans y parvenir.

Pour les trumpistes purs et durs, la conspiration contre Trump commence en 2014 quand le général à la retraite Michael Flynn, le directeur de l'Agence du renseignement militaire, débarque à un séminaire sur le renseignement à Cambridge. (Les trumpistes font remarquer d'un air pensif que c'est justement à Cambridge que Michael Steele, l'homme du dossier Steele, a été recruté pour espionner la Russie.) La plupart des espions réunis pour dîner dans la grande salle de l'université sont des guerriers sans pitié, qui se méfient de Michael Flynn, de son indulgence, si ce n'est de son soutien, envers les Russes au prétexte que l'Iran est le véritable Satan. Si l'on en croit les trumpistes, Flynn a été placé sous surveillance à partir de ce moment-là. En effet, il est celui qui a amené Trump à reconsidérer la volonté de la Russie de participer à la traque contre l'islam radical. C'est le cœur de l'affaire russe, et des accusations de collusion contre Trump et compagnie. Elle oppose la vision traditionnelle de la communauté du renseignement, obsédée par la Russie, à des gens comme Flynn et Trump qui mesurent les nouvelles menaces – le terrorisme international. Le monde du renseignement, suivant une technique du contre-espionnage, a profité de l'indulgence du Trumpland envers la Russie pour pousser les trumpistes dans ce piège.

Fin mai 2018, dans une tentative pour discréditer Mueller, les républicains du Congrès incitent le département de la Justice à révéler les méthodes utilisées pour infiltrer la campagne de Trump. Le nom de Stefan Halper fait surface, probablement grâce à une fuite de la Maison Blanche.

Selon la théorie des républicains, Halper, un chercheur américain à l'université de Cambridge en Angleterre, étroitement lié au MI6, le renseignement extérieur britannique, a, sur ordre de l'administration Obama, et par l'intermédiaire du MI6, recruté deux malheureux parasites de l'entourage de Trump, Carter Page et George Papadopoulos, avec le projet d'approcher les Russes. C'est la nouvelle version du camp Trump : le camp Obama a manœuvré pour lui tendre un piège.

Engoncé dans un pardessus râpé qui aurait bien besoin d'être remplacé, la tête dissimulée sous sa capuche, le vieil Halper, âgé de 74 ans, joue lui aussi au petit jeu des espions contre les espions à Cambridge, là où, comme dit Bannon dans sa langue codée, « tous les mondes se rejoignent » (il connaît très bien la ville : lui et Halper ont emprunté les mêmes rues que les administrateurs du site Cambridge Analytica, la douteuse entreprise de publication stratégique à laquelle Bannon était associé et qui s'est procuré avec plus ou moins de scrupules d'énormes quantités de données électorales). Stefan Halper est *effectivement* un espion, une pointure dans le monde du renseignement américain et britannique, et l'ex-mari de la fille d'une figure légendaire de la CIA, Ray Cline, qui était analyste en chef lors de la crise des missiles à Cuba. Halper est également un agent de recrutement – un attrape-mouche – à Cambridge. Et voilà qu'il émerge, fort à propos, de l'État profond, pour recruter plusieurs balourds du camp Trump.

Il ne fait aucun doute pour Bannon que l'administration Obama et la communauté du renseignement ont dû surveiller Trump au cours de la campagne. Depuis des années, Trump était considéré comme un type louche. Comment des acteurs responsables auraient-ils pu *ne pas* s'inquiéter en le voyant surgir sur la scène mondiale ? En outre, comme il ne serait sûrement pas élu – tous les sondages le disaient, et Obama l'a aussi affirmé en privé à certains donateurs démocrates à l'automne 2016 –, il ne représentait pas une menace sérieuse, même s'il était désigné par un grand parti. Mais en tant que concurrent, il avait tout du candidat mandchou[1], du petit escroc mystérieusement parvenu au sommet. Donc, bien sûr qu'il fallait discrètement le surveiller.

Voilà : presque à la vue de tous, l'administration Obama a mené une enquête de contre-espionnage contre un candidat à la présidentielle, même si ce candidat avait tout d'un imposteur.

Mais s'il était sans doute judicieux de la part des services de renseignement de mener une opération de surveillance classique sur un escroc qui était en rapport avec la Russie, et qui, par un extravagant coup du sort, était le candidat d'un grand parti à la présidence des États-Unis, la démarche est beaucoup plus difficile à justifier une fois que la cible est devenue président. Ce qui semblait plutôt sage et raisonnable durant la campagne apparaîtrait, rétrospectivement, comme un comportement sournois et antidémocratique.

« Vous pensiez que le procureur général adjoint de ce pays sortirait son stylo pour griffonner une note disant : “Bien sûr, il n'existe aucun document qui fait état d'une surveillance durant la campagne et durant la transition du président dûment élu des États-Unis – signé Rod Rosenstein” ? commente Bannon. Mais (Bannon frappe brusquement dans ses mains) il ne pouvait pas le faire, et pour des raisons évidentes. Piégé ! »

Voilà, encore une fois, le paradoxe de la présidence Trump : elle représente un tel assaut contre l'ordre établi, l'homme est tellement inapte, voire indigne de

1. Référence au roman éponyme de Richard Condon publié en 1969 qui met en scène un homme politique américain qui subit un lavage de cerveau par les communistes.

la fonction, que tous les garants de cet ordre établi sont contraints de le protéger contre lui-même. Mais Trump a gagné l'élection, ce qui lui confère la légitimité de l'ordre établi, ou du moins c'est ce qu'il croit.

Trump n'est cependant pas assez astucieux, placide et patient pour montrer et garantir cette légitimité. Il se contente de la réclamer. L'homme qui, avant l'élection, était jugé illégitime sans doute par la majorité des électeurs exige désormais en tapant des pieds qu'on reconnaisse son bon droit. Son argument procède d'une simple inversion : l'establishment – ou l'État profond, dans sa tête – me considère comme illégitime et a violé les principes démocratiques pour me refuser la Maison Blanche. Mais j'ai *gagné* l'élection ; donc, eux sont illégitimes, pas moi.

Devin Nunes, qui est alors président de la Commission du renseignement de la Chambre des représentants, se fait le Don Quichotte républicain du dévoilement des agissements de l'État profond : il exige que le département de la Justice lève le secret défense et publie les détails des enquêtes menées contre Trump durant la campagne. Par cette tentative désespérée, il cherche à montrer que le département de la Justice, influencé par l'administration Obama, a participé au complot visant à truquer l'élection ou, du moins, à salement brouiller les cartes – des informations que Sean Hannity, le présentateur vedette de Fox News, passe son temps à ressasser. Outre Halper, cela met en cause deux agents du FBI, Peter Strzok et sa maîtresse Lisa Page (qui ont laissé derrière eux, comme autant d'indices, des textos clairement anti-Trump), l'ancien directeur du FBI James Comey, l'ancien directeur de la CIA John Brennan et l'ex-directeur du renseignement national

James Clapper. Sont également épinglés la Cour de surveillance du renseignement étranger des États-Unis, ou Cour FISA, qui se serait rendue coupable de violations délibérées, ainsi que le dossier Steele que les républicains considèrent comme une grossière manœuvre des démocrates, et une infamie complotiste, le point de départ véreux d'une grande partie du scandale de l'ingérence russe dans les affaires américaines.

Les trumpistes ont raison jusqu'à un certain point. Ces différentes institutions étaient tellement atterrées par la personnalité de Trump et par le déroulement étrange et aberrant de sa campagne, qu'elles y ont répondu de façon viscérale, en se permettant certains actes qu'elles n'auraient jamais osé commettre contre un candidat respectable, ni contre quiconque ayant, à leurs yeux, des chances de l'emporter. Mais cela ne change rien au fait que Trump est toujours Trump et que tout en lui, pratiquement, donne envie d'ouvrir une enquête.

Son premier cercle dévoué – Bannon, Lewandowski, Bossie et Hannity – ne cesse d'exhorter McGahn et la Maison Blanche à s'allier à Devin Nunes et à exiger de Rod Rosenstein, le procureur général adjoint, la publication de tous les documents révélant les agissements de l'administration Obama dans le cadre de l'enquête sur les liens supposés entre Trump et la Russie. Rosenstein peut durablement tergiverser et se dérober aux requêtes du Congrès, mais il ne pourra pas continuer d'ignorer son patron, le président. Donnez l'ordre, insistent les trumpistes, et s'il ne s'y soumet pas, virez-le.

McGahn, qui collabore secrètement avec Mueller, résiste. Il s'inquiète d'une divulgation complète de ces documents confidentiels, craignant une confrontation entre la Maison Blanche et le département de la Justice.

À peu près à cette période de riposte contre les tenants d'une conspiration, Lewandowski et Bossie se hâtent d'achever leur deuxième livre sur l'administration Trump, un livre qui s'intéresse essentiellement aux tentatives de l'État profond pour compromettre le président. Lewandowski et Bossie recrutent comme plume Sara Carter, une contributrice de Fox News proche de leur collègue Hannity, et l'envoient à l'Ambassade de Bannon pour récupérer de nouvelles informations sur la conspiration. Bannon, qui est sans aucun doute le plus agile fomentateur de complots de l'ère Trump, lui raconte toute l'histoire en détail.

Mais il estime quand même devoir mettre en garde Carter contre le récit qui constituera bientôt la structure principale du livre de Lewandowski et Bossie : *Trump's Enemies : How the Deep State Is Undermining the Presidency* (Les ennemis de Trump : Comment l'État profond sape la présidence). « Vous vous rendez bien compte, dit Bannon, que rien de tout cela n'est vrai ? »

Si Michael Flynn revêt une telle importance pour l'enquête de Mueller, c'est parce que, même s'il n'a été conseiller à la Maison Blanche que vingt-cinq jours, il reste un joueur actif, et ce, dans un monde où Trump ne permet à personne d'autre que lui d'être un authentique joueur. Durant la campagne, Trump a entretenu des relations très étroites avec Flynn, bien plus qu'avec quiconque. Au tout début de la transition, de fait, Flynn a fait partie des premiers futurs conseillers embauchés.

Mais celui-ci ressemble désormais de plus en plus à une preuve compromettante fatale. Sur ordre direct de Trump ou de Kushner, ou peut-être des deux, il s'est rendu à l'ambassade de Russie durant la transition pour tenter de négocier une « paix séparée » sur les sanctions décrétées par l'administration Obama, du moins c'est ce que semble indiquer l'équipe de Mueller dans son acte d'accusation pour entrave à la justice contre Trump. De nombreux démocrates regrettent depuis fort longtemps que Nixon ait pu, impunément, à l'automne 1968, promettre aux négociateurs nord-vietnamiens qui travaillaient sur une initiative de paix à Paris un meilleur accord s'ils acceptaient d'attendre que son administration arrive aux affaires. Trump et Flynn semblent préparer le même genre de sale coup.

En outre, la tentative d'obstruction à la justice de Trump commence avec Flynn. En voulant détourner l'enquête du FBI sur son ancien conseiller à la sécurité nationale, Trump s'est trouvé dans l'obligation de limoger Comey, ce qui a déclenché aussitôt l'enquête de Mueller.

Si une grâce présidentielle survient, le procureur spécial est prêt à saisir un tribunal fédéral pour obtenir une injonction qui interdirait à Trump d'amnistier Flynn. Il y a un problème, cependant : le droit de grâce du président, tout comme on l'a assuré à Trump, est pour ainsi dire pratiquement inattaquable.

D'après la recherche du procureur spécial sur le sujet : « Il apparaît clairement que le président peut gracier les membres de sa famille ou ses collaborateurs proches même dans le but d'entraver une enquête. » Les tribunaux soutiennent, après examen approfondi, que le droit de grâce du président « est plein et entier, et comporte peu d'exceptions ». Et il semble, en fait, que le président pourrait probablement se gracier lui-même. L'idée peut paraître « déplacée » en vertu des normes élémentaires de la bienséance et de la logique, mais « le droit de s'autogracier n'est pas expressément interdit par la Constitution... L'*expressio unius* textualiste affirme que si le président n'avait pas le pouvoir de se gracier lui-même, les Pères fondateurs auraient ajouté un passage restreignant cette compétence ».

Mais bien qu'ils aient conclu que le droit de grâce présidentielle est quasiment inattaquable, l'équipe juridique de Mueller pense que Trump pourrait cependant tomber sous le coup de plusieurs restrictions.

D'abord, l'article II, section 2, clause 1 de la Constitution, qui garantit le droit de grâce, offre deux exceptions spécifiques. En premier lieu, le droit de grâce ne concerne que la législation fédérale, ce qui signifie que les poursuites judiciaires engagées au niveau des États ne peuvent en bénéficier. Et ce droit exclut également les cas d'impeachment. Le président ne peut pas arrêter une procédure de destitution, qu'il s'agisse de la sienne ou de celle d'un tiers, et il ne peut pas empêcher le Sénat d'inculper un fonctionnaire civil des États-Unis après un impeachment et, en conséquence, de priver ce fonctionnaire de ses fonctions ou de le destituer de ses charges. Mais c'est ainsi : hormis cette restriction, le droit de grâce est fondamentalement illimité.

Deuxièmement, l'équipe du procureur spécial s'est appuyée sur un jugement rendu par la Cour suprême en 1974. Dans l'affaire Schick v. Reed, le législateur, tout en reconnaissant la portée étendue du droit de grâce, a apporté cette précision : l'exercice du droit de grâce n'est légitime que lorsqu'il « n'offense pas la Constitution ». Et en 1915, dans l'affaire Burdick v. United States, la Cour suprême a invalidé une grâce présidentielle parce que le président Woodrow Wilson, qui avait gracié un rédacteur en chef d'un journal pour un crime fédéral qu'il avait sans doute commis, avait utilisé ce droit pour contraindre l'accusé à témoigner, violant ainsi ses droits garantis par le cinquième amendement. La Cour considérait donc la grâce comme une infraction aux droits constitutionnels du rédacteur en chef. La recherche de Mueller fait néanmoins remarquer que l'affaire Burdick constitue le *seul* exemple où la Cour suprême a invalidé une grâce présidentielle.

Troisièmement, le président peut prononcer une grâce légale, explique l'équipe de Mueller, et, ce faisant, se rendre coupable d'un crime. Elle s'appuie là sur une tribune libre parue dans le *New York Times* du 21 juillet 2017. Ses auteurs, Daniel Hemel et Eric Posner, écrivent : « Si un président vend son droit de grâce contre de l'argent… il viole la législation fédérale sur la corruption. Et si un président peut être poursuivi pour avoir échangé son droit de grâce contre des pots-de-vin, alors il s'ensuit que la nature illimitée et sans appel du droit de grâce ne protège pas le président de la responsabilité criminelle d'en avoir abusé. »

Le procureur spécial examine enfin dans ce résumé juridique la grâce la plus déshonorante de toutes : celle que Bill Clinton a accordée en 2001, quelques heures avant de quitter définitivement le pouvoir, au financier Marc Rich qui s'était réfugié en Suisse afin d'échapper à plusieurs mises en examen pour fraudes financières, racket, évasion fiscale, et qui, incidemment, avait financé la campagne de Clinton. En le graciant, Clinton a manqué être poursuivi, entre autres pour entrave à la justice, corruption et blanchiment d'argent. Le principal ici, même si le lien paraît ténu, c'est qu'à la suite de cette amnistie accordée à Rich, les procureurs fédéraux ont été très près de conclure qu'ils pouvaient inculper Clinton pour avoir abusé de son droit de grâce. Finalement, le département de la Justice n'a pas suivi cette préconisation. (L'amnistie de Rich paraissait également s'inscrire dans le cadre d'un échange de bons procédés avec l'État d'Israël pour lequel Rich était probablement un agent du Mossad.) Mais le fait que la possibilité ait été étudiée suggère qu'un président peut être mis sur la sellette pour avoir accordé une grâce à seule fin de satisfaire des intérêts personnels.

L'amnistie de Flynn, et au demeurant de toutes les personnes qui, menacées de poursuites légales, pourraient être amenées à témoigner contre le président, prouverait clairement que le président use de son autorité pour se soustraire à la loi. Une telle amnistie « offenserait la Constitution » selon l'argument phare de l'affaire Schick v. Reed. Plus simplement, le droit de grâce présidentiel se heurte à cette autre garantie constitutionnelle : personne n'est au-dessus des lois.

Certains juristes du département de la Justice et plusieurs spécialistes du droit constitutionnel qui ont été informés de cette stratégie pensent que l'argument – l'offense à la Constitution – n'a pratiquement aucune chance d'aboutir. Mais dans son projet, l'équipe du procureur spécial, qui cherche à empêcher la grâce que Trump a visiblement prévu d'accorder à Michael Flynn, avance ce raisonnement sans crainte et sans réserve :

« La tentative d'amnistie du président Trump est unique et sans précédent. Jamais un président n'a cherché aussi cyniquement à faire obstruction à une enquête en cours en amnistiant un accusé qui coopère activement avec la justice. Ce qui rend la grâce du président encore plus exceptionnelle, et qui va bien au-delà du cadre de l'attitude autorisée par la Constitution, c'est que le président lui-même est soumis à l'enquête qu'il tente de freiner en amnistiant ce témoin clé qui a accepté d'aider la justice.

« Ce droit de grâce présidentielle, bien qu'étendu, n'est pas absolu. Il est limité à la fois par la clause d'amnistie qui proscrit l'exercice du droit de grâce dans les cas d'impeachment et par la Constitution dans son ensemble qui exclut tout acte violant ou offensant la Constitution, y compris en empiétant indûment sur l'une ou l'autre des trois branches indépendantes du pouvoir fédéral américain ou en portant atteinte à l'intérêt public pour objet ou pour effet. La tentative d'amnistie du président Trump viole manifestement ces deux interdits constitutionnels. »

Une stratégie extrêmement incertaine, mais on fait avec ce qu'on a.

9

Les midterms

En mai 2018, six mois avant les élections de mi-mandat du 6 novembre, le président se voit présenter, à l'occasion de trois réunions, vingt-cinq courses à la Chambre des représentants – vingt-cinq duels – particulièrement importantes pour les républicains. Un topo a été préparé pour chacune de ces courses, qui auront lieu dans des districts pivots dont l'électorat peut basculer, et il est important que le président s'y rende. Du moins d'après certains conseillers. D'autres, plus particulièrement Jared Kushner, appuyés par les responsables du Parti républicain, estiment à l'inverse que le président devrait le plus possible se tenir à l'écart de la campagne.

Peu importe, en un sens. Lors de ces trois réunions, Trump devient vite nerveux et son attention décroche en l'espace de quelques minutes. Exactement comme lors des réunions de bilan d'activité des forces armées. Frôlant la dyscalculie, Trump déteste les chiffres et la logistique ; pis, ils lui paralysent le cerveau. Il n'enregistre rien.

Il y a trop de membres à la Chambre des représentants. Il n'arrive pas à se rappeler leurs noms. Quand ses collaborateurs lui précisent l'État dont ils sont originaires, il lève ostensiblement les yeux au ciel. « Des ploucs. Des vendeurs de fringues pour mecs », dit-il.

Ses conseillers n'arrangent pas les choses en diffusant deux messages contradictoires. Le premier : la course à la Chambre pour les élections de mi-mandat pourrait bien être l'Armageddon de la présidence Trump. Le deuxième : les midterms restent les midterms, et les événements de novembre prochain maintiendront le *statu quo*.

Le scénario du *statu quo* répond au modèle classique qui veut que le parti en place à la Maison Blanche perde les élections. Mais les perspectives du Parti républicain sont d'autant plus sombres qu'un nombre vertigineux de ses membres quittent volontairement leurs fonctions : beaucoup lâchent Trump et la politique façon Trump. S'ajoutent à cela les résultats désastreux de plusieurs élections partielles dans lesquelles la participation démocrate, traditionnellement insignifiante, a littéralement douché le camp républicain. Aujourd'hui, en cette fin de primaires et alors que la campagne officielle est sur le point de démarrer, les chances que les républicains gardent le contrôle de la Chambre des représentants sont assez minimes. Néanmoins, Obama et Clinton ont tous deux perdu leur majorité lors des midterms, et cela ne les a pas empêchés de faire deux mandats.

« L'hypothèse Armageddon » s'appuie sur des projections qui, pour le moment, semblent indiquer que Trump pourrait se retrouver avec une présidence réduite à deux ans. Les républicains disposent des vingt-trois sièges qui leur garantissent la majorité, mais ils pourraient en perdre trente, quarante, cinquante, voire soixante, le 6 novembre prochain. En cette période de polarisation politique intense, le pays risque d'élire un Congrès d'impeachment. Et si le Sénat tombe dans l'escarcelle démocrate, le Congrès sorti des urnes mettra probablement Trump en accusation.

En vérité, les républicains garderont sans doute le contrôle du Sénat. Mais Bannon, pour sa part, croit désormais que le résultat des courses à la Chambre sera binaire. Si les républicains conservent la majorité à la Chambre des représentants, la présidence de Trump et son programme resteront viables. Le président aura les moyens de contenir les forces qui se déchaînent contre lui. Mais si les républicains perdent le contrôle de la Chambre, Trump ne pourra pas résister à l'hostilité du Congrès qui prendra un malin plaisir à plonger le nez dans *toutes* ses affaires. Pis, sa réaction inévitable – Bannon promet qu'elle sera totalement « dingue » – remettra même en cause le soutien dont il dispose parmi les républicains du Sénat.

Et si la Chambre bascule, le parti sera furax. Cinq mille collaborateurs pourraient perdre leur boulot. Les entreprises de lobbying proches des républicains pourraient facilement voir leur chiffre d'affaires chuter de 10 millions de dollars l'année à 1,5 million. Une catastrophe, provoquée par Trump, pour les apparatchiks de Washington.

Avec l'hypothèse du *statu quo*, l'équation est globalement la même. Mais dans ce scénario, une perte de trente à soixante sièges représentera en fait un cadeau pour Trump, du moins si les républicains gardent le contrôle du Sénat. Tout comme il a affronté l'establishment de Washington en 2016, il sera en mesure de reproduire cet exploit à la présidentielle de 2020. Trump n'est jamais meilleur que lorsqu'il a un ennemi : il a besoin d'une opposition démocrate enragée et hystérique. Et ces ennemis ne peuvent trouver mieux que Nancy Pelosi comme présidente de la Chambre des représentants.

S'acharner sur Nancy Pelosi insuffle de l'énergie à Trump. La ridiculiser lui procure un plaisir incomparable, et le fait qu'elle soit une femme est un avantage supplémentaire. Une procédure d'impeachment ? Allez-y, je vous attends. Grâce au garde-fou du Sénat, le reste ne sera que du show. *Son* show.

Le *mano a mano* favorise Trump et le tire de son inattention chronique. Une bataille contre le Congrès sera une cause noble, estime Kushner, mais il pense également, tout bien considéré, qu'il vaut mieux désormais tenir Trump éloigné de la mêlée des élections de mi-mandat. Cela fait partie de l'équation de l'hypothèse du *statu quo* : quand le président est impopulaire – et les sondages de popularité de Trump sont aussi bas que ceux de n'importe quel président juste avant les midterms –, on ne l'envoie pas faire campagne pour des duels à haut risque.

Et puis il faut prendre en compte l'opinion de Trump : il a beaucoup de mal à se sentir concerné par les problèmes politiques des autres. La notion de parti, du président qui ne serait en définitive qu'un soldat dévoué à une cause plus grande que lui, ne signifie rien à ses yeux. Même l'idée de prononcer un discours sur quelqu'un d'autre – de vanter *ses mérites* – est au-dessus de ses forces.

Les particularités des circonscriptions électorales de la Chambre des représentants présentent un autre problème. Tous les hommes politiques en lice seront sans doute des locaux, mais Trump considère tout ce qui est local comme sordide et insignifiant. Il est surtout horripilé par la valse hésitation des candidats qui recherchent son soutien tout en voulant garder leur indépendance. Trump a besoin et exige un respect absolu et une attention de tous les instants. Mais il redoute par-dessus tout les losers. Les débats imposés sur les élections de mi-mandat se sont concentrés sur les duels serrés des circonscriptions clés, ce qui signifie que chacun de ces candidats est un perdant en puissance, et quelqu'un, par conséquent, dont le statut de loser pourrait lui coller à la peau comme une mauvaise odeur.

Mitch McConnell, le chef de la majorité républicaine au Sénat, ne se contente pas de dire aux gens que la Chambre des représentants va basculer. Il transforme cela à son avantage ; il utilise cette sombre prédiction pour lever des fonds pour le Sénat. Il est convaincu que le Sénat gardera sa majorité républicaine : sur les trente-cinq sièges à renouveler, vingt-six sont occupés par les démocrates, neuf par les républicains. Il croit, en outre, que les républicains pourraient ravir deux ou même trois sièges à leurs adversaires. Trump trouvera un refuge au Sénat, assure McConnell. C'est l'endroit où se replier et tenir ses positions. McConnell, qui bétonne chaque jour davantage sa réputation de dernier survivant et de seul véritable acteur politique de sa génération, se tourne déjà vers 2020, lorsque le Sénat sera sans doute considérablement plus difficile à défendre.

Bannon estime que la volonté de McConnell de lâcher la Chambre des représentants – une décision stratégique qu'il a prise de concert avec une clique de gros donateurs du parti – frôle la conspiration. Si les démocrates sont dans une guerre ouverte et totale avec Trump, les responsables du Parti républicain, ou du moins McConnell et Ryan, l'actuel président de la Chambre, lui livrent un combat sans merci, mais secret. Leur bataille acharnée n'a qu'un seul objectif : prendre le contrôle du parti.

McConnell éprouve pour Trump un mépris sans borne. Trump n'est pas simplement, à ses yeux, le président le plus stupide auquel il a jamais eu affaire, il est aussi l'individu le plus idiot qu'il ait jamais rencontré dans le monde politique, ce qui n'est pas peu dire. Lui et sa femme, Elaine Chao, la secrétaire aux Transports, se moquent régulièrement de Trump et l'imitent devant leurs amis.

Si les républicains parviennent à garder leur majorité à la Chambre en 2018, Trump en sortira, selon l'hypothèse de la présidentielle bis de Bannon, une nouvelle fois victorieux. L'élection anormale et inattendue de 2016 sera alors irréfutable. Si les démocrates échouent à prendre le contrôle de la Chambre, le résultat leur fera l'effet d'une bombe atomique, mais si les républicains réussissent à repousser l'assaut de l'opposition et à conserver leur majorité à la Chambre, l'impact sera le même sur eux. Un tel scénario entraînera, encore davantage que la victoire de Trump en 2016, la mort de l'establishment républicain.

En revanche, si une catastrophe s'abat sur la Chambre, si elle passe aux démocrates, Mitch McConnell aura potentiellement toutes les cartes en main. Trump, qui adore dénigrer et ridiculiser McConnell, sera, sans une Chambre républicaine pour le soutenir, entièrement redevable au chef de la majorité du Sénat.

C'est le scénario qu'envisage McConnell pour reprendre le parti à Trump. Une Chambre à majorité démocrate signifiera que seul McConnell pourra s'interposer entre Trump et une procédure de destitution. Trump sera alors le prisonnier de McConnell.

Voilà ce que pense Bannon : il est persuadé que McConnell s'appuie sur ce scénario machiavélique pour rassembler les principaux donateurs du parti. McConnell veut la défaite des républicains à la Chambre. Il travaille à cet objectif.

Trump – c'est un euphémisme – n'est pas un tacticien. Il n'a quasiment aucun sens de l'organisation. Il est, pour ainsi dire, incapable d'admettre le talent et la détermination des autres. Son instinct politique est proche de zéro. Et il aborde presque toutes les situations de façon viscérale.

En 2016, lors d'une primaire décisive en Floride, une consultante politique du nom de Susie Wiles a aidé Trump à combler son retard face à ses concurrents. Mais quand, durant la campagne, il a rencontré Wiles – qu'il a comparée à « un réfrigérateur avec une perruque » –, il a demandé à ce qu'elle soit licenciée. (Elle ne l'a pas été et Trump a gagné la Floride.)

En ce printemps 2018, comme il ne reste plus personne à la Maison Blanche pour lui dire ce qu'il ne veut pas entendre – parmi les nombreuses catégories de personnes qu'il a bannies, il y avait des spécialistes du recensement politique –, Trump est tout heureux de ne plus être obligé de s'intéresser aux duels décisifs à venir.

Kushner, toujours désireux de détourner l'attention de son beau-père des élections, a adopté l'approche trumpienne : « Occupons-nous des choses importantes. » La Chambre basculera peut-être dans le camp démocrate, mais la nouvelle ouverture qui se profile avec la Corée du Nord sera un sacré événement. Plus Trump se concentrera sur la Corée du Nord, estime Kushner, moins il envenimera la campagne.

Au moment où la Maison Blanche devrait se préparer aux élections de mi-mandat, les trois plus proches conseillers politiques de Trump – David Bossie, Corey Lewandowski et Sean Hannity – ne sont pas sur place.

Chacun d'eux prend clairement la mesure des conséquences que peut avoir pour Trump une déroute en novembre. Mais tous les trois savent que s'ils veulent conserver leur relation avec lui, ils doivent renforcer ses convictions. « Il s'agit de permettre à Trump d'être Trump, explique Hannity. Laissons-le partir dans la direction qu'il a choisie et encourageons-le à y aller. »

En outre, les trois hommes perçoivent le monde comme s'ils étaient dans un bunker. Ce sont des combattants. Des martyrs. Si les républicains perdent la majorité à la Chambre en novembre prochain, ils seront sur le terrain qu'ils connaissent le mieux, au cœur de la bataille pour défendre Trump contre tous ses agresseurs. Ce ne sont pas des militants mais des croyants, et c'est ce que Trump leur demande.

Quant à l'idée plutôt raisonnable qui voudrait que les responsables de la communication de la Maison Blanche se rallient à un thème politique capable d'unir la présidence et le parti dans un combat commun en prévision de novembre, mieux vaut l'oublier immédiatement. Au-delà de leur manque de talent et de leadership – et de la guerre territoriale qui fait rage entre Sanders, Conway et Mercedes Schlapp – les communicants de la Maison Blanche n'ont pas pour mission de rester ouverts sur l'extérieur ; leur job est de se concentrer sur Trump et de le satisfaire en le défendant comme lui le désire. Ce qui, bien sûr, est impossible. Ils ne le contentent *jamais*. Et par conséquent, ils ne développent jamais de réflexion cohérente et réfléchie, sinon pour rassurer le boss, même si le pari est quasiment perdu d'avance.

À l'extérieur des murs de la Maison Blanche, le Parti républicain a désormais défini sa propre stratégie qui ne repose absolument pas sur les prétendus mérites de Donald Trump. Les cadres chargés de l'organisation des élections au sein du Comité national républicain et de la majorité républicaine à la Chambre et au Sénat, comme en réalité la plupart des membres de l'establishment républicain soutenus par Ryan et McConnell, décident de tout miser sur les qualités du projet de loi de réforme fiscale adopté à la fin 2017. « C'est la réforme fiscale, idiot[1] », dit McConnell afin que tout le monde comprenne bien que ce splendide succès est à porter au crédit du Congrès, et non de la Maison Blanche de Trump qui n'y a apporté qu'une maigre contribution.

---

1. Une référence au slogan de campagne de Bill Clinton en 1992 : « *It's the economy, stupid !* » Une réplique entrée dans l'histoire de la vie politique américaine.

Alors que la campagne des élections de mi-mandat s'intensifie, difficile de dire si la mission principale de Bannon est de déjouer les plans de McConnell ou de sauver Trump. Tout en s'efforçant, bien sûr, de se positionner. Il est convaincu qu'il y a un mouvement au-delà de Trump, un mouvement au sein duquel il pourrait jouer les faiseurs de roi, voire devenir roi, et que la solution consiste à affronter l'establishment républicain. C'est pourquoi il croit, même si ses sentiments pour Trump sont, pour le moins, équivoques, qu'aux yeux des déplorables il doit être le dernier à quitter le navire.

L'establishment républicain, ainsi que beaucoup de gens à la Maison Blanche, détestent autant Bannon qu'il les déteste. En 2018, nombreux sont ceux à avoir posé la question : « D'où vient l'argent de Steve ? » Les Mercer – Bob, le milliardaire patron du fonds spéculatif Renaissance Technologies, et sa fille Rebekah – ont longtemps soutenu Bannon et Breitbart News. Mais leur parrainage, du moins public, a pris fin début 2018 parce que, déjà éreintés par la presse, ils ont reçu des menaces personnelles qui, pensent-ils, sont liées à la relation qu'ils entretiennent avec Trump, Bannon et Breitbart.

Après avoir quitté la Maison Blanche en août 2017, Bannon, comme beaucoup d'entrepreneurs du monde politique, toutes tendances confondues, a créé une fondation de type « 501(c)(4)[1] » qui lui permet de lever

1. L'une des vingt-neuf formes juridiques d'associations ou organisations « à but non lucratif » prévues par le code fédéral des impôts des États-Unis. Plusieurs, dont la (c)(4), permettent de collecter de l'argent à des fins politiques ou de lobbying.

des fonds anonymement. Au cours des mois qui ont suivi son départ de l'administration, Bannon a courtisé méthodiquement et soigneusement tous les principaux donateurs de Trump.

Cette discrète campagne, qui s'est révélée remarquablement payante, irrite la Maison Blanche qui n'apprécie pas que les donateurs du président puissent soutenir Bannon, voire le supporter au détriment de Trump. Le lien a été facile à faire : si une grande partie des contributeurs de Trump apprécient globalement sa politique, la plupart ne l'aiment pas. Bannon s'emploie à expliquer l'ambivalence du cas Trump. Trump n'est pas le problème, plaide-t-il. La question est là où il peut nous conduire ; l'important, c'est la destination, pas le type qui vous y emmène. Le petit discours de Bannon reçoit un écho bienveillant. Les gens qui jugent Trump ridicule tout en estimant qu'il faut absolument le soutenir partagent une complicité.

Cependant Bannon a besoin d'un plan de bataille et d'un climat d'urgence. Le plus pressé, désormais, est de sauver Trump de lui-même. La fondation de Bannon, qui ne semble pas à court de fonds, va soutenir une opération électorale qui, sans concurrencer celle de la Maison Blanche, du moins n'en tiendra pas compte. Elle empêchera, en outre, les républicains d'en revendiquer la paternité.

En mai, Bannon constitue une équipe et commence à coordonner son projet en instaurant une conférence téléphonique tous les matins. Depuis l'Ambassade, il élabore rapidement un message cohérent, lance un programme qui donne la parole aux défenseurs de Trump à la télévision et à la radio, et met sur pied des enquêtes d'opinion pour le suivi des soixante et quelques courses décisives à venir.

Ce n'est pas la réforme fiscale, idiot ! C'est Trump.

Bannon est convaincu que Trump doit être en ballotage dans chaque duel. Les hommes politiques et les militants sont souvent accusés de rejouer le dernier scrutin qu'ils ont gagné. Pour Bannon, on est à nouveau en 2016. Seul Trump est capable d'enthousiasmer suffisamment la base électorale pour que les déplorables s'intéressent à cette élection impersonnelle. Ils doivent voter pour *lui*.

La bande est à nouveau réunie.

Arrivent Sam Nunberg, David Bossie, Corey Lewandowski, Jason Miller et plusieurs autres – tous ceux que Bannon avait pris sous son aile durant la campagne.

Le problème avec la bande de Bannon, c'est qu'elle est vraiment *la sienne*, et que sa loyauté envers Trump n'est que secondaire, et souvent hasardeuse. Ils sont tous dans la même situation : Trump est la pièce maîtresse incontrôlable, déroutante, très énervante, mais indispensable de leurs vies. Trump est leur obsession. Il les bouffe.

Les nombreuses anecdotes qui nourrissent le feuilleton Trump, et où il n'apparaît pas forcément à son avantage, émanent de ce groupe : tout part de Bannon, mais les autres l'alimentent régulièrement *sotto voce* ou pas. Trump le clown, Trump l'idiot, Trump le taré. Trump le glandeur, Trump le je-m'en-foutiste, Trump le mal fagoté. Tout l'opéra-comique trumpien est l'œuvre de cette équipe.

Même quand les membres du groupe de Bannon s'emploient à soutenir Trump, ils le font avec des sentiments mitigés, si ce n'est avec angoisse. C'est essentiellement dû à leur proximité avec lui : il les a tous adoptés, mais ils s'y sont brûlé les ailes. La nature même des gens que le président a attirés dans son orbite joue aussi un rôle. Chacun d'eux subsiste d'une manière ou d'une autre grâce au monde absurde et émotionnellement instable de Trump ; il fait simplement partie de leur grand huit personnel.

Jason Miller, un stratège politique à toute épreuve et cadre dans les relations publiques, a rejoint la campagne de Trump grâce à Ken Kurson, le rédacteur en chef du journal de Kushner, le *New York Observer*. Miller, à l'époque, était passé maître dans l'art de murmurer à l'oreille de Trump – sa patience et son stoïcisme lui ont été d'un grand secours – et il semblait destiné à prendre le poste de directeur de la communication de la Maison Blanche. (Durant la campagne, Miller était le premier à téléphoner à Trump le matin. Sa tâche consistait à lui rapporter d'une voix sucrée les ragots de la presse du soir.) Puis on a appris qu'il avait une liaison avec un membre de l'état-major de campagne de Trump, une relation qui s'est soldée par une grossesse au moment même où sa propre femme tombait enceinte. Cette mésaventure l'a empêché de devenir directeur de la communication, ce qui était déjà assez dur. Mais le pire était à venir : A. J. Delgado, sa maîtresse, partie accoucher et élever leur enfant chez sa mère en Floride, a engagé contre lui une guerre judiciaire et médiatique visant à le ruiner et à le déshonorer. Entre-temps, Miller a défendu Trump sur CNN contre rémunération, ce qui a fait dire à Trump : « Je récupère les gens que personne d'autre ne veut. »

Corey Lewandowski, qui était jusque-là un stratège républicain de seconde zone, a obtenu le poste de directeur de campagne parce que nul n'en voulait. Quand Trump recrutait son équipe en 2015, même les cadres politiques qui, incontestablement, avaient bien besoin du poste se refilaient ses appels comme une patate chaude. David Bossie, qui a préféré à la dernière minute ne pas rencontrer Trump, s'est déchargé du job sur Lewandowski. Celui-ci est connu pour son caractère instable, ses difficultés à se concentrer sur une tâche et son besoin de trouver un boulot à tout prix. En peu de temps, il est devenu totalement dévoué à Trump. Corey, affirme Bannon, et ce n'est pas forcément un compliment, préférerait se pendre plutôt que de balancer Trump.

Trump considérait Lewandowski comme « son véritable fils » (ce qui ne l'empêchait pas de le dénigrer en le traitant de « lèche-cul »). Un drame a du coup éclaté avec Don Jr. et Eric Trump, creusant un fossé entre plusieurs membres de la famille et Lewandowski. Don Jr. et Kushner ont fini par le renvoyer en 2016. Depuis, Lewandowski s'est efforcé à plusieurs reprises, souvent avec succès, de reprendre une place dans la coterie politique du président.

Bannon, qui a travaillé dans le passé avec David Bossie dans l'agit-prop, et sur quelques documentaires néoconservateurs, a introduit Bossie dans la campagne en septembre 2016. (C'est Bossie qui a, en fait, présenté Bannon à Trump en 2011 ; à la suite de cette rencontre, Bannon a d'ailleurs résolument écarté toute idée sérieuse d'une future candidature de Trump.)

Pendant la campagne, Bossie était la seule personne de l'équipe à posséder un vrai talent d'organisateur. Il a mis sur pied une vaste opération de porte-à-porte, ce qui était alors un concept nouveau. Mais Trump n'avait pas totalement confiance en lui : Bossie a l'air « sournois – il ne me regarde jamais en face ». Bossie, comme Chris Christie, l'ancien gouverneur du New Jersey, a tendance à s'approcher trop près de Trump, à le coller physiquement. « Ils sont comme des taureaux, des taureaux, ils sont tous là après moi », se plaint-il. Kushner juge les anciennes activités néoconservatrices de Bossie – il a été l'un des enquêteurs anti-Clinton durant les années Whitewater et l'un des premiers présidents de l'organisation Citizens United, qui, par son action en justice, a permis aux entreprises privées de verser des fonds illimités en matière de publicité politique – comme « un énorme délire complotiste d'extrême droite ». Durant la transition, Bossie a été tenu à l'écart de la Maison Blanche.

Sam Nunberg est peut-être l'homme qui, plus que les autres, illustre à quel point il est dangereux et inepte d'entretenir une relation avec Trump.

Avec sa tête de bébé de 38 ans, il est le fils de deux avocats célèbres, qui a décroché de justesse par ses propres moyens un diplôme de pacotille. Face à la perspective d'une carrière juridique sans grande envergure, il s'est tourné vers le militantisme politique et a dégoté un poste auprès de Roger Stone, l'ami et conseiller de Trump. Stone, ancien stratège politique de l'ère Reagan, discrédité de bien des façons et pourtant toujours prêt à faire son autopromotion, était la risée de presque tout le monde, sauf de Trump, qui le traitait malgré tout comme le chien qui n'arrête pas de se faufiler dans la maison. Nunberg, par l'intermédiaire de Stone, a commencé à travailler à plein temps pour Trump.

Depuis 2011, Nunberg a été l'assistant et le conseiller intermittent de Trump, toujours tenace et loyal quand ce dernier n'était encore au mieux qu'un numéro de cirque politique. « Il n'y a pas de président Trump sans Sam Nunberg, déclare Bannon. Le peu de légitimité que Trump a gagnée dans son odyssée politique, c'est à Nunberg qu'il la doit. »

Alors forcément, Trump l'a licencié. « Il vit chez ses parents », raillait-il à son sujet.

Lewandowski a remplacé Nunberg. Durant la campagne, Trump et Nunberg se sont battus par tribunaux interposés, comme si personne ne les regardait.

Même après son licenciement, Nunberg n'a jamais vraiment quitté l'orbite de Trump. En partie parce que, après cette expérience, aucun poste ne l'attirait. Mais aussi parce qu'il n'a jamais cessé d'être ramené dans le Trumpland, puisqu'il est à la fois le premier dépositaire de sa mémoire institutionnelle et la personne qui connaît le mieux Trump.

Il est également un homme incontournable, plutôt perspicace, toujours disponible, et il est la source privilégiée de la plupart des journalistes qui couvrent Trump. Lorsqu'on veut la confirmation d'une anecdote hostile au président, il suffit d'aller le trouver. Quand Trump critique les médias, à bien des égards c'est Sam Nunberg qu'il critique.

C'est fréquemment Nunberg qui convertit les potins sur Trump en informations reprises par les médias. Lorsqu'il a vent d'une rumeur, il la transmet en temps réel comme s'il s'agissait d'un scoop à l'un ou plusieurs de ses contacts, confortant ainsi son utilité, voire sa crédibilité. « Je pense à Maggie Haberman [la journaliste du *New York Times* qui couvre Trump] de la même façon que je pense à ma grand-mère, dit-il. Je cours toujours vers elle. »

Mais comme tous les autres, cependant, il est uni à Trump, même si l'union est bancale.

Fin février 2018, Nunberg est appelé à témoigner devant le grand jury de Mueller. Peu avant sa comparution, il a été informé des remarques désobligeantes que Trump avait eues à son égard. Profondément blessé – *à nouveau* profondément blessé –, il se console en passant le week-end avec de la cocaïne et des prostituées.

Le lundi matin, toujours défoncé, et n'ayant pas fermé l'œil de la nuit, il décide qu'il n'ira pas devant le grand jury. Il enchaîne alors les apparitions médiatiques, en s'invitant sur pas moins de onze plateaux de télévision et de radio pour annoncer son refus de comparaître – il changera d'avis en fin de journée –, offrant à l'Amérique en temps réel un véritable mélodrame trumpien, un naufrage en direct mêlant chagrin, récriminations et descente de coke. C'est également un vrai tour de force médiatique.

En 1998, l'avocat de Monica Lewinsky, William H. Ginsburg, a participé le même jour aux cinq talk-shows du dimanche matin. Sa prouesse a été baptisée le « Full Ginsburg ». Le « Full Nunberg » ne surpasse pas l'exploit de Ginsburg seulement par le nombre de plateaux visités : il est aussi réalisé après un week-end de défonce.

« Tout le monde dit que ce type est inemployable. Il a sniffé comme un malade et il a enchaîné onze shows, dit Bannon. Mais comment ne pas l'embaucher ? Il a passé le week-end à se taper des filles, puis il s'est levé et s'est pointé sur onze plateaux télé. Ce qui importe, au final, c'est comment tu baises les autres, et là il a bien baisé tout le monde. »

Difficile de ne pas remarquer, ici, la codépendance qui existe entre Trump et Nunberg ou d'autres. Les principaux supporters de Trump travaillent pour lui parce que personne d'autre ne voudrait d'eux.

Bannon, qui est amer sur bon nombre de sujets mais qui, à 64 ans, s'amuse désormais comme un fou, considère que faire élire Trump, c'était vraiment baiser tout le monde. Une partie de sa mission consistait précisément à le hisser au pouvoir pour choquer et indigner tous ceux qui refusaient ardemment qu'il soit élu. « C'est quoi la démocratie, à part tout chambouler ? » demande-t-il. Le fait que Trump soit Trump est un problème distinct. Oui, il est une arme imparfaite, mais c'est l'arme dont on dispose.

Pour Bannon, la campagne de Trump et sa présidence représentent une forme de défi. Arrêtez-moi si vous le pouvez, et si vous n'y arrivez pas, alors vous méritez Trump. Le mépris qu'il éprouve envers les démocrates n'est au fond pas dirigé contre les démocrates eux-mêmes, mais contre les médiocres qui sortent de leur rang, des supplétifs, à ses yeux, qui n'ont pas le talent politique nécessaire. Il énumère leurs noms dans un souffle : Hillary Clinton, Elizabeth Warren, Cory Booker, Kamala Harris, Kirsten Gillibrand. « C'est ça qu'ils ont trouvé ? *C'est ça* qu'ils ont trouvé ? Stop ! J'en peux plus ! »

Pour autant, les républicains ne pourront garder le contrôle du Congrès qu'en dépit de Trump. C'est le véritable problème : Trump est incapable de gagner sa propre élection. Il ne peut pas s'en acquitter, et c'est un euphémisme. Trump n'est qu'un symbole, mais un symbole doté d'un pouvoir extraordinaire. D'où l'utilité de Steve Bannon.

Durant la campagne présidentielle, le véritable objectif n'était pas de gagner, mais de réduire l'écart de 20 points à 6 points, un score plus honorable. Ce résultat aurait permis à Bannon de vérifier son hypothèse, et de prouver la puissance de la cause populiste. Puis, en fait, Trump a gagné, ce qui a déclenché une tout autre dynamique, qui ne va pas sans difficultés.

Aujourd'hui, une courte défaite aux élections de mi-mandat servirait davantage les intérêts de Bannon. Si Trump perd vingt-cinq sièges – deux de plus que la majorité actuelle –, il aura besoin de tous ses amis, y compris de Bannon. Surtout de Bannon.

« Je pense en fait qu'il est possible de réussir et de garder le contrôle de la Chambre, dit Nunberg. C'est possible, vraiment. Mais si on perd, ce sera amusant de regarder Trump se débattre. Je paierais pour voir ça. »

10

Kushner

Durant l'été 2017, pendant que Trump, dans un flot de paroles décousues, menace de déclencher « feu et fureur » contre la Corée du Nord après un déjeuner à son golf de Bedminster dans le New Jersey, son gendre entame une tout autre conversation.

Les Chinois, soutenus par Henry Kissinger, et préoccupés par l'obsession de Trump pour la Corée du Nord – ils sont conscients en même temps de l'influence qu'ils peuvent retirer de la situation dans cette région –, contactent Jared Kushner. Le jeune homme, qui n'a pourtant aucune expérience, s'est clairement positionné auprès des chefs d'État internationaux, et également de son beau-père, comme le véritable cerveau de la politique étrangère de la présidence Trump.

Le président a souvent menacé de « balancer » son secrétaire d'État, Rex Tillerson, dont il s'est rapidement détourné, et de le remplacer par Kushner. Lequel a annoncé à des amis qu'il jugeait cela prématuré ; Kissinger lui a conseillé d'attendre, et de signer de son nom une initiative diplomatique majeure.

Durant l'été, les Chinois mettent Kushner en contact avec Gabriel Schulze, un investisseur américain.

Schulze fait partie de cette nouvelle catégorie d'aventuriers internationaux qui œuvrent à la croisée des marchés financiers mondiaux et de certains régimes encombrants, comme la Corée du Nord. Les relations personnelles, surtout dans les régions du monde où règnent les autocrates, sont une devise de premier ordre. Depuis qu'il est arrivé à la Maison Blanche, Kushner a beaucoup travaillé pour développer des relations personnelles avec les dirigeants, en une phrase, de peser sur la scène mondiale. Cette catégorie d'hommes peut accélérer les choses, et Kushner comme Trump meurent d'envie de bousculer l'action internationale qu'ils jugent trop lente et frileuse.

Schulze est l'émissaire du leader nord-coréen Kim Jong-un pour un début de pourparlers en coulisses, encouragé par les Chinois. Trump a déclaré une guerre sans merci au jeune despote. Mais les Chinois y voient une opportunité : durant le sommet de Mar-a-Lago, en avril 2017, entre Trump et le président Xi Jinping – rencontre pilotée par Kissinger et Kushner –, ils ont été sidérés par la candeur de Trump, son imprévisibilité et son manque de connaissances géopolitiques.

Les Chinois estiment qu'il ne faut pas prendre au sérieux ses prises de position. En effet, l'initiative Schulze surestime sans doute la nouvelle réalité diplomatique du président. Dans le Washington de Trump, il est possible de contourner le département d'État, l'establishment diplomatique, la communauté du renseignement et quasiment tous les autres canaux ou contraintes en matière de politique étrangère. La principale solution, pour échapper à la voie institutionnelle, est de passer par Kushner, expert de politique étrangère autoproclamé. À la Maison Blanche, on s'amuse à dire, en se prenant la tête dans les mains, que Kushner est le nouveau Metternich.

Durant l'automne 2017 et au début de l'hiver, Kushner conseille vivement à son beau-père de changer d'optique sur le problème nord-coréen. Il explique à Trump que, s'il fait la paix, il pourra remporter le prix Nobel comme Obama.

Et donc, le 10 juin 2018, un peu moins d'un an après la prise de contact entre Schulze et Kushner, le président arrive à Singapour pour rencontrer Kim Jong-un. L'été précédent, sans réellement connaître la nature des problèmes qui ont conduit à l'impasse diplomatique avec la Corée du Nord, il a menacé Kim Jong-un d'une guerre imminente. À présent, à peine plus informé, il donne au leader nord-coréen l'accolade la plus flagorneuse et la plus insolite de l'histoire de la diplomatie.

Peu de temps après l'élection de son beau-père, Kushner, encouragé par Rupert Murdoch avec lequel il a noué des relations amicales à l'époque où ils étaient voisins dans un immeuble de Park Avenue estampillé Trump, prend contact avec Henry Kissinger afin d'avoir son soutien et ses conseils. Kushner a décidé de remplir une fonction officielle à la Maison Blanche, et, étant donné ses liens de parenté, il est persuadé qu'il saura jouer la courroie de transmission auprès de Trump. Il s'imagine, en fait, pouvoir peser avec un peu de clairvoyance, d'efficacité – et sa touche personnelle – sur les questions internationales les plus urgentes. Le fait qu'il ne connaisse de ces problématiques que ce qu'il en a lu dans le *New York Times* lui paraît de peu d'importance.

Kushner voit en Kissinger la clé de ce grand bond en avant. Le vieil homme – il a alors 94 ans – est flatté par les attentions du jeune homme. Non content de se montrer déférent, Jared adopte avec enthousiasme la doctrine Kissinger : la croyance que la libre coopération fondée sur les intérêts communs et le respect réciproque favorise les initiatives judicieuses sur l'échiquier mondial.

Kushner, qui ne se fait aucune illusion sur l'intérêt que porte son beau-père aux questions de politique étrangère, se voit, comme cela a été autrefois le cas de Kissinger, comme le conseiller le plus sage et le plus réfléchi d'un président peu raffiné. Et même si les autres pensent que Kissinger est devenu une vieille pipelette, et qu'il demeure comme toujours un arriviste éhonté, Kushner croit qu'il est l'homme capable de lui fournir les atouts dont il a besoin dans son nouveau monde de Washington.

Kushner cite à tout propos et sans vergogne le nom de son nouvel ami : « Henry dit… », « Je disais justement à Henry… », « J'aimerais avoir l'avis de Henry sur… », « Mettons Henry dans la boucle… ».

Cependant, quand Ivanka l'appelle « l'oncle Henry de Jared », il n'est pas sûr qu'elle soit très favorable à cette amitié.

Kissinger, globe-trotter infatigable, encore très présent chez Kissinger Associates et toujours aussi carriériste, a l'occasion, assez inespérée à son âge avancé, de devenir *le* principal conseiller de l'un des acteurs les plus importants, peut-être même le plus important, de la politique étrangère du gouvernement américain. Et le point primordial, comme l'a expliqué Kissinger à des amis, est que Kushner n'a aucune expérience en matière de relations internationales. C'est une page vierge.

Au cours des semaines qui suivent l'élection, Kissinger se donne du mal pour complimenter Jared sur sa capacité d'écoute et sa vivacité d'esprit. Kushner, pour sa part, loue la sagacité de Kissinger, son regard pertinent et toujours neuf sur un monde pourtant complexe. Kushner caresse même l'idée de faire nommer Kissinger secrétaire d'État, une option qu'il évoque devant lui.

Trump raconte aux gens que Kissinger partage totalement son espoir de nouer une nouvelle relation d'amitié avec la Russie, précisant que le diplomate éprouve « un fantastique respect pour Poutine – il l'adore ».

Au cours de la première année de la nouvelle administration, Jared continue la plupart du temps de faire appel à Kissinger. Même quand la politique étrangère de Trump se met à zigzaguer vers l'inconnu – rodomontades, menaces quotidiennes sur les droits de douane, clins d'œil obséquieux à des despotes –, Kissinger, qui jouit de son prestige grandissant, ne perd pas son calme et continue de le soutenir, tout en assurant à ses nombreuses relations à l'international qui s'inquiètent, comme aux experts de politique étrangère et au monde des affaires, qu'il ne faut pas tenir compte du psychodrame et des tweets, et que l'impulsivité de Trump est parfaitement maîtrisée par Kushner qui est un homme très pondéré.

Mais début 2017, Kissinger, pressé par Kushner d'écrire son panégyrique sur la liste du *Time* des cent personnalités les plus influentes de l'année, semble hésiter entre son envie d'avancement et l'opinion qu'il a sur le manque de sérieux de Kushner en matière de politique étrangère :

« En tant que membre de la famille Trump, Jared connaît bien les impondérables du président. Diplômé de Harvard et de l'université de New York, il a reçu une formation approfondie. En tant qu'homme d'affaires, il connaît l'administration. Cela devrait l'aider à réussir dans ce rôle intimidant qui le voit voler si près du soleil. »

La façon subtile avec laquelle il prend ses distances par rapport à Kushner ne passe pas inaperçue des professionnels de politique étrangère de la nouvelle administration Trump.

Tout au long de leur première année à Washington, Jared et Ivanka donnent souvent l'impression de regretter d'avoir accepté des postes officiels. Le président semble également changer fréquemment d'avis. Beaucoup remarquent que Kushner paraît aux abois et sous le feu des critiques de son beau-père qui lui reproche un certain nombre de mauvaises décisions, y compris le limogeage de Comey. Il a été éreinté par Bannon, méchamment en public et mortellement en privé. Kushner est devenu, en un rien de temps, l'une des figures les moins sympathiques du monde politique actuel. (Maintenant que Don Jr. est devenu un substitut de son père apprécié par les cercles de droite, plus personne ne tente d'améliorer l'image publique de Jared.)

Le couple autrefois parfait a perdu aux yeux de beaucoup son prestige social. Même leurs voisins leur battent froid. « Je ne sais pas si quelqu'un se rend compte de ce que nous traversons », dit Ivanka à des amis.

Mais au cours de la deuxième année de la présidence émerge une nouvelle perception de ce que Rex Tillerson, alors secrétaire d'État, appelle « l'étrange cas Jared Kushner ». Tillerson a fini par détester Jared à cause de son ingérence, de son indiscrétion et de son manque d'esprit d'équipe. Il commence pourtant à s'apercevoir, avec les représentants de l'administration et le monde judiciaire, que l'immature Jared Kushner, autrefois première victime de sa médiocrité et de son orgueil démesuré, est peut-être plus calculateur encore qu'il n'y paraît.

La fortune personnelle de Jared dépend d'une société chancelante dont l'assise financière fragile repose sur des emprunts non solvables, le genre de prêts obtenus par l'intermédiaire de relations personnelles et, généralement, en échange de services et d'influence. Ils se négocient souvent dans des pays aux réglementations peu sourcilleuses.

Le père de Jared, Charlie, connu pour être un homme brutal et malveillant, a fait un séjour dans une prison fédérale pour évasion fiscale et subornation de témoins ; il a essayé de faire chanter son propre beau-frère avec une prostituée. Mais les fautes du père, que Trump traite ironiquement d'escroc désargenté, n'ont eu aucune répercussion sur la personnalité de Jared, aussi finement nuancée que posée.

Le caractère de Jared ne change cependant rien au fait que sa famille est lourdement endettée. Les sociétés de promotion immobilière le sont fréquemment, mais la famille Kushner s'est trop précipitée pour vendre ses rez-de-jardin dans le New Jersey et pour acheter, tête baissée, un immeuble à Manhattan. Devenir propriétaire à New York ! Ces transactions malheureuses ont été effectuées à l'époque où Jared était à la tête de la société pendant que son père était en prison. Au début de la présidence Trump, les Kushner se sont retrouvés dans l'obligation urgente de dénicher de nouveaux investisseurs pour refinancer, dans un marché tendu, leur gratte-ciel situé au numéro 666 de la Cinquième Avenue, et pour mener à bien leur projet de construire un centre de nouvelles technologies sur le vaste terrain qu'ils possèdent à Brooklyn.

La décision de Jared d'entrer à la Maison Blanche expose au grand jour les affaires familiales, les fragilisant encore davantage. Cela met aussi son beau-père dans une position intenable. Les hommes de pouvoir sont souvent attaqués par le biais de leur famille. Non seulement Trump a son lot de problèmes personnels, mais il doit désormais gérer ceux des Kushner.

Néanmoins, ce qui s'apparentait au départ à de la naïveté et à un manque de discernement ressemble de plus en plus à une stratégie à haut risque. La sérénité et la retenue apparentes dont fait preuve Kushner ne sont peut-être que du bluff. Quoi qu'on puisse dire à propos de la Maison Blanche en ce printemps 2018, Jared y a relativement bien mené sa barque ; il est le seul, avec sa femme, à avoir accompli cet exploit. Et il a plutôt réussi à imprimer sa marque dans le monde feutré et officieux sur lequel il mise beaucoup pour préserver sa fortune.

En dehors des démocraties occidentales, la politique étrangère internationale est généralement de nature transactionnelle ; les échanges de faveurs entre individus priment. Les préoccupations des chefs d'État, hormis dans les pays et les régions les plus stables, se limitent à l'enrichissement personnel et la préservation du pouvoir. Ce phénomène s'est encore accentué depuis que des fortunes privées rivalisent ou coopèrent avec les gouvernements. De la Russie à la Chine, de l'Asie du Sud-Est aux États du Golfe, l'oligarchie financière mène ses propres missions diplomatiques. Les gens qui ont le moyen de payer des pots-de-vin, qui croient foncièrement que tout le monde a un prix, et qui peuvent peser sur les institutions juridiques qui, en temps normal, réguleraient la corruption, jouent désormais un rôle important en matière de politique étrangère dans certaines régions clés du monde.

Depuis des décennies, personne n'ignore que les États-Unis découragent toutes les démarches diplomatiques indépendantes. Le gouvernement américain est trop fort, ses institutions trop solides, sa bureaucratie trop puissante et son establishment de politique étrangère trop influent. Il fut un temps où les petits combinards de haut vol et les hommes d'affaires qui aiment se présenter comme des « investisseurs » et des « émissaires » devaient ramer et s'accrocher avant de trouver une oreille à qui parler à Washington.

Et puis Jared Kushner est arrivé.

Presque immédiatement après l'élection de son beau-père, Kushner est devenu la cible très convoitée de tous les gouvernements étrangers qui préfèrent négocier avec un clan plutôt qu'avec les institutions. Au lieu de dépendre d'une bureaucratie tentaculaire, et souvent peu réactive, avec l'espoir qu'elle saura arbitrer et résoudre vos problèmes, il est possible de s'adresser directement à Kushner qui en informe le président élu. Après l'investiture de Trump, Kushner devient une ligne directe avec le président.

Ententes particulières, introductions amicales, échanges de bons procédés, émissaires et mandataires… tout cela instaure rapidement une diplomatie parallèle constituée d'un bataillon de personnes qui ne représentent qu'elles-mêmes et qui ont accès directement au président. Michael Cohen, l'avocat personnel de Trump, toujours prêt à faire des affaires, se met à collecter des fonds auprès de personnages et de régimes douteux. Chris Ruddy, le directeur d'un site d'informations conservateur qui commercialise des compléments alimentaires, intime du président à Palm Beach, reçoit brusquement en mai 2018 une proposition d'investissement du Qatar d'un montant de 90 millions de dollars. David Pecker, l'ami de Trump, et patron du tabloïde de supermarché *The National Enquirer*, présente à la Maison Blanche un important intermédiaire saoudien de haut rang et demande aussitôt à l'Arabie saoudite de financer son projet chimérique, voire totalement dingue, de racheter *Time Magazine*.

Mais le contact le plus efficace reste le gendre de Trump. Toute la stratégie diplomatique des Russes, des Chinois et des pays du Moyen-Orient se concentre sur Kushner. Les Européens, les Canadiens et les Britanniques n'ont pas cette approche, et ils semblent en subir les conséquences.

Durant la transition, avant que l'administration Trump soit entrée à la Maison Blanche, des intermédiaires du vice-prince héritier d'Arabie saoudite, Mohammed ben Salmane, alias MBS, ont pris contact avec Kushner, instaurant un accord parallèle sans précédent dans l'histoire contemporaine de la diplomatie. Le problème clé de la dynastie saoudienne est d'ordre financier ; en particulier, comment faire vivre, avec la baisse des prix du pétrole, une famille royale toujours plus nombreuse et exigeante qui doit justement son train de vie à la production d'hydrocarbures ? Le jeune prince de 31 ans privilégie la diversification économique du pays qu'il a décidé de financer grâce à l'introduction en bourse d'Aramco, la société pétrolière saoudienne, sur une valorisation fixée à 2 000 milliards de dollars.

Mais le projet se heurte d'abord à un obstacle non négligeable : la loi JASTA (Justice Against Sponsors of Terrorism Act), qui autorise les familles des victimes du 11 Septembre à poursuivre en justice l'Arabie saoudite. Toute ouverture du capital du géant Aramco pourrait être bloquée par n'importe quel juge américain qui, usant de la loi JASTA, nuirait à ce fleuron économique saoudien. La responsabilité d'Aramco serait, de fait, illimitée. Qui voudrait alors investir ?

Mais pas de panique : Kushner est sur le coup. Si MBS aide Jared sur un certain nombre de dossiers, y compris à mettre la pression sur les Palestiniens, Jared aidera MBS. D'ailleurs, à la consternation du département d'État qui soutient son rival et cousin le prince royal Mohammed ben Nayef, alias MBN, MBS est l'un des premiers hôtes étrangers reçus à la Maison Blanche. Trois mois plus tard, sans que la Maison Blanche émette la moindre objection, le prince ben Salmane dépose son cousin Mohammed ben Nayef et devient l'héritier présomptif du trône et le vice-premier ministre du royaume d'Arabie saoudite.

C'est le premier coup d'État de l'administration Trump.

Pour gagner les faveurs de Kushner, les riches États du Golfe – le Qatar, les Émirats arabes unis et l'Arabie saoudite – rivalisent les uns avec les autres ou s'associent entre eux. Kushner se retrouve – à moins qu'il ne se soit positionné lui-même – l'un des acteurs incontournables de l'une des plus grandes réserves mondiales de cash-flow gratuit et non réglementé.

La Maison Blanche de Trump a désigné, quasiment officiellement, la Chine comme ennemi numéro un, en lieu et place de la Russie et de l'ancienne Union soviétique. Trump éprouve une antipathie personnelle à l'égard des Chinois : ils ne représentent pas simplement « le péril jaune », ce sont des concurrents déloyaux. Cela étaye la théorie unitaire du XXIe siècle de Bannon : la Chine est à la fois une puissance montante qui va engloutir les États-Unis, et une bulle économique, une bombe à retardement qui risque d'entraîner le monde dans une spirale infernale.

La position de Kushner à ce sujet est nettement moins claire.

L'une de ses relations clés est Stephen Schwarzman, P-DG du Blackstone Group, l'un des plus grands fonds d'investissement privés internationaux, dont toute la stratégie repose sur la croissance continue du marché chinois. Kushner a introduit Schwarzman à la Maison Blanche pour présider l'une de ses commissions consultatives en matière de stratégies politiques et économiques ; Schwarzman est ainsi devenu le relais le plus influent de Trump dans le monde des affaires.

Kushner et Schwarzman, ainsi que d'autres figures de Wall Street dans l'administration Trump, forment l'opposition à Bannon et aux architectes de la politique commerciale du président, Peter Navarro et Robert Lighthizer. Ce groupe, qui croit aux vertus du protectionnisme, est le tenant d'une guerre commerciale sans merci avec la Chine. Les amis de Kushner, avec leurs liens profonds et grandissants avec les Chinois, sont à la recherche d'un arrangement.

Début 2017, des officiels du renseignement américain briefent secrètement Kushner sur l'ex-femme de Rupert Murdoch, Wendi Deng. Une décennie plus tôt, Deng a favorisé à la fois les relations entre Kushner et Murdoch, et entre Kushner et Ivanka, laquelle est l'une de ses meilleures amies. Les liens Murdoch-Deng et Kushner-Trump se sont renforcés lorsqu'ils étaient voisins dans l'immeuble Trump de Park Avenue. Mais voilà qu'aujourd'hui on informe Kushner à la Maison Blanche qu'il y a toute raison de croire que Deng est une espionne chinoise. D'après les éléments donnés à Kushner, elle communique régulièrement à des hauts fonctionnaires et à des chefs d'entreprise chinois les informations qu'elle a glanées auprès de ses contacts amicaux et politiques.

Il se trouve que c'est exactement ce que son ex-mari répétait à qui voulait l'entendre : Wendi travaille pour les Chinois et ce probablement depuis toujours. (« Je le savais », déclare Trump.) Quant à Kushner, il rejette l'évaluation des services de renseignement et déclare, très sûr de lui, que Murdoch commence à devenir quelque peu sénile.

Huit jours après l'élection, Kushner, grâce à l'intermédiaire de Deng, dîne avec Wu Xiaohui, le président d'Anbang Insurance Group, un conglomérat financier chinois. Wu, qui a conclu avec Schwarzman de nombreuses transactions, est un proche du régime de Pékin, un membre de l'aristocratie rouge – sa femme est la petite-fille de l'ancien président Deng Xiaoping. Comptant parmi les plus grands magnats internationaux de l'ère financière actuelle, il a transformé, en à peine dix ans, une société d'assurances automobiles dotée d'un chiffre d'affaires annuel de quelques millions de dollars en un géant économique mondial gérant 300 milliards d'actifs.

Au cours des premiers mois de l'administration, la famille Kushner négocie avec Wu et tente de lui arracher un accord d'investissement dans son immeuble de la Cinquième Avenue. En mars 2017, devant les rumeurs et la publicité négative qui entourent cette transaction, les deux parties se rétractent. En juin, le gouvernement chinois prend le contrôle du groupe Anbang avant d'envoyer Wu en prison, quelque temps plus tard, pour fraude et détournement de fonds.

À la Maison Blanche, Kushner et Bannon représentent les camps opposés des tenants de la mondialisation néolibérale et de ceux de la droite nationaliste. Bannon, pour sa part, pense que Kushner incarne le vrai visage du libéralisme mondialisé, égoïste et soucieux de ses propres intérêts. À cause de son besoin urgent de liquidités, la famille Kushner transforme la politique étrangère américaine en un programme d'investissement destiné à renflouer ses dettes. S'il est vrai que servir le gouvernement permet d'accélérer une future carrière dans le privé et d'accéder plus facilement à la richesse, de l'avis de Bannon, Kushner pousse carrément la pratique jusqu'au délit d'initié.

L'abîme idéologique et personnel qui existe entre eux a continué à se creuser même après que Bannon a été exclu de la Maison Blanche. Beaucoup pensent d'ailleurs que Bannon attend simplement que Kushner soit démasqué et banni, ce qui autoriserait son retour.

Mais Bannon a fini par comprendre que Jared reste indissociable du président, et que sa seule présence expose désormais Trump à un risque mortel supplémentaire. « Ils se pousseraient chacun avec joie sous les roues d'un bus, dit Bannon, mais chacun est tellement inextricablement lié aux affaires de l'autre, que si l'un des deux se fait écraser, l'autre connaîtra le même sort. »

Le soap opéra de la famille Trump-Kushner fonctionne sur de multiples niveaux, et bien au-delà de son désir constant de s'ouvrir de nouvelles perspectives commerciales. Il y a par exemple le cas de Chris Christie, l'ancien gouverneur du New Jersey qui a condamné Charlie Kushner. Jared et Ivanka, poussés par Charlie, ont bloqué la promotion dont devait bénéficier Christie dans l'administration Trump. Christie, qui connaît bien les pratiques professionnelles de la famille Kushner – du moins à en croire les anti et les pro-Kushner –, prend un malin plaisir à révéler à ses anciens collègues du département de la Justice les moyens de pression qu'il serait possible d'utiliser contre elle et contre son héritier. Christie fournit également à la presse tous les détails de l'investigation menée contre la famille Kushner lorsqu'il était procureur fédéral.

Jared se voit comme un homme capable de résoudre tous les problèmes. Il est clairvoyant et méthodique. Le succès dépend de la façon dont on relève les défis. *Il faut être clair sur ce qu'on veut. Être clair sur ce qu'on peut obtenir. Et se concentrer sur les différents points qui permettent de faire la différence.* « C'est sa façon de parler, tout droit sortie d'un manuel de développement personnel du parfait chef d'entreprise, qui a séduit Ivanka », raconte une amie du couple.

Au printemps 2018, pourtant, Kushner devient l'une des premières préoccupations judiciaires du président. Le procureur spécial ainsi que les procureurs des districts Sud et Est de New York s'intéressent à lui (le district Est affirme sa primauté sur « toutes les affaires Kushner ») et le procureur du district de Manhattan cherche également matière à participer aux poursuites.

L'un des points intéressants de l'enquête sur Kushner concerne Ken Kurson, un de ses copains et lieutenants, qui, en 2013, a atterri à la direction du *New York Observer* après qu'une série de rédacteurs en chef ont reproché à Jared de se servir du journal pour défendre ses propres intérêts financiers. Plus récemment, Kushner a aidé Kurson à obtenir un siège au conseil d'administration du Fonds national pour les lettres et les sciences humaines, une agence du gouvernement fédéral. Dans le cadre de sa vérification d'antécédents, le FBI enquête, au printemps 2018, sur une série d'allégations qui mettent en cause Kurson à la suite de son divorce en 2013 et 2014. Kurson est accusé de violence conjugale et de harcèlement à l'encontre de la meilleure amie de sa femme qui est médecin à l'hôpital Mount Sinai. La praticienne est en possession d'e-mails et de certains documents électroniques qui pourraient nuire à Kurson, et ces éléments concernent non seulement son couple, mais aussi le *New York Observer* et Kushner lui-même.

Les ennuis de Kurson interfèrent désormais avec la vérification des antécédents de Kushner préalable à la délivrance de son habilitation de sécurité. Le procureur du district Est et le FBI établissent dans leurs rapports que Kushner s'est donné beaucoup de mal pour aider son ami. La doctoresse de l'hôpital Mount Sinai vit dans le même immeuble que Jared. (C'est la femme de Kurson, par l'intermédiaire de Kushner, qui lui a procuré cet appartement, à l'époque où le climat était encore au beau fixe.) Les procureurs et le FBI ont appris que Kushner a pénétré à l'aide d'un passe-partout dans l'appartement de ce médecin avec l'intention de s'emparer de son ordinateur.

Les enquêteurs traquent désormais Kushner avec la même détermination qu'ils cherchent à épingler Trump. Non contents de passer au crible l'accord avec le groupe Anbang, ils se penchent sur un prêt de 285 millions de dollars que la Deutsche Bank a accordé en 2016 à Kushner et à son père, et sur la demande pressante d'un plan de sauvetage qu'ils ont adressé en 2017 au ministre des Finances qatari.

À présent, une question fait beaucoup jaser et s'interroger ouvertement de nombreux journalistes et démocrates, sans parler de l'entourage de Trump : le gendre du président risque-t-il d'être mis en examen ? Et si cette mise en examen survient, précédera-t-elle ou suivra-t-elle celle de Don Jr., le fils du président ?

L'avocat de Kushner, Abbe Lowell, une commère notoire, spécule avec ses amis sur le dilemme délicieusement épineux qui risque de se présenter : l'obligation de choisir entre le père et le beau-père qui se trouve être le président. Lowell semble se délecter à l'avance de ce choix diabolique. Dans le même temps, il semble que Lowell raconte partout que Kushner ne court plus aucun risque, et il s'en attribue le mérite. Lowell est devenu l'un des conseillers clés, non seulement pour les problèmes judiciaires de Kushner, mais plus largement pour la stratégie politique de Jared et d'Ivanka.

Kushner, quant à lui, vise la campagne de 2020. Il est convaincu que les républicains perdront le contrôle de la Chambre des représentants en novembre 2018 ; peu importe. Mais quel que soit le candidat démocrate en 2020, la course à la présidence se jouera d'une courte tête. Cette perspective pourra se révéler un atout durant la campagne : un score serré permettra de maintenir l'unité du Parti républicain. Tant qu'il tiendra le coup, il fera obstacle au venin démocrate. Et avec la majorité au Sénat, l'impeachment n'est qu'un pétard mouillé.

Kushner aime expliquer à ses amis que son modèle est le Premier ministre israélien, « Bibi » Netanyahou, l'ami de la famille. Toujours attentif à sa base, Bibi parvient continuellement à repousser les accusations portées contre lui, et on peut toujours compter sur lui pour gagner sa prochaine élection. Début 2018, Kushner nomme son allié Brad Parscale – l'ancien responsable numérique de la campagne présidentielle de Trump en 2016 – directeur de la campagne de 2020. Déjà tourné vers l'avenir, Kushner prévoit de prendre lui-même, au moment approprié, les rênes de la campagne.

Le seul obstacle d'ici là, c'est l'instabilité de son beau-père. Il n'y a que dans le cadre familial, particulièrement lors de conversations avec son père et son frère, que Kushner confie à quel point il est très compliqué de travailler avec Trump et d'essayer de le contrôler. Il fait quasiment la même analyse que tous les gens qui passent une grande partie de leur temps auprès du président. Trump se comporte comme un enfant, un enfant hyperactif qui plus est. Il est impossible de savoir ce qui peut retenir son attention et ses réactions sont imprévisibles, par conséquent on ne sait jamais comment adapter ses réponses. Il est incapable d'établir des priorités. Pour lui, il n'y a pas de fait objectif.

Josh, le frère de Kushner, qui est ardemment anti-Trump, passe son temps à essayer de justifier la décision qu'a prise Jared de jouer un rôle dans l'administration Trump. « Il pense exactement comme tout le monde, souligne Josh. Il discerne très bien la situation. »

Mais l'avenir de Jared dépend de sa capacité à contrôler Trump. Il va devoir accomplir l'impossible ; il est persuadé, en fait, qu'il y parviendra. Les inconvénients sont considérables, mais les avantages le sont aussi. Lui et sa femme s'imaginent un futur où ils pourront profiter du rayonnement international dont ils bénéficient actuellement pour conquérir une position encore plus enviable.

C'est une particularité fondamentale dans la Maison Blanche de Trump. Pour bien saisir le désir d'évoluer du jeune couple princier, il faut se souvenir qu'ils sont convaincus d'avoir, devant eux, un boulevard qui les emmènera directement à leur propre Maison Blanche. Celle de Trump n'est pour eux qu'un tremplin.

Même si Kushner est le premier à avoir demandé la révocation de Comey – une décision qui a précipité presque toutes les crises qui ont suivi –, il milite aujourd'hui activement pour qu'on garde Mueller, le procureur spécial, ou Rosenstein, le procureur général adjoint. Grâce à la tutelle d'Abbe Lowell – « Jared adore avoir un tuteur », affirme un ami –, il considère désormais que la procédure judiciaire en cours va permettre d'endiguer et de contrôler les choses.

Et comme personne ne souhaite clarifier les problèmes, les diversions incessantes de Trump se révèlent très utiles. Mais nul n'a envie non plus d'amplifier le conflit, ce qui est généralement la réponse naturelle de Trump face à n'importe quelle difficulté. Pour Kushner, la méthode employée par son père Charlie pour contrer l'enquête menée par les procureurs fédéraux est l'exemple à *ne pas* suivre.

« Ne cassons pas tout », répète-t-il inlassablement à son beau-père qui se comporte toujours comme un éléphant dans un magasin de porcelaine.

Alors que Bannon est de plus en plus convaincu que l'avenir de l'administration Trump dépendra des résultats des élections de mi-mandat, Kushner pense que la bonne fortune de son beau-père, et par conséquent la sienne reposent sur la qualité de la préparation et de la participation à la campagne de 2020. Il faut juste veiller au grain, et continuer à faire bouger Trump.

Le meilleur moyen pour le contrôler – tout le monde l'a compris dans la famille, dans la Trump Organization, à l'émission *The Apprentice*, et maintenant à la Maison Blanche – est de le distraire. Plus Kushner réussit, par exemple, à persuader Trump de s'intéresser aux questions internationales, moins ce dernier est obsédé par ses problèmes politiques et judiciaires immédiats. Cette stratégie est aussi devenue pour lui la preuve qu'il peut amener Trump à croire que lui seul est capable, à la Maison Blanche, de comprendre ses véritables désirs et d'exploiter son programme. Ou, encore plus habilement, qu'il pourrait faire de *son* programme le programme de Trump.

Début 2018, en redéfinissant sa stratégie qui consiste à détourner Trump de ses préoccupations actuelles, Kushner ne fait que s'inspirer des conseils qu'il a reçus de Kissinger, l'ancien conseiller à la sécurité nationale de Nixon et ex-secrétaire d'État. Nixon avait effectivement pris de la distance avec ses ennuis judiciaires en se lançant dans une série de voyages diplomatiques qui, comme le fait remarquer Kissinger, avaient aussi détourné l'attention des médias.

Au cours d'un déjeuner à Bedminster, peu après le Nouvel An, Kushner conseille à son beau-père de revoir son positionnement à l'égard de la Corée du Nord. Kushner esquisse les avantages d'un changement d'approche : non seulement l'opinion publique internationale verrait d'un autre œil sa présidence, mais cet exploit lui permettrait de faire mordre la poussière à tous les gens qui le détestent. Pour un communicant, utiliser l'une des pires crises mondiales pour mieux retourner la situation est un jeu d'enfant.

Cette démarche aura le même effet que le voyage de Nixon en Chine, dit Kushner au président, ce sera un changement historique majeur. « Digne de figurer dans les livres d'histoire » est l'une des formules préférées et habituelles de Trump.

Kushner assure au président qu'il pourra sortir vainqueur de sa campagne contre la Corée du Nord et proclamer la paix. D'après ce qu'il sait – c'est du moins ce qu'il affirme à son beau-père –, non seulement Kim est prêt à un accord mais il admire personnellement Trump. La flatterie transite par les canaux diplomatiques officieux.

Au cours de ce déjeuner, composé de hamburgers, la stratégie de Trump, qui, depuis un an, visait à affronter, à diaboliser et à provoquer la Corée du Nord – une initiative personnelle que nul ne soutenait à la Maison Blanche –, est totalement écartée.

Bannon pense que Kushner et Trump sont les dupes des Chinois. Il est arrivé à la conclusion, en observant les allées et venues de Kim entre Pyongyang et Pékin, que ce pays satellite de la Chine peut offrir à Trump une belle occasion de se faire de la publicité, mais que la Chine y gagnera aussi en influence. Une fois qu'il aura négocié une piètre poignée de main avec Kim, Trump sera redevable aux Chinois, et il sera obligé de s'assurer que les Nord-Coréens s'acquittent de leurs promesses, en admettant qu'elles existent.

Début mars, un sommet est proposé à Kim. Bien que soulagée d'apprendre que le président en a terminé avec ses menaces irresponsables, l'équipe chargée de la politique étrangère de Trump – Tillerson, Mattis, McMaster, et même le très loyal Pompeo – est surprise et stupéfaite de découvrir que Trump semble quasiment prêt à capituler. Sans réviser sa politique, sans rien changer, hormis l'ambiance générale, Trump a accepté de modifier en profondeur les positions américaines concernant la Corée du Nord.

C'est Mattis, le secrétaire à la Défense, qui, paraît-il, a évoqué le premier la théorie inversée de la « guerre de diversion ». Lorsqu'en 1998 l'administration Clinton a lancé des frappes aériennes contre les prétendus camps d'entraînement d'Oussama ben Laden, certains de ses détracteurs ont jugé que cette attaque singulièrement absurde visait à détourner l'attention du scandale Monica Lewinsky – un événement qui faisait étrangement écho à l'histoire du film *Des hommes d'influence*[1].

La tactique a des chances de fonctionner aussi bien avec la Corée du Nord : elle offrira une paix factice qui distraira les médias et l'opposition. Mais pas seulement. L'équipe chargée de la politique étrangère de Trump conclut que, même si les capacités de nuisance de la Corée du Nord restent inchangées, tout le monde aura l'impression que ce régime hostile est devenu plus amical en apparence. Ce sera un grand triomphe diplomatique, quoique sans queue ni tête.

Une nouvelle théorie, sur laquelle semble jouer Kushner, commence à émerger à la Maison Blanche. La crainte que Trump ne puisse déclencher une guerre, et déchaîner dans un accès de rage ou de mégalomanie la formidable force de frappe américaine, est infondée. Les guerres modernes sont désormais informatisées. Elles répondent à une procédure complexe de validation et s'appuient sur des arbres de décision et des calculs logiciels sophistiqués, qui demandent non pas quelques heures de réunion, mais des mois de séances préparatoires et de présentations PowerPoint. Trump n'a pas la patience pour ce genre de tables rondes. Depuis qu'il fulmine contre la Corée du Nord, personne n'est parvenu à le faire se pencher plus de quelques minutes sur le diagramme de priorisation qui détermine

1. Le film de Barry Levinson (1997), *Wag the Dog*, met en scène un président américain éclaboussé par un scandale sexuel, qui décide d'inventer une guerre pour détourner l'attention des électeurs. L'expression *Wag the Dog* est depuis souvent utilisée pour évoquer les guerres de diversion.

les conséquences d'un éventuel déploiement des forces contre la Corée du Nord.

Le risque n'est pas qu'il agisse précipitamment et de manière irréfléchie car il ne mesure pas les conséquences de son attitude. Le problème est son incapacité à comprendre quels sont les choix à effectuer afin d'intervenir. D'ailleurs, il ne reste pas assez longtemps dans une pièce pour décider d'une ligne de conduite. Le brouillard de la guerre détournerait l'attention de Trump avant même que le premier ordre soit donné.

Au cours des semaines qui précèdent le sommet de Singapour, le grand sujet de rigolade et la préoccupation majeure, à la Maison Blanche, sont d'arriver à briefer le président. Il ne maîtrise apparemment aucun des paramètres, ni géographiques, ni économiques, ni militaires, pas plus qu'historiques. Sait-il seulement situer la péninsule coréenne sur une carte ?

Mais alors que la date de la rencontre approche, Trump est de plus en plus confiant et plein de fougue. Il se comporte comme un commandant. Il est dans son rôle. Il semble n'avoir pas la moindre hésitation sur la façon dont il va se conduire, même si – cette opinion est partagée par toute la Maison Blanche – il ne connaît absolument rien au dossier.

Jim Mattis est partagé entre l'incrédulité et le dégoût. Il commence à dire autour de lui qu'il n'est pas sûr de pouvoir apporter sa contribution au processus, pour ce qui est de maîtriser le président ou de le manœuvrer.

Trump promet la « dénucléarisation » pendant que la Maison Blanche et les collaborateurs chargés de la politique étrangère s'efforcent, un peu largués, de clarifier une procédure inexistante qui permettrait d'atteindre cet objectif et de définir les termes d'un possible futur statut de dénucléarisation. Puis, au mépris des normes et des règles fondamentales qui régissent les relations entre les deux Corées – ou peut-être simplement pour emmerder les spécialistes de politique étrangère, et en particulier Mattis qui l'irrite de plus en plus –, Trump se met soudain à évoquer le retrait des troupes américaines de la péninsule coréenne. C'est-à-dire qu'il pourrait offrir à la Chine et à la Corée du Nord, sans probablement aucune contrepartie, ce que ces deux pays désirent le plus : un changement profond qui sortirait les États-Unis du rapport de force géopolitique de la région.

Interrompre ce désastre devient rapidement l'objectif numéro un de son équipe en charge de la politique étrangère. Réussir le sommet signifie désormais éviter de concéder une victoire totale à la Chine et à la Corée du Nord.

Cet épisode est sans doute l'un des moments les plus singuliers dans les annales de la politique étrangère américaine : le président querelleur des États-Unis prend des airs de pacifiste des temps modernes ; il va bientôt donner l'accolade à son ennemi mortel et peut-être envisager de tendre l'autre joue. Les médias, qui ont violemment critiqué Trump à cause de sa posture de guerrier, semblent maintenant dans la confusion, jugeant que son brusque revirement et son nouveau discours tolérant, apaisant et même affectueux méritent des compliments.

Le président arrive à Singapour le 10 juin. Il est accompagné de Mike Pompeo, de John Bolton, son nouveau conseiller à la Sécurité nationale, de John

Kelly, son chef de cabinet, de Stephen Miller, son conseiller politique, de sa porte-parole Sarah Huckabee Sanders, et de Matt Pottinger du Conseil de sécurité nationale. Trump a également proposé au présentateur de Fox News, Sean Hannity, de se joindre au groupe ; il sera en quelque sorte l'animateur officiel du sommet. Le voyage, à peine commencé, est tout à fait festif, simplement un peu perturbé par les jérémiades de Trump qui se plaint d'avoir dû rencontrer le Premier ministre de Singapour, Lee Hsien Loong, le lendemain de son arrivée.

« Comme vous le savez, nous avons demain une réunion très intéressante, dit Trump à Lee lors d'une allocution publique. Nous avons une très intéressante réunion, en particulier demain, et je pense que les choses vont très bien se passer. »

« Le président s'est longuement préparé pour son rendez-vous de demain avec le président Kim », explique Pompeo aux journalistes, même s'il avoue en privé à des amis que Trump s'est dérobé à tout ce qui pouvait ressembler à des séances de travail approfondies.

Le 12 juin, Trump et le président Kim se retrouvent peu après 9 heures du matin.

« Je me sens vraiment bien, lance le président lors de la séance photo avec Kim avant l'ouverture du sommet. Nous allons avoir une bonne discussion et je pense que ce sera un grand succès. Ça va être formidable. Et c'est un honneur. Et nous allons avoir une relation formidable, je n'ai aucun doute. »

« Eh bien, le chemin pour en arriver là n'a pas été facile, dit Kim par l'intermédiaire de son interprète. Le passé nous gardait enchaînés. Les vieux préjugés et les anciennes habitudes ont été autant d'obstacles, mais nous les avons tous surmontés pour nous retrouver ici aujourd'hui. »

L'entretien en tête à tête dure trente-huit minutes.

Ce sommet ne débouche sur aucun accord détaillé et aucun engagement concret. La réunion bilatérale scelle plutôt une nouvelle relation inversée entre deux hommes qui ne parlent pas le même langage. Avant la rencontre, ils étaient des ennemis irréductibles ; les voilà devenus des amis sincèrement respectueux. Il n'y a aucune discussion politique approfondie, même entre les deux délégations. Les deux hommes veulent simplement entériner leur nouvelle relation et démontrer leur statut de chefs incontestés.

« Brillant, dit Bannon, plutôt satisfait de ce moment trumpien. Il réussit à imposer sa stature de commandant en chef. Voilà un sujet dont il ne sait rien. Personne ne peut le briefer parce qu'il n'y comprend rien. Alors on laisse tomber. On lui dit que le nucléaire est pire que tout en espérant qu'il pige. Mais il a une présence de chef. Il incarne le rôle. »

C'est également lors de ce sommet que toute prétention à une politique étrangère ordonnée, structurée, basée sur une méthodologie intégrant des liens de cause à effet et axée sur l'expertise est définitivement partie en fumée. Il semble que c'est là aussi que Trump a définitivement perdu Jim Mattis, le seul lien qui lui restait avec l'establishment raisonnable de son administration.

Mattis commence à penser qu'il a rencontré en Trump son capitaine Queeg[1].

---

1. Personnage au caractère instable du film *Ouragan sur le Caine* d'Edward Dmytryk (1954), incarné par Humphrey Bogart.

11

Hannity

À la fin de la deuxième quinzaine de juin, des agents de l'immigration et des services des douanes arrachent des bébés des bras de leurs mères. Ces images glaçantes de séparation incarnent rapidement le trumpisme au quotidien dans tout ce qu'il peut avoir d'affreux.

« Quand le corps de ce petit garçon s'est échoué sur une plage en Grèce – Aylan Kurdi, un enfant syrien âgé de 3 ans dont la photographie a fait le tour du monde en 2015 –, le plus important n'a pas été l'indignation de tous ces gauchistes effarouchés qui rappelaient à l'humanité son obligation morale, dit Bannon en essayant de justifier la nouvelle politique de Trump qui vise à séparer les jeunes migrants de leurs parents à la frontière sud des États-Unis. C'était que le reste de la planète dise que ces histoires d'immigration commençaient à bien faire et qu'il fallait y mettre un terme. Si vous avez voté Trump, chaque photo de migrants mexicains, enfants ou adultes, ensemble ou séparés, vous conforte dans votre choix. »

Tout comme l'immigration a été la question primordiale en 2016, Bannon s'attend à ce que le thème soit payant aux élections de mi-mandat en novembre 2018.

L'immigration n'est pas simplement un prérequis du trumpisme, c'est son pilier programmatique, un pilier que n'importe quel crétin peut comprendre. « Il y a 7 milliards de gens dans le monde, et 6 d'entre eux veulent venir aux États-Unis et en Europe, dit Bannon. Faites le calcul. »

Cette thématique est également devenue une valeur sûre des programmes d'heure de grande écoute de Fox News, selon les études internes de la chaîne. On peut compter sur ses teasers publicitaires mettant en scène des histoires de migrants – toujours effrayantes – pour stabiliser l'audimat. Le zapping diminue considérablement durant ce type d'émissions. Grâce à sa guerre sainte contre l'immigration, le présentateur Sean Hannity a enregistré des taux d'audience records.

Bannon croit, plus ou moins à titre privé, que si Trump parvient à terminer son premier mandat, en 2020 il en aura assez d'être président. « Putain, regardez-le », dit Bannon qui n'a pas l'air plus en forme. Au cas où Trump ne se représenterait pas en 2020, lui-même, toujours requinqué par les embardées quotidiennes, les drames et les occasions ratées de la présidence Trump, se voit bien candidat à la présidentielle à la tête de son mouvement nationaliste et populiste et de sa plateforme radicale contre l'immigration. Et il voit dans Sean Hannity son futur colistier.

Drapé dans son mépris, Hannity, qui poursuit de son côté d'autres ambitions grandioses, répète que ce scénario est grotesque. C'est lui qui sera tête de liste, et Bannon, « s'il a de la chance », héritera de la deuxième position.

Hannity est aujourd'hui l'un des hommes les plus riches des chaînes d'information américaines. Roger Ailes, son ancien patron à la Fox, qui l'a arraché à un boulot de présentateur télé à 40 000 dollars l'année, estimait son revenu net à 300 ou 400 millions en 2017. Depuis qu'il gagne une fortune chez Fox News, Hannity a investi dans l'immobilier aux quatre coins du pays. « Si ça se trouve, il possède tous les immeubles pourris des États-Unis », dit affectueusement Ailes. Bannon, qui n'en rate pas une, s'interroge : « À combien de clandestins loue-t-il ses appartements ? »

Durant vingt ans, Hannity, comme pratiquement tous les employés de la Fox, s'est comporté avec loyauté et reconnaissance envers Ailes tout en admettant sans réserve qu'il était le cerveau de l'opération, l'arbitre incontesté des idées néoconservatrices alors dans l'air du temps. Le jour des funérailles d'Ailes à Palm Beach en mai 2017, Hannity, qui avait transporté à bord de son avion privé un groupe de collègues et d'amis, a dû renoncer, tant les éloges funèbres n'en finissaient pas, à rentrer chez lui pour assister à la compétition sportive d'un de ses enfants. Il a quitté un instant la cérémonie pour lui téléphoner et tenter d'adoucir sa déception : « Je suis désolé, vraiment désolé. Mais, hé, attends une seconde. Tu aimes notre vie ? Eh bien, nous la devons à M. Ailes. Alors, je reste jusqu'à la fin de l'enterrement. »

Lorsque Ailes a été renvoyé de la Fox en juillet 2016 à la suite de plusieurs accusations de harcèlement sexuel, la chaîne a dû trouver une nouvelle mission fédératrice et une raison d'être. Durant deux décennies, Ailes en avait créé l'identité et le ton, et il avait formé de nombreuses personnalités que le Parti républicain avait fini par adopter.

La Fox est devenue la marque des républicains en mettant en scène et en capitalisant sur les hommes politiques d'une manière inimaginable jusque-là. Avec son milliard et demi de bénéfices annuels, elle est l'un des fleurons de l'empire Murdoch. Mais, privée d'Ailes qui en écrivait l'histoire et qui en biberonnait les talents, elle a dû affronter une profonde réorganisation. Depuis longtemps, Ailes s'inquiétait de la voir devenir le porte-voix de la Maison Blanche : la valeur de la Fox et sa suprématie venaient du fait qu'elle donnait le ton au lieu de suivre l'air du temps. Et en effet, autrefois, c'étaient les instances du parti et les présidences républicaines à la Maison Blanche qui étaient redevables à la Fox. Désormais, elle est l'obligée de Trump, le nouveau cerveau dominant.

Après l'éviction d'Ailes, la direction de la chaîne a été reprise par la famille Murdoch, qui passe ses journées à se chamailler pour savoir qui, du père ou des fils, en détient le contrôle. Bien qu'il soit, depuis soixante-cinq ans, le grand magnat de la presse à scandale de la planète, Rupert accorde toujours aussi peu d'intérêt aux chaînes d'information. Ses fils Lachlan et James, des centristes aux aspirations libérales, sont très souvent mal à l'aise avec la ligne éditoriale de la Fox. La famille Murdoch, néanmoins, apprécie la manne financière que lui procure la chaîne, donc pour l'instant ils sont coincés et bien obligés d'en supporter l'orientation et les programmes. Deux des présentateurs vedettes, Megyn Kelly et Bill O'Reilly, ont quitté le réseau Fox, suite au départ de leur directeur Roger Ailes et de l'ambiguïté éditoriale qui en a découlé.

Kelly était ostracisée en interne par sa hiérarchie et par de nombreuses stars maison qui lui reprochaient d'avoir dénoncé Ailes. O'Reilly a été poussé dehors à cause de plusieurs accusations de harcèlement sexuel.

La gestion quotidienne de la chaîne a échu par défaut à des lieutenants d'Ailes, loyaux mais médiocres, plus habitués à transmettre les ordres du patron qu'à développer leur vision personnelle. Les créneaux du soir, qui rapportent à eux seuls plusieurs millions de dollars à la Fox, ont été confiés à Hannity, un présentateur qui fait figure de petit joueur à côté de Kelly et d'O'Reilly, à Tucker Carlson, un animateur remplaçant, et, après une tentative ratée à la tête d'un jeu télévisé, à Laura Ingraham, une présentatrice radio conservatrice qui n'a jamais brillé à la télévision.

Hannity méprise Murdoch et ses fils, notamment parce qu'il est convaincu que ces derniers le trouvent abject. Il s'imagine être viré tôt ou tard. Mais Hannity est un optimiste : il pense que son avenir est aux côtés de Trump, et dès l'investiture il a commencé à dire à tout le monde qu'il ne restait à la Fox que « pour se battre pour Donald J. Trump ». C'est son approche éditoriale – une allégeance servile au président –, renforcée par des mises en garde obsessionnelles sur le fléau que représente l'immigration illégale, qui a transformé Hannity en mine d'or pour le réseau Fox.

Carlson, l'ancien journaliste de presse écrite, a migré vers la Fox *via* CNN et la chaîne d'information en continu MSNBC où il peinait dans le rôle du jeune vieux schnock conservateur à nœud pap. Mais étant donné que les chaînes libérales suppriment même leurs cautions de droite, il a connu un sort prévisible. À Fox News, où Ailes le considérait comme faisant partie des conservateurs appréciés par les libéraux – ce qui est toujours utile à une chaîne, mais pas indispensable –, il chauffe le banc des présentateurs vedettes préférés des conservateurs pur jus, n'hésitant pas à faire chaque semaine la navette entre New York et Washington pour assurer la présentation des émissions les moins regardées du week-end.

Loin des caméras, Carlson est un libertarien autoproclamé, drôle et modéré. Il adore la clique mondaine de Washington et déjeune tous les jours au Metropolitan Club qui, situé à deux pas de la Maison Blanche, est l'un des lieux les plus démodés et les plus fangeux de la ville. Au fil des années, Carlson a fini par bien connaître Trump et, quand on discute avec lui en privé, il décrit de manière très spirituelle le monde excentrique et totalement dément de Trump. Lorsqu'il a hérité, plutôt par défaut, du talk-show du soir de Kelly, Carlson – qui, à presque 50 ans, se débat dans des difficultés financières et des problèmes fiscaux – a vu là sa dernière chance d'animer un prime time. Il a compris que défendre Donald Trump et « l'Amérique d'abord », le slogan de 2016, était une aubaine qui lui assurerait les meilleures audiences. Grâce à sa ténacité et à ses mimiques de Monsieur Tout-le-Monde – surjouant l'incrédulité devant l'hypocrisie et la bêtise de la gauche –, il est enfin devenu professionnellement un conservateur que les libéraux adorent détester.

Laura Ingraham, qui a été l'une des principales oratrices à la Convention nationale des républicains en 2016, était peut-être la plus désespérée des trois. Trump lui-même pense qu'elle laisse à désirer : « Elle n'a jamais eu aucun succès à la télévision. Pourquoi, je vous le demande ? Mais parce que les gens ne l'aiment pas, voilà pourquoi. Je la trouve pas trop mal. Mais je ne l'aime pas. » Il s'en est plaint un jour à Hannity et à Murdoch : « Vous devez me trouver quelqu'un de meilleur. » À bien des égards, sa réputation au sein de la Fox dépend de l'avis d'un seul téléspectateur.

Fox, qui était un média cohérent – l'entreprise d'Ailes était connue pour sa gestion verticale, avec ses thématiques et ses messages déclinés dans chaque talk-show –, s'est replié sur une politique éditoriale brouillonne et contradictoire. Mais les trois présentateurs du soir ne sont pas désorientés : ils mettent l'accent sur le message du président.

La marque, ce n'est plus Fox News, c'est Trump.

Et le récit de la marque Trump est génial en termes de télévision. L'ensemble de l'establishment – les élites, les médias, l'État profond, la grande conspiration libérale – essaie d'abattre Trump. À la Fox, cette ligne éditoriale fait exploser les audiences : il faut le défendre. Et il faut soutenir les plus belles intuitions de Trump, en particulier celles qui concernent l'immigration, de peur qu'il ne les abandonne.

Tous les présentateurs du soir de Fox News reconnaissent en privé que si Trump finit par tomber, il est probable qu'ils tomberont avec lui. Ils admettent que si la chaîne change d'orientation – c'est du moins leur pressentiment –, ils se retrouveront à la porte. Ils sont liés à Trump, pas à la Fox.

Ils forment à eux trois, avec la juge Jeanine, l'analyste juridique de la Fox, et l'éditorialiste Lou Dobbs, le brain-trust des pom-pom girls et des conseillers présidentiels qui jusqu'alors restaient en coulisses. C'est nouveau : l'équipe de la Fox est devenue le canal officiel entre la base de Trump (l'audience de la chaîne) et la Maison Blanche. Les adeptes de Bannon au sein du camp Trump font également passer leurs messages dans les émissions de prime time, surtout en matière d'immigration. Et cette relation étroite est alimentée et affermie par les appels téléphoniques incessants qu'échangent Hannity et Trump.

Deux des disciples de Bannon à la Maison Blanche, Stephen Miller et Julia Hahn, la cellule anti-immigration du président, s'efforcent de l'influencer par l'intermédiaire de Hannity. En effet, Hahn se partage désormais entre la politique et la communication : elle est le contact direct de Hannity auquel elle transmet non seulement la position officielle de la Maison Blanche, mais également la sienne, celles de Bannon et de Miller – des informations que Hannity recycle ensuite auprès de Trump.

Hannity et le président se parlent six ou sept fois par jour. Les appels durent parfois plus de trente minutes. Le chef de cabinet, John Kelly, estomaqué de voir Trump passer certains jours au moins trois heures au téléphone avec le présentateur de Fox News, a tenté de limiter ces coups de fil. Mais Hannity a un effet apaisant sur Trump : tout en le distrayant, il est un auditoire docile, toujours prêt à écouter ses éternels griefs contre à peu près tout le monde. En outre, il lui fournit en continu les audiences de la chaîne, une des rares choses qui ont le pouvoir de capter réellement l'attention de Trump. Car Trump est toujours à l'affût des mots et des actions susceptibles de faire grimper les audiences.

Hannity considère ces conversations quotidiennes comme une opportunité professionnelle, et il les voit aussi comme un devoir patriotique. Il accepte à la fois l'instabilité de Trump et son propre rôle qui consiste à l'aider à ne pas péter les plombs.

« Je le calme », explique-t-il avec une modestie solennelle au groupe d'employés de la Fox auprès duquel il évoque ses conversations avec le président.

Bannon a un point de vue différent : « Les théories de Hannity sont encore plus dingues que celles de Trump. Donc Trump devient la voix de la raison. »

Hannity sait pousser le président à des déclarations ou des actions qui, annoncées à la télévision, boostent ses propres audiences, et en général celles de toute la chaîne. La médiatisation des tweets à propos du Mur est généralement due à Hannity. Bien sûr, les hommes politiques ont l'habitude d'adopter un comportement susceptible de plaire à leurs électeurs, c'est le jeu traditionnel. Mais l'inverse – un présentateur de télévision qui oriente l'action d'un président afin de faire grimper son audimat –, c'est pousser le bouchon beaucoup plus loin.

À quelques nuances près, c'est la formule qu'Ailes répétait souvent : les hommes politiques agissent en fonction des besoins de la télévision, et en particulier de la cible qu'elle vise en priorité. Mais Hannity manœuvre Trump comme jamais aucun autre président n'a été manœuvré. « C'est lui la vedette », dit Hannity, en bon adepte du credo « Il faut laisser Trump être Trump ». Il pense que son boulot, à la télévision comme en politique, est de tirer du président la meilleure prestation, de l'encourager à se montrer le plus trumpiste possible. L'essentiel de leurs conversations porte sur la réaction des téléspectateurs face à un propos ou un tweet de Trump, une polémique publique ou une manifestation de mauvaise humeur. Le président, qui est pourtant rarement studieux, se montre un élève appliqué lorsque l'accueil est favorable.

S'il écoute Hannity, c'est en partie parce qu'il pense que son propre service de communication est purement et simplement incapable de lui donner un conseil avisé. Ce sont des « ignares ». Sans compter qu'ils sont moches. Hannity prend un malin plaisir à conforter Trump dans son mépris pour sa propre équipe. Le service de communication de la Maison Blanche devrait s'interposer entre Trump et Sean Hannity, mais c'est le présentateur de la Fox qui isole le président de ses collaborateurs. D'ailleurs il n'est pas le seul. Bannon, qui se considère comme le directeur fantôme de la communication (et de tout le reste), adopte la même attitude. Les mauvais traitements que Trump inflige à ses communicants amusent énormément les deux hommes. Si le président maltraite les journalistes, il bouscule encore davantage ses attachées de presse, avec des critiques incessantes sur leur comportement, leur tenue vestimentaire, leur coiffure, et même l'enthousiasme qu'elles mettent à le défendre. « Vous auriez envie que votre vie dépende de Kellyanne Conway, de Mercedes Schlapp ou de la Huckabee ? demande Bannon. En voilà, des expertes. »

En juin 2018, Hannity saisit l'occasion de placer un de ses proches au poste de directeur de la communication. Bill Shine, qu'il presse Trump d'embaucher depuis près d'un an, a été le bras droit de Roger Ailes, et est aujourd'hui son producteur. À 54 ans, l'homme a passé le plus clair de sa carrière à la Fox, essentiellement à exécuter les ordres d'Ailes. Il a lui aussi été contraint au départ lors de la série d'accusations de harcèlement sexuel qui a éclaboussé la chaîne en

2017. Hannity convainc le président que Bill Shine, qui rejoindra officiellement la Maison Blanche le 5 juillet, sera pour lui un producteur aussi formidable qu'il l'a été à ses côtés – « Éclairage, éclairage. J'ai besoin d'un meilleur éclairage », vitupère Trump – et qu'il pourra au fond diriger Fox News depuis la Maison Blanche. Il sera en lien direct avec la régie. L'arrivée de Shine dans la West Wing concrétise avec efficacité, et Hannity ne s'en cache pas, le nouveau modèle économique de la Fox : elle est la chaîne de Trump.

Il ne manque plus maintenant que… le Mur.

Le Mur est la composante essentielle de la marque. Trump a imaginé, à de multiples reprises, plusieurs alternatives à son projet : une barrière « artistique » en acier, des tourelles avec des postes de garde démilitarisés, ou peut-être même un mur « virtuel », un champ de force qui enverrait des décharges comme les clôtures électrifiées pour les chiens. Mais Hannity prend le Mur au pied de la lettre, et il pense que la base de Trump partage cet avis. Le Mur doit être en béton. « Pas une connerie virtuelle », dit Hannity. Il doit incarner concrètement le slogan « *Make America Great Again* » (Rendons sa grandeur à l'Amérique).

Le mantra est simple : sans Mur, pas de Trump. Freiner l'immigration, c'est l'histoire de Trump. L'immigration déchaîne les passions. On n'est jamais assez sévère dans ce domaine. Et plus on se montre coriace, plus on a de chances de gagner en novembre.

Sean Hannity a raison : Rupert Murdoch et ses fils ne peuvent pas le sentir. Mais en un sens, Hannity n'est qu'une composante de l'effet que Trump a, de manière générale, sur la famille Murdoch. Trump a contribué à assombrir les dernières années du vieux Rupert, âgé aujourd'hui de 87 ans, figure emblématique des conservateurs, en l'obligeant à courber l'échine devant lui alors qu'il le considère comme un charlatan et un imbécile, et en le forçant à supporter les critiques de ses fils qui lui reprochent d'avoir involontairement participé à son ascension.

Murdoch voit en Trump et en Hannity des caricatures issues des tabloïdes, le genre de personnages qui ont fait le succès de ses journaux (il pense toujours en termes de presse écrite plutôt qu'en homme de télévision) ; ce sont des amuseurs publics. Mais dans le monde de Murdoch, le pouvoir appartient à ceux qui ont le sens de leur intérêt – et de l'intérêt supérieur des autres hommes d'influence – et qui ne s'amusent pas régulièrement à le fragiliser. Murdoch a un infini respect pour les élites que Trump aime ridiculiser, du moins la fine fleur du milieu conservateur.

L'instabilité est l'ennemi du pouvoir. Murdoch considère Trump et Hannity comme des acteurs – comme deux clowns. Hannity lui est utile. Trump, avant son élection, ne servait qu'à faire vendre du papier à son quotidien le *New York Post*.

Les puissants s'amusent souvent de la moindre réussite des gens insignifiants qui aspirent au pouvoir. Murdoch et Ailes sont restés un peu incrédules devant l'ascension de Trump et de Hannity ; cela montre qu'on peut aller loin avec beaucoup d'ambition et peu de cervelle.

En 2016, Murdoch refuse d'envisager l'éventualité d'une présidence Trump, et il ordonne à Ailes d'orienter la Fox en faveur de Hillary Clinton, dont la victoire est attendue. Mais après l'élection de Trump, Murdoch, toujours pragmatique, se fait une raison et entretient des relations avec le nouveau président qui, de son côté, peine à croire que le magnat de la presse le prenne enfin au sérieux.

Après l'entrée de Trump à la Maison Blanche, Murdoch dit à l'un de ses collaborateurs en brandissant l'écouteur pendant que Trump discourt dans le vide : « Je n'arrête pas d'avoir ce connard au téléphone. »

Compte tenu de la progression des audiences de la chaîne et de sa proximité avec Trump, Murdoch, qui en théorie est le véritable directeur du réseau Fox, autorise ses présentateurs de prime time à se consacrer au président. Mais son fils James, révolté à la fois par Trump et par la ligne éditoriale des talk-shows du soir, s'y oppose violemment. James, qui boit plus que de raison, se montre de plus en plus agressif envers son père. (« C'est un alcoolique », dit Trump qui ne rate jamais une occasion d'insister sur ce détail.) La femme de James, Kathryn, ne cache pas à quel point elle déteste Fox News et, plus généralement, la politique éditoriale de l'empire Murdoch. Le père et le fils se disputent régulièrement à cause de Trump et de Hannity. Les membres de la famille Murdoch sont devenus des collaborateurs, déclare le cadet. Le monde s'en souviendra. Il y va de l'avenir de leur société.

Mais Murdoch est terriblement lié à sa chaîne, elle-même totalement dépendante de Trump, et en outre de plus en plus rentable. Certaines personnes de son entourage estiment que, pour la première fois de sa carrière, les nécessités économiques et les convenances politiques provoquent peut-être chez lui une sorte de cas de conscience. Il ne peut pas lâcher Trump, et en même temps, il n'arrive pas à le respecter. À ses yeux,

Trump est responsable de la brouille qui l'oppose à son fils James. C'est une situation shakespearienne : à cause de la nouvelle orientation de Fox News, Trump est en train de briser l'unité des Murdoch.

Devant son incapacité à gérer ses différends familiaux, Rupert, qui à cette heure n'adresse pratiquement plus la parole à son fils qui a pourtant longtemps été l'héritier désigné, a commencé, six mois après le début de la présidence Trump, à planifier la vente de son empire. Selon l'accord qu'il a conclu avec le géant du cinéma Disney, et dont on a appris les détails en décembre 2017, il a l'intention de céder la plupart de ses actifs, à l'exception de Fox News que Disney ne veut pas, des stations locales et de l'ensemble des chaînes d'information et sportives du réseau Fox, cette acquisition étant susceptible de rencontrer l'opposition des régulateurs. James va quitter la compagnie et les actifs restants seront dirigés par son fils aîné, Lachlan, jusqu'à ce qu'ils soient également vendus.

Mais les candidats au rachat de Fox News risquent d'être peu nombreux, et les Murdoch pensent que si Sean Hannity reste un élément central de la transaction, ils ne recevront aucune offre. Ses délires complotistes sont non seulement absurdes mais surtout intolérables : en soutenant politiquement Trump aussi ouvertement qu'il le fait, il enfreint régulièrement les règles de la Commission fédérale des communications. Et si Trump tombe – une hypothèse vraisemblable –, il n'aura plus aucune utilité et la valeur de la chaîne chutera elle aussi.

En mai 2018, Fox News tente de s'en prendre à Kimberly Guilfoyle, l'une de ses animatrices vedettes, qui est aussi la petite amie de Donald Trump Jr., et l'ancienne conquête d'Anthony Scaramucci, l'éphémère directeur de la communication de Trump à la Maison Blanche. (Guilfoyle raconte volontiers sa conviction que Trump l'a draguée.) La présentatrice, qui sera bientôt licenciée de la chaîne, est sous le coup d'une enquête interne : on lui reproche en effet, entre autres comportements déplacés, d'avoir fait circuler parmi ses collègues des photographies d'organes génitaux masculins. Lachlan Murdoch voit dans cette affaire une occasion favorable : il pense que Sean Hannity est peut-être impliqué dans ces échanges d'images compromettantes retrouvées dans le portable de Guilfoyle, ce qui pourrait lui donner le moyen de convaincre son père d'écarter le présentateur.

Mais Hannity garde ses fonctions. D'après certaines sources bien informées au sein de Fox News, Trump est intervenu auprès de Murdoch pour défendre son poulain. En outre, même si la simple évocation de Hannity hérisse les Murdoch, il reste leur star la plus écoutée.

Hannity et Bannon ont peur que la direction de la Fox n'exige, à la longue, de calmer le jeu sur l'immigration, même si cela dope les audiences ; ils ont appris que Murdoch en a plus qu'assez de cette thématique. Le magnat de la presse, qui est australien, croit que la mondialisation du marché du travail est un atout en matière économique. Pour Bannon, il est l'exemple même du mondialiste ; c'est ainsi qu'il le ridiculise aux yeux de Trump. Le grand ponte de la presse conservatrice qui a fait fortune en encourageant la xénophobie dans la classe ouvrière dans tant de pays est, en réalité, un chantre de Davos.

Plus grave encore, Hannity et Bannon craignent que Trump ne finisse par lâcher son thème de l'immigration, ou, du moins, ils l'imaginent aisément céder sur certains détails. La construction du Mur risque de devenir virtuelle, ou même purement théorique à force d'être repoussée dans le temps. Ils ne doutent pas des opinions de Trump à ce sujet – il semble éprouver une aversion viscérale et une méfiance absolue envers les immigrés, clandestins ou non – et ils sont persuadés qu'il ne cherchera pas le juste milieu propre à satisfaire tous les partis. Mais, comme dans tous les domaines, les détails l'ennuient. Il est par conséquent très facilement influencé par la dernière personne qui lui assène des données précises. Trump fait notamment l'objet d'une action concertée de sa fille, de son gendre et des dirigeants du Congrès pour assouplir et infléchir sa politique d'immigration.

Hannity redouble d'efforts pour convaincre Trump lors de leurs échanges téléphoniques quotidiens. Il insiste sans compter sur l'idée de la tolérance zéro. Le tout est, bien évidemment, présenté sous forme de flatteries. Lui seul a le cran de freiner les flots de migrants qui cherchent à franchir nos frontières. Lui seul a le courage de construire le Mur.

Trump, galvanisé, réclame soudain un nouveau décret pour financer le Mur, et pour en finir avec la migration en chaîne et le droit du sol : « Faites tout ça », dit-il. Quand on l'informe que le Bureau de conseil juridique censurera un tel décret, il déclare : « Si je le signe, les gens sauront quelle est ma position. On ne me reprochera pas les lois en vigueur. »

À la mi-juin, pourtant, la mission de pom-pom girl que mène Hannity a de moins en moins d'impact. Et Trump commence à s'en prendre à lui. Au lieu de blâmer la Maison Blanche qui, par son incompétence et son impréparation dans l'application de la politique de tolérance zéro, a provoqué une immense pagaille en séparant les familles – avec pour résultat quantité d'enfants disparus, des campements de fortune, et la perspective de bébés et de mineurs isolés entassés dans des entrepôts –, il en veut à Hannity.

Ivanka l'a, une fois de plus, convaincu de faire machine arrière et de refréner sa sévérité naturelle. Tout le monde l'a persuadé aussi facilement qu'il est devenu président grâce à son intransigeance par rapport à l'immigration et qu'il ne le restera que s'il fait preuve de la fermeté la plus absolue. Mais soudain, particulièrement en écoutant sa fille, il pense que Hannity l'a planté de manière injuste.

Avec sa flagornerie et son dévouement zélé, le présentateur vedette a éveillé son dédain dans les mêmes proportions. C'est le fonctionnement de Trump. Il méprise, tôt ou tard, les gens qui lui sont trop dévoués. « Comme il se déteste, il finit forcément par détester tous ceux qui ont l'air de l'aimer, analyse Bannon. Si vous donnez l'impression de le respecter, il pense qu'il vous a roulé, et que, par conséquent, vous êtes un imbécile. » D'autres croient que c'est sa façon de montrer, sur le plan professionnel, qu'il est le chef. Il exige une attitude obséquieuse de ses collaborateurs, puis il les humilie en leur reprochant leur faiblesse.

Vient ensuite son rapport à l'argent. Trump méprise systématiquement quiconque profite de lui sans lui donner sa part des bénéfices. Aux yeux de Trump, les bonnes audiences de Hannity sont en réalité les siennes, donc il se fait flouer.

Avec l'entourage du président, Hannity se montre jovial, drôle et généreux – il propose fréquemment de prêter son avion. Et il injecte une bonne dose d'énergie et d'optimisme au sein de la forteresse Trump qui vit quasiment en permanence en état de siège. Et en même temps, presque tout le monde, y compris les plus trumpistes du Trumpland, le trouve d'une rare bêtise et totalement incohérent. Même Trump hurle souvent devant son poste de télévision : « Aucun rapport, Sean, aucun rapport ! »

Bannon, qui, pourtant, apprécie Hannity et son avion, est ébahi par ses étranges monologues qui reprennent à la virgule près le discours des sites conspirationnistes les plus extrémistes. « Putain, mec, ne pète pas un câble comme ça », murmure-t-il parfois quand il regarde son émission en fin de journée.

La dernière blague des initiés raconte que Sean Hannity est devenu le petit génie de Trump, en référence à Karl Rove, l'ancien conseiller, qu'on surnommait « le cerveau de Bush », et plus tard à Bannon présenté aussi comme « le cerveau de Trump ». Le président se retrouve affublé d'un collaborateur encore plus stupide que lui. Néanmoins, le duo fonctionne, car Trump déteste l'idée de devoir se fier à l'intelligence et à la perspicacité d'un autre, ou, au fond, d'admettre qu'il existe des gens plus futés que lui. Avec Hannity comme faire-valoir, il est tout à fait convaincu que personne ne pensera qu'il dépend de quelqu'un de plus brillant. (En interne le débat fait rage : qui est le plus idiot ? Trump ou Hannity ?)

Puis, toutefois, après avoir signé le 20 juin un nouveau décret mettant fin à la séparation des familles de migrants, Trump se dégonfle à nouveau et reproche à tout le monde – mais, curieusement, pas à sa fille – de le faire passer pour un faible.

Mais le 26 juin, le scénario s'inverse encore quand la Cour suprême revient sur ses précédents arrêts et valide le Travel Ban du président : cette mesure controversée interdisant à la plupart des musulmans étrangers d'entrer aux États-Unis, qui avait paru totalement insensée au début de son administration. Trump fulmine : s'il n'avait pas signé le décret exécutif sur la séparation des familles, il aurait remporté une double victoire. « J'aurais montré mon talent extraordinaire, dit-il à un collaborateur. Mon doigté magique. »

Bien que tout le monde à la Maison Blanche sache parfaitement que le décret du Travel Ban est la dernière affaire que la Cour suprême examinera avant les vacances judiciaires, personne n'est préparé à ce revirement. Malgré cette victoire, il faut attendre plusieurs jours avant qu'un collaborateur publie un communiqué de presse, et toute l'équipe s'est chamaillée un moment par e-mails interposés pour décider qui devait l'écrire.

Le 27 juin, Trump, fatigué du sujet de l'immigration, s'enthousiasme brusquement en apprenant le prochain départ à la retraite d'Anthony Kennedy, juge à la Cour suprême, qui libère un siège pour un remplaçant nettement plus conservateur. Du jour au lendemain, il tire un trait sur l'immigration. Quant à Hannity, il l'agace encore plus. « Les sans-papiers, les sans-papiers, les sans-papiers. Il n'y a pas que ça dans le monde, se lamente-t-il auprès de l'un de ses correspondants téléphoniques du soir. Quelqu'un devrait le dire à Sean. »

12

Trump à l'étranger

Suivant sa méthode habituelle, c'est-à-dire à la va-vite, la Maison Blanche, sur l'insistance de Trump, ajoute deux étapes au sommet de l'OTAN prévu de longue date à Bruxelles les 11 et 12 juillet 2018 : une escale en Grande-Bretagne pour rencontrer la reine et une brève réunion bilatérale à Helsinki avec le président Poutine.

Au matin du 10 juillet, Trump s'adresse quelques instants à la presse avant de monter dans l'avion pour Bruxelles. « Alors j'ai l'OTAN, j'ai le Royaume-Uni – là c'est la pagaille. Et j'ai Poutine. Franchement, Poutine est peut-être le plus facile de tous. »

C'est l'étape au Royaume-Uni qui inquiète le plus Bannon. Il a fait passer le message par tous les canaux possibles : cette visite-là a déjà tout d'un désastre annoncé. Il pourrait y avoir un million de manifestants dans les rues, bien décidés à huer Trump. Avant le voyage, on a exhorté le président à surtout éviter Londres où de nombreux défilés doivent être organisés contre sa venue. Et l'audience avec la reine, que Trump meurt d'envie de rencontrer, prend déjà l'allure d'une douche froide : les autres membres de la famille royale seront absents. Jared et Ivanka, qui saisissent mieux les nuances que le président, et qui savent reconnaître un affront quand ils en essuient un, décident de renoncer au voyage.

Trump, cependant, veut jouer au golf et rencontrer la reine. Et il souhaite profiter de cette visite pour promouvoir son parcours de golf à Aberdeen, en Écosse, le Trump Aberdeen. En outre, la Maison Blanche l'encourage à sortir de la capitale britannique et, de préférence, à quitter l'Angleterre. « Loin et occupé », explique avec emphase John Kelly, son chef de cabinet.

Mais Bannon pense que Trump pourrait disjoncter. Il est susceptible de « craquer. Attention, on ne veut pas qu'il soit humilié ». Bannon, qui s'est souvent rendu à Londres durant les années 1990 à l'époque où il était banquier d'investissement, connaît bien le mépris de la haute bourgeoisie anglaise, qui pourrait clairement se traduire par un camouflet à l'égard de Trump. Et puis il faut s'attendre à la colère de la gauche britannique pour laquelle il représente la plus alléchante des cibles.

Bannon a ses raisons de ne pas vouloir que Trump perde ses nerfs en Europe. Il a, depuis quelques mois, considérablement étendu ses ambitions populistes en faisant du président américain le nouvel étendard de la droite nationaliste européenne. Si Bruxelles est le symbole, bien que peu éclatant, d'une Europe mondialiste unie, Trump est l'emblème d'une nouvelle droite qui se serre les coudes en Europe. Tel est en tout cas le message de Bannon, son élixir magique. Ce qu'il a réussi pour Trump, il peut le refaire pour les partis d'extrême droite européens qui ont toujours un temps de retard.

Donc un Trump qui « pète les plombs » au cours d'un voyage sur le Vieux Continent ne ferait pas du tout son affaire. Car jusqu'ici, son projet, qui consiste à exporter le miracle Trump et à prouver que les partis d'extrême droite encore embryonnaires peuvent, grâce à la conscience populiste que Bannon incarne, s'emparer des leviers du pouvoir, fonctionne à merveille.

Bannon a probablement, du moins c'est son opinion, joué un rôle déterminant dans le Brexit. Début 2016, alors qu'il cherchait à aider son ami Nigel Farage et son parti indépendantiste le UKIP, il a lancé une version britannique de Breitbart News, *la* plate-forme dont le UKIP et le Brexit avaient besoin. « Farage vous dira, déclare Bannon, que Breitbart a fait toute la différence. »

Au printemps 2018, Bannon tire les ficelles en Italie où le mode de scrutin et l'électorat profondément fractionné favorisent toujours au final une solution de compromis et la formation d'une coalition de centre droit condamnée à l'impuissance. Mais Bannon se rapproche de Matteo Salvini, le leader de la Ligue, parti de droite nationaliste (appelée la Ligue du Nord jusqu'aux élections législatives italiennes de 2018). À l'issue du scrutin de mars 2018 – lequel, comme il fallait s'y attendre, ne permet de dégager aucune majorité –, il se rend sur place pour aider à former une alliance entre la Ligue et le Mouvement 5 étoiles (parti populiste de gauche antisystème avec de nets penchants droitistes). Puisque, selon le plan de Bannon, ni Salvini ni le dirigeant du M5S, Luigi Di Maio, ne peuvent prétendre au poste de Premier ministre, ils ont les moyens de s'entendre et de prendre le pouvoir ensemble.

Leur alliance signe pour Bannon l'union parfaite entre l'extrême droite et l'extrême gauche.

Il a besoin désormais, en prévision de ce prochain sommet de l'OTAN, que Trump incarne l'homme fort de l'Amérique, et non qu'il se comporte comme un bébé capricieux. Cela risquerait d'effrayer ses clients européens.

Le président et la première dame arrivent dans un Bruxelles frisquet au soir du 10 juillet. Le lendemain matin, Trump ne cesse de se plaindre : il n'a pas dormi ; quelqu'un a égaré une de ses chemises ; la nourriture est dégoûtante. Sa femme et lui ne semblent pas échanger le moindre mot.

Il assiste à un petit déjeuner de travail avec le secrétaire général de l'OTAN, Jens Stoltenberg. Entouré des membres de son état-major – le secrétaire d'État Mike Pompeo, le secrétaire à la Défense James Mattis, le chef de cabinet de la Maison Blanche John Kelly, l'ambassadrice américaine auprès de l'OTAN Kay Bailey Hutchison –, il profère ses premiers impairs en accusant les Allemands de conspirer avec les Russes. « Je pense que c'est très triste que l'Allemagne ait cet accord sur le pétrole et le gaz avec la Russie… Nous sommes censés vous défendre contre la Russie, et l'Allemagne donne des milliards et des milliards de dollars par an à la Russie… On est censés vous protéger contre la Russie, et l'Allemagne donne des milliards de dollars, je pense que ce n'est pas correct… En fait l'Allemagne est totalement contrôlée par la Russie. »

L'OTAN, ne cesse de répéter Trump aux différentes personnes qui l'accompagnent, « me fait chier ». Il est vrai que l'Alliance atlantique est une structure bureaucratique complexe et très hiérarchisée qui vise à maintenir un équilibre rigoureux entre des intérêts divergents. S'il démange à Trump de déstabiliser l'OTAN c'est peut-être parce qu'il rechigne à s'intéresser aux détails qu'il juge insignifiants – les livres blancs, les fiches d'informations statistiques, les interminables jeux d'alliances politiques – autant qu'il n'aime guère les questions stratégiques et opérationnelles. Il aime que la conversation reste focalisée sur les grandes lignes. L'approche graduée, point par point et méthodique l'exaspère. Il a même l'impression qu'on essaie de l'entraîner dans un jeu de pouvoir, et il soupçonne que les gens ont compris qu'il est incapable d'assimiler les détails.

« Ils veulent que je m'endorme debout, se plaint-il. C'est cette photo-là qu'ils veulent. »

Autre aspect des sommets de l'OTAN qui l'agace beaucoup, les réunions de groupe. Il se montre presque toujours très enthousiaste à l'idée d'avoir des entrevues en tête à tête – quels que soient l'objet de la discussion et le dirigeant concerné –, mais les rencontres multilatérales le perturbent. Il a peur qu'on ne se ligue contre lui. Il pense toujours que les gens complotent dans son dos et cherchent à le piéger.

Son charme – ou plutôt ses compliments mielleux – ne fonctionne pas sur Angela Merkel qui est sa première rivale parmi tous les chefs d'État. (Il n'en croit pas un mot, mais beaucoup d'observateurs en sont persuadés.) Lors de leurs précédentes rencontres, il a tenté d'en faire des tonnes, mais elle n'a répondu que par le dédain. Il a du coup modifié son approche : si la flatterie à outrance ne marche pas, si on n'arrive pas à conclure un accord de cette manière, alors « emmerdons-les ». Il s'entraîne à prononcer correctement le nom d'Angela

Merkel à l'allemande, avec un g dur, mais dans sa bouche, le g est ironique et maniéré.

Trump n'aime pas partager la scène avec ses prétendus pairs. S'il y est contraint, il estime que la situation l'oblige à voler la vedette à tout le monde. Pour se distinguer, il utilise généralement une rhétorique négative et un langage corporel agressif. Durant les débats des primaires qui réunissaient les dix-sept candidats républicains à l'élection présidentielle, il a ainsi expliqué sa stratégie à un ami : « Il faut donner l'impression que tous les autres sentent mauvais. »

Lors de ce sommet de Bruxelles, son objectif est de persuader les membres de l'OTAN d'augmenter leur contribution financière. C'est une vieille lune des conservateurs : les partenaires internationaux et les alliés s'arrangent pour escroquer les États-Unis. C'est la leçon de base de Lou Dobbs, l'éditorialiste de Fox News, explique Bannon. « Digne de l'éloquence d'un gamin de primaire. Ce n'est pas compliqué : Trump suit Lou Dobbs à la télévision depuis trente ans. C'est la seule émission qu'il regarde du début à la fin. »

D'autres y voient une stratégie plus bizarre et plus inquiétante. Trump cherche à déstabiliser l'OTAN. Il veut fragiliser l'Europe dans son ensemble. Il a théorisé, à moins qu'il ne l'ait concrétisé par une entente secrète, un réalignement Europe-Russie, et il s'efforce maintenant, dans l'intérêt des Russes, si ce n'est à leur demande, d'affaiblir l'Union européenne.

Bien que Trump ne boive pas d'alcool, il se comporte comme un homme ivre durant le sommet de l'OTAN : il annule des réunions avec les dirigeants de Roumanie, d'Azerbaïdjan, d'Ukraine et de Géorgie ; sans prévenir, il débarque en retard à un rendez-vous majeur ; il se lance, en privé comme en public, dans d'étranges diatribes. Il va même jusqu'à menacer de quitter unilatéralement l'Alliance atlantique, une institution vieille de soixante-neuf ans. Sa réflexion politique ne parvient pas à franchir cette idée fixe qui, chez lui, l'emporte sur toutes les autres : les Européens doivent contribuer davantage. Le mécontentement qu'il affiche devant leur refus d'accéder à sa demande donne l'impression de se transformer en animosité. Il semble considérer l'OTAN comme un territoire hostile : cette institution beaucoup trop rusée est un ennemi.

En cela, il s'est encore affronté à ses conseillers de politique étrangère et plus particulièrement à son secrétaire à la Défense. Mattis, qui essaie, lors de ce sommet, d'incarner la voix de la raison et de rassurer les alliés au nom des Américains, déclare à ses homologues européens qu'il est au bord de la crise de nerfs.

Pendant que Trump déstabilise le sommet de l'OTAN – ou s'y met en scène –, Bannon s'associe à Hannity pour se rendre à Londres, espérant ainsi profiter de son avion privé. Bannon a compris qu'être proche du présentateur de Fox News signifie être proche de Trump. L'émission de radio quotidienne de Hannity, qui durant ce voyage sera diffusée à partir de l'Europe, est un canal idéal pour parler au président. C'est même encore mieux que de l'avoir en face de soi, parce qu'elle donne la parole à quelqu'un que Trump est obligé d'écouter. Grâce au talk-show de Hannity, la voix de Bannon pénètre dans la tête du président.

C'est l'un des tours de passe-passe de Bannon : il laisse planer le doute sur les relations réelles qu'il entretient avec Trump. Quand on l'interroge, il ne dit pas qu'il discute avec lui, mais il n'affirme pas non plus le contraire. Ou plutôt, s'il le *réfute*, vous pouvez raisonnablement en déduire, compte tenu des impératifs de confidentialité, qu'en réalité il parle au président. Mais même s'il ne dialogue pas directement avec lui, il est convaincu que Trump est pleinement attentif à son discours. Il peut donc légitimement se prévaloir, ou laisser sous-entendre adroitement à ses clients, qu'il a l'oreille de Trump.

En outre, Bannon, qui est déjà en campagne, croit maintenant que les élections de mi-mandat de novembre s'annoncent sous de meilleurs auspices. Il a en tête cinquante à soixante duels et détecte presque en temps réel l'évolution des districts susceptibles de basculer. S'il parvient à intéresser Trump au sujet – « J'ai du mal à croire que je viens de dire ça », glousse-t-il – et à le convaincre de faire quelques déplacements dans chacune de ces régions clés, en septembre et en octobre, les républicains pourront garder le contrôle de la Chambre des représentants.

En dépit de son expérience, Bannon a commencé à imaginer un retour à la Maison Blanche. Il y a dans cette idée quelque chose… de l'ordre du destin. Sauf que non.

Bannon sait que si les républicains conservent la Chambre en novembre, Trump ne pourra jamais le faire revenir pour le *récompenser* de cette victoire. Il donnerait l'impression de reconnaître qu'il lui doit ce succès. Et s'il perd sa majorité, il ne pourra pas non plus réintégrer Bannon sous peine de laisser entendre qu'il en a besoin.

Trump, en outre, continue de lui reprocher de l'avoir convaincu d'apporter son appui au « violeur d'enfants »,

Roy Moore, l'ancien juge de l'Alabama, candidat malheureux au Sénat en 2017. (Selon l'expression exacte de Trump, Bannon l'a poussé à soutenir la candidature d'un « loser pédophile ».) Moore a été surpris alors qu'il abordait des adolescentes dans des centres commerciaux, une révélation qui a plombé ses ambitions politiques.

Donc, non, aucun cas de figure ne permet d'envisager un juste rapprochement entre Trump et Bannon. Cependant, ce dernier continue d'imaginer les scénarios dans lesquels il serait enfin reconnu comme un éminent stratège politique, un visionnaire de la cause populiste et nationaliste mondiale, l'homme que Trump a supplié de revenir.

Confortablement installé dans une suite à 4 500 dollars la nuit de l'hôtel Brown, dans le quartier de Mayfair à Londres, Bannon joue au chat et à la souris. Tout en évitant la nuée des journalistes qui planquent devant son hôtel, il calcule avec qui on doit le voir et les personnes qu'il doit éviter. Il ne veut pas être aperçu en compagnie de quelqu'un qui agace Trump, d'autant qu'il sait que ce dernier suit tous ses faits et gestes.

Cette semaine-là, Bannon reçoit dans sa suite toute l'extrême droite européenne. Son ambition à long terme est de prendre d'assaut les élections du Parlement européen en mai 2019. L'Union européenne, dont les États membres tentent tant bien que mal de résister à la progression des partis de droite nationalistes, est contrôlée par le Parlement européen. Pourquoi, par conséquent, ne pas s'en servir pour conquérir l'Europe et la réformer – ou la briser ? C'est Bannon le stratège politique qui parle. Il sait que les élections européennes provoquent généralement peu d'adhésion : le taux d'abstention y est élevé, et donc le vote est commode à influencer. « C'est l'élection la plus facile à exploiter au monde, déclare-t-il. Celle qui coûte le moins cher par votant. »

Pourtant, si Bannon considère les résultats italiens comme son plus grand succès et suit avec attention l'ascension prometteuse du sinistre Viktor Orbán dont il a l'oreille, l'aventure n'en est qu'à son début. L'Italie et la Hongrie ne sont pas des pays moteurs de l'Europe. Il a besoin de la France.

Bannon a converti plusieurs chambres de l'hôtel Brown en salles de réunion pour y recevoir des responsables du Rassemblement national (nouveau nom, depuis le mois de juin, du Front national). Louis Aliot, le compagnon et collègue en politique de Marine Le Pen, est venu à Londres avec une délégation. Bannon, en banquier qu'il a été, épluche les comptes du Rassemblement national ligne par ligne, comme s'il préparait l'entrée en Bourse du parti.

Le problème, c'est que certains bailleurs de fonds du Rassemblement national sont des oligarques russes proches de Poutine. Voilà plusieurs années que la Russie soutient financièrement les Le Pen et leur formation politique. En termes d'image, ce n'est pas bon du tout. Sans parler des conséquences politiques que cela pourrait avoir. Si le Front reçoit de l'aide pour conquérir le Parlement européen en 2019, Poutine, ou des Russes pires que lui, risque de prendre de l'ascendant sur les affaires intérieures de l'Europe.

Lorsqu'on s'intéresse aux efforts supposés des Russes pour influencer dans l'ombre les pays occidentaux, il ressort un constat évident : ils financent effectivement les formations politiques d'opposition.

De nombreux partis européens d'extrême droite ont accepté l'aide de la Russie. Cet appui est à peine voilé, et même s'il n'y a rien d'illégal là-dedans, une question s'impose : puisque les Russes soutiennent le Rassemblement national et presque tous les autres partis nationalistes qui frappent à leur porte, pourquoi n'appuient-ils pas aussi le parti de Trump, qui, par la personne de Steve Bannon, soutient lui-même le Rassemblement national ? C'est une sorte de cercle vertueux qui penche vers la Russie.

La position de Bannon concernant l'ingérence du Kremlin dans la campagne Trump est très claire. Quoi qu'il se soit passé, il n'est pas impliqué. Personnellement, il n'a jamais été en contact avec les Russes – et parfois il laisse entendre qu'il est le seul dans ce cas –, ni durant la campagne ni durant la transition avant l'investiture. Cela ne l'empêche pas d'être parfaitement en phase avec l'objectif de la Russie qui vise à se servir des nationalistes européens pour fragiliser l'hégémonie de l'Union européenne. Même lui, néanmoins, estime qu'une implication trop visible de la Russie ne peut pas donner, pour le moins, une bonne image.

À présent, son but est de rendre aux Russes les 13 millions de dollars qu'ils ont prêtés au Rassemblement national et de trouver au parti un créancier plus acceptable. (Très curieusement, il chercherait du côté de l'extrême droite soutien d'Israël, qu'il espère donc voir reprendre la dette du parti). Mais il a besoin, pour réussir cette opération, de comprendre et de démêler les comptes passablement embrouillés du RN. La délégation du parti qui l'a rejoint à Londres n'aurait pas apporté de réponses précises sur ses propres transactions, sur l'identité des gens qu'elle rétribue, leurs missions et la façon dont elle les paie.

« Je dois connaître les entrées et les sorties, dit Bannon le banquier, sans provoquer beaucoup de réactions chez ses interlocuteurs. Vraiment, il faut éplucher tout ça ligne par ligne. »

Bannon aurait du mal à cacher son agacement. Et cela n'a rien de surprenant : pendant qu'il parle, ces gens qui aspirent à diriger la France échangent des coups d'œil inquiets et ne semblent pas comprendre.

Nigel Farage, qui est également à l'hôtel Brown pour une réunion avec Bannon et qui cherche un verre de gin du matin, met lui aussi le sang-froid du stratège à l'épreuve. Bannon est persuadé d'avoir aidé à promouvoir l'idée du Brexit et Farage lui-même, mais après la victoire en juin 2016, le patron de l'UKIP a pris ses distances avec son parti, qui a dégringolé au-dessous de la barre des 10 %. (« Comment ça ? Vous arrêtez ? a pesté Bannon. Mais putain, ça ne fait que commencer ! ») Fort de cette expérience, il est désormais convaincu que la droite nationaliste européenne est fondamentalement paresseuse, sans doute, dit-il, parce que la politique en Europe offre peu de compensations matérielles. Si c'est cela l'avenir de l'Europe, ce n'est pas très prometteur.

En Russie, plaisante-t-il, la politique paie. C'est même encore plus rentable qu'aux États-Unis. Voilà pourquoi les Russes s'en mêlent.

Comme Bannon l'a prédit – et il s'empresse bien de le rappeler à tout le monde –, la catastrophe Trump se déploie en Grande-Bretagne.

Le ballon géant qui survole brièvement Londres n'échappe pas aux médias : un bébé orange en couche-culotte à l'effigie de Donald Trump. Il suffit d'accuser le président de se comporter comme un enfant pour le faire sortir de ses gonds, c'est l'une de ses ritournelles : « Je ne suis pas un bébé ! Vous croyez que je suis un bébé ? C'est vous le bébé, pas moi ! »

Trump arrive en Grande-Bretagne porteur d'un message pro-Brexit sans se rendre compte, ou si peu, que la future sortie de l'Union européenne a plongé le pays dans une situation périlleuse. Il s'en fiche : la polémique qui entoure le Brexit n'éveille chez lui qu'un agacement dédaigneux. Évidemment que c'est une bonne chose. L'Angleterre n'avait de toute évidence – il ne fait pas la différence entre l'Angleterre et le Royaume-Uni – plus envie de faire partie de l'Europe. Là, il manque à ses engagements envers Churchill, la Seconde Guerre mondiale et la « relation spéciale » qui lie les États-Unis à la Grande-Bretagne. L'Angleterre, annonce-t-il, et ce n'est pas forcément une plaisanterie, devrait devenir le 51e État américain.

Le 12 juillet, un peu avant 14 heures, Trump atterrit à Londres où il est accueilli par son vieux copain new-yorkais Woody Johnson. Ambassadeur des États-Unis au Royaume-Uni, Johnson, héritier de la société industrielle Johnson & Johnson et propriétaire des Jets de New York[1], est un mondain et un fêtard dont se gausse la bonne société new-yorkaise. (« Ne me lancez pas sur le sujet, dit Bannon. Dans la longue liste des incompétents, là vous avez le plus nul de tous. ») Lorsque Trump arrive avec Johnson à Winfield

1. Équipe de football américain.

House, la résidence de l'ambassadeur située à la lisière de Regent's Park, on entend les Beatles chanter « *We can work it out* » (On peut arranger ça) sur fond de quolibets et de cris des manifestants.

Trump donne peu après une interview au journal le *Sun*. À la demande de Murdoch, le propriétaire du tabloïde, la rencontre a été organisée par Jared et Ivanka. Le *Sun* a promis d'aborder cet entretien sous un angle positif, d'éviter le sujet du Brexit et de plutôt s'appesantir sur la « relation spéciale » qui lie les deux pays. Mais à son arrivée de Bruxelles, Trump l'insomniaque affiche un savant mélange de combativité, d'autosatisfaction et d'incohérence toute trumpienne.

Cet entretien du *Sun* est sans doute l'une des interviews les plus irréfléchies et brutes de décoffrage qu'il ait jamais données, et il y a de quoi comparer. Il semble sincèrement ravi de tout déballer. Il est le boss désinvolte, totalement comblé par sa légitimité incontestable, un extraordinaire vantard quasiment toujours hors sujet. Il ne répond à aucune question.

Durant l'interview, Trump patauge allégrement dans la situation politique la plus instable que le Royaume-Uni ait connue de mémoire récente. Chacune de ses réflexions est un concentré parfait, quoique choquant, de perles trumpiennes.

Si le Royaume-Uni s'engage dans le projet d'accord de Brexit prôné par le gouvernement de Theresa May, alors (là, il semble hausser les épaules) aucun accord de libre-échange. Ouais, cela mettrait fin à la grande relation commerciale que partagent les États-Unis et le Royaume-Uni.

Lui, il n'aurait pas du tout négocié comme l'a fait Theresa May avec l'Union européenne. Il lui a dit comment faire, mais elle n'a pas écouté son opinion. Lui, il aurait été prêt à se retirer. « Je lui ai donné mon point de vue sur ce qu'elle devait faire et comment elle devait gérer ce dossier. Mais elle n'a pas suivi mes conseils. Tant pis… mais c'est triste ce qui est en train de se passer. »

Les alternatives présentées désormais par la Première ministre « sont très différentes du vote exprimé par les Britanniques. Ce n'est pas l'accord qui était dans le référendum ». (Le référendum de juin 2016 ne proposait en réalité aucun accord, juste une sortie sans calendrier de l'Union européenne.) Le plan, tel qu'il est suggéré, va « sans aucun doute affecter les relations commerciales avec les États-Unis, malheureusement de manière négative ».

Il multiplie ensuite les louanges sur Boris Johnson, l'un des principaux opposants de Theresa May au sein du Parti conservateur, qui vient de démissionner de son poste de ministre des Affaires étrangères à la suite de l'annonce d'un accord gouvernemental sur une sortie en douceur de l'Union européenne. Interrogé sur l'éventualité que Johnson défie rapidement l'autorité de May, Trump répond : « Je pense qu'il ferait un bon Premier ministre. Il a tout ce qu'il faut. »

Sur le budget militaire britannique : il faut le doubler.

L'immigration en Europe est « une honte – elle change le tissu de l'Europe ». Et aussi : « Cela ne sera plus jamais comme avant, et je ne dis pas ça de manière positive… Je pense que vous perdez votre culture. »

Sur le maire de Londres, Sadiq Khan, premier édile musulman du Royaume-Uni : « Il fait un travail horrible… Regardez ce qui se passe à Londres. Il fait vraiment un boulot terrible… Toute cette immigration… et tous les crimes qui sont commis. » Ou encore : « Il ne se montre pas très accueillant envers un gouvernement très important. Si quelqu'un fait tout pour donner l'impression que vous n'êtes pas le bienvenu, pourquoi est-ce que je resterais ici ? »

Et enfin : « On n'entend pas le mot Angleterre autant qu'on devrait. Le nom d'Angleterre me manque. »

Trump ne manque pas simplement de retenue diplomatique. Il pourrait tout aussi bien se parler à lui-même et égrener des doléances qui, en une longue plainte morose, l'aideraient à s'endormir.

Trump ne semble établir aucun lien entre le déballage auquel il vient de se livrer, en faisant exploser les relations anglo-américaines et en déstabilisant la politique intérieure britannique, et l'événement auquel il va bientôt assister : le dîner de gala que la Première ministre Theresa May a organisé en son honneur.

À bord de The Beast, la limousine présidentielle qui a été transportée par avion avec le reste de la délégation américaine, le président et la première dame arrivent bientôt au château de Blenheim, propriété ancestrale de la famille Churchill et lieu de naissance de sir Winston. Ils sont accueillis sur le tapis rouge par Mme May – robe et talons écarlates – et son mari, pendant que les Horse Guards, en uniforme cramoisi et bonnet en poil d'ours, jouent un pot-pourri à la cornemuse, dont *Amazing Grace*.

May et son cabinet de Downing Street ont eu quelques difficultés à constituer une tablée de politiques et de grands patrons, qui pour la plupart, de toute évidence, doutent des avantages que pourrait leur apporter la fréquentation de Donald Trump. L'interview qu'il a accordée au *Sun* est publiée durant la soirée, et au fur et à mesure du dîner qui va durer trois heures, la nouvelle commence à circuler parmi les convives. Trump semble imperturbable, ou, en tout cas, ne se rend compte de rien.

D'humeur affable et joviale, il se montre particulièrement attentionné envers la Première ministre.

Lorsqu'il prend connaissance de l'article, sur le chemin du retour, il a l'air incrédule, choqué même. Mais il dément également : cette interview n'a rien à voir avec les propos qu'il a tenus. En réalité, dit-il à ses collaborateurs, elle a été fabriquée de toutes pièces. « Fake news », déclare-t-il.

À New York, en apprenant ce commentaire, Murdoch s'esclaffe : « Il est complètement dingue ! »

Quand le *Sun*, sur ses instructions, poste la vidéo de l'entretien afin d'en confirmer l'authenticité, Trump ne tressaille même pas.

Fake news. Inexact. Tout est faux. Totalement inventé.

À tous points de vue, ces déclarations sont une catastrophe. Au niveau diplomatique, elles sont désastreuses. Tellement désastreuses, inexplicables et loufoques que tout le monde s'est déjà empressé de les oublier. Avec Trump, il faut faire contre mauvaise fortune bon cœur et le supporter, puis partir du principe que ses propos n'ont que peu de relations au final avec ses décisions et ses mesures politiques.

Bannon est de cet avis. Cela fait longtemps qu'il ne prête plus attention à ce que dit Trump, et pour une bonne raison : l'homme est un front orageux capricieux qui finit inévitablement par passer. Alors que Bannon devrait s'interroger, comme il le ferait pour tout autre dirigeant international, sur les compétences et les facultés mentales de Trump au vu du bilan provisoire de son voyage en Europe, il préfère insister sur son inutilité.

Le pouvoir, par l'intermédiaire des experts, est passé entre les mains d'un petit groupe, le parti de Davos. Cette clique, selon Bannon, s'est approprié toutes les richesses comme jamais dans l'histoire. Elle contrôle l'establishment intellectuel, économique et diplomatique. Trump, bien qu'il n'en soit pas forcément conscient, représente une anomalie intellectuelle, économique et diplomatique, l'opposé du pouvoir des experts et des élites. Il est, par conséquent, une inspiration pour la cause populiste.

Bannon, comme pratiquement tout le monde, s'en rend bien compte. C'est Donald Trump. La folie est un ennemi puissant de l'establishment, mais comment prédire ce que va faire un fou ?

Le 13 juillet au matin, Trump rejoint Sandhurst, l'Académie militaire royale, pour assister avec la Première ministre à une démonstration de lutte antiterroriste conjointe par les forces spéciales américaines et britanniques. Puis, toujours ensemble, ils se rendent au manoir de Chequers, la résidence de campagne des locataires du 10 Downing Street pour y déjeuner, avant une réunion bilatérale et une conférence de presse. Les deux dirigeants voyagent en hélicoptère, et leurs collaborateurs constatent que, fort heureusement, il y aura trop de bruit pour permettre une vraie conversation.

Bon nombre d'observateurs se demandent comment Trump va réussir à slalomer dans le sillage de l'une des interviews les plus inélégantes de toute l'histoire de la diplomatie. Mais il paraît enjoué, voire indifférent à ses précédentes déclarations : « On parle commerce, on parle défense, on a commencé à faire bouger des trucs incroyables sur le terrorisme, annonce-t-il aux journalistes à son arrivée au manoir de Chequers. La relation est très, très forte… très, très bonne. »

Au cours de la conférence de presse qu'il donne avec Theresa May après le déjeuner et la réunion, Trump lance une attaque virulente contre les médias, démentant à nouveau pour l'essentiel ses déclarations publiées par le *Sun* : « Je n'ai pas critiqué la Première ministre. J'ai beaucoup de respect pour la Première ministre. Et malheureusement, il y a eu un article écrit, il était satisfaisant en général, mais ils n'ont pas repris les choses que j'ai dites sur la Première ministre. J'ai dit des choses formidables. Et heureusement, on a tendance à enregistrer les interviews maintenant, donc nous l'avons à votre disposition si vous voulez. Mais nous enregistrons quand nous parlons avec des journalistes. Ce sont des fake news. Vous savez, on règle beaucoup de problèmes avec un bon vieux magnétophone. »

Puis il chasse toute idée d'avoir abîmé l'amitié unique en son genre qui existe entre le Royaume-Uni et les États-Unis. Theresa May le regarde avec une patience poignante. La scène du film *Love Actually* dans lequel le Premier ministre (interprété par Hugh Grant) réprimande et humilie un président américain grossier et fruste est aussitôt détournée humoristiquement sur les réseaux sociaux britanniques.

Puis arrivent Windsor Castle et la rencontre avec la reine.

De façon notable, elle est seule, à 92 ans, pour recevoir Donald Trump. Son époux le prince Philip, qui assiste traditionnellement aux rencontres avec les chefs d'État, est absent ce jour-là, comme tous les autres membres de la famille royale.

Le palais a fait son possible pour éviter une visite officielle du président américain. Le prince Charles, qui tente soigneusement de redorer son blason et de peaufiner son statut de futur monarque, ne tient pas à être associé à Donald Trump. Ses deux fils, les princes William et Harry, sont encore plus épouvantés par la perspective de rencontrer le président. Ils ont préféré laisser la corvée à la reine. Car même Donald Trump ne parviendra pas à la rabaisser.

Le président et Elizabeth II commencent par une visite brève et embarrassée de la propriété, passant la garde en revue. Ils parlent peu et le président, qui rechigne à écouter la moindre instruction, gigote maladroitement, cafouillant sur l'endroit où il doit se tenir, puis ils entrent dans le château avaler rapidement une tasse de thé.

Une visite absolument insignifiante, comme il se doit. Mais au même moment, comme pour mettre en garde le président américain et offenser Poutine que Donald Trump s'apprête à rencontrer, Robert Mueller inculpe douze agents de renseignement russes pour avoir piraté les ordinateurs du Parti démocrate.

13

Trump et Poutine

L'un des axes de l'enquête de Robert Mueller concerne les efforts entrepris par des individus associés à la campagne de Trump pour acheter les 33 000 e-mails manquants de Hillary Clinton. En faisant leurs courses dans les méandres du *dark web*, des personnes travaillant pour la campagne de Trump sont entrées en contact avec des hackers liés au gouvernement russe.

Pour Bannon, il s'agit d'un amusant retour à la case départ. En 2015, Breitbart a en effet financé le livre enquête (et plus tard le documentaire) de Peter Schweizer intitulé *Clinton Cash*, qui tente de retracer la provenance des sommes astronomiques ayant alimenté la fondation du couple Clinton. Ce sont les requêtes incessantes de Peter Schweizer et de plusieurs groupes d'opposition de droite pour obtenir les e-mails de Clinton, en vertu de la loi d'accès à l'information des agences fédérales, qui ont permis de faire la lumière sur les pratiques de Hillary Clinton concernant la gestion de sa messagerie personnelle.

Le scandale qui s'est ensuivi a poussé le FBI à diligenter une enquête qui, lorsqu'elle a été rouverte, quelques semaines avant l'élection de 2016, a probablement porté un très grand coup à la campagne de Clinton. Mais même après qu'elle a transmis l'essentiel de son serveur privé, il manquait toujours 33 000 e-mails qu'elle jugeait « personnels ». Bannon, ainsi que de nombreux autres républicains, pensaient que le serveur qui abritait ces fameux courriels devait mener aux financements de la fondation de Bill et Hillary Clinton, laquelle avait personnellement profité de sa position au sein de l'administration Obama pour obtenir des dons financiers. En juillet 2016, Trump a lancé un appel vibrant aux hackers russes afin qu'ils retrouvent ces e-mails disparus.

Mais à ce moment-là, Bannon et Breitbart News cherchaient ces courriels depuis plus d'un an. Au cours de leur plongée dans le monde parallèle du piratage informatique international, ils ont rencontré pléthore de chercheurs en sécurité et de vendeurs empressés. Le seul problème était de faire le tri parmi les innombrables collections d'e-mails et les différentes versions proposées. « C'était comme acheter des briques de la Texas School Book Depository (le bâtiment d'où Lee Harvey Oswald a tiré sur John F. Kennedy). Ne racontez pas au mec qui achète les briques que l'immeuble est toujours debout », dit Bannon.

Lorsqu'il rejoint l'équipe de campagne de Trump en août 2016, il sait que les e-mails de Clinton ne sont pas le Saint Graal, ou, du moins, qu'il ne faut pas s'y fier. Mais certains limiers et autres grouillots du futur président, et quelques membres de sa famille, cherchent encore à s'attirer les faveurs de Trump en essayant de dénicher les fameux e-mails qui, dans son esprit, nuiraient à Clinton.

Pour Bannon, tous ces efforts ne font que souligner l'amateurisme désolant de la campagne et, plus tard, la faiblesse de l'enquête du procureur spécial à propos d'une possible collusion avec les Russes. Dans son esprit, Mueller ne peut pas faire mieux que de pointer du doigt une bande de cinglés qui ont en vain tenté de débusquer quelque chose qui n'existait pas. Son investigation prouvera simplement la stupidité de la campagne, et du candidat.

L'inculpation obtenue par le procureur spécial contre les douze agents russes, annoncée pendant la rencontre avec la reine, tombe trois jours avant que Trump ne quitte son complexe sportif de Turnberry en Écosse pour aller rencontrer Poutine à Helsinki.

Selon l'acte d'accusation, ces hommes sont soupçonnés de s'être introduits dans la messagerie privée de Clinton, le 27 juillet 2016, le jour même où Trump a publiquement demandé aux Russes de trouver les 33 000 e-mails manquants. (Trump insistera plus tard en disant que c'était une blague, et son staff de campagne affirmera qu'il lisait un texte préparé en sachant à peine de quoi il parlait.) Ces pirates ont ensuite infiltré la campagne de Clinton – en pénétrant dans le serveur personnel de John Podesta, son directeur – et la messagerie du Comité national démocrate ; puis ils ont exfiltré des milliers de documents et utilisé ces informations volées pour déstabiliser la campagne de Clinton et les démocrates.

L'acte d'accusation met en lumière une opération de cyberespionnage contre une autre opération de cyberespionnage. En effet, il apparaît que la communauté du renseignement américain était tout à fait informée de l'attaque des Russes au moment même où elle se déroulait, mais qu'elle avait choisi de ne pas l'arrêter, selon la stratégie habituelle des services de renseignement qui consiste à ne pas montrer à l'adversaire qu'il a été découvert.

Le bureau de Mueller affirme que les hackers étaient en contact avec une personne ayant des liens avec de hauts responsables de l'équipe de campagne. Et la déduction la plus évidente veut qu'il s'agisse de Roger Stone, l'un des premiers conseillers de Donald Trump. Car personne n'incarne mieux le caractère illicite de la campagne de Trump que Roger Stone, mélange frappant mais névrotique de l'homme avide de publicité, artiste des coups bas, toujours en quête de performance, aventurier du sexe et complotiste notoire que personne ne prend au sérieux, pas même Donald Trump.

« Si Mueller n'a que Stone, cela veut dire qu'il n'a pas grand-chose », déclare Bannon qui ne cesse d'essayer d'analyser les cartes dont dispose Mueller.

Mais il s'avère que l'acte d'accusation va également tenir tout le monde en haleine, car le procureur spécial va désormais se montrer plus discret. Nous sommes au cœur de l'été ; il est peu probable que Mueller, toujours soucieux d'agir dans les règles, entreprenne des actions qui pourraient affecter les élections de mi-mandat de novembre. En outre, sa petite équipe de collaborateurs doit se préparer pour les deux procès de Paul Manafort, l'éphémère directeur de campagne de Trump, qui se tiendront successivement en août et en septembre. Ce sera la première fois qu'ils se montreront vraiment en public et donneront la preuve de leurs capacités.

Le fait que le dernier épisode intervienne quelques heures avant la rencontre entre Trump et Poutine rappelle exactement l'attitude des flics, fait remarquer Bannon. Ils laissent mijoter leur suspect et attendent sa réaction.

Trump et Poutine seront seuls, avec leurs deux interprètes à côté d'eux. Une discussion franche entre hommes. Deux présidents autour d'une table à Helsinki, le lieu de prédilection des sommets russo-américains.

Trump insiste pour qu'il n'y ait personne d'autre dans la pièce. Mike Pompeo, l'une des rares personnes à qui il montre au moins un peu de respect, lui explique que c'est impossible, qu'il doit au minimum être accompagné du secrétaire d'État. Mais Trump l'envoie promener : « J'ai peur des fuites et des mecs qui balancent. » Une pique qui vise implicitement Pompeo.

L'ensemble de l'establishment de politique internationale – Pompeo, Bolton, le conseiller à la sécurité nationale, et Kushner, avec son vaste éventail d'activités diplomatiques semi-officielles – est au bord de la crise de nerfs. Une rencontre en tête à tête entre les présidents russe et américain ? C'est du jamais-vu, et en pleine enquête russe, c'est totalement délirant. Pourtant, avec une sorte de haut-le-cœur bureaucratique, les collaborateurs en charge de la politique étrangère s'adaptent. C'est du Trump tout craché : que peuvent-ils y faire ?

Mike Pompeo et John Bolton en concluent que le président a un plan : il va donner dans le « bla-bla ».

Trump se vante souvent de son pouvoir de persuasion. « Personne ne sait embobiner comme moi », se targue-t-il. Dans son premier cercle, beaucoup voient dans son comportement la stratégie marketing des géants du commerce. Jared et Ivanka sont les principaux partisans de cette explication. Les promoteurs immobiliers, dans un centre commercial par exemple, sont prêts à tout pour ferrer une grande marque qui fera office de « locomotive ». Comme chacun le sait, Trump est déterminé à trouver son hôte vedette. Si un client potentiel que tout le monde s'arrache lui annonce qu'il couche avec sa femme, Trump répondra : « Hé, laissez-moi vous offrir un peu de champagne. » Jusqu'à ce qu'il ait signé le contrat et reçu un acompte, il est prêt à toutes les humiliations. Et puis en hiver, il coupera le chauffage.

Regardez l'excellent résultat à Singapour avec Kim Jong-un ! Trump a flatté Kim qui en retour a courtisé Trump. Et même si rien d'autre n'a changé, l'ambiance s'est améliorée. On est passé de l'hostilité affichée à la réconciliation publique, voire aux démonstrations de tendresse, sauf en ce qui concerne les ogives nucléaires. C'est une victoire, n'est-ce pas ? Et on la doit au bla-bla.

Si Trump sort de sa rencontre d'Helsinki main dans la main avec l'ours russe, il s'agira d'une nouvelle victoire. Usant de son charme et de sa diplomatie personnelle, il montrera à tous qu'il a su vaincre la bête. Tout seul. C'est un jeu d'enfant aux yeux de Trump. Un pareil triomphe illustrerait à merveille un autre de ses principes professionnels préférés : « Il faut toujours cueillir les fruits à portée de main. » Si Trump et Poutine se séduisent mutuellement, ils seront moins enclins à se menacer ou à émettre des revendications. Trump a simplement besoin, pour l'instant, d'une poignée de main. Plus tard, il pourra couper le chauffage.

Le vendredi 13 juillet, trois jours avant le sommet d'Helsinki, le président et son équipe arrivent en toute fin de journée au complexe de golf Trump Turnberry, en Écosse, après avoir longé depuis l'aéroport des kilomètres de pâturages et croisé des citoyens en liesse, mais pas l'ombre d'un manifestant.

Mike Pompeo et John Bolton transportent d'épais dossiers. Il est prévu, durant le week-end, d'alterner séances de travail et parties de golf. John Kelly, le chef de cabinet, Sarah Huckabee Sanders, la porte-parole de la Maison Blanche, et Bill Shine, le nouveau directeur de la communication, ainsi que plusieurs autres collaborateurs sont également du voyage.

Le samedi, le soleil brille et il fait environ 20 degrés. Il n'y a rien au programme à part le golf. Mais quelques manifestants ont réussi à parvenir jusqu'à Turnberry. « Non à Trump, non au Ku Klux Klan, non au racisme américain », hurle un petit groupe d'entre eux durant la partie de golf du président dans l'après-midi.

Trump, dopé par son sommet de l'OTAN et ses réunions bilatérales en Grande-Bretagne (« Nous les avons bien bousculés »), n'est pas d'humeur à préparer sa rencontre avec Poutine. Il néglige même le travail préparatoire, pourtant léger, auquel il se plie habituellement – un exercice en général maquillé par son entourage en simple discussion. Pompeo et Bolton réduisent leurs énormes classeurs cartonnés à un document d'une seule page. Le président ne s'y intéressera pas.

Il est très détendu. Et pourquoi ne le serait-il pas ? Il s'est présenté à son sommet avec Kim sans savoir situer la Corée du Nord sur une carte, mais cela n'a eu aucune conséquence. Il était le chef, l'homme fort chargé de faire la paix.

« Ne m'emprisonnez pas », dit-il à ses conseillers. Ou : « J'ai besoin d'être ouvert », répète-t-il en boucle comme s'il s'agissait d'un processus thérapeutique. Pompeo et Bolton insistent pour lui communiquer quelques éléments de langage en vue du sommet qui doit avoir lieu, maintenant, dans quelques heures. Rien n'y fait.

Le lendemain matin, il joue au golf, puis il commence à pleuvoir.

L'équipage présidentiel atterrit à Helsinki à 21 heures ce dimanche, une heure et demie avant le coucher du soleil, puis se dirige vers l'hôtel Hilton. Pendant qu'ils étaient en vol, la France a battu la Croatie, lors de la finale de la Coupe du monde de football qui se déroule en Russie, au stade Loujniki, un match auquel assistait le président Poutine.

La matinée du lundi 16 juillet est consacrée à des cérémonies officielles et à une rencontre avec le président finlandais, mais Trump trouve le temps de tweeter au sujet des inculpations de Mueller et « la chasse aux sorcières truquée » lancée contre lui.

Poutine, qui débarque à Helsinki plus tard que prévu – il est toujours en retard –, fait attendre Trump presque une heure. Après son arrivée, le président américain, accompagné de sa délégation, gagne le palais présidentiel finlandais vers 14 heures. Trump et Poutine prennent place côte à côte, posent pour les photographes et échangent quelques phrases en public ; Trump en profite pour féliciter le président russe pour le succès de la Coupe du monde. Puis les portes se ferment et la séance de travail en tête à tête démarre.

La réunion dure un peu plus de deux heures. Les chefs d'État sont ensuite rejoints, durant environ une heure, par des diplomates et leurs conseillers russes et américains. À l'issue de la rencontre, Trump et Poutine sont conduits dans le hall où doit se tenir la conférence de presse. Et c'est alors que le monde entier, et plus particulièrement les collaborateurs de la Maison Blanche, découvre un Donald Trump totalement inconnu.

« Il a l'air d'un chien battu. » L'expression de Bannon pour décrire la mine déconfite du président est aussitôt adoptée par presque tout l'entourage de Trump. Même Jared, qui ignore sans doute que la formule vient de Bannon, la reprend à son compte.

Pour tous, une seule question se pose : qu'a-t-il bien pu se produire lors de la réunion ?

Trump et Poutine y sont entrés sur un pied d'égalité ; ils en sont ressortis, l'un avec une tête de victime, l'autre avec une tête de vainqueur. Comment la stratégie du bla-bla a-t-elle pu aboutir à une humiliation aussi flagrante ? Poutine a dû piéger le président et l'embarrasser avec des informations épouvantables, peut-être même l'intimider avec des menaces contre sa vie ! Mais de quel ordre est cette pression ? De quelles armes dispose Poutine ? Presque toute la Maison Blanche se joint au débat.

« De quoi peut-il s'agir ? » s'interrogent les collaborateurs émoustillés.

Bannon énumère toutes les possibilités.

De la vidéo des *golden showers* ? « Je vous garantis, dit Bannon, que si elle existe et si elle fait surface, il prétendra simplement, avec la meilleure foi du monde, qu'il s'agit d'un sosie de Donald J. Trump. Fake. Fake. Ça ne l'arrêtera pas. »

De Don Jr. qui tente d'acheter les e-mails ? « Il se fiche de Don Jr. Vous plaisantez ? »

De la preuve que les oligarques l'ont renfloué, que des milliardaires russes ont acheté ses propriétés à des prix excessifs ? « Tout le monde s'en branle. Trump le sait. Ça ne le démonterait pas. »

Potentiellement plus dévastateur qu'un chantage, peut-être Poutine s'en est-il pris à l'intelligence de Trump.

« Oubliez sa déclaration d'impôts. Et s'ils avaient récupéré ses relevés de notes de l'université ? » C'est l'une des rengaines de la Maison Blanche. De nombreux amis de Trump pensent que son insécurité intellectuelle et ses complexes viennent de ses mauvais résultats scolaires.

Et si le dirigeant russe avait transformé la réunion en QCM de géopolitique? Jusqu'où peut aller la cruauté de Poutine ? s'interroge Bannon. A-t-il demandé à Trump de lui montrer la Crimée sur la carte ? « Oh ! mon Dieu, pas les relations entre la Crimée et l'Ukraine. Ne lui posez pas ce genre de questions, par pitié ! »

Sur la scène internationale, juge Bannon, Trump et Poutine appartiennent tous les deux à la même catégorie de présidents narcissiques, imprégnés du culte du chef. Ils ont en commun des talents de populiste, mais ils ne cherchent au bout du compte qu'à satisfaire leurs propres intérêts. Des deux, Poutine est de loin le plus intelligent.

Pendant des années, Trump l'a courtisé de loin, l'interpellant constamment, d'une façon qui rappelle ses tweets trop empressés. Poutine a gardé ses distances pour bien lui indiquer qu'ils ne jouaient pas dans la même cour. Quand, en 2013, Trump a débarqué à Moscou avec son concours de Miss Univers – c'est de ce voyage que daterait la fameuse vidéo des *golden showers* –, Poutine lui a laissé croire qu'ils pourraient se rencontrer, qu'il ferait un saut à la cérémonie. Mais il l'a snobé. Pas grossièrement ; il s'est montré plus suave que cela. Le message était plutôt : Oui, nous nous rencontrerons sans doute un jour, mais pas aujourd'hui. Bannon émet l'hypothèse suivante : Trump ne cherchait peut-être pas l'aide de la Russie durant sa campagne ; il désirait sans doute simplement que les Russes s'intéressent à lui, qu'ils le remarquent, et que Poutine le reconnaisse enfin.

Aujourd'hui à Helsinki, après ces deux heures passées dans la même pièce, Trump a, en principe, réalisé son souhait. Il est l'égal de Poutine.

Mais alors pourquoi arbore-t-il cette tête de chien battu ?

La conférence de presse d'Helsinki compte certainement parmi les prestations les plus catastrophiques et les plus préjudiciables jamais vues de la part d'un président.

Trump ne cherche même pas la confrontation avec le dirigeant russe, un peu comme l'avait tenté sans succès Kennedy lors de sa fameuse première rencontre avec Khrouchtchev. Bien au contraire. Trump ne fait aucun effort pour garder la tête haute. Il se montre déférent, obséquieux, servile. Il a tout l'air, cette fois, du Candidat mandchou : totalement sous la coupe de son maître.

Au cours de la conférence de presse, Poutine propose, avec aplomb, de régler le dossier des douze agents du renseignement russes inculpés par Robert Mueller. Il ne s'opposera pas à leur interrogatoire, à la condition que les États-Unis rendent la pareille et permettent à la Russie d'interroger les citoyens américains qu'ils considèrent comme des ennemis. Cette idée, indique Poutine, a été accueillie favorablement par le président américain qui se tient debout à ses côtés, totalement défait ou perplexe.

Tentant de se ressaisir, Trump exonère allégrement Poutine avec toute l'inconséquence dont il est capable : « Mes collaborateurs sont venus vers moi, ils m'ont dit qu'ils pensaient que c'était la Russie. J'ai le président Poutine. Il vient de dire que ce n'est pas la Russie. Je dirai ceci : je ne vois pas pourquoi ce serait la Russie, mais je veux vraiment voir le serveur. Mais j'ai… j'ai confiance dans les deux côtés. Je crois vraiment que cela va probablement durer un moment, mais je ne pense pas que cela puisse continuer sans qu'on sache ce qui est arrivé au serveur. Qu'est-il arrivé aux serveurs du monsieur pakistanais qui travaillait au Comité national démocrate ? Où sont ces serveurs ? Ils ont disparu. Où sont-ils ? Qu'est-il arrivé aux e-mails de Hillary Clinton ? Trente-trois mille e-mails sont partis, simplement envolés. Je pense qu'en Russie ils ne seraient pas partis aussi facilement. Je pense que c'est une honte que nous ne puissions pas récupérer les 33 000 e-mails de Hillary Clinton. »

Poutine, pour sa part, refuse de prendre Trump au sérieux. La vidéo des *golden showers* ? La surveillance ? Pourquoi ? Trump n'était qu'un particulier quand il est venu en Russie en 2013. Un promoteur immobilier. Pas un propriétaire d'hôtels casinos de prestige et une méga-star de la télévision, mais un type lambda, un homme d'affaires comme les autres, dit Poutine tandis que Trump se décompose à côté de lui. Pour quelle raison se serait-il intéressé à lui ?

Pourquoi Bill Shine n'a-t-il pas mis un terme à la conférence de presse ? Pourquoi a-t-elle duré aussi longtemps ? Comment a-t-on laissé Trump poursuivre et empiler des remarques qui l'enfonçaient toujours un peu plus ? Et durant tout ce temps, Poutine était là, plus cool que jamais, à le regarder comme un chat qui s'apprête à avaler un canari.

« Nous avons connu un revers de fortune, dit Bannon. C'était la bataille de Little Bighorn entre les Sioux et le général Custer. »

Mais Bannon reconnaît aussi que Trump a rencontré son maître. « Seigneur, dit-il avec admiration, Poutine est un *badass*. »

Quand la séance d'humiliation publique s'achève, Trump ne semble pas conscient de ce qui vient de se passer. Suivi de Melania, de Shine et de John Kelly, il rejoint directement un petit salon du palais présidentiel qui a été converti en studio de télévision.

Il a accepté de donner une interview juste après la conférence de presse à Tucker Carlson, le présentateur de Fox News. Carlson, qui est venu couvrir le sommet d'Helsinki, a décroché cet entretien en appelant directement Trump sur son portable. Mais son collègue Sean Hannity, qui a également suivi le président en Europe, a piqué une crise en l'apprenant. Poussé par Bannon – « T'es Sean Hannity ! C'est *toi* qui interviewes Trump ! » – Hannity a aussi téléphoné à Trump pour le supplier. Du coup, Trump, toujours prompt à accepter la servilité des autres et à saisir la moindre occasion de bénéficier d'une publicité amicale, se retrouve à donner deux interviews consécutives pour la même chaîne de télévision et dans le même studio de fortune où tout le monde s'est engouffré.

La pièce est à peine assez grande : en plus de Trump et de Melania, de Bill Shine et de John Kelly, il y a Carlson, Hannity, ainsi qu'une équipe de cameramen et deux producteurs exécutifs. Trump ne semble pas troublé par la conférence de presse désastreuse qu'il vient de donner. John Kelly, qui peine à contenir sa rage et son incompréhension, bouscule les gens qui se trouvent sur son passage, y compris Carlson. Melania, que personne dans l'entourage ou parmi les collaborateurs de son mari n'ose approcher et encore moins enlacer, cherche visiblement à éviter les démonstrations d'affection de Sean Hannity.

Ce dernier, pas plus que Trump, ne semble avoir remarqué l'impact qu'a eu la conférence de presse. Leur entretien se déroule sur le mode de la drague : Trump incohérent et dédaigneux, Hannity horriblement onctueux.

Face au spectacle donné par Sean Hannity, le producteur exécutif de Carlson s'exclame : « Je suis gay, et pourtant je n'ai jamais fait du gringue à un mec à ce point-là. »

Dès le début de l'interview, Trump asticote Hannity et le reprend sur l'erreur qu'il commet, lors de sa première question, à propos du nombre d'États membres de l'OTAN (évidemment, tout le monde est étonné que Trump en connaisse le chiffre exact). « Tucker ne déconnerait pas sur ça, dit Trump à un Hannity blessé.

Il sait combien de pays sont membres de l'OTAN. Tu regardes son émission ? Moi, je la regarde tous les soirs. Je te laisse reposer ta question, vas-y. »

Ensuite, au cours de son entretien avec Carlson, ignorant toujours qu'il a choqué et stupéfié le monde libre par l'attitude servile qu'il a eue envers Poutine, Trump s'en prend à nouveau à l'OTAN. Tout compte fait, dit-il, il aurait des réticences à secourir les alliés de l'OTAN, ce qui reviendrait pourtant à rompre à la fois avec la mission de l'Alliance atlantique et avec le fondement de l'ordre mondial depuis l'après-guerre.

Carlson est stupéfait. « L'appartenance à l'OTAN implique de défendre tous les autres pays membres qui sont attaqués », fait-il remarquer. Trump ajoute alors que le Monténégro est un membre de l'OTAN, mais qu'il n'aurait certainement pas envie de se battre pour le Monténégro.

Dans l'avion du retour, la situation empire.

Au début, Trump quête des encouragements, mais bientôt, il commence à prendre conscience du tollé médiatique que sa conférence de presse a provoqué. Cependant, sa perception de l'événement est presque aux antipodes de celle du reste du monde. Lui qui n'est presque jamais seul de son plein gré, et absolument jamais seul et réveillé sans la télévision allumée, il se retire dans sa cabine en silence.

Tandis qu'Air Force One vole en direction de l'ouest, il oppose une résistance têtue à ceux qui insistent pour qu'il briefe ses conseillers à propos de sa rencontre avec Poutine. Il a discuté pendant deux heures en privé avec le président russe, mais personne, au sein du gouvernement américain, ne sait ce que l'un ou l'autre a dit. Du côté russe, on doit déjà être au courant de tout.

L'équipe présidentielle est de retour aux États-Unis peu après 21 heures le lundi. Le président descend de l'appareil, suivi de Bill Shine et de John Bolton. Il refuse toujours de parler à quiconque.

Le lendemain, il assiste à une réunion sur la réforme fiscale avec des membres du Congrès, et il repousse toutes les tentatives pour l'entraîner dans une conversation sur le sommet d'Helsinki.

L'ensemble de ses collaborateurs en charge de la politique étrangère, Pompeo, Bolton et Mattis, sont dans le brouillard le plus complet quant aux sujets qu'il a abordés avec Poutine. Personne n'est mis au courant. Le président n'a-t-il pas écouté ce qui s'est dit ? N'a-t-il pas compris ? A-t-il oublié ? Les Russes, dans l'intervalle, commencent à divulguer certaines informations qui ressemblent fort à des accords verbaux obtenus au cours du sommet. Il est question – étonnamment et singulièrement – du soutien à un référendum qui serait organisé dans l'est de l'Ukraine et de la promesse que des fonctionnaires américains témoigneront dans une enquête judiciaire russe.

Nombreux sont ceux à la Maison Blanche qui se disent scandalisés par le culot de Poutine : a-t-il réellement proposé des choses aussi fantasques, et, mieux encore, est-il parvenu à ce que le président les accepte ? L'ensemble de l'administration américaine découvre, brusquement, avec un sentiment surréaliste, que son chef n'est pas seulement de façon tragique – ou comique – dépassé par les événements, mais qu'il est également un pitoyable pigeon. Il est presque impossible de décrire la stupéfaction qui s'empare du gouvernement et la panique croissante qui gagne le Parti républicain.

Le mardi 17 juillet 2018, le vice-président Pence se voit confier la responsabilité d'entrer dans le Bureau ovale pour annoncer au président qu'il doit revenir sur les déclarations qu'il a faites à Helsinki. Pence souligne qu'il ne s'agit pas seulement des démocrates ; les républicains du Congrès eux aussi sont en train de craquer. Et il va y avoir des démissions en rafale à la Maison Blanche.

Corey Lewandowski, l'ancien directeur de campagne de Trump, et Sean Hannity pensent même que la Chambre des représentants pourrait bien voter d'ici quelques heures des articles de procédure d'impeachment.

Derek Harvey, membre de la majorité à la commission du renseignement de la Chambre, se hâte de prévenir la Maison Blanche que six élus républicains pourraient se joindre aux démocrates pour demander l'audition de l'interprète américaine présente lors de la rencontre entre Trump et Poutine.

Finalement, après une nouvelle réunion avec des membres du Congrès dans l'après-midi, Trump répond aux questions de la presse et met en scène son revirement, entouré de John Kelly, d'Ivanka, de Bill Shine, de John Bolton, de Mike Pence et de Steve Mnuchin, le secrétaire du Trésor.

« Je tiens à commencer par dire que j'ai une totale confiance dans les grandes agences de renseignement américaines et que je leur apporte mon soutien complet, déclare avec raideur le président. J'accepte les conclusions de la communauté du renseignement selon lesquelles la Russie a interféré lors des élections de 2016. » Il insiste également sur le fait qu'il n'y a « pas eu de collusion ».

Trump, un peu plus tôt, s'est concerté avec Ivanka, même s'il n'a pas réussi à la convaincre. Ivanka a téléphoné à Anthony Scaramucci, surnommé le Mooch (la Sangsue), le patron d'un fonds d'investissement new-yorkais qui, à la suite d'un délire alcoolisé et de vociférations scabreuses en juillet 2017 auprès d'un journaliste, a été limogé de son poste de directeur de la communication de la Maison Blanche, onze jours après sa prise de fonction. Ivanka et Scaramucci suggèrent que Trump se contente de revenir sur ses propos en expliquant que sa langue a fourché. Ivanka se risque à penser, en soulignant que son père est sujet aux erreurs de syntaxe et qu'il a une « expression orale un peu paresseuse », que l'excuse est plausible.

Trump a donc accepté cette solution et le voilà qui ajoute : « Cela aurait dû être évident, je pensais que ce serait évident, mais j'aimerais clarifier juste au cas où. Dans une phrase importante, j'ai dit "ce serait" au lieu de "ce ne serait pas". En réalité ma phrase aurait dû être : "Je ne vois pas pourquoi ce ne serait pas la Russie." Alors, je le répète, j'ai juste dit le mot "serait" au lieu de "ne serait pas". C'était un problème de particule négative », conclut-il.

Pendant que Trump revient ainsi sur ses propos d'Helsinki, en direct à la télévision, la lumière de la salle s'éteint tout à coup. Bien que déconcerté, le président continue de parler, le visage un bref instant plongé dans le noir. Ivanka accusera plus tard John Kelly, le chef de cabinet de la Maison Blanche, d'être responsable de l'incident. Ce n'était ni une panne ni un signe de Dieu, insiste-t-elle. C'est John Kelly qui a donné l'ordre de couper les lumières.

Bannon, une fois de plus, en reste baba : « Quand Ivanka et la Sangsue arrivent à faire croire au commandant en chef des États-Unis que les gens vont gober que sa langue a fourché sur une particule négative, c'est qu'on a quitté l'univers cartésien. »

Une réunion du cabinet est organisée à la hâte, le lendemain, mercredi. Pour bien montrer qu'il s'agit d'un jour comme les autres à la Maison Blanche, elle est ouverte à la presse. Ivanka assure la présentation et propose une série de nouveaux programmes destinés à renforcer la formation et l'éducation des travailleurs américains. « Waouh, commente ensuite le président, si c'était Ivanka "Smith" qui avait lancé ça, les médias trouveraient le truc absolument génial ! »

Interrogé peu après, à la fin de la réunion, par un journaliste qui lui demande s'il croit que les Russes visent toujours les élections américaines, Trump se contente de répondre : « Non. » Peu après, une clarification est apportée par son entourage : le « non » du président signifiait simplement qu'il ne prendrait pas de questions.

Jim Mattis ne cache pas son incrédulité et sa très grande inquiétude ; après le sommet d'Helsinki, il se demande plus que jamais depuis son entrée dans l'administration Trump s'il doit rester à son poste. Il s'est fait remarquer par son absence à la réunion du cabinet, alors qu'il est en ville. De nombreuses rumeurs – beaucoup émanant de proches du secrétaire à la Défense – laissent croire qu'il va démissionner en signe de protestation dans les heures à venir.

La situation est déjà terrible, mais elle empire encore lorsque Trump annonce tout à coup qu'il a décidé d'inviter Poutine à la Maison Blanche.

La polémique fait rage. Furieux et blessé, le président cherche désormais un coupable. Et Jim Mattis, avec ses allusions apocalyptiques sur sa possible démission, est la cible toute trouvée. Trump se met à hurler à ses collaborateurs ce qu'il pense de Mattis et de sa tolérance envers les transsexuels. « Il veut opérer les trans. "Apprenez à tirer et je vous paierai votre opération" », dit-il en prenant une voix fluette.

La Maison Blanche essaie rapidement d'imaginer quelles pourraient être les conséquences du départ de Mattis, qui est perçu à la fois par les démocrates et les républicains comme le seul adulte de l'administration. Les membres de la direction du Congrès avertissent que le Massacre du samedi soir, en pleine affaire du Watergate, aura l'air d'une soirée tranquille à côté de ce qui se passera si le secrétaire à la Défense est débarqué.

« S'il perd Mattis, dit Bannon qui n'a jamais autant douté de la santé mentale de Trump, il perd sa présidence. » Mattis est le seul lien de la Maison Blanche, de fait, avec l'establishment républicain *et* démocrate. Sans Mattis, le centre risque de lâcher.

Trump, que ses collaborateurs finissent par convaincre de ne plus penser à Mattis, reporte sa colère sur John Kelly, son chef de cabinet, qui a évoqué une éventuelle démission après le sommet d'Helsinki. Mais voilà que Dan Coats, le directeur du renseignement national, surgit en ligne de mire.

Alors qu'il assiste au forum sur la sécurité d'Aspen, dans le Colorado, loin de Washington, Coats apprend en direct, sur scène, au cours d'une interview, que Trump vient d'inviter Poutine à la Maison Blanche. Les yeux exorbités, il ne peut cacher sa stupéfaction. Il n'essaie d'ailleurs même pas. « Vous pouvez répéter ? s'exclame-t-il, provoquant les rires de l'assistance. OK, ça va être très particulier. »

En l'espace de quelques minutes, presque toutes les chaînes de télévision diffusent les images de la réaction sans filtre de Coats. Trump est furieux : « Il se fout de ma gueule ! »

Mais cette maladresse de Coats est d'autant plus grave qu'elle intervient au moment même où la Maison Blanche met sur pied une opération de diversion : le président, aux côtés d'Ivanka, est prêt à signer un décret présidentiel annonçant la création d'un Comité national des travailleurs américains, dans le cadre du nouveau programme de formation professionnelle annoncé par sa fille. Il ratifiera, dans l'intervalle, une nouvelle ordonnance nommant Jared Kushner directeur d'un nouveau Comité national du travail. Mais il n'y a aucune caméra de télévision !

Trump jure de dégager Coats. John Kelly s'y oppose immédiatement. Si vous le limogez, dit-il, dix autres démissionneront. Et si le Congrès ne vous met pas en accusation pour avoir viré Coats, il vous censurera, c'est évident.

Trump se met à zapper comme un malade sur les touches de sa télécommande, à la recherche d'un soutien, mais il n'en trouve aucun. Ou est Kellyanne ? exige-t-il de savoir. Où est Sarah ? Où est passé *tout le monde* ?

La Maison Blanche est à nouveau prise de panique à l'idée que Hannity demande à Trump la tête de Coats, ce qui scellerait immédiatement le sort du directeur du renseignement national. Peu avant une interview pour CBS qui doit se tenir dans la Roosevelt Room, Kelly, Shine, Sarah Huckabee Sanders et Mercedes Schlapp en viennent presque aux mains pour savoir qui va dire au président qu'il doit absolument défendre Coats. La mission échoit à Kelly.

À l'antenne, le président paraît étrangement désireux de plaire. Assis sur une chaise, les bras pendant entre les jambes comme une crevette monstrueuse, il se penche vers le journaliste, Jeff Glor. Sans doute parce qu'il commence enfin à sentir le danger, il semble languissant, et impatient d'apporter les bonnes réponses.

GLOR : Vous dites que vous êtes d'accord avec les services de renseignement américains pour affirmer que la Russie a interféré dans les élections de 2016.

TRUMP : Ouais, et je l'ai déjà dit, Jeff. Je l'ai déjà dit à plusieurs reprises, et je dirais que c'est vrai, oui.

GLOR : Pourtant, vous n'avez pas condamné Poutine en particulier. Le tenez-vous personnellement pour responsable ?

TRUMP : Eh bien, je dirais cela, car c'est lui le dirigeant de la Russie. Tout comme je me considère responsable de tout ce qui se passe dans ce pays. Donc, en tant que chef du pays, on doit le tenir pour responsable, oui.

GLOR : Que lui avez-vous dit ?

TRUMP : J'ai été très clair sur le fait qu'il ne doit pas y avoir d'ingérence, Nous ne pouvons pas avoir…

Quand l'interview prend fin, Kelly est au fond du gouffre : « Cette fois-ci, il ne va pas s'en sortir comme ça, marmonne-t-il. C'est le bordel le plus complet. Plus personne ne peut continuer comme ça. »

Et pourtant aucun membre de l'administration ne démissionne, ni ce jour-là ni le lendemain ou le surlendemain. Si Trump ne s'en est pas vraiment « sorti comme ça », personne, dans son entourage, ne parvient à trouver la réponse à cette question : comment allons-nous gérer ce merdier ?

Bannon déclare publiquement : « On est soit avec Trump, soit contre lui. » Ce commentaire ne solutionne rien, et d'une certaine façon néanmoins il résume tout.

Le vendredi 20 juillet 2018, le président part pour Bedminster. Le samedi, il joue au golf. Le dimanche, il tweete que l'ingérence des Russes dans les élections de 2016 « n'est qu'un gros canular ».

Peu de temps après le sommet avec Poutine, certains républicains commencent à se rassembler. Ce groupe comprend des membres du bureau du chef de la majorité du Sénat, le président de la Chambre des représentants et certains des plus gros donateurs du parti, en particulier Paul Singer et Charles Koch. Même s'il n'est pas encore question d'une action concertée contre le président, il s'agit bien d'un début de comité exploratoire. Son premier objectif est d'analyser les forces et les faiblesses de Donald Trump, et d'envisager, en vue de la présidentielle de 2020, la possibilité de le défier lors d'une primaire républicaine.

14

Cent jours

En ce samedi 29 juillet, il ne reste plus que cent jours avant les élections de mi-mandat.

Reince Priebus, qui a été le chef de cabinet de Trump au cours des six premiers mois de l'administration, invite Bannon à dîner dans son country club en Virginie. Une année s'est écoulée depuis qu'il a quitté la Maison Blanche, le président l'ayant limogé d'un simple tweet alors qu'il venait de descendre d'Air Force One et attendait sur le tarmac. Depuis, il n'est pas parvenu à décrocher le genre de poste prestigieux qui échoit traditionnellement à un ancien chef de cabinet. À l'heure où il est censé s'investir dans l'une des opérations de campagne de Trump, le voilà qui hésite, craignant un gros retour de bâton pour quiconque est lié au président.

Bannon l'encourage à accepter le poste. « Je ne sais pas, dit Priebus. Mitch McConnell est un type très intelligent et il dit que nous pourrions perdre quarante sièges à la Chambre. Paul Ryan, qui est aussi très futé, pense que cinquante, c'est un scénario optimiste. »

Cent jours, en politique, représentent normalement une éternité, mais pour l'instant, nombreux sont les républicains qui ont l'impression que le temps s'est arrêté et qu'il n'y a aucune issue. Don Jr. et sa petite amie Kimberly Guilfoyle, l'ancienne star de la Fox, semblent par moments les seuls à faire campagne et à se lancer sur les routes pour soutenir Trump, Don Jr. obtenant enfin de la base la reconnaissance personnelle qu'il n'a jamais eue de son père. Le Parti républicain est dans l'ensemble plutôt sceptique, même s'il reste en théorie soumis à la volonté de Trump.

« C'est fini », dit à Bannon Jason Miller, l'homme chargé de porter les messages de la Maison Blanche sur CNN, et l'un des défenseurs les plus infatigables de Trump.

Au sein de l'administration, les départs se succèdent à un rythme inédit. Tous les jours, des officiels de haut rang quittent volontairement leurs fonctions. Le dernier en date à partir est Marc Short, le directeur des affaires législatives. Occuper ce poste, pour un parti qui contrôle les deux Chambres du Congrès, c'est habituellement une des tâches les plus faciles. Vous êtes l'homme idoine pour pousser votre parti à tenir ses promesses. Vous êtes un battant. En pratique, vous ne pouvez pas échouer et votre future carrière est assurée. Mais Short est trop impatient de s'en aller.

Après le départ d'un homme comme Short, la Maison Blanche devrait normalement recevoir une avalanche de curriculum vitæ. Mais peu de gens semblent pressés d'occuper cette fonction et le nombre de CV reçus avoisine le… zéro. Le poste est finalement confié à Shahira Knight, une lobbyiste discrète et ancienne collaboratrice de Gary Cohn, l'ex-patron du Conseil économique national.

Bill Shine, qui est directeur de la communication depuis à peine quelques semaines, est hors de lui. Furieux, il explique à tout le monde qu'il n'a pas signé pour cela. Il n'y a aucune organisation. Aucun programme. Et littéralement personne pour assurer le boulot. Il doit tout faire tout seul. En outre, contrôler Trump est déjà un travail à temps complet ; il est beaucoup plus difficile à gérer que n'importe quelle star de Fox News. Trump est pire, dit Shine, que Bill O'Reilly, qui, de l'avis quasi général, était déjà l'homme le plus pénible de la télévision (de *l'histoire* de la télévision, selon Roger Ailes, l'ancien patron de la Fox). Trump, aux dires de Shine, a encore davantage besoin d'être flatté, rassuré et remarqué.

Trump n'est pas plus satisfait de Shine. « Hannity prétendait qu'il était talentueux, rouspète-t-il. Il est nul. Hannity m'a dit que j'embauchais une pointure comme Ailes. Shine n'est sûrement pas Ailes ! »

Au bout d'un an et demi d'administration Trump, on a souvent l'impression que plus personne ne travaille à la Maison Blanche. Il reste cent jours avant les élections de mi-mandat les plus importantes que le pays ait connues depuis une génération, et personne ne relaie le message présidentiel. Même Kellyanne Conway, l'une des plus proches conseillères de Donald Trump, semble avoir disparu (« dans le programme de protection des témoins », ironise Bannon). Pire, il n'y a aucun message. Jason Miller, le premier défenseur du président sur CNN, rédige lui-même ses éléments de langage avant ses prestations télévisées.

Bannon, néanmoins, est reparti en campagne. C'est la guerre totale, tout le temps : même si les perspectives sont désastreuses, on peut toujours espérer une issue heureuse – c'est ça, une campagne électorale. Dans la salle de crise de l'Ambassade qui tourne à plein régime, il tente de retrouver l'état d'esprit qui était le sien lorsqu'il est arrivé en août 2016 à la Trump Tower pour reprendre en main une campagne qui allait dans le mur. Mais à ce moment décisif, il avait un énorme avantage : son ennemi était assoupi, gras et comblé par la certitude que Hillary Clinton avait déjà gagné la présidentielle. Il affronte aujourd'hui un adversaire en pleine offensive, toujours prêt à injecter des ressources supplémentaires dans la bataille. Quoi qu'il arrive, il ne se laissera pas surprendre cette fois-ci ; l'arrogance passée n'est plus. Bannon l'a bien compris, les démocrates jouent leur survie. S'ils ratent cette occasion, ils perdent tout.

À la Maison Blanche, il y a de la lassitude, du fatalisme et, surtout, un manque d'enthousiasme à l'idée d'endosser la responsabilité des résultats catastrophiques qui paraissent, pour l'heure, inéluctables. Si les démocrates n'ont plus du tout le même état d'esprit qu'en 2016, ce n'est pas le cas des trumpistes : ils pensent, comme en 2016, qu'ils vont perdre, et même qu'ils *doivent* perdre.

Il n'a échappé à personne que Don Jr., qui, selon l'avis général, est le maillon faible dans la marche en avant de la famille Trump, est devenu le premier partisan de son père. (Cette transformation ennuie même le président. « C'est un garçon complètement idiot », dit Trump, réaliste.) Le fils, qui savoure sa nouvelle notoriété, dit désormais à tout le monde qu'une défaite importe peu et qu'une procédure d'impeachment serait même une bonne nouvelle. « Qu'ils essaient ! Qu'ils s'amènent. J'en suis ravi. C'est la meilleure chose qui puisse nous arriver, répète Don Jr., en se frappant le torse. Les démocrates le paieront très cher. »

« J'espère simplement que personne ne va croire à ces conneries, dit Bannon à Priebus, l'ancien chef de cabinet de la Maison Blanche. Si tu penses que Trump est le roi Lear, attends que les déms aient le pouvoir et se mettent à fouiller partout. Il y aura des auditions, des enquêtes et des assignations tous les jours. Il pétera les plombs. »

De nombreux donateurs du Parti républicain, et certaines personnalités des médias avec lesquelles Bannon – qui passe de plus en plus de temps à New York – s'est lié depuis son départ de la Maison Blanche, l'exhortent à laisser tomber Trump. Mais si ce dernier disparaît, la carrière qu'il s'est inventée depuis l'époque où il n'était qu'un petit acteur politique marginal, pour devenir un faiseur de rois et un stratège reconnu sur le plan international, pourrait elle aussi voler en éclats. Bannon s'en rend compte. « Je suis juste le mec d'un mouvement qui reste avec Trump parce qu'il fait partie de ce mouvement », dit-il sans donner toutefois l'impression d'un enthousiasme délirant à l'égard du président.

Curieusement, au moment où Bannon, et les autres membres du parti, se lassent de plus en plus de Trump – beaucoup sont dans un sévère état d'épuisement –, la dépendance à son génie de l'improvisation n'a jamais été aussi grande. Il a une imagination, ou un instinct, ou un culot, qui dépasse tellement ce qu'on voit habituellement dans le monde politique, qu'aucun politicien traditionnel – et la sphère politique appartient encore aux politiciens traditionnels – n'a encore trouvé la parade pour anticiper et résister à son comportement subversif. « C'est une bataille de titans, mais au bout du compte on a Trump, et personne, dans le milieu politique américain, ne sait comment gérer cette situation », dit Bannon.

C'est le cas aussi bien des démocrates que des républicains. En un sens, les républicains – le Comité national républicain comme la direction du Congrès – s'occupent à peine des élections de mi-mandat. Car, après tout, elles n'impliquent pas vraiment le parti. Elles sont l'affaire de Trump. Les républicains se contentent d'avancer au ralenti, en attendant qu'il fasse un miracle. D'une façon ou d'une autre.

Ils sont prêts à dépenser plus de 500 millions de dollars pour la course électorale à venir (ils en débourseront finalement 690). Mais cette somme ne concerne pas la campagne personnelle de Trump – la vraie, à ses yeux – qui privilégiera ce qu'il préfère et ce qui lui a vraiment permis, pense-t-il, de l'emporter en 2016 : les meetings.

Le but, inconscient, bien que relativement clair, de la présidence Trump – son style, son emphase, sa demande permanente d'attention – n'est pas de remporter des voix, mais de remplir des stades. Trump, en cela, a retenu la leçon de Bannon qui n'a pas cessé de lui répéter que l'élection ne devait tourner qu'autour de lui. Cent deux jours avant le jour J, Bannon participe à l'émission de Sean Hannity sur Fox News, et les deux hommes s'adressent directement au président : vous seul pouvez vous sauver.

L'avenir de Trump, déclare Bannon, dépend des déplorables : il faut les transporter et leur tenir un discours suffisamment émouvant et anxiogène pour qu'ils se rendent aux urnes. Seul Trump est capable de réussir cela.

Les républicains sont accablés par un immense sentiment de découragement. La perspective d'une défaite est le seul argument qui les pousse à envisager de gagner. « Si nous ne remportons pas cette élection, notre situation sera tellement catastrophique que nous n'arrivons même pas à l'imaginer, dit Bannon. Guerre fratricide entre Mitch McConnell, l'establishment et les donateurs : la saignée sera telle que personne n'en sortira vivant. »

Ce raisonnement s'applique aussi, néanmoins, aux démocrates. Le parti qui perdra les élections de mi-mandat se désagrégera sous le poids des dissensions internes. Bannon, qui donne l'impression de gérer un fonds d'investissement politique, espère tirer profit de cette guerre civile.

Si les républicains perdent leur majorité à la Chambre, la faute en incombera probablement à Trump. Mais il se déchargera forcément de sa responsabilité en invectivant et en injuriant comme à son habitude la direction du parti. Trump prospère et gagne des points avant tout grâce au contraste qu'il offre avec ses adversaires. Corry Bliss, le jeune stratège républicain qui mène les efforts du parti pour conserver sa majorité à la Chambre, raconte partout que ce qu'il craint avant tout, ce n'est pas de perdre la Chambre, mais de la perdre en gardant Donald Trump à la Maison Blanche. Étant donné que Trump n'assumera pas la défaite, et qu'il n'en rendra pas non plus responsables les démocrates, il est évident que la faute retombera sur les républicains du Congrès et sur les donateurs.

Trump, ainsi que doit le rappeler régulièrement Bannon à ses amis républicains, n'est en fait pas républicain. Son appartenance au parti n'est qu'une convenance avec laquelle il peut rompre à tout instant. « Si vous pensez que Trump est dangereux, dit Bannon, attendez la suite. Quand il est blessé, il n'a plus aucune limite. »

Le plan presque idéal, pour Bannon, serait de perdre la majorité à la Chambre. S'il mène un combat acharné contre Trump – outre le fait que *tout le monde* mène un combat acharné contre Trump –, c'est en partie parce qu'il ne supporte pas que le président se laisse dicter son programme par les ténors du parti. La révolution populiste que Trump et Bannon ont engagée n'a pas respecté la politique républicaine classique. Avec une défaite, Bannon pourrait par conséquent déclencher la guerre dont il rêve contre le parti. Les coupables sont les RINO[1], tous ces modérés qui n'ont pas suffisamment défendu Trump ; si le parti perd le contrôle de la Chambre des représentants, ils seront responsables de son impeachment.

Et si la Chambre bascule et que Trump soit menacé par une procédure de destitution, cela stimulera l'aile déplorable du Parti républicain qui prendra son essor (même si, d'après Bannon, cette nouvelle combativité ne serait pas exempte de dangers). Mais la bête ne se réveillera que si son chef est anéanti. Certains jours, Bannon se dit prêt à cette alternative qui lui permettrait de voir ce que lui et son mouvement populiste auraient

1. *Republican In Name Only* (républicain de nom uniquement) est un terme péjoratif désignant les membres du parti soupçonnés de ne pas être assez conservateurs.

à gagner au calvaire de Trump. Il deviendrait un symbole, une victime et un martyr, et, au bout du compte, il serait plus utile que dans le rôle du porte-drapeau exaspérant et imprévisible du mouvement.

Mais si les démocrates ne réussissent pas à s'emparer de la Chambre, les avantages seront tout aussi nombreux pour Bannon. L'événement sera historique. Après l'élection de 2016, tous les libéraux, d'un bord à l'autre du spectre politique, se sont retrouvés dans le dégoût que leur inspirait Trump. Ils lui ont reproché d'avoir volé le scrutin ; ils n'ont évidemment pas assumé la responsabilité de la défaite. Mais s'ils ne parviennent pas à le vaincre maintenant – avec leur argent, leur posture morale, leurs troupes de fantassins, moins le boulet Hillary Clinton –, alors ils devront accepter l'idée que le problème vient de l'identité même des démocrates. Ce scénario opposera également l'establishment à la populace qui vote pour l'aile ouvrière du parti. Alors, en quête de sens et de leadership, l'aile gauche se convertira, pense Bannon, à sa forme personnelle de populisme militant.

Bannon voit dans ce réalignement et cette polarisation politique une occasion à saisir, et une grande source d'amusement. En réalité, il est attiré à la fois par la gauche et par la droite. Et il a le sentiment – que la gauche ne partage pas encore – qu'il pourrait en être le leader naturel. Il a prouvé en Italie qu'une alliance de ce type était faisable, en aidant à réunir la Ligue et le Mouvement 5 étoiles. Ces deux formations politiques partagent la même détestation des multinationales, des élites dirigeantes, de l'immobilisme et des experts de tout poil ; c'est leur ciment. Le reste n'est que détails.

Après avoir quitté la Maison Blanche en août 2017 et Breitbart News début 2018, Bannon a accordé une attention croissante aux médias libéraux, alors même que ceux-ci le honnissaient de plus belle. L'interview qu'il a donnée à l'émission de télévision *60 Minutes* a fait couler beaucoup d'encre. Il a sa liste d'incontournables parmi les journalistes et les producteurs libéraux : Robert Costa du *Washington Post*, Gabe Sherman de *Vanity Fair*, Maggie Haberman du *New York Times*, Ira Rosen du magazine d'actualités *60 minutes*, et apparemment presque tous les reporters du *Daily Beast* qui l'appellent.

Bannon a entendu dire que la veuve de Steve Jobs, Laurene Powell, qui utilise actuellement ses milliards pour construire un empire médiatique progressiste, est l'une de ses « grandes fans ». Il paraît qu'il a inspiré l'un des personnages du thriller d'espionnage *22 Miles*, interprété par Mark Wahlberg. Il est à l'affiche du dernier film de Michael Moore, *Fahrenheit 11/9. La fin du rêve américain*, prévu pour l'automne 2018. Lorsqu'il voyage à travers le monde, il est également suivi à plein temps par une équipe de tournage préparant un documentaire.

Bannon attend avec beaucoup d'impatience la sortie du film que le cinéaste Errol Morris lui a consacré, sous la forme d'un long entretien de 110 minutes. Errol Morris est surtout connu pour *The Fog of War* (Brume de guerre), Oscar du meilleur documentaire en 2004, une œuvre qui revient sur l'une des grandes figures historiques et tragiques de la guerre du Viêtnam, Robert McNamara, le secrétaire à la Défense de Kennedy et de Johnson. Le nouveau film de Morris tendrait à prouver que Bannon est lui aussi une personnalité marquante de son époque. Ce documentaire – qui devait initialement s'appeler *American Carnage*, en référence au discours d'investiture de Trump, écrit par Bannon – a été rebaptisé *American Dharma* de peur de rebuter le public libéral avant même qu'il n'ait vu le film. Il doit être projeté à la Mostra de Venise, au festival de Toronto et au festival du film de New York, contribuant ainsi à diffuser les opinions de Bannon et à briser le cœur déjà blessé des libéraux.

Tout en courtisant les médias mainstream et situés à gauche, Bannon vient d'achever un film de propagande de droite – d'*extrême* droite. Il est aussi réalisateur, c'est l'une de ses nombreuses casquettes ; il a produit environ dix-huit films, pour la plupart des documentaires à l'orientation conservatrice, mais aussi trois longs-métrages à Hollywood. *Trump @War* est une œuvre belliqueuse, vertigineuse, souvent surréaliste, une débauche de coups de poing, de cris, de flammes, mettant en scène des combats acharnés sur les barricades. Bannon pense que la gauche aurait aimé montrer à l'écran comment la droite attaque sans pitié les bonnes gens de gauche. Mais dans ce documentaire, c'est la gauche intolérante qui attaque les bonnes gens de droite.

Ce film, Bannon veut qu'il devienne viral à sa sortie en septembre, qu'il ait des dizaines de millions de vues. Mais il l'adresse aussi à un spectateur bien particulier. Et de fait, lorsque Trump le regardera à la fin de l'été 2018, il ne tarira pas d'éloges : « Un type très doué. Il faut l'admettre, il est très talentueux. Il sait capter votre attention. »

À la mi-juillet, quelques jours après la débâcle de Trump à Helsinki, Bannon voit une autre occasion d'occuper le devant de la scène : il est l'une des têtes d'affiche d'un événement culturel et musical organisé à Central Park, à New York. Sa tenace attachée de presse, Alexandra Preate, n'est pas franchement convaincue que sa participation à cet événement présente un quelconque intérêt, et elle tente de le dissuader de se montrer en public à Manhattan.

Mais Bannon ne se laisse pas décourager. « Je vais leur dire : vous êtes des bonnes poires. Vous vous donnez corps et âme à cette économie des petits boulots et, au final, vous n'avez rien. Vous êtes des esclaves : vous ne possédez rien, vous ne touchez aucun bénéfice, vous n'avez aucun capital, pas d'argent de côté. »

Puis il ajoute : « Le problème avec ce discours, c'est qu'on est à New York et que ces gens sont déjà riches, ou sûrs de le *devenir* un jour. Ils veulent être des possédants. Preate prie pour qu'il pleuve et qu'on annule ma venue. »

C'est ce qui se produit.

Après Helsinki, Trump se lance dans une nouvelle rengaine : son administration a besoin de changement. Peut-être est-ce le signe que ses décisions sont moins incohérentes qu'il n'y paraît habituellement, et qu'à défaut d'avoir une véritable stratégie, il porte au moins en lui un désir de survie.

Le nom de Steve Bannon, jusque-là interdit, réapparaît dans ses conversations. Non que cette évocation soit positive : Bannon est un loser, un traître, une épave. Mais en traînant dans la boue son ancien stratège et en obligeant les gens à approuver ses critiques, il peut alors les contredire. Oui, Bannon est un enfoiré et un mouchard, mais, au moins, il n'est pas aussi débile que les autres enfoirés et les autres mouchards de la Maison Blanche.

Ce changement de pied est en partie dirigé contre Jared et son allié Brad Parscale, et contre la décision de son gendre de piloter la future campagne pour sa réélection. En effet, Jared n'a plus l'intention de regagner New York après les élections de mi-mandat, comme le laisse pourtant entendre Trump à tous les gens qui pourraient avoir une influence sur lui. Il veut rester à Washington et prendre en main la campagne de 2020. Trump résiste à cette idée, car il n'aime pas se projeter dans l'avenir ; cela porte la poisse de faire trop de plans sur la comète. Mais l'attitude soudain hostile qu'il affiche à l'égard de son gendre a aussi une autre cause : elle est due aux rumeurs grandissantes sur la possible mise en examen de Jared. La plupart de ces commérages viennent de Bannon, à vrai dire, mais également de Trump qui discute très librement des ennuis judiciaires de Jared avec de nombreux interlocuteurs, permettant ainsi aux rumeurs de circuler. Mais peu importe leur provenance : les rumeurs sont les rumeurs.

Alors, avec la bénédiction de Trump, des émissaires de la Maison Blanche laissent planer cette question : Bannon envisagerait-il de revenir ?

Les intermédiaires de Bannon répondent : « Putain, non. »

Trump s'accroche pourtant à cette idée. Et si Bannon, se demande-t-il, pilotait la campagne ? Il est clair que cette éventualité signifierait davantage pour lui que pour Bannon. Voudrait-elle dire que le président pense qu'il ne peut pas gagner sans Bannon ? Ou au contraire qu'il est tellement confiant qu'il peut se montrer magnanime et le reprendre ?

Une autre question est lancée en l'air : si le président le lui demandait, Bannon viendrait-il lui rendre visite ?

Bannon accepterait... *si* la rencontre avait lieu dans la résidence privée et non dans le Bureau ovale. Il pense précisément : « Je viendrai de bonne heure le matin, et après avoir regardé la télévision, nous discuterons. »

Bannon sait précisément ce qu'il dira à Trump si une telle rencontre a lieu : « Si vous dégagez votre famille et ce connard de Parscale, je dirigerai votre foutue campagne. Mais après ça, je ne promets rien. »

Apprenant que Bannon ne serait pas opposé à une rencontre, Trump semble sur le point de l'inviter : « Je vais l'appeler », dit-il à un ami de New York. Mais il ajoute aussitôt : « Jared a entendu des sales trucs à son propos. » Plus tard, il évoque la question avec Hannity : « Je lui téléphone ? » demande-t-il.

Finalement, Trump n'appelle pas. Bannon comprend qu'il est incapable d'admettre publiquement qu'il a des difficultés et a besoin d'aide. « Je connais ce type, dit-il. Psychologiquement, il ne supporte pas d'être dépendant. En fait, je *ne pourrais pas* le sauver, parce que si je donne ne serait-ce que le début de l'impression de le sauver, ou si on m'attribue ce mérite, il craquera devant tout le monde. »

Les « événements exogènes », ce sont ces forces inconnues, presque mystiques – ainsi que l'alignement des planètes –, Bannon en est persuadé, qui détermineront l'issue des élections de mi-mandat. La loyauté envers les partis s'érodant, la méfiance à l'égard des politiques augmentant et les donateurs des deux camps raquant à tout-va pour saturer l'espace médiatique, les dernières semaines de la campagne risquent d'être déterminantes. En cette époque trumpienne où l'événement le plus récent éclipse ce qui s'est passé la veille – surtout avec le sens de la mise en scène de Trump qui, à coups de gesticulations, amplifie le drame –, les avantages ou les lacunes de départ pourraient n'avoir aucune importance. Même les succès économiques de Trump – le taux de chômage est le plus bas qu'on ait connu depuis des années – n'auront que peu d'impact. Les élections représentent, de plus en plus, une photographie instantanée, et non le résultat d'un processus cumulatif. C'est assurément la leçon de 2016 : Trump a probablement remporté la Maison Blanche parce qu'à la onzième heure James Comey, l'ancien directeur du FBI, a rouvert l'enquête sur les e-mails de Hillary Clinton.

Bannon croit justement que ce sont les impondérables qui vont décider des midterms. Que nous réservent les dieux et Donald Trump ? Bannon imagine les événements exogènes qui peuvent survenir d'ici le 6 novembre.

Les mecs des fonds spéculatifs commenceront peut-être à se demander, à leur retour des Hamptons en septembre, leurs profits annuels déjà en poche, comment échapper au conflit économique grandissant avec la Chine. Les menaces, c'est une chose, mais une guerre qui ne fait pas de prisonniers, c'en est une autre. Si les marchés prennent peur et décident de récupérer leurs gains, une crise financière n'est pas impossible. Une correction brutale peut briser la belle assurance de Trump et le pousser à se conduire d'une façon encore plus imprévisible.

Ou : si Trump ne trouve pas le financement pour le Mur dans l'année fiscale qui démarre au 1er octobre, il pourrait forcer le gouvernement au shutdown. À quelques semaines des élections, peut-être acceptera-t-il le chaos, et même, s'y complaira-t-il. En février, après un dernier compromis qui l'a humilié, il a juré qu'il ne laisserait plus passer un budget privé de financement pour le Mur. En cette fin juillet, il réitère sa menace : pas de Mur, pas de budget. S'il consent à un autre compromis, sa base s'en souviendra.

Ou : la confirmation de la nomination de Brett Kavanaugh à la Cour suprême, prévue en septembre, peut permettre à la base de déclencher un combat culturel sanglant. Avec le très conservateur juge Kavanaugh, la haute instance judiciaire basculera en effet nettement à droite, et les républicains espèrent que l'opposition démocrate déclenchera une violente et brutale offensive, vaine au demeurant.

Ou : Bob Woodward, le tueur de Nixon et chroniqueur des coulisses de toutes les administrations américaines depuis le Watergate – la plus belle voix de l'establishment de Washington –, peut donner le coup de grâce à la présidence Trump. La publication de son nouveau livre est spécialement programmée à la mi-septembre pour troubler le jeu des élections de mi-mandat et faire vaciller la présidence Trump.

Ou : Trump peut licencier le procureur général Jeff Sessions, ou son adjoint Rod Rosenstein, ou même Mueller – ou les trois à la fois. Il tentera peut-être de dynamiter « l'affaire russe », retournant ainsi la situation à son avantage ou entraînant sa perte.

« Partons simplement du principe, dit Bannon fin juillet 2018, que cette histoire va devenir totalement dingue. »

15

Manafort

Le 31 juillet 2018, Robert Mueller traduit Paul Manafort, ancien lobbyiste international et conseiller politique, plus récemment directeur de la campagne présidentielle de Donald Trump, devant le tribunal du district Est de l'État de Virginie. L'homme fait face à dix-huit chefs d'accusation pour évasion fiscale et autres fraudes financières.

Et Mueller s'apprête à le juger prochainement, pour conspiration contre les États-Unis, blanchiment d'argent et subornation de témoins, devant la cour fédérale de district de Washington. Les procureurs ont cherché à réunir toutes les affaires dans la capitale, mais les avocats de Manafort, croyant – à tort – avoir des marges de négociation, refusent le regroupement des procédures. Le département de la Justice organise donc deux procès différents, ce qui multiplie ses chances d'obtenir une condamnation. Et en essayant de pousser Manafort à témoigner contre Trump, il garantit pratiquement sa faillite personnelle.

Manafort a longtemps été pour Bannon une sorte de personnage hautement comique et incohérent, et l'ouverture du procès éveille en lui une forme de rêverie.

Dans ce récit absurde, Manafort incarne la quintessence du personnage trumpien, à la fois utile et amusant pour Trump, mais aussi potentiellement très dangereux pour lui.

« Voilà, dit Bannon, attablé à l'Ambassade, un jour d'été, en convoquant ses souvenirs, comment j'ai rencontré Paul Manafort...

« J'étais à New York, et je lisais le journal sur un banc de Bryant Park. Nous sommes le 11 ou 12 août [2016] et je tombe sur l'incroyable article de Maggie Haberman, dans le *New York Times*, qui explique que la campagne de Trump est sur le point d'imploser. J'appelle Rebekah Mercer et je lui dis : "Vous saviez que c'était la merde à ce point-là ?" Elle me répond qu'elle va passer quelques coups de fil. Cinq minutes plus tard elle rappelle : "C'est encore pire. C'est une spirale mortelle. McConnell et Ryan disent déjà que d'ici mardi ou mercredi ils vont couper les liens entre Trump et le Comité national républicain et concentrer l'argent sur la Chambre et le Sénat. Ils racontent à tous les donateurs que cette histoire Trump est terminée." Puis Bob [Bob Mercer, le père de Rebekah] prend le téléphone et je lui dis : "Vous savez, les gens vont nous mettre ça sur le dos. Ils prétendront que c'est Breitbart, Bannon et les Mercer qui ont imposé ce gars aux républicains. Et que c'est pour ça qu'ils n'ont ni Rubio, ni Jeb Bush, ni même Ted Cruz." Alors Bob me répond : "Steve, vous ne pouvez que faire mieux. Vous pouvez diriger la campagne et resserrer l'écart pour que nous perdions seulement de cinq ou six points – mais pas de vingt !" Alors je lui avoue que je continue de penser que c'est vraiment gagnable.

« À ce moment-là, ils contactent Woody Johnson. Bob et Rebekah se rendent en hélicoptère au dîner de levée de fonds qu'il organise le samedi dans les Hamptons. Ils savent que Trump doit y participer. Ils s'arrangent pour le voir avant et lui proposent que je reprenne la campagne avec Kellyanne. Le directeur financier, Mnuchin, est là aussi, mais ils le jettent. Comme Rebekah est plutôt abrupte, elle lui sort un truc du genre : "Vous êtes qui ?" Et lui : "Je m'appelle Steve Mnuchin et je m'occupe des très riches donateurs." Alors Rebekah balance : "Eh bien, vous vous débrouillez très mal, car aucun gros donateur ne donne." En fait, Woody a un chapiteau avec mille places. Mais tout le monde lit le *New York Times*, dans les Hamptons, et sait qu'il faut être un vrai loser pour participer à ce truc. Au final seulement cinquante mecs débarquent, et trente parmi eux sont déjà fauchés. Trump se pointe, il ne voit personne à part quelques crétins, et il pète un câble. Il ne serre aucune main, il foudroie ceux qui sont là du regard et tourne les talons.

« Les autres m'arrangent un entretien avec Trump [depuis New York] un peu plus tard dans la soirée. Nous passons, genre, trois heures au téléphone. Je deviens son confesseur. Il me dit que la campagne est foutue et que c'est la faute de Manafort. Il le traite de connard. Il répète : "Ce connard de Manafort. Ce connard de Manafort. Ce connard de Manafort." Je le rassure : "Écoutez-moi, on va régler ça. Vraiment. Vraiment." Nous décidons de prendre le petit déjeuner ensemble le lendemain matin. Il me précise qu'il joue au golf à 8 heures et que nous n'avons qu'à nous retrouver à 7 heures. Parfait. Ça y est ! C'est fait ! À 6 heures 45 j'entre tranquillement dans la Trump Tower. Il y a un Black à un petit poste de sécurité. L'endroit est totalement désert. Le vigile me fait remarquer que l'immeuble n'est pas encore ouvert au public. Je lui réponds que je sais, mais je viens prendre le petit déjeuner avec M. Trump. Il m'explique : "Vous vous êtes trompé d'endroit. Ici c'est la Trump Tower. L'entrée des appartements privés, c'est au coin de la rue." Puis il ajoute : "Je dis ça en passant, mais pas sûr que vous trouviez M. Trump chez lui." Je lui demande pourquoi. "Eh ben, si vous êtes censé prendre le petit déjeuner avec lui, vous devriez savoir où il est." Il me regarde comme si j'étais dingo. Il est sur le point de me jeter dehors.

« Alors là je téléphone à Trump qui me demande où je suis. Quand je réponds que je suis dans le hall d'entrée de la Trump Tower, il s'écrie : "Mais putain, qu'est-ce que vous faites là-bas ? Vous êtes censé être *ici* pour le petit déjeuner !" Je réponds : "Eh bien, je pensais que c'était à la Trump Tower. – Non, il dit. Je suis ici, à Bedminster." Moi, je n'ai jamais entendu ce nom de ma vie. Je lui demande ce que c'est. "Mon golf, il répond. C'est un très beau golf. Le plus beau de tous. Alors venez pour midi." Puis il se met à m'expliquer en détail comment me rendre là-bas. Honnêtement, il n'a aucune idée de ce qu'on peut faire avec un téléphone portable. Il me rappelle mon père qui a 96 ans. Pendant dix minutes il déblatère : "Vous passez le pont, prenez la sortie, rappelez-vous, il y a une intersection, tournez par là…" Je lui répète qu'il n'a qu'à simplement me donner une adresse… "Quittez Rattlesnake Road, passez devant l'église, mais ne prenez pas la première à droite… continuez… et tournez tout de suite à votre droite…" Il n'arrête pas. Il vient de je ne sais quel monde où le temps a dû s'arrêter. Je vous jure qu'il ne sait pas se servir d'un téléphone portable.

« Je prends une voiture pour aller là-bas. Quand le chauffeur s'arrête à la guérite, je me présente : "M. Bannon pour M. Trump. – Oh oui, vous venez au déjeuner. C'est au club-house, par là." Et je suis assis là à penser : *Au déjeuner ? Quel déjeuner ?* Je pensais être venu déjeuner, pas *au* déjeuner. Puis nous nous garons devant ce machin de style colonial, un type en sort et me lance : "Monsieur Bannon, vous êtes en avance. M. Ailes et monsieur le maire ne sont pas encore arrivés." Là je me dis : *Putain ! Je suis là pour passer une audition !* J'entre dans cette espèce de pavillon de jardin et ils mettent le couvert, une table pour six. Alors je suis vraiment furax. Ils font cuire des hot-dogs sur le gril. On se croirait à un barbecue sur une plage du New Jersey. Des hot-dogs – et pas les meilleurs, en plus. Je comprends plus tard que c'est le genre de nourriture qu'il mange. Des saucisses de Francfort, des hamburgers. Je suis tellement en boule. Il m'a fait venir pour une *audition*. Je n'ai pas l'intention de passer un casting. Je n'en ai pas besoin. Je ne vais pas jouer les bêtes de foire. Devant Ailes, le directeur de Fox News, ça va être plutôt gênant, non ?

« Puis Ailes arrive et me dit : "Mais qu'est-ce que vous foutez là ? Putain, ne me dites pas qu'il vous a demandé de venir pour préparer le débat !" [Le premier débat face à Clinton est programmé pour le 25 septembre.] Alors je réalise que personne ne sait pourquoi je suis là. Je dis : "Hé, il en a marre de vos histoires de guerre. Il veut que le boulot avance, putain." J'engueule Ailes. Puis l'ancien maire de New York, Rudy Giuliani, se ramène. Suivi du gros Christie, le gouverneur du New Jersey. On croirait les Trois Corniauds. Et Trump débarque, il porte la panoplie complète : l'ensemble sport avec chaussures de golf blanches, pantalon blanc, ceinture blanche. Et une casquette de base-ball rouge. Il doit faire 35 degrés, 95 % d'humidité, et il vient de jouer un dix-huit trous. Il transpire comme pas possible. Mais il s'avale d'entrée de jeu deux hot-dogs. Il est toujours un mec du Queens. Il vient de faire un parcours entier et il a besoin de ses hot-dogs. Il dit : "Bon, je vais prendre une douche, les gars. Oh, au fait, Steve fait partie de l'équipe." Trente minutes plus tard, il revient et on s'assoit tous autour de la table.

« Et quelques minutes après arrive Paul Manafort. Bon Dieu. Il porte une espèce de corsaire blanc transparent, on devine son caleçon en dessous, avec le blazer bleu, le foulard et le blason. C'est le portrait craché de Thurston Howell III dans la série télévisée *L'Île aux naufragés*. La seule fois où j'ai vu Manafort, avant aujourd'hui, c'était un dimanche matin à la télévision, en direct de Southampton. Un truc populaire diffusé en direct de *Southampton*[1]. Bon, bref, nous sommes assis, et Trump réapparaît et il s'en prend immédiatement à Manafort.

« Je n'ai jamais vu personne se faire massacrer devant des gens comme Trump massacre Paul Manafort. "Vous êtes nul, vous êtes incapable de me défendre, vous êtes qu'une putain de feignasse." C'est violent. Moi, je joue les conciliateurs. Les autres restent

1. Une localité faisant partie des Hamptons, les villes les plus huppées de Long Island, l'île de villégiature située à l'est de New York. Pas franchement « populaire », donc.

là sans bouger, les yeux écarquillés. “Est-ce que je suis un putain de bébé ? Je suis un bébé, c’est ça, putain ? Vous croyez qu’il faut me parler par l’intermédiaire de la télé ? Je suis un bébé, putain ? Je vous ai vu me donner des conseils. Hé, vous savez quoi, vous êtes *à chier* à la télé.” Puis il démolit aussi Manafort à cause de l’article du *New York Times*. Alors je prends la parole : “Vous savez que ce papier, c’est une connerie totale. Un tissu de mensonges.” Là il me regarde : “Ah bon ?” Je lui réponds que j’en suis sûr. Il acquiesce, bon, il est d’accord, et il se met à fulminer contre les sondeurs. “Ils vous prennent du fric et ils inventent des chiffres. Tout est pipeauté !” Il hurle carrément.

« Manafort s’éclipse de bonne heure. On ne discute pas du débat. Rudy, Ailes et Christie passent un bon moment. Mais on ne prépare pas le débat. C’est un fiasco total. Et Trump ne les a pas prévenus que j’allais diriger la campagne. Je fais juste partie de l’équipe. Quand le déjeuner prend fin, je reste un peu plus longtemps et je dis à Trump que nous devons annoncer ça à tout le monde et que je n’ai pas l’intention de virer Manafort. On le garde comme directeur de campagne. Inutile que d’autres articles viennent raconter qu’on est dans la merde.

« Là je retourne immédiatement en ville et je monte au quatorzième étage de la Trump Tower. Cette fois, le vigile me laisse passer. J’entre dans les bureaux. C’est dimanche après-midi, il est environ 17 ou 18 heures. Moi qui n’ai jamais mis les pieds dans un QG de campagne, je m’imagine faire irruption dans une scène du film *Votez McKay* ou dans la série *À la Maison Blanche*. Je pense que je vais croiser plein de jeunes gens incroyablement intelligents et motivés qui vont et viennent avec des listings à la main. Je m'attends à des salles pleines de monde. Une activité bourdonnante. De l'électricité dans l'air. Mais c'est vide. Et quand je dis vide, je veux dire qu'il n'y a *personne*. Tout est fermé.

« Je fais le tour du quatorzième étage. Tous les bureaux sont déserts et plongés dans le noir. Finalement, je m'avance dans un couloir aux allures de labyrinthe, direction la salle de crise, et je trouve un type à l'intérieur. Le petit Andy Surabian. Je lui demande où est passé tout le monde. Il a l'air étonné : "Que voulez-vous dire ?" J'insiste : "On est bien au QG, ici ? À moins qu'il ne se trouve à Washington ?" Il secoue la tête : "Non, non, c'est ici." Je fais : "Vous êtes sûr ? Alors où est tout le monde ?" Il me répond que les collaborateurs de la campagne de Trump ne travaillent pas le week-end et qu'ils seront tous là demain matin vers 10 heures. Je dis : "Mais il ne reste que quatre-vingt-huit jours ! Je n'y connais pas grand-chose, mais je sais qu'une campagne électorale, c'est du sept jours sur sept. Il n'y a pas de congés." Il me regarde et il dit : "Ce n'est pas exactement une campagne. C'est… ça."

« Là, je réalise que l'article du *New York Times* n'a fait qu'effleurer le sujet. Ici, il ne se passe *rien*. Ce n'est pas une campagne désorganisée. Y a pas de campagne. Du tout ! Je me dis : *Quel merdier !* Mais du coup, je ne prends aucun risque. Je vais me couvrir et informer les gens de cette fumisterie. Je ne sais même pas si c'est jouable de resserrer l'écart à cinq ou six points. Trump *affirme* qu'il est dans le coup. Mais difficile de savoir ce qu'il entend par là, parce qu'il se contente de parler.

« Mon téléphone sonne. C'est Manafort. “Où êtes-vous ?” me demande-t-il. Je réponds que je suis au QG de campagne et j'ajoute : “Alors personne ne bosse le week-end ?” Il me demande de quoi je parle. Je répète : “Il n'y a personne ici.” Il a l'air étonné : “Ah bon ?” Quand je lui explique que les bureaux sont plongés dans le noir, il me répond : “Je ne sais pas. Je pars dans les Hamptons tous les jeudis soir. Je pensais que tout le monde était là. Pourriez-vous monter me voir ?” Je lui demande ce qu'il entend par là. Il est à la Trump Tower, lui aussi ? Il dit : “Ouais, montez me voir. Je suis au quarante-troisième étage.” Puis il commence à m'expliquer le chemin pour accéder à la partie résidentielle du gratte-ciel par un dédale de couloirs, exactement de la même façon que Trump m'a indiqué la route pour Bedminster. Je lui demande si je ne peux pas tout simplement repasser par le hall et passer par l'entrée de la 56e Rue. “Ouais, ouais, vous pouvez faire ça.”

« Je monte au quarante-troisième étage et j'entre dans son magnifique appartement. Une femme d'un certain âge, vêtue d'un caftan blanc, se prélasse sur un sofa. Lorsque le téléphone de sa fille a été piraté en 2017, on a appris que Manafort aimait voir sa femme se faire baiser par plusieurs mecs à la fois. Dans un échange d'e-mails, la fille demande à sa sœur : “Est-ce que maman a fait un dépistage de MST ?” Eh bien, c'est maman qui est allongée sur le canapé.

« Bref, il se met à me parler : “Tout le monde me dit que vous êtes un grand spécialiste des médias, peut-être pourriez-vous me donner votre avis sur ce que je dois faire ? Jetez un œil là-dessus.” Il me tend les épreuves d'un article à paraître dans le *New York*

Times et intitulé MANAFORT PREND 14 MILLIONS DE DOLLARS POUR LA CAMPAGNE À L'ÉTRANGER. Je lui dis : "Quatorze millions de dollars ! Quoi ? Quatorze millions d'où ? Comment ? Pour quelle raison ?

— D'Ukraine, il me répond.

— C'est quoi ce bordel ? D'*Ukraine* ?

— Hé, hé, hé, attendez. J'ai beaucoup de frais.

— Paul, je dis, depuis quand vous êtes au courant, pour ce truc ?

— Je ne sais pas. Deux mois.

— Deux *mois* ? Et quand est-ce que ça doit sortir ?

— Je ne sais pas, je ne sais pas. Ce sera peut-être en ligne ce soir.

— Ce soir ! Trump est au courant ?

— Peut-être un peu. Mais peut-être pas dans les détails.

— Mon pote, vous devez aller le voir immédiatement. Je vous l'ai dit, vous êtes le directeur de campagne. Je suis le patron, vous n'avez pas le pouvoir de décision, mais je ne veux pas vous mettre mal à l'aise. Vous avez l'air d'un mec cool. Mais ça… ça va le rendre dingue ! Vous le savez depuis deux mois ? Pourquoi vous n'en avez parlé à personne ?!

— Mon avocat me l'a déconseillé.

— Alors il faut changer d'avocat, c'est le truc le plus stupide que j'aie jamais entendu.

— Ouais, je vais prendre quelqu'un d'autre.

— Ça, vieux, vous n'y survivrez pas. Impossible."

« Alors il monte voir Trump, putain, et juste après Trump m'appelle et dit : "Quatorze millions de dollars ! Quatorze millions de dollars ! Pour ses *frais* !"

« Et voilà comment j'ai rencontré Paul Manafort. »

Bannon raconte cette histoire non pas pour accabler Trump et Manafort mais pour les excuser. Voilà le genre de personnes, veut-il dire, que Mueller a pris dans ses filets : des types qui sont complètement dans le brouillard.

Trump est entouré d'individus défaillants et incompétents. À vrai dire, il a besoin de s'entourer d'individus défaillants et incompétents, parce qu'il est lui-même défaillant et incompétent. Au royaume des aveugles, le borgne est roi. Et ceux qui pensent que Paul Manafort est un caïd sont des gens qui se nourrissent des mêmes fantasmes que lui.

Mais les procureurs se moquent de l'origine et de la bonne foi de ceux qu'ils traduisent en justice. Ils s'intéressent aux individus – et Manafort en est un exemple parfait – qui, à force de fantasmer sur ce qu'ils sont et sur ce qu'ils devraient être, finissent par passer à l'acte.

Manafort a été recruté pour diriger la campagne de 2016 sur les conseils de Tom Barrack, un vieil ami de Trump avec lequel il a été parfois associé. Barrack est un investisseur spécialisé dans le surendettement immobilier. Compte tenu des intérêts professionnels qu'il a dans certaines autocraties qui cherchent à exercer une influence sur Washington, il n'était pas vraiment l'homme que Trump pouvait engager comme conseiller spécial de sa campagne. Après l'élection, Trump lui a demandé de devenir chef de cabinet de la Maison Blanche, mais Barrack a refusé le poste pour ne pas prendre le risque de s'exposer et de tomber dans le conflit d'intérêts. Cependant il a accepté d'organiser la prestation de serment en 2017, et il a collecté plus d'argent – Bannon est convaincu que les fonds venaient des dictatures avec lesquelles il fait des affaires – que personne n'en avait jusqu'ici récolté pour une cérémonie d'investiture.

Barrack a suggéré le nom de Manafort parce qu'au printemps 2016 l'équipe de campagne de Trump était en déroute, notamment parce qu'il n'y avait personne d'expérience à sa tête. Il connaissait également le cabinet de consultant de Manafort qui intervenait dans des pays où lui-même travaillait. Même si l'expérience de Manafort en politique retardait d'une bonne génération, il était zélé et disponible, et il souhaitait travailler bénévolement, une qualité exceptionnelle pour Trump. En outre, autre avantage, il était propriétaire d'un appartement dans la Trump Tower.

Mais les relations et les partenaires professionnels de Manafort étaient apparemment tellement louches et douteux qu'il est difficile d'imaginer comment ils auraient pu être réglo. Comme Mueller le soutiendra, la quasi-totalité des dizaines de millions de dollars qu'il a brassés au cours de la dernière décennie est de l'argent volé, blanchi ou obtenu de manière frauduleuse. Et il y a encore pire : la plupart voire presque tous ses partenaires évoluaient dans ces zones grises internationales où prospèrent la corruption, le détournement de fonds publics, le despotisme, sans compter l'anarchie et le crime organisé.

De surcroît, Manafort est un paresseux, et un paresseux du genre à poser des lapins. Pourtant, on lui a confié un job qui demandait d'être sur le pont H24 sept jours sur sept, une fonction solitaire et stressante qui l'obligeait à travailler au cœur de la tempête et à devoir constamment prendre des décisions cruciales.

Du point de vue de l'équipe de Trump, jamais un individu mû par de mauvaises intentions, préparant un mauvais coup (ou qui aurait eu, à vrai dire, un quelconque autre candidat à sa disposition) n'aurait décidé d'engager Manafort. Mais pour le procureur spécial, au contraire, jamais personne n'aurait recruté Manafort si ce n'était *justement* pour poursuivre des objectifs criminels.

Comme dans un film d'espionnage, Manafort est pardessus le marché pourchassé par l'un des oligarques les plus impitoyables du monde, un Russe auquel il a volé plusieurs millions de dollars.

Les consultants américains, les plus prestigieux comme les plus miteux, se font une spécialité de monnayer leurs expertises auprès de gouvernements corrompus, instables et tenus par des autocrates. En aidant un dirigeant vénal à garder le pouvoir, vous pouvez vous enrichir sans limite. Manafort a trouvé en Ukraine l'occasion de réaliser des marges confortables et d'empocher facilement de l'argent. Chaque fois qu'on lui a présenté des fonctionnaires gouvernementaux et des capitaines d'industrie – ou des apparatchiks, des mandataires, des banquiers, et de parfaits truands qui naviguaient entre ces deux mondes –, il y a vu une opportunité d'amasser de grosses sommes.

Tel est le contexte dans lequel Manafort a rencontré Oleg Deripaska, alias « Mister D. ». De par sa fortune, sa brutalité – c'est du moins ce que dit la légende – et sa proximité avec Poutine, Deripaska est l'un des plus éminents oligarques russes. Même ses rivaux et les autres acteurs internationaux à la réputation douteuse haussent le sourcil à l'évocation de son nom. Ses associés ne cherchent pas vraiment à faire taire les rumeurs qui courent sur son compte, ils préfèrent évoquer des circonstances particulières pour justifier ses actes et son comportement. Le crime organisé ? Peut-être, disent-ils, mais c'était durant la « guerre de l'aluminium » dans les années 1990.

Au cours des années 2000, Mister D. recrute Manafort, qui est alors l'un des acteurs importants de la frange pro-russe de l'Ukraine, et en fait un de ses leviers de pouvoir auprès des politiques de ce pays. Leur relation dure six ou sept ans, jusqu'à ce que Manafort prenne le large, apparemment, en montant une arnaque à la *Ocean's Eleven* qui lui permet de piquer 19 millions de dollars à Deripaska avec un investissement bidon. Pour Mister D., il ne s'agit ni plus ni moins que d'une dette de sang. Depuis, ses partenaires et lui traquent Manafort, afin de récupérer ces 19 millions de dollars, *via* les tribunaux, aux îles Caïmans et dans l'État de New York, à l'aide d'un historique comptable de ses malversations, un dossier que les avocats de Mister D. ont peut-être communiqué aux fonctionnaires américains. (Les États-Unis lui refusant un visa en raison des soupçons qui pèsent sur ses activités, le magnat russe essaie de s'attirer les faveurs de la justice américaine.)

Manafort a, dans l'intervalle, tenté de rembourser sa dette. En mars 2016, quasiment fauché, il a accepté le poste de stratège en chef de la campagne présidentielle de Trump, à titre bénévole. Trump estime que c'est un prix raisonnable pour l'aider à mener une course à la Maison Blanche qu'il ne gagnera pas, quelle que soit la personne qui la dirige. Mais Manafort, en rejoignant l'équipe de Trump, voit là une occasion en or de se débarrasser de son conflit avec Mister D. Et effectivement, à peine a-t-il pris ses fonctions qu'il offre au magnat russe de l'aluminium, en échange de sa dette, l'accès à la campagne de Trump et à ses informations confidentielles.

Le fait que Donald Trump soit en rapport direct avec Paul Manafort, lui-même en rapport avec Oleg Deripaska qui est un proche de Poutine, est soit une coïncidence bizarre, mais fortuite, soit le fruit d'un plan concerté. Si Manafort et Deripaska n'ont pas joué les intermédiaires entre Trump et Poutine, cela signifie qu'ils se sont retrouvés, par un ironique coup du sort, dans un merdier bien plus vaste que celui dans lequel ils pataugeaient déjà.

Dans l'esprit des libéraux, évidemment, les faits s'emboîtent avec une telle perfection qu'il ne peut s'agir que d'une conspiration.

Jared Kushner, quant à lui, rejette cette idée. Depuis qu'il joue un rôle actif dans la future campagne présidentielle de son beau-père, il n'a de cesse de le répéter : il ne faut pas prendre les choses trop au pied de la lettre avec Trump. Les apparences sont, la plupart du temps, trompeuses. Un complot ? Vous plaisantez !

Manafort, dit Kushner, est un con, mais pas un conspirateur. Et même si Oleg Deripaska peut faire penser au méchant de James Bond, avec ses propriétés dans les quartiers cossus de toutes les plus grandes capitales, ses yachts somptueux bien accastillés en beautés consentantes et ses soirées annuelles luxueuses à Davos, il est avant tout un homme d'affaires prudent. Pointilleux dans ses habitudes, peu disposé à prendre des risques, il est la dernière personne susceptible de s'écarter des sentiers soigneusement balisés du pouvoir politique russe et des besoins de son groupe industriel,

RUSAL, considéré comme la première ou la deuxième plus grande société productrice d'aluminium au monde.

Un soir d'octobre 2017, alors qu'il dîne à New York avec des relations durant la semaine de l'ONU – la seule période de l'année où, filé par des agents du FBI, il est autorisé à séjourner dans cette ville –, on lui demande de but en blanc si Trump a une relation secrète avec Poutine. « Non, ce n'est pas ainsi que les choses se passent dans la Mère Russie », répond-il avec l'air de suggérer que le pouvoir, dans le cercle de Poutine, a des subtilités que les hommes politiques, les procureurs et les journalistes américains sont incapables de saisir.

« La campagne de Trump a-t-elle été financée par le gouvernement russe ou par des personnes ou des entités liées au Kremlin ? lui demande-t-on encore.

— Non. Mais si c'était le cas, je ne serais pas au courant.

— Et Manafort ?

— Ce n'est pas un homme bien.

— A-t-il essayé d'abuser de sa position durant la campagne pour régler ses différends avec vous ?

— Il n'a pas réglé ses différends avec moi.

— Mais a-t-il essayé ?

— Il n'y est pas parvenu. »

Au printemps 2018, après la mise en examen de Manafort, l'administration Trump durcit les sanctions contre Deripaska et son groupe industriel. Certains considèrent que c'est une façon pour la Maison Blanche d'envoyer un avertissement au magnat russe, de lui conseiller de ne pas se mêler du procès de Manafort. Ou bien peut-être s'agit-il d'un stratagème du département de la Justice pour pousser Deripaska à lui apporter son soutien dans les procédures judiciaires engagées contre Manafort. Ou alors, il ne s'agit peut-être que de montrer ses muscles à la Russie. En tout cas, il semble bien que personne n'ait vraiment réfléchi aux conséquences d'une telle décision, car elle provoque immédiatement une flambée des cours mondiaux de l'aluminium.

Deripaska confie à un ami qu'il est devenu « un fardeau pour l'État » et qu'il craint pour sa vie. Cela signifie soit qu'il est un lien majeur entre Trump et Poutine et qu'il faut donc l'éliminer, soit qu'il cherche à prouver qu'il n'est pas du tout un copain du dirigeant russe, bien au contraire. À moins que ce mélodrame slave ne soit le prélude à une négociation qui, espère-t-il, lèvera les sanctions qui pèsent sur lui. (Elles finissent d'ailleurs par être levées.)

Quoi qu'il en soit, la question essentielle demeure : ces relations entre certains des hommes les plus dangereux et les plus corrompus au monde sont-elles fortuites ? Ou y a-t-il entre eux quelque complot extraordinairement présomptueux ?

Durant le procès de Manafort, Trump – d'abord à la Maison Blanche puis au cours de l'été à Bedminster, un lieu où se déchaîne souvent sa colère froide – semble en proie au sentiment que l'étau se resserre et que ses adversaires se rapprochent de lui. Le 1er août, il se défoule sur son procureur général, Jeff Sessions, en lui ordonnant une fois encore de mettre un terme à l'enquête de Mueller. Le 12 août, Omarosa Manigault Newman, son ancienne assistante à la Maison Blanche et pour l'émission *The Apprentice*, l'accuse d'avoir autrefois prononcé le « *N-word* », c'est-à-dire d'avoir utilisé le mot « nègre », aujourd'hui tabou aux États-Unis, sur le plateau de l'émission de télé-réalité ; cela provoque aussitôt un débat national sur le racisme du président. De son côté, Trump mord à l'hameçon et traite Manigault de « chienne » et de « crapule foldingue et pleurnicheuse ». Le 13 août, à sa demande pressante, le FBI limoge Peter Strzok, l'agent dont un échange de textos avec sa maîtresse Lisa Page, pendant la campagne, avait révélé qu'il était personnellement épouvanté à l'idée que Trump soit élu président. (Trump accuse sans cesse Strzok de faire partie de la conspiration de l'État profond.) Le 15 août, le président révoque l'habilitation de sécurité « secret défense » du directeur de la CIA de Barack Obama, John Brennan, qui est devenu l'un de ses critiques les plus acerbes et les plus déchaînés. Et le 16 août, des centaines de journaux condamnent d'une seule voix les attaques permanentes de Trump contre les médias, qu'il qualifie d'« ennemis du peuple ».

Mais ce mois déjà détestable continue d'empirer. Le 21 août, Manafort est reconnu coupable, par le tribunal d'Alexandria en Virginie, de fraude fiscale et bancaire pour huit des dix-huit chefs d'accusation qui le visaient. (Le jury n'est pas parvenu à un verdict pour les dix autres chefs d'accusation.) Aucun délit majeur n'a été abordé au cours de ce procès : c'est simplement la grande banalité de ses magouilles financières, sa cupidité et sa pusillanimité qui l'ont rattrapé. Il ne s'agissait pas de délits politiques. Il fraudait le fisc pour se payer une veste en cuir d'autruche. L'entourage de Trump peut ironiser sur l'insignifiance et la médiocrité des escroqueries de Manafort, mais les procureurs ont l'œil qui brille, car ils savent que plus le crime est élémentaire, plus la punition est inévitable.

Trump y voit une lueur d'espoir : Manafort n'a pas conclu d'accord avec les procureurs de Mueller.

Nombreux sont les trumpistes qui n'ont aucun mal à nier les contributions que Manafort a apportées à la campagne de 2016, et ils semblent sincèrement croire qu'il n'a rien à révéler. Manafort est considéré, aujourd'hui, comme une blague de plus dans la longue série des farces qui ont émaillé la campagne et la présidence Trump. Lorsque vous êtes éjecté du cercle du président, vous ne présentez soudain plus le moindre intérêt pour lui, et l'histoire est immédiatement récrite comme si vous n'aviez jamais existé. (À la Maison Blanche, certains font la comparaison avec l'habitude qu'avait Staline de faire effacer ses ennemis des photographies.) Les gens qui gravitent autour de Trump ont d'ailleurs tendance à penser, avec une certaine logique, que tous ses autres proches sont des crétins.

Les enquêteurs de Mueller ont un point de vue différent sur Manafort : ils pensent qu'il attend une grâce présidentielle. Vu la peine de prison qu'il encourt à la suite de sa condamnation en Virginie – sans compter qu'elle pourrait être alourdie si son second procès tournait mal –, seul l'espoir d'être gracié peut expliquer son silence. Mais les procureurs estiment également que si la grâce présidentielle survient, elle ne lui sera accordée qu'après les élections de mi-mandat. Si les républicains parviennent à garder leur majorité à la Chambre, le coût politique d'un tel geste sera certainement plus supportable pour Trump.

Pendant que l'équipe du procureur spécial prépare le second procès de Manafort, Andrew Weissmann resserre encore l'étau sur l'ancien directeur de campagne de Trump. Sans guère se soucier de compromettre peut-être les deux affaires à la fois, Weissmann contacte Cyrus Vance Jr., le procureur du district de Manhattan, et lui suggère, dans le cas où une grâce présidentielle serait annoncée, d'inculper Manafort pour les dix chefs d'accusation sur lesquels le jury fédéral de Virginie n'a pas réussi à se mettre d'accord. Si Manafort est jugé et condamné dans un tribunal d'État, le président ne pourra pas le gracier.

À la veille de son second procès, Manafort capitule et accepte de conclure un accord : il coopérera en échange d'une peine combinée de moins de dix ans pour ses deux affaires. Hélas pour lui, il continue de jouer la partie à la Manafort. Soit il compte sur la bonne volonté de Mueller pour obtenir une réduction de peine, soit il attend une grâce présidentielle, mais il ne peut pas vouloir les deux. C'est pourtant la stratégie qu'il adopte. Comme s'il voulait attirer sur lui un malheur, il essaie de satisfaire *a minima* l'équipe de Mueller au cas où le président ne signerait pas la grâce, tout en s'efforçant de ne pas contrarier Trump dans l'éventualité où une grâce se profilerait. Et le malheur arrive : les procureurs l'accusent à nouveau de mentir et dénoncent l'accord qu'il a passé avec eux.

16

Pecker, Cohen, Weisselberg

« Rédac chef », lance Donald Trump lors d'un dîner à la Maison Blanche dans le courant de l'été 2017. « Rédac chef, répète-t-il, se délectant de ce surnom condescendant.

— Oui, monsieur le président », répond Dylan Howard.

Cet Australien des environs de Melbourne a fait une si belle carrière dans la presse tabloïde qu'il occupe le poste le plus élevé à la rédaction d'American Media, Inc. (AMI) – la maison mère du *National Enquirer*, journal people vendu aux caisses des supermarchés – et se retrouve aujourd'hui à la table du président des États-Unis. En effet, dans un nouveau renversement des normes civiques, Trump a invité Howard ainsi que d'autres membres de son staff à dîner à la Maison Blanche en même temps que David Pecker, P-DG d'AMI et roi du journalisme à sensation.

« Vous faites combien de chiffre en plus quand c'est moi qui suis en couverture au lieu d'une simple célébrité ? insiste Trump, songeant à des gens comme Jennifer Aniston, Brad et Angelina, ou aux stars de la télé-réalité.

— Quelque 15 à 20 % », répond Howard à un Trump satisfait qui, quelques minutes plus tard, redemande confirmation : « Alors comme ça, je fais vendre 50 % de plus que n'importe quelle vedette de cinéma ?

— Plutôt 15 à 20 %, comme je viens de vous le dire.

— Mettons 40 », tranche le président.

Quels que soient les chiffres, ils intéressent de moins en moins la société d'édition. Les ventes en kiosque sont en chute libre aux États-Unis – celles de l'*Enquirer* ont diminué de 90 % depuis les années 1970 et, au cours des dix dernières années, près de 60 % des points de vente de quotidiens et de revues ont fermé ou diversifié leur offre –, ce qui a conduit AMI à faire évoluer certains aspects majeurs de ses activités, réduisant ses ventes à la caisse au profit d'une approche plus ciblée. Cherchant à impressionner par son nouveau discours d'entreprise, la société s'associe désormais à des célébrités dans le cadre d'une stratégie de communication et d'image de marque plus large.

La démarche de l'éditeur de presse féminine Hearst avec Oprah Winfrey et son mensuel *Oprah*, une création en coentreprise, offre une bonne illustration de ce que peut être une version sophistiquée de partenariat entre célébrités et médias. Dans une approche nettement moins élaborée destinée à attirer des investissements d'Arabie saoudite, AMI a publié un hors-série consacré aux remarquables vertus du royaume et à ses incroyables atouts touristiques et économiques.

Ancien comptable dans l'industrie des périodiques, Pecker a transformé l'*Enquirer* de tabloïde bas de gamme en revue people de bas à milieu de gamme, il a ajouté de nombreux autres titres à son écurie et, à en croire ses alliés et lui-même, a réussi à éviter plusieurs fois la culbute à sa société. (D'autres affirment au contraire que c'est lui qui l'a conduite au bord de la faillite.) Quoi qu'il en soit, Pecker et Howard ne sont pas des spécialistes du marketing et de l'image de marque ; ce sont des types de la trempe du journaliste et écrivain Damon Runyon, des durs, réactionnaires et fiers de l'être, sans états d'âme quant à la manière de faire du fric.

Pecker a compris, avec Howard dans son sillage, qu'en ces temps nouveaux de partenariats avec les célébrités, jouer les anges gardiens des stars constitue un créneau plus lucratif que faire des révélations sur leur vie privée. Puisque les sex-tapes, toute une panoplie de documents compromettants piratés et le développement du marché de la confession et de la vengeance font maintenant partie intégrante de la carrière de nombreuses célébrités, AMI s'est adapté. L'équipe de l'*Enquirer* continue à remuer la boue, mais, moyennant quelques avantages opportuns et dans le cadre d'une relation mutuellement profitable, il ne les publie pas, étouffant le scandale dans l'œuf.

L'*Enquirer* a ainsi collaboré de près avec le producteur Harvey Weinstein. Celui-ci a accordé un contrat de production à American Media qui, en échange, s'est engagé à ne pas faire état de l'avalanche d'accusations de harcèlement et d'agression sexuels qui ont fini par faire inculper Weinstein. AMI s'est également associé à Arnold Schwarzenegger, ex-bodybuilder, ancien gouverneur de Californie et harceleur sexuel récidiviste, qui, moyennant le silence du magazine, a usé de son influence pour aider la société à acquérir un groupe de publications de fitness. Mais l'associé idéal de la société dans les milieux people est sans doute Donald Trump.

Le lien entre Trump et Pecker représente une forme de pis-aller. Pendant une bonne partie de sa carrière, Trump a cherché à gagner l'amitié de magnats des médias, dont la plupart, comme Rupert Murdoch, l'ont envoyé paître. Pecker, pareillement, a toujours rêvé de se lier aux plus grandes célébrités, qui l'ont systématiquement évité. Trump et Pecker finissent par miser l'un sur l'autre dans une certaine solidarité de discrédit.

Les deux hommes partagent la même opinion sur les médias. C'est un instrument de richesse, d'influence et de pouvoir, et il faudrait être débile pour ne pas s'en rendre compte. Au début des années 1990, quand Pecker était à la tête de la société de presse américaine appartenant à Hachette, l'éditeur français – avec des titres comme *ELLE*, *Car & Driver* et *Woman's Day* –, il a soutenu John F. Kennedy Jr. dans son projet de création de *George*, un magazine grand public traitant de politique. Pecker y voyait une idée commerciale de génie : une revue consacrée aux célébrités avec une célébrité au poste de rédacteur en chef. Mais l'idylle a été de courte durée parce que Kennedy – Pecker a fini par s'en convaincre – était un débile comme les autres, prétentieux qui plus est, convaincu que sa revue traitait réellement de politique.

Pecker, à l'image de Trump, ne se considère pas comme un simple homme d'affaires mais également comme une figure médiatique. Presque chaque fois qu'on lui consacre un portrait ou un article, il appelle le responsable de la publication et insiste pour obtenir une meilleure presse, comme Trump.

Ils font des projets ensemble. Pecker nourrit une ambition extravagante, celle d'être propriétaire du magazine *Time* ; Trump lui dit qu'il l'aidera à l'acheter. Peu avant son élection à la présidence, Trump, prévoyant sa défaite, prépare la création d'un Trump Channel et propose à Pecker de l'accompagner dans cette aventure. Roger Ailes, le fondateur de Fox News, avec qui Trump discute activement de son avenir dans les médias à l'automne 2016, surnomme Pecker « le larbin imbécile de Trump ». Et ajoute : « Un imbécile a toujours besoin de plus imbécile que lui pour lui servir de larbin. »

Pour Trump, pendant ce temps, il y a les femmes, un problème récurrent et, dans une certaine mesure, à haut risque tout au long de ses trois mariages. Gérer les problèmes suscités par les femmes que Trump a déçues, maltraitées ou humiliées est tout un art.

Sa vie sexuelle scandaleuse à la Sinatra, du genre « Je les attrape par la chatte », est un motif d'orgueil pour Trump, qui se flatte aussi de pouvoir se sortir d'affaire sans difficulté quand une femme le menace. « Mes gens savent gérer ça » est une vantardise typique de Trump.

La menace ultime de toutes ces femmes est de vider leur sac en public. Elles peuvent lui intenter un procès, mais les avocats de Trump n'ont pas de mal à le tirer d'embarras par des accords éclairs. Elles peuvent aussi publier et, le cas échéant, Cohen et Marc Kasowitz, les avocats « personnels » de Trump, ont la possibilité de faire appel à Pecker.

Avant l'essor du grand déballage sur Internet, Pecker, qui s'est adjugé la part du lion des tabloïdes de supermarché (parmi lesquels *Globe*, *In Touch*, *OK!* et *Us*

Weekly), contrôlait efficacement le marché des scandales sexuels impliquant des célébrités. Non seulement ses publications étaient parmi les rares à sortir ce genre d'informations, mais Pecker était le seul client prêt à payer les ragots généreusement et rubis sur l'ongle. Mais depuis une dizaine d'années, avec Internet et la liberté de tout publier, le marché a radicalement évolué. Il n'existe plus de garde-fous efficaces ; les ignominies circulent à leur guise. L'humiliation des célébrités est devenue une entreprise commerciale banale.

Dans ce nouveau monde, l'avocat de Los Angeles Keith M. Davidson est un pro. Davidson est un Ray Donovan du monde réel, un avocat spécialisé dans les célébrités compromises et qui devient un des principaux revendeurs de sex-tapes, parmi lesquelles deux des plus fameuses, celles de Paris Hilton et de Hulk Hogan. Dans un autre trafic de confessions et de secrets favorable à la carrière de Davidson, toute une série de ses clients – chacun cherchant, semble-t-il, à faire chanter l'autre – s'emploient à prouver que Charlie Sheen, l'acteur de télévision, est porteur du VIH. La première rencontre entre Howard et Davidson date de 2010, à l'occasion d'un article concernant Lindsay Lohan, mais ils se lient véritablement quand l'*Enquirer* s'intéresse à l'affaire Sheen. Davidson, qui ne se contente pas de fournir des informations scandaleuses et de négocier au nom de gens qui détiennent ce genre d'informations, mais travaille aussi pour ceux qui veulent éviter de se faire pincer et d'être un objet de scandale, devient un informateur régulier d'Howard, un intermédiaire de tabloïde multiservice.

Outre Howard et Davidson, on rencontre également à cette intersection douteuse l'avocat de Trump,

Michael Cohen, source de tuyaux, confident et associé des deux hommes ainsi que de Pecker. Sur un marché étroit, les principaux acteurs tendent à se connaître, ce qui diminue les frictions et facilite la conclusion d'affaires. Ces hommes-là se comprennent, ils savent ce qui est faisable et qui appeler. À l'approche des élections de 2016, Davidson est conduit, fort opportunément, à défendre les intérêts aussi bien de Karen McDougal, la playmate 1998 de *Playboy*, que de Stormy Daniels, l'actrice de films porno, qui prétendent, l'une comme l'autre, avoir eu des relations sexuelles avec Trump.

À la fin du printemps 2015, Davidson appelle Howard à propos de McDougal et lui annonce qu'elle affirme, ce qui est tout à fait crédible, avoir eu une liaison avec Trump. Howard transmet l'information à Pecker et, en un rien de temps, Howard est fourré dans un avion à destination de Los Angeles où il rencontre Davidson et McDougal. Rien d'inhabituel jusque-là dans l'univers des tabloïdes : Howard va faire un débriefing et étudier les preuves directes, parmi lesquelles e-mails, textos, photos et vidéos. Ce qui est plus curieux, c'est que Pecker a également prévenu Cohen de ces allégations, et prie Howard de tenir ce dernier au courant.

Le problème est que si McDougal ne demande qu'à se répandre en détails sur cette liaison, elle n'est pas d'accord pour en partager les preuves. Son téléphone, censé contenir des textos de Trump, est au garde-meuble. Les amis auxquels elle s'est confiée ne sont pas joignables. Elle a égaré ses reçus. Bref, il n'y a rien d'assez consistant pour faire un article.

Mais McDougal n'en est pas moins payée pour son histoire. Dans cet univers de scandales étouffés, l'*Enquirer* a mis la main sur quelque chose qui, en termes de publication, n'existe pas, et n'a donc pas à être étouffé. Paradoxalement, le périodique paie une personne qui n'a apparemment aucune intention de faire des révélations pour… qu'elle ne fasse pas de révélations.

L'accord de base est clair : Pecker et Trump ont convenu que, dans l'éventualité où un scandale éclaterait, Pecker mobiliserait les ressources de l'*Enquirer* pour protéger son ami Trump. Pourtant, en tout cas aux yeux d'Howard, expert ès scandales, les éléments nécessaires à une attaque crédible ne sont visiblement pas réunis.

S'agit-il, s'interroge Howard devant des amis, d'un coup monté de Cohen et Pecker ? Entretenant l'un comme l'autre avec Trump une relation perpétuelle de servilité qui ne leur vaut que de l'ingratitude, Cohen et Pecker sont-ils de mèche pour améliorer leur situation ou accroître leur influence auprès de Trump ?

McDougal a effectivement eu une liaison avec Trump. Ce qui n'est pas clair en revanche, c'est qui joue contre qui, ou qui, dans cette bande de crapules, possède des moyens de pression. Ce ne sont pas seulement les femmes qui traquent Trump, mais peut-être bien ses propres hommes. Peut-être s'emploient-ils à menacer ses aspirations présidentielles pour pouvoir ensuite régler le problème et s'en attribuer tout le mérite.

Autrement dit, Trump est protégé par des gens qui ont d'excellentes raisons personnelles de trouver des problèmes dont il faut le protéger. Serait-il vraiment surprenant que ses partisans les plus fidèles puissent également jouer double jeu ?

L'accord conclu avec McDougal, mis au point par Davidson et approuvé par Cohen, Pecker et Trump, prévoit que l'*Enquirer* versera à l'ancienne playmate 150 000 dollars en échange de son histoire – le prix du silence fixé par Kasowitz pour une plainte contre Trump pour harcèlement – mais ne la publiera pas. Qui plus est, McDougal sera payée pour écrire des rubriques dans l'*Enquirer* et AMI la mettra en couverture d'une des revues de fitness de la société. Finalement, AMI ne respectera pas sa part du contrat. De même, dans un bel exemple d'escroquerie minable, le deal de la société avec Trump tombe en quenouille, lui aussi : Trump et Cohen n'ont jamais remboursé à AMI les 150 000 dollars.

Plus tard, en 2018, quand Dylan Howard, qui a obtenu une immunité partielle, témoigne devant les procureurs, on lui montre un e-mail de Pecker qui dit : « Dylan n'est pas au courant de ça », « ça » étant l'accord conclu en catimini par Cohen, Pecker et Trump. À en croire un témoin de la scène, Howard fond en larmes en découvrant qu'il a probablement été le pigeon de Pecker et de Cohen dans leur tentative de faire plaisir à Donald Trump ou de le manipuler, sinon les deux.

Parmi les avocats personnels de Trump, Kasowitz, associé d'un respectable cabinet juridique de New York, cherche encore à protéger sa réputation de juriste indépendant. Cohen, en revanche, ne demande qu'à être le facilitateur de Trump. Il cite souvent Tom Hagen, *consigliere* et avocat de la famille Corleone dans *Le Parrain* : « Mon cabinet s'occupe d'un seul client. »

Cohen est ravi de connaître tous les rouages, et surtout, pour reprendre sa formule, de savoir « qui opère des dépôts et qui opère des retraits à la banque des faveurs ». Il ne s'agit pas seulement de comprendre le deal, dit-il, mais aussi le deal annexe. C'est comme ça que tout le monde bosse, sauf les débiles. Alors il faut bien en faire autant. Sinon plus. En même temps, au sein de la Trump Organization, peu de gens – et Trump pas plus que les autres – sont convaincus que Cohen sait ce qu'il fait. Trump s'étend souvent sur la maladresse de Cohen et sur les limites de ses capacités intellectuelles. Cohen, quant à lui, enregistre ses conversations avec Trump de crainte que celui-ci ne tienne pas ses engagements.

Les problèmes de Karen McDougal puis de Stormy Daniels, tous deux confiés à Cohen, se transforment indéniablement, chacun à sa manière, en foirades de première. Terrifié à l'idée que ses bureaux soient perquisitionnés comme ceux de Cohen, Kasowitz va jusqu'à se défendre auprès de ses amis en énumérant combien de cas de femmes il a gérés pour Trump sans anicroche.

La foirade de Stormy Daniels est encore pire pour Trump et, en dernière analyse, pour Cohen que celle de McDougal. Quand Davidson va voir Cohen pour essayer de trouver un arrangement avec Daniels, Cohen cherche à mettre au point un accord du même genre que celui qui a été conclu avec McDougal par l'intermédiaire de l'*Enquirer*. Mais Pecker redoute d'éventuelles traces d'opérations financières et craint que les pots-de-vin ne puissent être considérés comme des contributions de campagne illégales. De plus, on voit mal AMI publier une star du porno dans ses pages.

Davidson négocie donc un versement de 130 000 dollars en échange du silence de Daniels. Cohen, Trump et le directeur financier de la Trump Organization, Allen Weisselberg, s'entendent sur un montage : Cohen avancera l'argent et sera remboursé ensuite sous forme d'honoraires de services juridiques fictifs.

Plus tard, quand cette combine est révélée, certains responsables de campagne et cadres de la Trump Organization y voient un accord typique Cohen-Trump : ces deux hommes adorent jouer les facilitateurs. En fait, il serait bien plus raisonnable que Trump assume une nouvelle accusation d'infidélité que d'essayer d'acheter le silence de quelqu'un qui ne se taira probablement pas.

Au début de 2018, Daniels, défendue par Michael Avenatti, engage des poursuites contre Davidson et Trump. Avenatti, un avocat au passé agité jalonné de faillites, de créances du fisc sur ses biens immobiliers et d'accusations de confusion de comptes, incarne un nouveau type de charognard en quête de victimes susceptibles de porter plainte, à qui une excellente connaissance des médias a permis de bénéficier d'une tribune publique redoutable. En étrillant impitoyablement Trump à la télévision, ce qui impressionne Trump plus que quiconque, il désigne directement Cohen, Davidson, Pecker et Howard.

Avenatti ne découvre pas seulement toute une collection d'entourloupes financières et de doubles jeux, mais un filon potentiel de secrets et de linge sale contrôlé par les membres d'un gang qui sont certainement prêts, sans qu'il soit besoin de trop les pousser, à se retourner les uns contre les autres. Avenatti a remonté la piste des versements consentis à Daniels et à McDougal, ce qui l'a conduit tout droit à la Trump Organization. Et au bout de cette piste se trouve l'homme qui a orchestré ces paiements, Allen Weisselberg, un autre personnage typique de la saga Trump.

Les amis de Trump attendaient que l'on identifie Weisselberg. Ce juif orthodoxe de 72 ans qui a fait toute sa carrière au service des Trump, d'abord de Fred Trump, puis de Donald, a été le principal cadre financier des défunts casinos Trump, en tant que directeur financier de la Trump Organization. Il est aussi membre du conseil d'administration de la fiducie chargée de gérer les actifs de Trump pendant sa présidence. Weisselberg administre les dépenses personnelles de la famille ; il prépare également les chèques de la Trump Organization et les soumet à Trump pour signature. Il fait penser au comptable du film *Les Incorruptibles*.

Lors de ses fréquentes apparitions à la télévision au début de 2018, Avenatti s'en prend impitoyablement à Trump et s'acharne contre le versement de Cohen à Daniels. L'histoire connaît encore un nouveau rebondissement après la descente du FBI au cabinet de Cohen en avril ; des juristes et un arbitre désigné par le tribunal trient ensuite les dossiers de l'avocat, placent sous séquestre tous les documents susceptibles de relever du secret professionnel entre avocat et client et classent le reste comme pièces à conviction, la majeure partie des activités de Cohen étant jugées, au mieux, comme extralégales. Se plongeant dans les affaires de licences de taxis de Cohen, les procureurs mettent le doigt sur une fraude fiscale massive, bien plus grave encore que sa complicité dans la violation des lois sur le financement des campagnes électorales. Cohen risque jusqu'à deux cents ans de prison. Sa femme, qui a signé leur déclaration de revenus commune, est menacée d'une peine équivalente. Tout comme le père de celle-ci, associé dans l'affaire de taxis de son gendre.

Le 21 août – le même jour que la condamnation de Paul Manafort en Virginie, ce qui en fait un double coup dur –, Cohen, dont les procureurs ont accepté de ne pas poursuivre la famille, plaide coupable pour cinq chefs d'accusation d'évasion fiscale, auxquels s'ajoutent une accusation de fausses déclarations à une banque et deux accusations d'infraction aux lois sur le financement des campagnes électorales. Dans sa défense, il implique directement Trump dans ces derniers délits.

Le 24 août, le *Wall Street Journal* relate que David Pecker a accepté un deal et viendra témoigner. Le même jour, le *Journal* fait savoir que Weisselberg a, lui aussi, conclu un accord d'immunité et a témoigné quelques semaines auparavant.

« Les Juifs craquent toujours », commente Trump.

Dans les journées qui suivent le plaider coupable de Cohen, Trump commence à parler du « cabinet juridique de Pecker, Cohen et Weisselberg ». Il s'étend sur les horreurs qu'un juif orthodoxe ne manquera pas de subir en prison, esquissant le portrait saisissant d'un codétenu nazi tatoué.

Eu égard au peu d'estime habituel de Trump pour ses proches associés, on imagine sans peine qu'ils aient été prêts à témoigner contre lui. Trump a beau les appeler « mes gens » ou « mes gars », Cohen n'en est pas moins le « seul Juif stupide » et Weisselberg le conseiller financier dont, après plus de quarante ans, il s'amuse toujours à estropier le nom (« Weisselman »,

« Weisselstein », « Weisselwitz »). Il se moque fréquemment de Pecker en l'appelant « Petit Pecker », tandis que sa moustache lui inspire des considérations acerbes et obscènes. (Curieusement, Pecker présente une certaine ressemblance avec le père de Trump, qui portait lui aussi la moustache.) Mais même au moment où le conflit direct entre les intérêts de Pecker et ceux de Trump sont flagrants, des cadres d'AMI continuent à croire que Pecker et Trump se parlent toujours et que Pecker cherche encore, vainement semble-t-il, à se faire bien voir de Trump, tandis que ce dernier essaie de se mettre, en quelque sorte, Pecker dans la poche.

Au moment même où Cohen et Manafort reconnaissent des délits ou sont condamnés pour en avoir commis, un nouveau front de première importance s'ouvre dans la bataille judiciaire contre le président, ou, du point de vue de Trump, dans la guerre que lui mène le département de la Justice. Le district Sud de New York, où Geoffrey Berman, le procureur général nommé par Trump, s'est récusé dans l'enquête sur Cohen, conclut un accord avec le procureur spécial et se déclare compétent pour traiter du volet financier de l'affaire Trump. Dans l'entourage de ce dernier, on considère désormais que Mueller n'est qu'une intrigue secondaire et que le district Sud constitue le vrai cœur de l'action.

Nouveau motif d'inquiétude pour le président, le *New York Times* du 18 août publie un article détaillé sur la coopération massive du conseiller de la Maison Blanche, Don McGahn, avec l'enquête Mueller, une coopération d'une ampleur insoupçonnée par Trump. Peu de gens doutent que McGahn lui-même, ou ses mandataires, soient à l'origine de la fuite qui a inspiré cet article : après avoir cherché à se protéger en se mettant bien avec les procureurs, il essaie à présent d'en faire autant avec les médias. Cela fait plusieurs mois que McGahn évoque le jour et la manière dont il quittera la Maison Blanche, tout en promettant, en bon petit soldat, de rester jusqu'à ce qu'on lui ait trouvé un successeur.

Le 29 août, sans en informer McGahn et à un moment où ses démêlés judiciaires de président gagnent encore en intensité, Trump tweete que McGahn quittera son poste à l'automne. « J'ai travaillé longtemps avec Don, et j'apprécie vraiment son aide ! »

En privé, Trump décrit son conseiller de la Maison Blanche en des termes bien différents. « McGahn, dit-il, est un sale mouchard. »

L'heure est grave, mais à quel point ?

Août a été l'un des mois les plus difficiles d'une présidence où chaque mois, ou presque, a paru plus sombre que le précédent. Et si Cohen et Manafort peuvent être mis au tapis *le même jour*, à quel autre cauchemar doit-on s'attendre ?

L'intervention de Pecker et du *National Enquirer* dans cette histoire ajoute à l'inquiétude générale de certains assistants et de nombreux républicains du Capitole : non content de manquer d'expérience et de talent, le cercle de Trump constitue la concentration la plus dense de crapules, d'arnaqueurs et d'escrocs abjects qu'on ait jamais vue dans la politique nationale, ce qui n'est pas peu dire.

À la fin de l'été, Trump passe ses derniers jours de vacances à Bedminster. Son humeur est changeante, comme d'ordinaire, mais sa résilience – sa qualité la plus sous-estimée peut-être – paraît intacte. Un calendrier chargé de grands rassemblements l'attend ; il sera sur la route presque non-stop jusqu'aux élections de mi-mandat. Les meetings bruyants et décousus, succession d'antiennes et de répons parfaitement rodée désormais, l'enchantent et le comblent ; il laisse toujours les rassemblements se poursuivre, presque sans limite de temps, jusqu'à ce que son plaisir soit absolu. Malgré tous les signes contraires et tous les conseils, il est convaincu que les républicains remporteront la Chambre des représentants et le Sénat. C'est une confiance aveugle et béate.

Dans le même temps, il paraît certain que Mueller, respectant les usages du département de la Justice, ne fera rien qui puisse peser sur l'élection à venir. Son équipe n'en continue pas moins à bûcher en silence.

La Maison Blanche a muselé Giuliani en partie par considération pour la trêve de Mueller. C'est principalement l'œuvre de McGahn : conjointement avec son avocat Bill Burck, il œuvre pour la nomination de Brett Kavanaugh à la Cour suprême, et ils ont estimé que Giuliani ne ferait que souligner, sinon susciter, l'affrontement constitutionnel entre Trump et Mueller qui pourrait résulter de l'élection de Kavanaugh à la Cour.

Mueller et son équipe – au point où ils sont arrivés, ayant miraculeusement réussi à rester aux affaires malgré les multiples menaces de Trump de mettre fin à leur enquête – pensent maintenant tenir sans problème jusqu'après les élections de novembre et jugent qu'une victoire démocrate leur offrira un pare-feu. Qui plus est, la demande de budget du procureur spécial a été approuvée : ils ont surmonté cet obstacle bureaucratique. (Il n'est pas exclu que Trump n'ait jamais compris que le processus budgétaire était une arme qu'il aurait pu employer contre le procureur spécial ; apparemment, personne ne le lui a dit.) De fait, malgré toutes ses tentatives d'intimidation, Trump n'a pris aucune mesure concrète pour entraver le travail et la mission du procureur spécial.

Pendant que Mueller travaille, plusieurs juristes du gouvernement extérieurs au bureau du procureur spécial ont une folle envie de jouer un rôle dans l'affaire contre le président qui prend une ampleur croissante. Pour un procureur du gouvernement, rester à l'écart des enquêtes sur Donald Trump peut vous faire rater un grand moment de votre carrière.

L'équipe de Mueller, qui a commencé son enquête depuis plus de quinze mois maintenant, continue à transmettre à d'autres procureurs les éléments de preuve qu'elle rassemble, non seulement pour assurer la viabilité à long terme de son travail, mais aussi du fait que les voies d'attaque sont extrêmement nombreuses. Trump est vulnérable parce que c'est un amateur qui s'est présenté à la fonction suprême dans un monde complexe gouverné par des règles électorales byzantines. Trump est vulnérable parce qu'il ne peut pas contrôler les nombreux membres incompétents et indisciplinés de son entourage. Trump est vulnérable parce qu'il est incapable de tenir sa langue, ou son fil Twitter. Enfin, Trump est vulnérable parce que cela fait quarante ans qu'il dirige ce qui ressemble de plus en plus à une entreprise semi-criminelle. (« Je crois qu'on peut virer "semi" », glousse Bannon.)

En outre, il n'y a pas que le président. Il y a sa famille, à laquelle il a étroitement lié son administration. John Kelly répète à qui veut l'entendre que Jared et Don Jr. ne vont pas tarder à être mis en examen.

Cy Vance, le procureur du district de Manhattan, qui doit se faire pardonner de n'avoir pas engagé d'enquête sur Harvey Weinstein pour agressions sexuelles, ni sur Ivanka Trump et Donald Trump Jr. pour leur rôle dans des manœuvres de promotion commerciale potentiellement frauduleuses d'un hôtel Trump de New York, cherche à présent des éléments politiques à charge contre les familles Trump et Kushner. Son équipe fait circuler une longue liste de pistes prometteuses :

1. recel de piratages commis par des hackers ;
2. délits financiers, y compris blanchiment d'argent et falsification de comptes ;
3. pots-de-vin/gratifications et autres délits de corruption ;
4. fautes professionnelles/entraves à la justice ;
5. violations de la législation de la ville de New York sur le lobbying ;
6. fraude fiscale.

Les chiens sont lâchés.

Un grand nombre de ceux qui fréquentent le plus Trump – de McGahn à Kelly, de l'équipe de com à Steve Bannon – vivent les doubles réalités trumpiennes avec une intensité extrême : ils admettent la probabilité que le président soit abattu par les forces qui le poursuivent, tout en s'émerveillant, au point parfois de s'en délecter, qu'il soit encore debout. Ce qui entraîne, inexplicablement sans doute, la possibilité surprenante qu'il puisse ne *jamais* être mis à terre.

On relève ici un flegme singulier dû, pour une part, à l'indifférence relative d'une grande partie du cercle rapproché du président à son sort – sa chute ne les chagrinerait pas plus qu'elle ne les surprendrait –, mais aussi à l'impossibilité totale de prédire l'avenir. À la Maison Blanche, beaucoup de gens se considèrent comme des spectateurs plus que comme des acteurs principaux du drame qui se joue. Puisqu'il n'y a aucune logique recevable, pourquoi s'en faire ? John Kelly, par exemple, adopte une attitude fataliste. Si Dieu voulait la tête de Trump, Il la prendrait ; elle est indéniablement à portée de main. Et s'Il ne le fait pas, Il a forcément une raison. Alors serrez les dents.

« Il a une chance fabuleuse, reconnaît Sam Nunberg, l'ancien conseiller de Trump. La plus fabuleuse des chances. Franchement. C'est à n'y pas croire. Elle va sans doute finir par s'user. Ou pas. »

La défense de Trump, son unique défense en un sens, reste qu'il a été élu à la présidence. Chacun savait qui et ce qu'il était, et il a *quand même* été élu. Les électeurs ont parlé. Si les accusations contre Trump sont illégitimes – *fake* –, ce n'est pas parce qu'il n'a pas commis une grande partie de ce qu'on lui reproche, mais parce que personne ne peut lui reprocher de faire quelque chose que tout le monde, ou presque, a toujours su qu'il faisait. (Les agissements inqualifiables de Michael Cohen et de David Pecker ont-ils vraiment choqué quelqu'un ?) En d'autres termes, tous les autres dissimulent leur malhonnêteté, alors que celle de Trump s'étale au grand jour.

Dans les faits, la définition de la preuve irréfutable, cette haie presque infranchissable de pièces à conviction indispensables pour faire tomber un président, a encore gagné en hauteur. Pour que ce président soit reconnu coupable, pour le virer, il ne suffira pas de prouver que Trump est Trump. Chicaner sur l'importance relative de telle ou telle conversation plus ou moins stérile de Trump avec les Russes paraît, peut-être, trop insignifiant pour qu'on s'y arrête. Que des péchés parfaitement typiques de Trump puissent provoquer sa chute semble en quelque sorte injuste.

Mais les proches du président ne peuvent pas ignorer que la loi est d'abord un texte et qu'il n'est sûrement pas impossible de monter un dossier en béton montrant qu'il en a violé le sens littéral, à maintes reprises. C'est pourquoi la vraie défense, la vraie défense juridique, est la foi dans les pouvoirs magiques de Trump. Comme le dit Bannon, Trump est unique. « Personne d'autre, remarque-t-il, ne pourrait se tirer d'un tel merdier. »

Il n'empêche que le groupe *ad hoc* de responsables républicains et de grands donateurs – qui porte maintenant un nom, Defending Democracy Together (Défendre la démocratie ensemble) – n'est qu'une organisation de parti croupion qui envisage de défier son propre président. Au début du printemps, il entreprend de commander des sondages pour voir dans quelle mesure le public américain a envie de défier Trump. Jusque-là, les scandales dont il faisait l'objet passaient encore pour des affaires d'initiés, ce qui lui permettait de préserver un fort soutien de sa base. Mais c'est bien le problème de Trump : tout le pays ne prête pas encore attention au fait que la longue histoire de ses magouilles et de ses escroqueries est en train d'apparaître au grand jour.

17

McCain, Woodward, « Anonyme »

Trump semble considérer que la tumeur au cerveau de John McCain, diagnostiquée dans le courant de l'été 2017, lui donne raison. « Vous voyez ! s'exclame-t-il en haussant les sourcils. Vous voyez ce qui peut arriver ? » Puis il mime une tête qui explose.

Alors que la maladie de McCain progresse, Trump commence à lui en vouloir de « s'accrocher ». Il lui reproche également de n'être pas « assez beau joueur » pour démissionner et laisser le gouverneur républicain de l'Arizona nommer un sénateur plus fermement trumpiste. Il reporte souvent le mépris que lui inspire McCain sur la fille de celui-ci, Meghan, anti-trumpiste convaincue et invitée régulière de *The View*, le talk-show diffusé par la chaîne ABC. Elle a pris du poids, ce qui obsède Trump. Il la surnomme « Donut ». « Quand elle entend mon nom, on dirait toujours qu'elle va pleurer. Comme son père. Une famille vraiment pénible. Ouin, ouin, ouin, ouin. »

McCain, quant à lui, profite de sa maladie incurable pour tracer clairement la limite entre ses valeurs américaines et républicaines personnelles, et celles de Trump. Infligeant à ce dernier un affront politique monumental, McCain ne l'invite pas à ses propres obsèques. Le 25 août, deux jours après sa mort, sa famille rend publique sa lettre d'adieu, puissante déclaration de principes chers à l'establishment et réquisitoire impitoyable contre Trump.

Les relations de Trump avec son chef de cabinet, l'ancien général des Marines John Kelly, qui se sont transformées en une véritable guerre froide dans laquelle chacun évite l'autre et le traite de fou, gagnent encore en âpreté. Kelly, lié par une sympathie de soldat à McCain, ancien pilote de chasse et prisonnier de guerre, considère les commentaires de Trump comme à la fois antimilitaires et antipatriotiques.

« John McCain, lance-t-il un jour au président qui fait son numéro de tête qui explose, est un héros américain. » Puis il lui tourne le dos et quitte le Bureau ovale.

McCain a droit à des funérailles en grande pompe, presque aussi solennelles que celles d'un président. Elles se tiennent le 1er septembre à la National Cathedral de Washington. Barack Obama, Bill Clinton et George W. Bush sont là, tous invités personnellement par McCain, et leur présence ne fait qu'accentuer l'exclusion de Trump. « L'Amérique de John McCain n'a pas besoin qu'on lui redonne sa grandeur, car l'Amérique est toujours grande », déclare Meghan McCain dans son hommage funèbre salué par des applaudissements exceptionnels en pareilles circonstances.

Ces obsèques attirent le gratin des deux camps politiques, et presque tous les membres de l'assistance, à l'exception peut-être des représentants de la famille Trump, sont des témoins à charge contre le président. Les nombreux républicains qui assistent à l'office tiennent à se faire recenser : il y a là les républicains mondialistes, les républicains militaristes type guerre froide et les républicains adeptes de la sécurité nationale et du maintien de l'ordre mondial. Même s'ils ne savent pas comment riposter face à Trump ou ne sont pas encore prêts à le faire, ils peuvent répondre présents ici, aux obsèques de John McCain.

Trump, quant à lui, se débarrasse de la cérémonie d'un coup de tweet et part jouer au golf.

Quand arrive le week-end du Labor Day, début septembre, le Washington de l'establishment et les médias traditionnels – ce qui revient à peu près au même, à en croire de nombreux partisans de Trump – attendent avec impatience la publication du nouveau livre de Bob Woodward, *Peur*, consacré à la première année de la présidence Trump. Son éditeur a mis l'ouvrage sous embargo jusqu'à sa publication le 1er septembre, mais les extraits qui ont filtré ont provoqué une forte ébullition, et une consternation considérable à la Maison Blanche. Cet ouvrage livrera le jugement personnel de Woodward sur Trump, mais bien des membres de l'establishment républicain pensent qu'on peut compter sur lui pour refléter leurs propres idées, et même pour leur servir de couverture.

Avec leur reportage sur le Watergate, Woodward et son associé, Carl Bernstein, ont créé le journalisme politique moderne. Les livres qu'ils ont consacrés ensuite au Watergate et le film retraçant leur traque de Richard Nixon leur ont valu une célébrité mondiale. Woodward, qui a toujours travaillé pour le *Washington Post*, a écrit d'autres best-sellers et gagné plus d'argent que n'importe quel autre journaliste de Washington dans l'histoire. À 75 ans, il est sinon un monument, du moins une institution de la ville.

Depuis le Watergate, il a voué une grande partie de sa carrière à décrypter soigneusement la bureaucratie politique, autrement dit le marigot. On pourrait presque croire par moments qu'il s'en est fait le porte-voix. C'est, en un sens, l'ultime leçon du Watergate. En des temps de tension politique aiguë, la bureaucratie pense à elle et se protège, si bien qu'un reporter malin peut se contenter de l'écouter. Plus les tensions sont fortes, plus les fuiteurs sont actifs, plus il y a matière à articles. Maintenant plus que jamais, alors que la Maison Blanche est occupée par un outsider et un parfait amateur, le marigot, si copieusement éreinté par Trump, riposte.

Les membres de la bureaucratie du marigot qui ont fourni de si nombreux scoops à Woodward au fil des ans appartiennent à sa fraction la plus profonde et la plus fermement enracinée, le vaste système de la sécurité nationale. Lors de la publication du nouveau livre de Woodward, il apparaît immédiatement que l'une de ses principales sources d'information n'a pu être que H. R. McMaster, le général trois étoiles qui a rejoint l'administration Trump en février 2017 comme conseiller à la sécurité nationale, remplaçant ainsi Michael Flynn. La perte de Flynn, première victime de l'enquête russe, a été une épreuve douloureuse pour Trump, et il a accepté le remplaçant que lui proposait son staff sans trop réfléchir. Au cours de son premier entretien, McMaster, féru de détails et de plans – un vrai général PowerPoint –, a rasé le président. Impatient de se débarrasser au plus vite de cette corvée et soucieux d'échapper à un second entretien, Trump a accepté de l'embaucher.

Leurs relations ne se sont jamais vraiment améliorées. McMaster devient la cible des moqueries et des sarcasmes de Trump. Le général coche toutes les cases de la liste de traits qui horripilent Trump : son allure, son sérieux, sa solennité et sa petite taille.

Trump interpelle McMaster, qui n'arrête pas de griffonner dans un petit carnet noir pendant les réunions : « Qu'écrivez-vous là, monsieur le gratte-papier ? Seriez-vous le secrétaire ? »

Alors que ses recherches pour son ouvrage sont déjà bien avancées, Woodward prend contact avec Bannon. Aux yeux de celui-ci, personne ou presque n'incarne l'establishment de Washington aussi parfaitement que Woodward ; pour lui, c'est l'ennemi en personne. Mais il lui suffit de quelques minutes de conversation pour comprendre ce que détient Woodward : l'accès au petit carnet noir de McMaster, une chronique détaillée, parfois minute après minute, de toutes les réunions de la Maison Blanche auxquelles le général a assisté depuis dix mois. Bannon estime de son devoir de chercher à limiter les dégâts.

Le livre de Woodward, Bannon le comprend parfaitement, est destiné à être l'instrument de la vengeance de « Team America », le groupe autoproclamé d'adultes, ou de professionnels, ou (comme ils le reconnaissent parfois) de résistants, employés par la Maison Blanche de Trump et qui ont fini par se considérer comme des patriotes protégeant le pays du président pour lequel ils travaillent. En plus de McMaster, cette équipe compte dans ses rangs, selon les périodes, Jim Mattis, Rex Tillerson, Nikki Haley, Gary Cohn, Dina

Powell, Matt Pottinger du Conseil de sécurité nationale, Michael Anton, porte-parole de ce même conseil, et, à certains moments, John Kelly. Elle exclut la plupart de ceux qui ont joué un rôle actif dans la campagne présidentielle de Trump ainsi que d'autres, comme Mick Mulvaney, directeur du Bureau de la gestion et du budget, qui entretiennent des liens étroits avec le Tea Party. Cohn est démocrate, Mattis l'est plus ou moins, tandis que le père de Pottinger a été un célèbre avocat libéral de New York. Les autres, tous républicains, sont bien plus proches du Grand Old Party de John McCain et de George Bush que du parti qui est devenu celui de Donald Trump. Plus précisément, ils incarnent tous l'antithèse de la vision nationaliste et hostile au libre-échange de Trump, America First. Ce sont les démocrates et les républicains mondialistes qui, profitant de la pagaille qui a accompagné la constitution, par un staff néophyte, de l'équipe présidentielle, se sont introduits dans cette Maison Blanche nationaliste.

S'ils ont cherché à masquer ou à gommer leurs convictions pendant leur activité à la Maison Blanche, maintenant plus que jamais, ils tiennent à les affirmer haut et clair. De plus, ils éprouvent tous, sans exception, une puissante animosité, personnelle aussi bien que professionnelle, envers Trump. Il les a salis. À présent qu'ils ont quitté l'administration, ils font savoir à Woodward qu'ils ont défendu la nation contre Trump et cherché à infléchir la politique du président, ou au moins à créer une tactique de diversion quand ses dérapages prenaient une ampleur extrême ou démente.

Trump n'a peut-être pas été plus cruel envers les mondialistes qui l'entourent qu'il ne l'est envers les nationalistes, mais cela ne veut pas dire grand-chose.

Se moquer de McMaster est un divertissement quotidien, Rex Tillerson est « Rex, le chien de la famille », il accuse Gary Cohn d'être gay et répand des rumeurs sur la vie personnelle de Dina Powell. Alors que les trumpistes purs et durs n'ont d'autre solution que de trouver des justifications à ses vacheries, allant parfois jusqu'à les apprécier quand elles visent un autre, les plus tièdes en prennent régulièrement ombrage, sans éclat cependant, dans le genre rien-ne-m'oblige-à accepter-ça, je-ne-le-fais-que-pour-mon-pays. (D'un autre côté, si Trump se moque d'eux, eux-mêmes ne se privent pas de se moquer de lui. Gary Cohn, par exemple, prend les appels de Trump quand il joue au golf de Sebonack à Southampton, tenant le téléphone à bout de bras pour que les autres ne perdent rien des diatribes du président, tout en faisant des mimiques montrant qu'il est fou.)

Pour Bannon, la réaction passive des membres de l'establishment – leur disposition à continuer à tolérer un homme qu'ils détestent de façon aussi flagrante – représente en quelque sorte une preuve supplémentaire de la faiblesse et de la lâcheté de ce milieu. L'attitude des mondialistes et des prétendus professionnels montre une fois de plus qu'on ne peut pas leur faire confiance. Ils ne sont même pas capables de tenir tête à quelqu'un qu'ils exècrent, et qui le leur rend bien.

Les représentants de ce groupe ont beau commencer à quitter la Maison Blanche l'un après l'autre, ils ne manifestent ni la volonté, ni la capacité, ni le courage de s'opposer directement à Trump. Gary Cohn n'arrive pas à trouver de nouvel emploi en grande partie à cause de ses liens avec Trump, mais bien qu'il continue en privé à faire ses choux gras des excentricités du président, il paraît encore trop soucieux de sa réputation pour exprimer publiquement son inquiétude et son dégoût. Dina Powell, furieuse des rumeurs que Trump répand à son sujet mais espérant décrocher un jour un poste d'ambassadrice des États-Unis, reste muette. Nikki Haley, les yeux rivés sur la sortie, continue à cultiver ses relations avec Jared et Ivanka tout en envisageant en privé de se présenter aux primaires contre Trump (espérant, en fait, que Trump ne sera plus là et qu'elle n'aura même pas besoin d'affronter de primaires pour entrer à la Maison Blanche).

Mais ils peuvent à présent se dissimuler derrière Woodward et son livre pour transmettre un message fort : « Team America » incarne la résistance collective au comportement extrémiste, frénétique et mal informé de Trump.

Faire passer ce message exige un effort concerté. L'envie qu'a chacun de parler à Woodward est renforcée par celle des autres. Cela s'inscrit dans la méthode habituelle de Woodward pour disposer d'une masse suffisante de sources internes : il crée une sorte de cercle fermé et laisse entendre que ne pas y participer, c'est perdre non seulement la possibilité de faire partie de ce cénacle, mais aussi celle de laisser une trace dans l'histoire ; autrement dit, c'est accepter d'être un pigeon. Mais les sources de Woodward lui offrent à présent quelque chose qui va au-delà du ragot ou de la simple version partiale des événements. Il a devant lui des collaborateurs de la Maison Blanche qui cherchent à se dissocier de la Maison Blanche qu'ils ont aidé à créer, rien de moins. Ils veulent larguer les amarres et, en fait, un grand nombre des membres les plus éminents de l'administration Trump la déclarent en échec, sans s'attribuer le moindre tort, bien sûr.

Publié cinquante-sept jours avant les élections de mi-mandat, le livre de Woodward devient un événement politique dont beaucoup espèrent manifestement qu'il aura le même effet que son premier ouvrage, quarante-quatre ans auparavant : contribuer à faire tomber le président.

À la Maison Blanche même, ne se contentant pas d'avoir compris le message, Trump, soudain, n'arrête plus de parler de Richard Nixon et de tout le mal qu'on lui a fait. Nixon, déclare Trump, a été le plus grand président. Le fait même que l'establishment ait serré les rangs et chassé Nixon *prouve* qu'il était le plus grand. Son erreur a été les bandes magnétiques : il aurait dû les brûler. « Trump, affirme Trump comme il l'a fait si souvent déjà, les brûlerait. »

Au début de la campagne d'automne, alors que Trump prévoit d'être en tournée quatre ou cinq jours sur sept, l'humeur des hauts responsables de la Maison Blanche – jamais au beau fixe, et même rarement optimiste – est au plus bas.

En plus de se faire attaquer par d'anciens collègues, ils croupissent toujours à leur poste. Faire partie des collaborateurs de Trump est devenu une épreuve existentielle : même si vous avez envie de partir, et presque tous en ont envie, vous ne pouvez aller nulle part. Le discours sous-jacent du livre de Woodward – ceux qui lui ont servi de sources, aussi vertueux qu'ils puissent désormais se targuer d'être, seront discrédités à jamais pour avoir collaboré avec la Maison Blanche de Trump – n'est pas vraiment propre à inspirer de l'optimisme. Il rappelle, et cela concerne personnellement tous ceux qui travaillent à la Maison Blanche et aimeraient bien travailler ailleurs, la légitimité fragile de Trump. Ils essaient tous, certains piteusement, d'autres bravement, d'insister sur ce point : *Il a été élu, non ?* Mais il se trouve qu'avoir été élu à la présidence ne suffit pas à faire de vous un président légitime, en tout cas aux yeux de l'establishment, qui semble être toujours l'arbitre ultime de tels jugements.

« Woodward participe à l'entreprise de renversement », déclare Bannon un matin de septembre, assis à la table de la salle à manger de l'Ambassade. Ce qui ne l'empêche pas d'éprouver une certaine admiration pour le talent avec lequel ses anciens collègues se sont servis de Woodward et réciproquement.

Bannon comprend aussi bien qu'un autre pour quelle raison des gens qui ont travaillé pour Trump peuvent naturellement, ou même inévitablement, se retourner contre lui. Il comprend tous les motifs empiriques qui peuvent les pousser à juger Trump inapte. Il reconnaît aussi qu'un élément de l'art d'être président – et c'est peut-être et surtout parce qu'il en manque tragiquement que Trump restera dans les mémoires – est de savoir éviter de se faire jeter.

Mais Bannon pense aussi que, pour peu que l'on arrive à fermer les yeux sur la personnalité repoussante de Trump, sur ses insuffisances intellectuelles et sur ses problèmes flagrants de santé mentale, on doit pouvoir comprendre que s'il se fait attaquer aussi férocement, si les pouvoirs constitués cherchent à le pousser vers la sortie, c'est parce qu'il fait une grande partie de ce pour quoi il a été élu. En réalité, le trumpisme fonctionne.

L'Union européenne s'apprête à céder sur la plupart des exigences des États-Unis. Le Mexique avale le revirement de Trump à propos de l'ALENA, et le Canada en fera sûrement autant. Et la Chine ? Là-bas, c'est la panique totale. En la menaçant de 500 milliards de dollars de droits de douane, Trump réussit à faire ce que Reagan avait obtenu de l'Union soviétique avec sa course aux armements. Si Trump tient bon, les Chinois ne seront peut-être plus incontournables.

Telle est, selon Bannon, la vraie nature de la tentative pour faire tomber le président : l'establishment ne veut pas le départ de Trump parce que c'est un président raté, mais au contraire parce qu'il réussit. Trump est un président de guerre froide et la Chine est son ennemie ; il a été parfaitement clair sur ce point. Si Trump est mal informé et indigne de confiance pour tout le reste, il est animé par une conviction élémentaire, une idée force qu'il comprend pleinement : *Chine, pas bien*. Tel est le fondement de nouvelles mesures politiques fortes qui conduiront les États-Unis à affronter la Chine. Leur succès pourrait faire tomber la Chine et, par voie de conséquence, éviter un avenir économique – celui-là même sur lequel Gary Cohn, Goldman Sachs et une grande partie de la Team America ont misé *leurs* avenirs – qui pénalise voire paralyse la classe ouvrière américaine.

Bannon fend l'air des deux mains. Il est visiblement soucieux. Cohn, McMaster, Tillerson et la bureaucratie du Conseil de sécurité nationale vendent le pays. Ce qu'ils défendent – eux comme tous ceux qui ont parlé à Woodward, et jamais à mots vraiment couverts –, c'est le *statu quo*. On peut ajouter à cette bande Paul Ryan, Mitch McConnell et leurs alliés des fonds d'investissement qui recensent les faiblesses du président et se demandent si, quand et avec qui agir contre lui.

Oubliez que Trump est un imbécile qui a bien cherché ce qui lui arrive. Un coup d'État se prépare.

Le 5 septembre, le mercredi qui suit le Labor Day, une date choisie apparemment pour coïncider avec la publication imminente du livre de Woodward – et qui succède, fort opportunément, à l'enterrement de John McCain –, le *New York Times* publie un article anonyme d'un « haut responsable » de l'administration Trump.

> La présidence de Donald Trump est aujourd'hui soumise à une épreuve à laquelle aucun autre président de l'histoire récente des États-Unis n'a été confronté. Il ne s'agit pas seulement de l'ombre grandissante de l'enquête du procureur spécial, ni du fait que le pays est profondément divisé au sujet du leadership de M. Trump, ni même de la possibilité de voir son parti perdre la majorité à la Chambre au profit d'une opposition fermement déterminée à le faire tomber.
>
> Le problème, dont le président n'a pas pris toute la mesure, est que de nombreux hauts responsables de sa propre administration œuvrent activement de l'intérieur pour bloquer certains de ses projets et faire obstacle à ses pires penchants. Je suis bien placé pour le savoir. Je suis l'un de ces responsables.

Cet article confirme le portrait que presque tout le monde se fait de Trump : imprévisible, confus, impétueux, probablement déséquilibré. Mais l'article semble aussi mettre le doigt sur un motif d'inquiétude plus grave : « Bien qu'élu sous l'étiquette républicaine, le président montre peu d'attachement aux idéaux portés depuis longtemps par les conservateurs : esprits libres, marchés libres, peuple libre. »

Ce texte affirme ensuite, propos dont le livre de Woodward se fera l'écho, que des fractions non négligeables de l'exécutif cherchent activement à s'opposer à la volonté et à la politique de Trump. Cette fronde est présentée comme une faible lueur d'espoir – qualifiée de « maigre réconfort » par l'auteur –, mais on peut aussi y voir la preuve de l'incompétence de l'administration ; la présidence de Trump, suggère cet article, se saborde toute seule. Il se conclut par une allusion insistante à John McCain et à sa lettre d'adieu.

Pendant vingt-quatre heures, on peut avoir l'impression qu'il se passe au gouvernement américain quelque chose qu'on a rarement observé jusqu'à présent. Une partie du gouvernement est en révolte ouverte contre l'autre, avec le concours de l'organe de presse le plus influent du pays.

La provenance d'un article de journal aura rarement été décortiquée aussi soigneusement. « Un haut responsable » : qu'est-ce que cela veut dire, au juste ? Un assistant du président, un secrétaire ou sous-secrétaire de cabinet, le directeur d'un bureau important ? Mais le *Times*, dans une réponse sibylline à une question concernant l'auteur, donne à entendre qu'il n'est pas exclu que le journal lui-même en ignore l'identité. (« L'auteur, déclare le rédacteur en chef en réponse à une question, nous a été présenté par un intermédiaire que nous connaissons et en qui nous avons confiance. ») Trump fulmine contre les « Sulzberger » bien décidés à l'avoir, un trope parfois employé par la droite pour rappeler à l'opinion les origines juives de la famille qui contrôle le *Times*.

Au sein de la Maison Blanche, les spéculations sur l'identité de l'auteur deviennent un jeu de société fébrile, la majorité des hypothèses se concentrant sur le Conseil de sécurité nationale et sur une manœuvre commune de deux ou trois de ses responsables actuels et passés. Mais il pourrait aussi bien s'agir de n'importe quelle haute personnalité de l'administration liée à un avocat qui aurait pu servir d'intermédiaire avec le *Times* et qui, en se retranchant derrière le secret professionnel, pourra protéger l'identité de l'auteur si une enquête en bonne et due forme devait être diligentée. Il faut de surcroît que le *Times* ait toute confiance en cet avocat. Ce dernier point est d'une importance capitale si le *Times*, comme cela paraît possible, ignore l'identité précise de l'auteur.

Un nom fréquemment avancé est celui de Matthew Pottinger, membre du bureau de la Chine au Conseil de sécurité nationale et qui, bien qu'on ne puisse pas le considérer comme un « haut responsable », aurait pu collaborer avec H. R. McMaster et le porte-parole de celui-ci, Michael Anton, lequel a rédigé sous un pseudonyme des articles très lus pendant la campagne de 2016. (Ses articles étaient favorables à Trump, mais depuis, il a fait cause commune avec McMaster dans sa guerre contre le président.) Le père de Pottinger est l'avocat new-yorkais Stan Pottinger, bien connu des milieux libéraux et du *Times*, notamment pour avoir été longtemps le compagnon de l'icône féministe Gloria Steinem.

En fait, ce qu'il y a de remarquable, c'est le nombre de membres de l'administration qui pourraient, en toute vraisemblance, avoir écrit cet article ou y avoir contribué. Rares sont ceux que l'on peut éliminer d'emblée. Le terme de « trahison » – peu souvent employé dans la politique américaine et jamais à la Maison Blanche mais qui a été appliqué diversement au président et à son fils dans le contexte de leurs tractations avec les Russes – est à présent brandi, surtout par le président et sa famille, contre l'auteur ou les auteurs de cet article, que Trump menace de promptes représailles.

À la Maison Blanche, on rentre la tête dans les épaules, craignant les conséquences sismiques de cette lettre. « C'est Monica au Ritz », déclare un des proches du vice-président, faisant allusion au moment où, alors qu'elle était dans la rue, Monica Lewinsky a été escamotée par le FBI et enfermée au Ritz de Washington jusqu'à ce qu'elle ait reconnu sa liaison avec le président Clinton, ce qui a conduit directement à la procédure de destitution engagée contre celui-ci.

On ne peut que constater que les républicains de l'establishment ne semblent pas vraiment choqués par ce qu'on peut raisonnablement interpréter comme une révolte ouverte au sein même de la Maison Blanche. Mitch McConnell, qui se donne beaucoup de mal pour éviter de critiquer l'auteur anonyme et d'exprimer la moindre inquiétude à propos de la publication de l'article, donne l'impression de s'étrangler de rire, ou peu s'en faut. En fait, le jour même de la publication de cette tribune, McConnell profite de la controverse qu'elle suscite pour soulever un autre point important, qui n'est peut-être pas totalement étranger à cette affaire. Évoquant les attaques réitérées de Trump contre son procureur général, McConnell déclare : « Je soutiens énergiquement Jeff Sessions. Je trouve qu'il a fait du bon boulot et j'espère qu'il restera où il est. »

L'autre remarque que feront certains membres de la Maison Blanche au cours des jours suivants est tout aussi révélatrice. La confusion et la discorde qui sont, peut-on penser, à l'origine de la publication de cet article contribuent à présent à empêcher d'en démasquer l'auteur.

18

Kavanaugh

Après l'annonce de la nomination de Brett Kavanaugh le 9 juillet, Trump paraît plutôt satisfait de son choix. « [Kavanaugh] est très sûr, répète-t-il en boucle, total respect, du gâteau. » Vers la fin de l'été pourtant, il commence à exprimer quelques réserves dans certains de ses coups de fil d'après-dîner. On redécouvre ici un président souvent convaincu que sa propre Maison Blanche travaille contre lui. Quelqu'un lui instille des doutes. Un ami se demande s'il ne s'agit pas de sa sœur, Maryanne Trump Barry, juge fédérale à la retraite, bien que le président et elle ne soient pas particulièrement proches. Mais d'où qu'il émane, le message devient pour Trump un motif soudain d'irritation : il n'y a pas de protestants à la Cour suprême. « Tu savais ça ? » demande-t-il à un ami.

Sur les huit juges actuellement en fonction, tous sont juifs ou catholiques. Kavanaugh est catholique, tout comme la candidate qui figurait en seconde position sur la liste de Trump, Amy Coney Barrett. Une certaine confusion règne à propos de Neil Gorsuch, et l'on présente à Trump des avis contradictoires. Mais Neil Gorsuch a indéniablement été élevé dans la religion catholique et a même fréquenté l'école de jésuites dont Brett Kavanaugh a lui aussi été l'élève.

N'y a-t-il pas moyen de trouver des juristes qui ne soient ni catholiques ni juifs ? se demande Trump. N'existe-t-il donc plus aucun juriste WASP ? (Si, lui répond-on : Bob Mueller.)

Trump est déconcerté de n'avoir pas remarqué cette nouvelle singularité de la Cour suprême. Le vent de l'histoire a inexplicablement tourné et personne ne l'a remarqué, ou ne l'en a informé.

« Il n'y avait que des protestants, et voilà qu'en l'espace de quelques années il n'y en a plus un seul. Ça ne vous paraît pas bizarre ? rumine-t-il. Plus un seul. » Trump, qui se dit presbytérien, poursuit : « Je ne peux tout de même pas déclarer : "Je veux nommer un protestant à la Cour pour que la représentation soit plus équitable." Non, c'est une chose qu'on ne peut pas dire. Pourtant, je devrais pouvoir le faire. La principale religion de ce pays devrait pouvoir être représentée à la Cour suprême. »

Est-ce la faute de McGahn ? se demande Trump, très méfiant désormais à l'égard du conseiller de la Maison Blanche. McGahn est le référent de la Maison Blanche pour les questions de nomination à la Cour suprême, et il est catholique, lui aussi. Case-t-il ses coreligionnaires à la Cour ? Kavanaugh, au même titre que Gorsuch, a reçu l'aval préalable de la Federalist Society, et Leonard Leo, son homme clé, est (dit-on) membre de l'Opus Dei, l'organisation secrète catholique d'extrême droite. Trump déclare qu'on lui a également confié que Leo serait dans les petits papiers du Vatican.

Comme s'il faisait doucement le rapprochement – une lente prise de conscience –, Trump commence à s'intéresser de près à l'avortement. Il s'engage ici sur un terrain glissant : chaque fois que le sujet est abordé, il se met généralement à hésiter au bout de quelques phrases de débat seulement. Son attitude de principe désormais bien affirmée sur le « droit à la vie » tend alors à laisser place à son point de vue antérieur « pro-choix ». Fin août, quelques semaines après avoir nommé Kavanaugh, Trump veut en avoir le cœur net. Ce type participe-t-il à un complot catholique pour abolir le droit à l'avortement ?

Ayant soudain pris conscience de la réalité d'une Cour suprême dépourvue de toute présence protestante, il continue à avoir besoin qu'on le rassure. Brett Kavanaugh n'est pas simplement là pour rendre l'avortement illégal. C'est, lui dit-on, un textualiste, c'est-à-dire qu'il cherche avant tout à brider l'autorité constamment croissante, et anticonstitutionnelle aux yeux des textualistes, de l'État administratif. L'avortement est loin d'être sa priorité.

Néanmoins, alors que les collaborateurs de la Maison Blanche se préparent pour ce qui va être, pensent-ils, une confirmation âprement contestée, Trump a l'impression qu'on ne lui dit pas tout. Cet agacement rejoint un thème plus général qui a fait son apparition lors de la nomination de Gorsuch : pourquoi ne lui permet-on pas de choisir des gens qu'il connaît ? Il connaît un tas de juristes ; pourquoi ne peut-il pas simplement en désigner un ?

Presque tous les observateurs de la Maison Blanche reconnaissent que la nomination et la confirmation de Neil Gorsuch se sont faites exceptionnellement en douceur. Ils reconnaissent aussi que la raison de cette facilité est que la Maison Blanche – et Trump lui-même – est restée largement hors du coup.

Pendant la campagne, la Federalist Society a présenté une liste de juges qui bénéficieraient de son approbation en cas de vacance à la Cour suprême. Tous les noms retenus ont été soigneusement étudiés, ce sont tous des juristes honorables, diplômés des meilleures facs de droit ; tous souscrivent aux idées textualistes et n'ont pas soutenu de décisions pro-avortement. Cela devient un élément de discours systématique de Trump pendant la campagne : s'il en a la possibilité, il nommera un membre de cette liste. (Cette approche contraste vivement avec les efforts confus de son équipe pour concocter une liste de conseillers de politique étrangère. Laquelle liste, préparée dans le cadre de la campagne, comprend un groupe largement arbitraire de relatifs inconnus, parmi lesquels Carter Page et George Papadopoulos, qui contribueront ensuite à entraîner la campagne et la future Maison Blanche dans le pétrin russe.)

Aussi irréfutable que soit la liste de la Federalist Society, et aussi soigneuse la sélection opérée par Gorsuch, Trump se rebelle tout de même. C'est un job en or ; pourquoi ne peut-il pas le confier à un ami ? Il n'est pas juriste, d'accord, mais il en sait plus long que la plupart d'entre eux. Après tout, ça fait presque cinquante ans qu'il en embauche et qu'il en vire. Et à New York, c'est un mode de fonctionnement courant : on veut des juges qui vous doivent quelque chose.

Trump a poussé à la nomination de Giuliani (encore un catholique, se trouve-t-il), son choix numéro un pour la Cour suprême, mais on l'a lentement convaincu d'y renoncer : Giuliani est favorable à l'avortement. Maintenant, on présente la nomination de Kavanaugh comme une affaire conclue, à l'image de celle de Gorsuch. Il y a des numéros deux, tels que Barrett, mais Kavanaugh est le candidat McGahn-Federalist Society, le candidat de l'establishment. Leur plan est clair : le lancement de Kavanaugh se fera dans le courant de l'été et les audiences commenceront juste après le Labor Day. Le timing est impeccable. Quelques semaines seulement avant les élections de mi-mandat, les démocrates ne manqueront pas de mordre à l'hameçon et de s'engager dans une tentative bruyante et vaine pour s'opposer au choix du président. Celui-ci défendra avec compétence son candidat, un juge solide et probe, recevable par l'establishment juridique. Il tiendra également la promesse essentielle qu'il a faite à sa base en nommant à la Cour suprême un juge conservateur farouchement hostile à l'avortement.

La confirmation de Kavanaugh au plus fort de la saison des midterms est un plus inestimable. Tel est le message en or adressé aux électeurs conservateurs : même si Trump vous agace, vous pouvez compter sur lui pour mettre sur pied une Cour réhabilitée. Avec le départ du juge Kennedy, Kavanaugh infléchira la cour énergiquement à droite, et deux nouvelles nominations viendront peut-être encore resserrer les rangs.

Mais voilà qu'un Trump optimiste se transforme en Trump agressif. Il exige un choix plus large. Il veut ajouter ses hommes sur la liste. Si les choses tournent mal, il lui faudra des gens sur lesquels il puisse compter. Pour bien faire passer le message, il insiste lourdement : ce qu'il veut, c'est une « carte Vous êtes libéré de prison ».

Cela devient son cheval de bataille. Exposé personnellement de toutes parts, avec le procureur spécial à ses trousses et la perspective qu'une Chambre des représentants démocrate engage au plus vite une procédure de destitution, il doit être sûr du soutien de Kavanaugh. McGahn et les autres sont-ils certains que Kavanaugh protégera ses arrières ? Toujours peu subtil dans ses desiderata, il enfonce le clou : peuvent-ils obtenir un engagement de sa part ?

Pas de problème. Kavanaugh a déjà affirmé, dit-on à Trump, que la fonction présidentielle s'accompagne d'un statut particulier et qu'un président en exercice est, dans les faits, à l'abri de toute culpabilité juridique personnelle. (En fait, Kavanaugh, qui a travaillé pour Ken Starr, le procureur de Clinton, a assuré exactement le contraire au moment de l'enquête contre Clinton, et bien qu'il semble désormais favorable à un exécutif fort, sa position réelle semble encore assez floue.) Mais oui, répètent à l'envi les conseillers de Trump, toutes les questions le concernant susceptibles d'être présentées à la Cour suprême – sur ses intérêts commerciaux, sur le privilège de l'exécutif, sur sa possible mise en examen – ne poseront plus aucun problème avec Kavanaugh.

La nomination de Kavanaugh envoie un signal d'alarme strident à Andrew Weissmann et à l'équipe Mueller. Si le procureur spécial met le président en examen, la question de l'immunité présidentielle sera indéniablement soumise à la Cour suprême et pourrait entraîner une décision susceptible d'être aussi lourde de conséquences que l'arrêt Bush v. Gore qui mit fin à tous les recours au lendemain de l'élection présidentielle de 2000, ou que l'affaire des bandes magnétiques de Nixon. En fait, cette décision pourrait tout aussi bien renforcer l'emprise de Trump sur la Maison Blanche que provoquer sa chute. Et si la Cour en arrive là, quel poids pèsera Kavanaugh ?

D'emblée, ou presque, l'équipe Mueller a supposé que la Cour suprême serait chargée de décider du destin du président, et peut-être aussi du sort de l'enquête du procureur spécial. Mais voilà que les questions constitutionnelles au cœur de la procédure à venir seront étudiées par un homme qui semble avoir déjà tranché la question de la faillibilité présidentielle, et avoir jugé le président absolument infaillible. À supposer que le Sénat confirme Kavanaugh, une quasi-certitude puisque les républicains y sont majoritaires, le nouveau juge de la Cour pourrait apporter exactement le genre d'exception présidentielle qui rendra toute leur enquête pour ainsi dire inutile.

Mais pendant que l'équipe Trump s'efforce de faire de Kavanaugh une sorte de rempart pour le président, Weissmann cherche de son côté comment contourner le nouveau juge à venir et la protection qu'il ne manquera pas d'offrir au président. À la veille des audiences de Kavanaugh, l'équipe du procureur spécial imagine ce qui pourrait se passer pour peu que le département de la Justice exige de Kavanaugh qu'il se récuse.

Si cette démarche a la vertu pour elle, elle n'a pas forcément le droit. Un juge amené à exercer de l'influence sur le sort d'une personne pour laquelle il peut raisonnablement éprouver un *a priori* favorable – peut-être parce qu'elle lui a accordé une faveur, en le nommant juge, par exemple – doit se récuser. C'est ainsi qu'agissent les juges impartiaux. S'ils ne le font pas, un appel à des instances judiciaires supérieures peut les obliger à le faire. Mais bien que tous les juges des tribunaux fédéraux soient soumis aux mêmes règles concernant les conflits d'intérêts, l'application de ce principe aux magistrats de la Cour suprême – ou plus exactement, le fait que quelqu'un puisse la leur imposer – est moins évidente.

La consultation des textes de loi à laquelle se livre le procureur spécial n'inspire guère d'optimisme sur ce point : « Les règles de la Cour suprême ne prévoient pas le dépôt de motions de récusation. Évidemment, de telles motions sont rarement déposées, et nous n'avons trouvé aucun cas qui ait été suivi d'effet, déclare une note de recherches préparée pour l'équipe Mueller. Et nous n'avons connaissance d'aucun exemple où le gouvernement américain ait déposé une motion visant à la récusation d'un juge. »

S'agissant des éléments les plus fondamentaux de la loi, le document est franchement pessimiste : « Les dispositions du code d'éthique qui gouverne généralement les décisions de récusation des juges fédéraux – le code de conduite des juges des États-Unis, promulgué par la Conférence judiciaire – n'engagent pas les juges de la Cour suprême. »

Néanmoins – et tel est l'éternel argument du procureur spécial – la loi ne prévoit aucune exception primordiale, aucune solution régalienne : « Le statut fédéral de récusation [...] s'applique par ses dispositions à "n'importe quel juge ou magistrat des États-Unis". [...] De surcroît, les décisions de la Cour suprême indiquent clairement que la récusation est un élément fondamental d'impartialité et d'apparence de justice, qui implique le respect scrupuleux de la loi. »

Il n'existe malheureusement « aucun mécanisme permettant de faire appel de la décision d'un juge de la Cour suprême de ne pas se récuser, ni aucun moyen de confier la question à une autre instance judiciaire que le seul juge. »

La solution proposée par Weissmann au problème Kavanaugh est manifestement vouée à l'échec. Si Kavanaugh devient juge à la Cour suprême, le département de la Justice est libre de demander qu'il se récuse de ce qui pourrait être l'affaire du siècle. Mais Kavanaugh est libre de refuser, et la question sera réglée.

Pendant que le bureau du procureur spécial examine les possibilités dont il dispose à la suite de la nomination de Kavanaugh, la minorité démocrate du Sénat en fait autant. Sa conclusion est que le seul moyen de faire capoter la nomination de Kavanaugh est de contester l'honnêteté personnelle de celui-ci. Un e-mail d'un membre du Sénat dresse la liste de quelques-unes des affaires qui, en ultime recours, pourraient faire barrage à Kavanaugh : « Inconduite sexuelle ou financière, drogue, problèmes de gestion de la violence et de la colère, plagiat, dettes de jeu. »

Une rumeur à bas bruit circule pendant tout l'été sur Delta Kappa Epsilon, la fraternité universitaire de Kavanaugh à Yale. Une génération plus tôt, des rumeurs du même genre ont émaillé la candidature présidentielle de George W. Bush ; il a été, lui aussi, membre de la DKE et des accusations d'abus d'alcool et de comportements sexuels agressifs l'ont poursuivi.

Mais ce sont les années de lycée de Kavanaugh qui viennent le hanter. Dianne Feinstein, sénatrice de

Californie et membre éminent de la commission judiciaire du Sénat, fait part à plusieurs amis d'une lettre confidentielle qu'elle a reçue et qui accuse Kavanaugh d'un comportement inconvenant lors d'une soirée qui s'est tenue jadis dans son lycée privé. L'accusatrice de Kavanaugh est une certaine Christine Blasey, qui utilise parfois son nom d'épouse, Ford. Professeure de psychologie à l'université de Palo Alto, elle paraît crédible et a de solides antécédents. Mais elle a peur de se faire connaître ; par ailleurs, Feinstein se demande si quelqu'un aura gardé le souvenir de l'unique incident dont Blasey Ford fait état. Elle se demande même si cet incident mérite qu'on s'en souvienne. Pendant des semaines, Feinstein ne parle de cette lettre à personne.

Les audiences de confirmation de Kavanaugh commencent le 4 septembre. Elles ne suscitent d'abord guère d'inquiétude parmi les supporters du candidat. Mais les adversaires de Kavanaugh sont prêts à tout et, après une série de fuites dues à des démocrates du Capitole, Blasey Ford, bon gré mal gré, devient une arme de choix contre Kavanaugh. Contrainte de sortir du bois, elle décrit sa mésaventure dans un article que publie le *Washington Post* du 16 septembre 2018.

Cet épisode s'est déroulé dans le Maryland durant l'été 1982 ; un petit groupe d'adolescents s'était réuni un soir chez l'un d'entre eux. Blasey Ford, qui avait alors 15 ans, connaissait vaguement Brett Kavanaugh qui en avait 17 et fréquentait comme elle le milieu des écoles privées du comté de Montgomery. Ce soir-là, à en croire Blasey Ford, alors qu'elle est montée à l'étage à la recherche des toilettes, un Kavanaugh ivre, accompagné d'un ami tout aussi ivre, la pousse de force dans une chambre, la fait tomber sur un lit et lui saute dessus, tripotant ses vêtements et lui tenant la main sur la bouche assez longtemps pour qu'elle commence à s'affoler.

Trump, semble-t-il, ne se lasse pas de cette histoire. « Il l'a poussée sur le lit, c'est tout ? » Il veut absolument savoir combien de temps il l'a retenue. « Il s'est juste laissé tomber sur elle et il a cherché à l'embrasser ? Ou bien il l'a sautée ? »

Quand on raconte à Trump que l'ami de Kavanaugh, Mark Judge, présent dans la chambre aux dires de Blasey Ford, a écrit un livre sur ses exploits de lycéen bourré, Trump se frappe la tête. « Mais qu'est-ce que c'est que ces crétins que vous m'avez amenés ? »

Et il recommence à seriner qu'on n'en serait pas là s'il avait choisi lui-même le candidat. « C'est gênant, remarque-t-il. Des lycéens catholiques. » Ce qui l'incite à évoquer ses propres exploits à 17 ans : il ne s'est pas contenté de baisers volés, ça, c'est sûr.

L'histoire de Blasey Ford fait immédiatement les gros titres de la presse et Trump est soudain pris d'un mépris dégoulinant pour Kavanaugh. « Il a l'air faible. Pas fort. Il a dû se faire agresser par un prêtre. »

Kavanaugh étant de plus en plus poussé sur la défensive, sa nomination semble brusquement en péril. La Maison Blanche et l'équipe de Kavanaugh rejettent l'idée d'une interview sur CBS, estimant le candidat incapable de riposter à des questions hostiles. Mais comme il est indispensable que Kavanaugh ait l'occasion de se justifier d'une manière ou d'une autre, la Maison Blanche accepte que Fox organise un entretien soft, en lui soumettant ses questions à l'avance.

Au cours de cette séance sirupeuse du 24 septembre, un Kavanaugh déconfit et geignard affirme avoir été puceau pendant toutes ses années de lycée et encore longtemps après. Trump peine à y croire. « Arrêtez ! Qui aurait l'idée de raconter des choses pareilles ! Mon juge puceau. Cet homme n'a aucune fierté ! Cet homme ? J'ai bien dit *homme* ? Laissez-moi rire. »

Manifestement, Trump est impatient d'arrêter les dégâts et de tourner la page. Seules des mises en garde énergiques d'éminents membres de son staff, qui lui font remarquer qu'abandonner Kavanaugh aurait un effet démoralisant sur la base républicaine – les élections de mi-mandat ne sont plus qu'à quelques semaines –, réussissent à empêcher le président d'envoyer un tweet pour lâcher son candidat.

Pour ajouter à l'effervescence, Ivanka raconte à son père que Kavanaugh passe très mal auprès des femmes. Il compromet gravement les chances des républicains aux élections à venir. Les démocrates ont encore du mal à le croire, mais le sort de la bataille de Kavanaugh semble tourner, inexorablement même, en leur faveur.

La colère de Trump monte encore d'un cran quand il apprend que George W. Bush, un des hommes politiques qu'il méprise le plus, a pris la défense de Kavanaugh et que de nombreux républicains sont convaincus que c'est Bush qui maintient sa candidature sur les rails.

« Les ivrognes se serrent les coudes, remarque Trump. Si c'est un type de Bush, ce n'est pas un type de Trump. Impossible de compter sur lui. Le puceau me trahira. »

Pendant la semaine du 24 septembre, le témoignage de Blasey Ford semble incertain. Se présentera-t-elle ou non ? Le suspense crée un flottement et une tension qui semblent agacer singulièrement Trump : Blasey Ford monopolise l'attention.

Encouragés par Bannon, Lewandowski et Bossie expliquent au président que s'il perd Kavanaugh ou, pire, s'il lâche Kavanaugh, il peut faire une croix en novembre non seulement sur la Chambre mais aussi sur le Sénat.

Trump reprend apparemment du poil de la bête en se concentrant sur Michael Avenatti, l'avocat de Stormy Daniels, et sur Ronan Farrow, un journaliste qui consacre souvent des articles à des agressions sexuelles. Ils ont l'un comme l'autre présenté des accusatrices de dernière minute contre Kavanaugh, à un moment où Blasey Ford hésite à témoigner. L'accusatrice recrutée par Avenatti raconte une histoire de viols collectifs commis par des adolescents dans une banlieue de Washington. L'accusatrice de Farrow, quant à elle, affirme avoir reconnu Kavanaugh à une soirée trop arrosée de Yale et ajoute qu'il s'est peut-être exhibé devant elle.

« Pathétique », lâche Trump avant de se lancer dans des divagations à propos de Farrow qui serait peut-être le fils de Frank Sinatra, comme l'a suggéré sa propre mère, Mia Farrow, ou celui de Woody Allen, puis d'ajouter, dans une nouvelle digression, qu'il a connu à la fois Frank et Woody.

Alors que les accusations contre Kavanaugh s'amplifient, Trump paraît s'identifier de façon croissante avec son candidat, ou reconnaître que la violence qui se déchaîne contre Kavanaugh se dirige également contre lui.

« C'est à *moi* qu'ils en veulent », remarque-t-il, comme s'il en était fier.

Trump étant de retour dans l'arène, il faut le retenir pour qu'il ne mène pas la contre-attaque lui-même. Beaucoup de gens à la Maison Blanche se tordent de rire en voyant les efforts qu'il s'impose pour simuler une forme de pondération, et les paris vont bon train : « Quand va-t-il exploser ? »

Quand Blasey Ford accepte à nouveau de témoigner – sa comparution est désormais fixée au jeudi 27 septembre –, Trump est repris de doutes quant à la faculté de résistance de Kavanaugh dans une situation publique tendue. Il lui adresse instructions et conseils. « N'avouez rien. Rien du tout ! » Il veut de l'agressivité.

Au cours des journées et des heures qui précèdent l'audition, Trump appelle des amis et répète ce qui est devenu son thème de prédilection : quand *il* a été accusé, il a serré les dents et il s'en est sorti. Il donne l'impression de sonder tous ses interlocuteurs sur la pugnacité qu'ils attribuent à Kavanaugh.

Pendant tout ce temps, le président semble reconnaître implicitement la véracité de l'histoire de Blasey Ford. « Si ce n'était pas vrai, suggère-t-il, elle aurait prétendu qu'il y a eu viol, ou un truc comme ça, pas un simple baiser. »

Le 27 au matin, Trump regarde le témoignage de Blasey Ford à la résidence avant de descendre dans la West Wing. Il passe presque tout son temps au téléphone avec des amis. « Elle est bonne », ne cesse-t-il de dire. Pour lui, Kavanaugh est dans un « sacré pétrin ».

Cet après-midi-là, alors qu'il suit l'intervention de Kavanaugh à la télévision, il est très mécontent. Il prend apparemment comme une offense personnelle que Kavanaugh ait pleuré pendant son témoignage. « Je l'aurais giflé, dit-il ensuite à un correspondant. Le puceau pleurnicheur. »

D'un autre côté, Kavanaugh n'a rien avoué, ce dont il s'attribue le mérite. « Il ne faut même pas reconnaître une poignée de main », affirme-t-il au même interlocuteur. Il se lance dans une digression à propos de son « ami Leslie Moonves », le président de CBS qui s'est fait éreinter récemment après la série d'accusations #MeToo. « Les a reconnu un baiser. Il est foutu. Laisse tomber. Quand j'ai entendu parler du baiser, je me suis dit : liquidé, foutu. Le seul à avoir survécu à ce genre de trucs, c'est moi. Je savais qu'il ne faut rien avouer. Essayer d'expliquer ? C'est mort. S'excuser ? C'est mort. Simplement admettre qu'on connaît une gonzesse ? C'est mort. »

Ce soir-là, alors qu'il s'est mis au courant des commentaires des médias et a constaté que Fox accorde à Kavanaugh un reportage en béton, Trump paraît changer d'avis. « Tous les hommes du pays se disent que ça pourrait leur arriver, fait-il remarquer à un ami. Tu as embrassé une fille trente ans plus tôt, et trente ans plus tard, elle se pointe et boum ! Qui se souvient d'un baiser quarante ans après ? Elle est encore furieuse, quarante ans après ? Laisse-moi rire ! Laisse. Moi. Rire. »

Le lendemain, Jeff Flake, le sénateur sortant non réélu de l'Arizona mais qui est encore en poste en attendant l'entrée en fonction de son successeur, est pris à partie dans un ascenseur par des partisans de Blasey Ford larmoyants et agressifs et par des adversaires de Kavanaugh. Il menace alors de refuser sa voix lors du vote de confirmation si le FBI n'engage pas un complément d'enquête.

« Flakey Flake », Flake le barjo, lance Trump. Malgré ce revers, il reste plutôt confiant dans l'issue de la nomination de Kavanaugh. « Cette enquête ? Connerie. Pure connerie. »

Quatre jours avant la date prévue pour le vote de confirmation – pendant que le FBI mène une nouvelle série d'enquêtes –, Trump assiste à un rassemblement dans le Mississippi. Il plastronne.

« "J'ai pris une bière ?" D'accord ? "J'ai pris une bière." Euh… vous pensez que c'était… ? Non ! Une bière. Bon, d'accord. Comment êtes-vous rentré chez vous ? "Je ne me rappelle pas." Comment êtes-vous arrivé ici ? "Je ne me rappelle pas." C'était où ? "Je ne me rappelle pas." Ça s'est passé il y a combien d'années ? "Je ne sais pas." Je ne sais pas. Je ne sais pas. Je ne sais pas. C'était dans quel quartier ? "Je ne sais pas." Où est la maison ? "Je ne sais pas." Où était-ce ? À l'étage ? Au rez-de-chaussée ? "Je ne sais pas." Mais j'ai pris une bière. C'est tout ce dont je me souviens. Et la vie d'un homme est ruinée. La vie d'un homme est fracassée. »

La grossièreté de Trump paie : plus rien ne fera dérailler la nomination de Kavanaugh à présent.

Le 6 octobre, Brett Kavanaugh est confirmé par le Sénat au grand complet, par 50 voix contre 48.

Après le vote, Bannon n'est pas loin de mugir de plaisir. « Ne sous-estimez jamais la capacité des démocrates à présumer de leurs forces et à tout faire foirer. Kavanaugh *est* la présidence. » Non seulement les démocrates n'ont pas pu empêcher cette nomination, mais ils ont fait monter la pression en jouant à quitte ou double. Et puis, au dernier moment, alors qu'ils sentaient déjà le parfum de la victoire, ils ont perdu la bataille.

Selon Bannon, Trump a attiré dans son camp ceux qui ne croient ni les démocrates ni Blasey Ford, et tous ceux qui estiment que deux minutes de pelotage plusieurs dizaines d'années plus tôt sont tout simplement hors sujet. Mais Bannon prend aussi conscience que Trump s'est peut-être irrémédiablement aliéné toutes les femmes du pays qui ont fait des études supérieures.

Il n'empêche que Sean Hannity a eu 5,8 millions de téléspectateurs le soir de l'audience Blasey Ford-Kavanaugh. « Ça fait un sacré putain de paquet de hobbits[1] », observe Bannon.

Pour lui, c'est un instant décisif. Les démocrates en pleine ascension considèrent le scrutin à venir comme un combat à la vie à la mort. Et maintenant, les hobbits en font autant. Les gens de Pelosi, encore sûrs d'obtenir soixante sièges supplémentaires à la Chambre des représentants il y a quatre semaines, réduisent en privé leurs estimations à trente.

---

1. Surnom donné aux partisans du Tea Party par John McCain en juillet 2011. Par extension, depuis : les soutiens et électeurs de la droite trumpienne (ou bannonienne).

Bannon a peine à croire que le vent des midterms lui redevienne favorable. « Et voilà que finalement Kavanaugh a nationalisé ces élections. »

Il ne regrette qu'une chose, qu'elles n'aient pas lieu le 6 octobre au lieu du 6 novembre. Et il croise les doigts pour qu'il ne se produise pas d'autres événements exogènes.

19

Khashoggi

Jamal Khashoggi, citoyen saoudien installé aux États-Unis, journaliste et acteur crucial de la politique du golfe Persique, véritable épine au pied de Mohammed ben Salmane, prince héritier de 32 ans et dirigeant saoudien de fait, franchit la porte du consulat d'Arabie saoudite d'Istanbul, le 2 octobre 2018, peu après 13 heures. Il se retrouve nez à nez avec un groupe de tueurs envoyés par le prince héritier lunatique, plus proche allié international de Jared Kushner dans sa tentative pour faire entendre sa voix dans la politique étrangère de l'administration de son beau-père. Une fois Khashoggi assassiné et démembré, ses restes sont, semble-t-il, dissous dans une cuve d'acide, à moins qu'ils ne soient sortis de Turquie par la valise diplomatique.

Les services turcs de sécurité filment une grande partie des derniers moments de Khashoggi à l'insu de l'équipe de tueurs saoudiens, des hommes qui ne s'embarrassent pas de délicatesse. Dans les heures et les jours qui suivent, tandis que les Saoudiens prétendent que Khashoggi est sorti de l'ambassade sur ses deux jambes, le président turc, Recep Tayyip Erdogan, proche des ennemis de l'Arabie saoudite que sont le Qatar et l'Iran, laisse fuiter au compte-gouttes les sinistres détails de la disparition et de la liquidation de Khashoggi.

Le président Trump dédaigne le premier rapport partiel sur la mort éventuelle de Khashoggi. Quand davantage de précisions commencent à filtrer, il déclare ne pas faire confiance aux Turcs. Enfin, il incite Jared à « appeler notre ami », le prince héritier.

« Mohammed, rapporte Jared, étudie l'affaire. Il n'en sait pas plus long que nous. »

Le 4 octobre, le *Washington Post* publie un espace vierge sur la page où « devrait être publiée » la chronique de Khashoggi. Le *Post* soupçonne le dirigeant saoudien d'être mêlé à son assassinat. Le lendemain, les Turcs confirment que si Khashoggi est bien entré dans l'ambassade d'Arabie saoudite, il n'en est jamais ressorti.

Comme si souvent à Trumpland, une victoire majeure et rare – le vote de confirmation de Kavanaugh – est presque immédiatement gâchée par une nouvelle réalité affreuse, en l'occurrence l'étroite relation personnelle de Trump et de sa famille avec un meurtrier présumé.

L'Arabie saoudite, un pays connu pour sa famille royale complexe et peu commode, ses liens avec des organisations terroristes, sa loi et sa culture cruelles, ses vastes réserves de pétrole et sa position clé au Moyen-Orient, a toujours requis une finesse et une dextérité diplomatiques extrêmes de la part des présidents américains. Manquant désespérément de ces talents, l'administration Trump, quatre semaines avant un scrutin tendu, reconnaît et défend publiquement un acte flagrant de torture et de vengeance politique, les révélations sordides se multipliant de jour en jour.

Exemple spectaculaire des événements exogènes que redoute tant Bannon, une fenêtre s'ouvre, sans que personne puisse apparemment la refermer, sur Trump et les curieuses affaires de sa famille dans les coins les plus louches de la planète.

L'addiction de Mohammed ben Salmane – MBS – à la cocaïne est un secret de Polichinelle dans les milieux de la politique étrangère. Il lui arrive aussi de disparaître pendant des jours, voire plus longtemps, pour aller s'alcooliser ou entreprendre de longues et effrayantes (pour les autres passagers, du moins) escapades sur son yacht. Il passe aussi plusieurs heures par jour devant son écran à jouer à des jeux vidéo. On dit souvent de lui, comme de Trump, qu'il a été un enfant grognon. Cet homme incontrôlable est décidé à écraser toute opposition à son pouvoir au sein de la vaste famille royale et n'hésite pas, à cette fin, à user de moyens d'une brutalité qui dépasse encore le niveau de violence courant dans le royaume. De l'avis des milieux américains de la politique étrangère et du renseignement, MBS est vraiment un cas, même pour les Saoudiens, l'équivalent de Tony Montana dans *Scarface*.

Le plus incompréhensible est la sympathie peu commune que lui témoigne Jared Kushner. Les deux hommes sont devenus de véritables copains et Kushner ne ménage ni son temps ni ses efforts ni sa crédibilité politique pour faire la réclame du prince héritier. L'opération de communication des Saoudiens en direction des États-Unis, déjà très active, peut compter sur le soutien de Kushner.

Les 5 et 6 octobre, pendant que le président fait la tournée du pays dans son exercice désormais presque quotidien de rassemblements MAGA[1] dans des stades qui lui sont tout acquis, Kushner est chargé de sortir son ami MBS, en même temps que lui-même, du pétrin Khashoggi. Fréquemment en contact avec le prince héritier, Kushner devient de fait son spécialiste de gestion de crise, ce qui le conduit à être également le plus prolifique responsable des fuites de la Maison Blanche en matière de théorie du complot et de désinformation saoudiennes.

La Maison Blanche est à l'origine de la version du complot turc : imputer à MBS la « disparition » de Khashoggi ferait partie d'un plan d'Erdogan pour rétablir le califat ottoman et reprendre le contrôle de La Mecque aux Saoudiens. La Maison Blanche est à l'origine de la version du complot des Émirats arabes unis : l'avion transportant l'équipe de tueurs est parti de Riyad, mais il a fait escale à Dubaï en se rendant à Istanbul. Si MBS a été jadis le protégé de Mohammed ben Zayed – MBZ –, dirigeant des Émirats, leurs relations se sont récemment refroidies, notamment parce que MBZ désapprouve la cocaïnomanie de MBS. MBZ, dit-on, pourrait fort bien avoir envoyé un certain nombre d'assassins rejoindre l'équipe à Dubaï pour pouvoir rejeter la responsabilité du crime sur MBS.

Kushner, dans un entretien off avec un journaliste, présente ainsi le point crucial de l'affaire saoudienne :

1. *Make America Great Again.*

« Ce type [Khashoggi] servait de lien entre certaines factions de la famille royale et Oussama. Nous le savons. Un journaliste ? Laissez-moi rire. C'était un terroriste qui se faisait passer pour un journaliste. »

Pour Jim Mattis, secrétaire à la Défense dont le dégoût va croissant, la calamiteuse affaire Khashoggi offre un nouvel exemple des relations étranges et inexplicables que Trump et sa famille ont nouées avec des sales types un peu partout dans le monde, de Poutine à Kim Jong-un, sans oublier leur rôle dans l'interminable feuilleton des États du golfe Persique, et plus particulièrement dans les interactions entre MBS, MBZ et l'homme fort du Qatar, Hamad ben Jassem – HBJ –, dont les enjeux sont loin d'être négligeables. Si les agissements de Trump sont bizarres et déroutants, il arrive que les ingérences incessantes et le programme confus de Kushner soient encore plus inquiétants et franchement exaspérants. Mattis est de plus en plus convaincu que les interventions constantes de Kushner sont farfelues ou délictueuses, sinon les deux. Et le FBI a des raisons d'être inquiet, lui aussi : Kushner n'a jamais obtenu son habilitation de sécurité régulière et ne possède qu'une habilitation de niveau « top secret » qu'il doit à un passe-droit presque sans précédent offert par le président lui-même (une réalité que nient sans vergogne Kushner et sa femme).

Les problèmes financiers de la famille Kushner et ses liens dans la région du Golfe font l'objet de discussions incrédules dans le milieu de la diplomatie. Qu'un homme dont les conflits d'intérêts sont aussi flagrants – le gendre du président essaie de collecter des fonds privés auprès d'individus mêlés à des négociations et à des relations complexes avec le gouvernement américain – puisse, sans provoquer un tollé, prétendre jouer un rôle prépondérant dans les mêmes domaines, cela paraît dépasser la simple naïveté. L'expression « chiffre de la bête » – 666 – devient une sorte de code fataliste, dans la bouche de certains observateurs, pour souligner que les initiatives ou les recommandations de Kushner ont sans doute beaucoup à voir avec les efforts de sa famille pour refinancer l'immeuble en difficulté qu'elle possède au numéro 666 de la Cinquième Avenue.

Cet ensemble de bureaux et de commerces a été acheté en 2007, à la veille de la crise financière mondiale, par Jared Kushner et le contrat était en négociation pendant que son père était en prison. Cette acquisition s'inscrivait dans le cadre de l'ambitieux programme de la famille pour abandonner le New Jersey, trop paisible, et transférer ses avoirs et le cœur battant de ses affaires sous le feu des projecteurs new-yorkais. Les Kushner ont payé le 666 1,8 milliard de dollars, le double du prix record au mètre carré pour un bien immobilier à Manhattan. Dès le début, l'immeuble, qui nécessitait d'importants travaux de rénovation, a eu du mal à attirer des locataires de qualité. Qui plus est, au terme de plusieurs renégociations de crédit, un dernier remboursement de 1,4 milliard, sur un emprunt immobilier obtenu avec un cautionnement réciproque de plusieurs autres biens de la famille, arrive à échéance en 2019.

Avant même l'élection, la famille a tenté, sans grand succès, d'obtenir un accord de refinancement. C'est que maintenir le 666 à flot peut faire toute la différence entre le statut familial de multimilliardaires et une situation nettement plus déshonorante. Par ailleurs, l'essentiel de la fortune personnelle de Jared est immobilisé dans les affaires familiales, ce qui confère une urgence toute particulière à la situation.

Les relations entre Jared et Bannon, qui n'ont jamais été bonnes depuis leur entrée à la Maison Blanche, atteignent un premier seuil critique le jour où Kushner apprend que Bannon se livre à une sorte de compte à rebours au sujet du 666, attendant le moment où il fera faillite et entraînera la famille dans sa chute. Les fonctions de Kushner à la Maison Blanche rendent ses tentatives de refinancement indéniablement plus difficiles : la moralité de tous les créanciers potentiels sera examinée de près et ils peuvent être sûrs d'attirer l'attention des médias. Les créanciers bien disposés, s'il s'en trouve, peuvent faire pression sur la famille et l'obliger, poussée par la nécessité, à accepter un accord peu avantageux, à moins, bien sûr, que faire affaire avec les Kushner ne s'accompagne d'*autres* bénéfices potentiels qu'un créancier pourrait accepter de payer au prix fort.

Jared devenant une des voix prépondérantes de la politique étrangère américaine, la famille Kushner cherche à obtenir un financement des Qataris, des Saoudiens, des Chinois, des Russes, des Turcs et des Émirats arabes unis, autant de pays où argent privé et intérêts de l'État se confondent systématiquement. Mais partout, les investisseurs étrangers estiment que les avantages d'une transaction avec les Kushner sont gravement compromis par les inconvénients de leur exposition médiatique. La famille persévère pourtant, faisant des pieds et des mains pour trouver un partenaire qui soit d'accord dans le vivier limité d'investisseurs immobiliers à haut risque qui jouent dans la catégorie des milliardaires.

En août 2018, la famille Kushner semble arriver à ses fins en concluant un accord pour renflouer son immeuble de la Cinquième Avenue grâce à une société d'investissement appelée Brookfield Asset Management, dont le siège se trouve à Toronto. Avec près de 300 milliards de dollars de capital en gestion, Brookfield est la façade de fonds souverains du monde entier – le Qatar est l'un de ses principaux investisseurs – qui peuvent désirer bénéficier d'un niveau d'anonymat élevé. Dans de nombreuses transactions, l'anodin « Brookfield » est mieux positionné que, par exemple, la Qatar Investment Authority, plus visible. Et dans le cercle fort peu vertueux que forment Brookfield, ses fonds souverains et la famille Kushner, ce n'est pas seulement l'argent du Moyen-Orient qui cherche potentiellement à influencer la Maison Blanche de Trump, mais Brookfield qui espère faire peser la Maison Blanche à son profit au Moyen-Orient.

À la Maison Blanche, après l'annonce de l'accord avec Brookfield, John Kelly pète les plombs. Sa relation avec Jared et Ivanka, qui a toujours été un jeu de rivalités, est plus mauvaise que jamais, Kelly accusant Kushner d'avoir vendu le gouvernement de son beau-père.

À la mi-octobre, presque deux semaines après le début du cauchemar Khashoggi, tout dans cette affaire est devenu bien pire, et encore plus public. Les Saoudiens comme la Maison Blanche semblent parfaitement incapables de faire face à la réalité. Les premiers nient l'évidence et présentent les versions contradictoires les plus loufoques, tandis que la seconde justifie l'évidence par une logique bâclée.

Curieusement, les conseillers du président laissent Trump se dépêtrer tout seul. Quand il parle de l'assassinat ou tweete à ce propos, Trump donne l'impression de débattre publiquement avec lui-même, se torturant tout haut l'esprit, en quelque sorte, en découvrant le hiatus entre realpolitik et valeurs morales. Pendant cinq jours, il présente tout un éventail d'opinions et de légitimations.

« Nous examinons cette affaire de très, très près, et nous serions extrêmement contrariés si c'était vraiment le cas [si les Saoudiens avaient commandité le meurtre], dit-il ainsi le 14 octobre. Pour le moment, ils nient. Farouchement. Est-ce que ça pourrait être eux ? Oui », admet-il, apparemment à contrecœur et même d'un ton revêche.

Le 15 octobre : « Je viens de parler au roi d'Arabie saoudite qui affirme n'avoir aucune connaissance de ce qui s'est passé concernant, selon ses propres termes, son citoyen arabe saoudien… Je ne prétends pas lire dans son esprit, mais j'ai eu l'impression qu'il pourrait s'agir de tueurs isolés. Qui sait ?… Et j'ai eu l'impression que ni lui ni le prince héritier n'étaient au courant. »

En fait, dans la mesure où le roi d'Arabie saoudite n'est pas franchement sain d'esprit – comme le savent de nombreux représentants des milieux diplomatiques –, on est en droit de douter de la réalité de cette conversation.

Le 16 octobre, Trump s'efforce toujours désespérément de trouver une issue à cette affaire ou au moins une ligne cohérente à laquelle se tenir. « Et voilà que ça recommence, vous voyez. Vous êtes coupable tant que vous n'aurez pas donné la preuve de votre innocence. Ça ne me plaît pas. Nous venons d'en avoir un exemple avec le juge Kavanaugh et, pour moi, il est innocent de bout en bout. »

Plus tard, le même jour : « Pour info, je n'ai aucun intérêt financier en Arabie saoudite (pas plus qu'en Russie, d'ailleurs). Toute suggestion du contraire ne serait qu'un surcroît de FAKE NEWS (dont nous avons déjà des masses !). »

Et toujours le 16 : « Je viens de parler au prince héritier d'Arabie saoudite qui nie fermement avoir eu connaissance de ce qui s'est passé dans leur consulat de Turquie. Il était avec le secrétaire d'État Mike Pompeo pendant cet appel et m'a annoncé qu'il a déjà lancé une enquête pleine et entière, et qu'il ne va pas tarder à l'élargir encore. »

La suite, le 17 octobre : « Nous irons au fond des choses. J'espère que le roi et le prince héritier [saoudiens] n'étaient au courant de rien. À mes yeux, c'est l'essentiel... Je ne les couvre absolument pas. Ce sont des alliés. Nous avons d'autres bons alliés au Moyen-Orient. »

Le jour même, la Maison Blanche annonce que les Saoudiens viennent de transférer 100 millions de dollars aux États-Unis, en versement partiel d'une somme qu'ils avaient accepté de payer plus d'un an auparavant pour l'achat d'armes américaines.

Enfin, le 18 octobre, quand on lui demande s'il pense que Khashoggi est mort, Trump répond : « J'en ai bien l'impression. Nous attendons le résultat de certaines enquêtes... et je pense que nous ferons une déclaration, une déclaration très forte. Il faudra qu'elle soit très sévère. C'est une sale affaire, une très sale affaire. Mais nous verrons bien ce qui va se passer. »

Cette semaine-là, lors d'un de ses appels du soir, il dit les choses un peu différemment : « Bien sûr, il l'a tué, il devait avoir une bonne raison. Qu'est-ce que ça peut foutre ? »

Pendant ce temps, plus discrètement, Kushner essaie de gérer MBS. La tentative est loin d'être un succès, MBS semblant incapable de comprendre, de près ou de loin, qu'à l'exception du royaume saoudien et des États du Golfe, le monde risque d'exiger des critères de comportement différents de ceux qui paraissent acceptables dans l'univers d'un despote féodal.

Kushner suggère au prince héritier d'ordonner l'arrestation et la prompte exécution de quinze conspirateurs mêlés à l'assassinat de Khashoggi. MBS répond qu'il l'envisage. Kushner l'exhorte à annuler le « Davos du désert », le forum sur l'investissement soigneusement mis en scène par l'Arabie saoudite et qui est censé s'ouvrir le 23 octobre. Chose gênante, de nombreux P-DG américains de grandes sociétés ont accepté de s'y rendre, pour la plupart d'entre elles à l'instigation de Kushner. Mais MBS, persuadé qu'il ne faut surtout pas manifester la moindre trace d'inquiétude ou de contrition, lui oppose une fin de non-recevoir. Il va jusqu'à faire remarquer à Kushner qu'en Arabie saoudite la couverture médiatique est très positive ; personne ne se soucie de Khashoggi !

En public comme en privé, les efforts de la Maison Blanche pour faire face aux retombées de l'assassinat de Khashoggi ne contribuent qu'à l'enfoncer davantage. Après plusieurs semaines de pressions d'un certain nombre de conseillers, Steve Mnuchin, secrétaire au Trésor, finit par renoncer à se rendre au Davos saoudien comme il l'avait prévu. Trump continue à se livrer à des commentaires presque quotidiens sur l'assassinat, dont aucun n'est satisfaisant, jusqu'au jour de l'ouverture du forum.

Les élections de mi-mandat ne sont alors plus qu'à trois semaines.

Jared Kushner est arrivé à la Maison Blanche convaincu de pouvoir mettre en place et représenter une nouvelle génération caractérisée par une précision cool et kissingérienne en politique étrangère, Henry Kissinger lui-même l'encourageant à y croire.

Quelques mois avant l'assassinat de Khashoggi, cependant, Kissinger a assisté à un déjeuner organisé par un petit groupe d'avocats new-yorkais influents. Et il y a emmené Rupert Murdoch. Les deux hommes ont soutenu l'ascension de Jared Kushner et, malgré une certaine réserve instinctive, ils ont l'un comme l'autre tenu à aborder l'administration Trump l'esprit ouvert. L'attitude de Kissinger pendant l'essentiel de la première année a été que, malgré une rhétorique déplaisante et l'absence de tout résultat franchement positif, il ne s'est rien passé de vraiment négatif non plus dans la gestion du rôle mondial des États-Unis par cette Maison Blanche ; dans ces conditions, pourquoi ne pas accorder une chance à Trump et à son équipe ? Mais au cours de ce déjeuner – tandis que Murdoch, les bras croisés, opine du chef pour marquer son approbation –, un Kissinger écœuré s'en prend à Trump et à Kushner avec une hargne viscérale. « Toute la politique étrangère repose sur la réaction d'un unique individu instable à ce qu'il perçoit comme des affronts ou des flatteries. Si quelqu'un dit du bien de lui, il est notre ami ; si quelqu'un dit du mal de lui, s'il refuse de plier l'échine, il est notre ennemi. »

Après le meurtre de Khashoggi, Kissinger, avec un regain de mépris, déclare à des amis qu'en se liant avec MBS, Kushner est resté aveugle à ce qu'est vraiment l'Arabie saoudite. La Maison Blanche de Trump s'est attachée à MBS, qui s'est lui-même attaché à la renaissance économique de son pays. Or, l'Arabie saoudite, confrontée à la chute du prix du pétrole et à la nécessité de nourrir des bouches royales de plus en plus gourmandes, est plus ou moins fauchée : son avenir, ou l'avenir de la famille royale, dépend de l'accord Aramco, qui a de moins en moins de chances de se concrétiser.

« Le "M" de MBS, c'est Madoff », estime un financier américain appelé en consultation sur l'accord Aramco. Le pouvoir de MBS, sans parler de son avenir, repose sur sa capacité à vendre quelque chose qui ressemble à s'y méprendre à un système pyramidal, dont Kushner est devenu membre et sponsor.

Depuis l'élection de Trump, Kushner a élaboré un scénario complexe et optimiste qui inclut de soutenir Aramco et de forger des liens économiques de plus en plus solides entre l'Arabie saoudite et les États-Unis, scénario associé à la promesse des Saoudiens d'user de leur influence auprès des Palestiniens pour faire aboutir un accord de paix avec Israël. Ce dernier sera la réussite suprême de Kushner, et cet exploit, Kushner en est convaincu, contribuera à maintenir son beau-père au pouvoir tout en favorisant sa propre destinée politique.

Encouragé par Kushner, MBS s'engage dans une vaste tournée d'investissements et de sensibilisation des entreprises aux États-Unis. Au cours de celle-ci, il promet de l'argent saoudien à David Pecker, l'ami éditeur de Trump, pour sa société AMI ; il en fait autant avec Ari Emanuel, l'agent de Trump dans *The Apprentice*, au profit de sa société, WME ; et avec l'homme d'affaires préféré de Trump et de Kushner, Stephen Schwarzman, P-DG de Blackstone, la société de capital-investissement, qui obtient 20 milliards de dollars des Saoudiens pour un nouveau fonds d'investissement.

Loin d'admettre que la recherche de fonds que mène sa famille au Moyen-Orient et les accords négociés par différents amis et alliés compromettent sa situation, Kushner s'estime exceptionnellement bien placé pour arbitrer les conflits. Il commence à se référer à *Oslo*, une pièce qui retrace les efforts de diplomates norvégiens, en 1993, pour organiser une rencontre entre Yitzhak Rabin et Yasser Arafat. Il est persuadé d'être la seule personne à posséder la sagacité et le tempérament nécessaires pour mettre au point une solution acceptable par tous les acteurs de la région.

Dans le courant de l'été 2018, Kushner prépare ce qui est dans son esprit une initiative incomparable, sa démarche « Oslo » personnelle. Son idée est de mettre sur pied un programme de développement économique pan-moyen-oriental : en accordant des crédits à des joint-ventures, ce programme facilitera les discussions politiques et la création du cadre propice à une paix durable. Par sa seule ampleur, ce projet créera une structure de coopération et de codépendance. Tel qu'il le décrit, ce programme commun ne ressemblera à rien de ce que la région a vu jusqu'à présent. En poursuivant cette idée, Kushner opère hors des circuits diplomatiques. Il fonce aussi bille en tête, sans participation majeure de la Maison Blanche elle-même, tout en promettant à son beau-père que son initiative sera quelque chose de « très grand ».

Alors que son idée se précise, Kushner suggère que la Banque mondiale pourrait lui accorder son soutien, avec des investissements massifs de la part de chacun des États les plus riches de la région. Et le projet sera dirigé par un homme que Kushner a déjà choisi, un banquier d'investissement du nom de Michael Klein.

En réalité, ce dernier est plutôt sceptique et déclare en privé qu'à son avis une des motivations de Kushner, en plus de sa volonté d'annoncer cette initiative à l'approche des élections de mi-mandat, est de se faire valoir comme l'homme indispensable de l'administration. Kushner, selon Klein, monte une campagne de communication destinée à parer à toute mauvaise publicité, dans l'éventualité d'une mise en examen : Kushner veut donner l'impression qu'il est essentiel à la conclusion de la paix au Moyen-Orient.

Ce n'est peut-être pas le seul volet de ce projet à faire fi de toute réalité. En fait, le choix d'un homme comme Klein est pour le moins singulier et reflète l'incapacité manifeste de Kushner à distinguer les signaux, même les plus visibles, annonçant un risque de conflit. Ancien banquier de Citibank, Klein est un réseauteur à la Zelig dont le vaste bureau, un espace grand luxe réservé à une poignée d'assistants et à lui-même, donne sur la cathédrale Saint-Patrick, au cœur de Manhattan. Il fait partie de ces gens, observe un banquier qui a participé à une négociation avec Klein, qui paraissent avoir identifié les dix individus les plus riches de la planète avant de faire des pieds et des mains pour nouer une relation personnelle avec au moins l'un d'entre eux. Les Saoudiens sont actuellement ses principaux clients. Il donne des conseils d'investissements à MBS et est un défenseur stratégique du plan d'introduction en Bourse d'Aramco pour un montant de 2 000 milliards de dollars dans ce qui sera la plus grande offre publique du monde. En juin 2017, Klein était à Riyad avec le groupe présidentiel à l'occasion du premier voyage de Trump à l'étranger.

L'initiative de Kushner et la participation de Klein à ce projet soulignent l'importance de MBS dans les plans de Kushner et dans sa vision du monde. Ensemble, Kushner et le banquier personnel de MBS feront la paix au Moyen-Orient. Mais les ambitions de Kushner s'effondrent à la fin de l'été 2018, peu après l'échec de l'offre publique de l'Aramco saoudienne.

Le Davos du désert ouvre ses portes le 23 octobre, trois semaines après le meurtre de Khashoggi, tandis que Kushner exhorte toujours les cadres américains à s'y rendre. En même temps, Trump envoie la directrice de la CIA en Turquie. Gina Haspel est chargée d'examiner les preuves que détiennent les Turcs sur l'assassinat de Khashoggi, et notamment les enregistrements du meurtre.

Haspel confirme l'évidence : comme l'ont déjà conclu tous les services de renseignement américains, Khashoggi est bien mort de la manière indiquée par les Turcs. Qui plus est, il semble irréfutable que le crime a été commis au su – et, selon une probabilité écrasante, à l'initiative – du prince héritier lui-même.

Trump, qui en a plus qu'assez du bourbier Khashoggi, le reproche en privé à Kushner. « Je lui ai dit de faire la paix, confie-t-il à un correspondant. Au lieu de quoi, il devient l'ami d'un assassin. Qu'est-ce que vous voulez que je fasse ? »

En public, Trump s'interroge ouvertement sur les conclusions de ses services de renseignement concernant la culpabilité de MBS. « Il est très possible que le prince héritier ait été au courant de cet événement tragique. Peut-être que oui, et peut-être que non ! »

Une fois de plus, Trump a inutilement changé les règles. Ne se contentant pas de faire face avec une maladresse spectaculaire au défi diplomatique de la gestion d'un allié nocif, il a de surcroît, ainsi qu'il l'a fait à maintes reprises avec la Russie, discrédité les milieux du renseignement américain. Il les rend très concrètement responsables de ce désastre. En plus de leur reprocher de transmettre des nouvelles déplaisantes, il met en doute la véracité de celles-ci.

Le verbiage et la faiblesse publics de Trump lorsqu'il évoque un scandale international concernant un meurtre abominable ne sont certainement pas un atout politique à la veille des élections de mi-mandat. Mais sur le plan pratique, la façon dont il a traité cette affaire sera peut-être encore plus préjudiciable à son avenir. Il semblerait, aux yeux de nombreux observateurs, que la plupart des hauts responsables des milieux de la défense, de la diplomatie et du renseignement en soient arrivés au point où ils doutent de la compétence ou de l'équilibre mental du président. Qui plus est, peu doutent qu'en l'occurrence son approche irrationnelle et son obstination à nier l'évidence reflètent des accords annexes ou d'autres intérêts liés aux familles Trump et Kushner.

Jim Mattis, par exemple, a justifié son rôle dans le gouvernement Trump en affirmant que, comme il est impossible de croire le président ou de lui faire confiance, il est vital qu'une personnalité solide et crédible soit là pour garder la boutique. À présent, il déclare à ses amis qu'il espère et pense que les démocrates remporteront la Chambre en novembre, ce qui lui permettra de quitter enfin son poste.

20

Les surprises d'octobre[1]

Le 9 octobre, vingt-huit jours avant les élections de mi-mandat, Nikki Haley, un des membres les plus solides et des esprits les plus brillants de la Maison Blanche de Trump, ambassadrice aux Nations unies, annonce sa démission, avec effet à la fin de l'année.

Son départ n'étant pas immédiat, elle aurait aussi bien pu, d'un point de vue purement pratique, ne faire connaître ses intentions que le 7 novembre, au lendemain des élections. Mais ce communiqué, et c'est ce qui change tout, prend ainsi place dans la saga de la campagne – dans ses chapitres négatifs. À l'approche du scrutin et alors que les électrices les plus instruites se détournent de Donald Trump, la femme la plus

1. Cette expression fait allusion à une théorie selon laquelle l'entourage de Reagan aurait négocié en sous-main avec le pouvoir iranien pour empêcher la libération des otages de l'ambassade américaine de Téhéran avant les élections qui ont vu la défaite de Carter pour le priver de la « surprise d'octobre » qu'aurait constituée cette libération. La formule est désormais couramment utilisée dans le jargon politique américain pour désigner un événement créé de toutes pièces ou programmé pour influencer les résultats d'une élection.

en vue de l'administration (exception faite de la propre fille de Trump) choisit cet instant précis pour déclarer qu'elle plie bagage.

La démission de Haley restera une des impressions finales de la campagne. Elle n'a même pas donné un préavis suffisant pour que la Maison Blanche puisse annoncer, avec tambours, trompettes et sourires, le nom d'un ou d'une remplaçante susceptible d'effacer de sa lumière l'ombre que projette son départ. Le staff de la Maison Blanche, qui a pourtant l'habitude de se dépêtrer de situations difficiles, affronte une nouvelle épreuve : il doit accueillir cette démission sans avoir l'air surpris et encore moins ouvertement blessé.

La solution est de la convaincre de faire son annonce dans le Bureau ovale. Haley résiste, obligeant ainsi la Maison Blanche à insister, ou à la supplier, pour qu'elle se rende dans la West Wing. En réalité, ce cadre la sert, et dessert la Maison Blanche. Haley est tellement importante et tellement appréciée qu'il n'est pas question de la congédier d'un tweet comme tant d'autres. (Même ceux qui démissionnent se font généralement virer ensuite par un tweet.) Au contraire, le président lui lèche les bottes dans le Bureau ovale. Et pourtant, elle démissionne. Or, personne ne démissionne sous ce président, c'est lui qui vous vire. Mais voilà qu'ici et maintenant – Trump a l'air ahuri et désarmé tandis qu'il la couvre d'éloges durant toute cette scène –, c'est lui qui se fait plaquer. « J'espère que vous reviendrez un jour, dit-il pitoyablement, peut-être à un autre poste, vous pourrez choisir… »

Haley, 46 ans, une Amérindienne qui a été la première femme élue au poste de gouverneur de Caroline du Sud, et qui, avant l'élection de Trump, n'avait exprimé qu'aversion à son égard, a été la recrue personnelle d'Ivanka Trump dans la Maison Blanche en majorité blanche et masculine de son père. La détermination de Haley, même parmi des gens déterminés, provoquait déjà l'émerveillement des milieux du Parti républicain. Elle a déclaré à Trump qu'elle voulait être secrétaire d'État. Lors de leur première rencontre, elle a fièrement mis en avant son succès et son expérience exceptionnelle dans les négociations internationales : elle a en effet persuadé les Allemands d'ouvrir une usine Mercedes-Benz en Caroline du Sud. Trump, généralement agacé par les gens qui se mettent en avant, a paru charmé par son dynamisme et ne pas s'inquiéter le moins du monde de sa relative inexpérience. De plus, à la différence de beaucoup de ceux à qui il a fait passer des entretiens pour des postes de diplomates, Haley n'a pas cherché à lui faire la leçon. Le poste de secrétaire d'État était sans doute trop ambitieux pour ses premières fonctions en politique étrangère, mais Trump a été heureux de la nommer ambassadrice à l'ONU.

Les fins connaisseurs des compétences politiques dressent la liste de ses qualités : elle apprend vite, sait percevoir l'humeur d'une salle, elle a l'esprit vif et associe charisme et ténacité. Qui plus est, elle représente une aubaine du fait de ses origines pour ce bon vieux Parti républicain. Elle est de fait de ses très rares responsables à ne pas entrer dans le moule républicain.

En l'envoyant aux Nations unies, Trump ne lui a pas seulement offert une stature nationale et des références immédiates dans le domaine de la politique étrangère ; il l'a avantageusement implantée à New York, capitale nationale des médias et des finances. Les analystes politiques ont commencé à faire un parallèle entre Nikki Haley à New York et Richard Nixon à New York. Après sa défaite en 1962 à la course au poste de gouverneur de Californie, Nixon était allé s'installer à Manhattan et, en préparation d'un avenir que nul n'anticipait, avait su s'introduire dans les bonnes grâces des riches et des puissants.

Haley, qui apprend vite, a maîtrisé les arcanes de l'ONU puis ceux du circuit social. Les hommes influents de Wall Street et les femmes de pouvoir new-yorkaises n'ont pas tardé à l'appeler par son prénom. Dans une administration dont tous les membres sont souillés par le contact avec Trump, elle profite de son éloignement géographique et de ses relations faciles avec l'establishment conservateur pour exploiter ce contraste et s'imposer comme la figure non-Trump de l'administration. Curieusement, alors que presque tous les autres membres de la Maison Blanche de Trump tiennent des propos peu amènes sur lui, en privé aussi bien que dans des circonstances un peu moins privées, Haley se fait remarquer par sa retenue. Ou plus exactement il semble qu'elle se mette en quatre pour ne pas parler de lui. Ses compétences politiques sont très appréciées : pour le petit cercle de responsables et de donateurs républicains qui cherchent activement à définir une stratégie d'avenir pour l'après-Donald Trump – le groupe Defending Democracy Together –, Haley est devenue le choix numéro un.

Tandis que Haley prend ses marques à son poste prééminent et trouve vite le moyen de pousser la prééminence encore plus loin, Trump a l'air de ne pas trop savoir que penser d'elle. Doit-elle lui inspirer de la reconnaissance ou de la méfiance ? Il passe un week-end du printemps 2018 à Mar-a-Lago à sonder son entourage sur l'opportunité de la virer, tout en l'encensant comme le seul membre de son administration à bénéficier d'une bonne presse. Ce qui constitue aussi, évidemment, une autre raison de la virer : elle attire trop l'attention.

Fondamentalement, Trump n'apprécie pas les *executive women*[1]. Les femmes qui gravitent dans son orbite sont ou bien des employées qui satisfont à ses besoins – à l'image de Hope Hicks à la Maison Blanche ou de Rhona Graff, sa secrétaire et assistante à la Trump Organization –, ou bien de jeunes et jolies femmes, comme son épouse et sa fille. Quant à Haley, il ne peut la comparer qu'à… lui-même. Il est fasciné par les détails de sa course de 2010 au poste de gouverneur, durant laquelle elle a survécu aux accusations de deux hommes qui prétendaient avoir été ses amants. Sa capacité de résistance lui rappelle la sienne après la catastrophe de la vidéo « Je les attrape par la chatte ».

À l'automne 2017, Trump a déclaré à plusieurs confidents que Haley lui avait taillé une pipe – ce sont ses propres termes. Ce qui est vrai, c'est qu'il l'a dit ; c'est un nouvel exemple de ses célèbres propos de vestiaires. Ce qui est loin d'être certain en revanche, c'est que ce qu'il a dit soit vrai, et peu de membres de son entourage ont accordé du crédit à cette allégation.

Ces on-dit à propos d'une relation avec Trump ont horripilé Haley, qui a démenti catégoriquement toute cette histoire. À New York, elle s'est liée avec plusieurs républicaines en vue, elles-mêmes farouchement

1. Femmes de pouvoir, cadres supérieurs.

hostiles à Trump. Désormais, une grande partie de leurs discussions portent sur la méthode qui permettrait à Haley d'éviter les torts que Trump peut certainement lui causer, en raison non seulement de son association avec lui, mais aussi du besoin qu'éprouve Trump d'avilir tous ceux qui l'entourent.

Au début de la deuxième année de présidence Trump, Haley a défini sa stratégie : prudemment mais obstinément, elle affirmera son indépendance. Alors que tant d'autres membres du Parti républicain se sont laissé intimider par Trump, lui ont cédé ou se sont aigris, Haley est déterminée à penser au-delà de sa présidence.

Haley sort du bois en avril 2018. Elle a fait pression en faveur de nouvelles sanctions contre la Russie à qui l'on reproche son rôle dans de récentes attaques chimiques syriennes. Le président, encouragé par Ivanka aussi bien que par Haley et d'autres membres de l'administration, a approuvé cette initiative, que Haley a annoncée dans l'émission *Face the Nation*. Mais voilà que le président, toujours prompt à remettre en cause toute mesure critique à l'égard de la Russie, change d'avis et exige que Haley retire ses propos. Elle refuse. À l'instigation du président, Larry Kudlow, le nouveau conseiller économique de la Maison Blanche, est chargé de rectifier le tir et, dans un commentaire à la presse, il met formellement l'incident sur le dos de Haley : « Il y a peut-être eu un moment de confusion à ce sujet. »

La règle de fonctionnement élémentaire de la Maison Blanche de Trump est que personne ne peut se permettre de répondre au président, jamais et d'aucune manière. Quiconque s'accorde une telle liberté, ou donne simplement l'impression d'avoir envie de le faire, se transforme immédiatement en ennemi de Trump ou n'existe plus à ses yeux. Comme il est notoirement incapable d'accepter la moindre critique ou de participer à un débat honnête concernant sa politique, les tentatives sont plus que rares. (Même si l'on estime devoir dire non à quelque chose que Trump maintient mordicus, il faut dire oui et compter sur la faible capacité de concentration du président et sur la désorganisation chronique de la Maison Blanche pour que la question s'escamote toute seule un jour ou l'autre.) John Kelly, à son entrée en fonction, a enfreint cette règle et il l'a payé cher. Jim Mattis lui-même, bien que de plus en plus mécontent, a toujours continué à faire bonne figure. Mike Pompeo, le membre du cabinet en qui Trump a le plus confiance, n'a pas cessé de ramper.

Comme tout le monde à la Maison Blanche, Haley sait parfaitement que Kudlow s'est exprimé au nom du président. Ce qui ne l'empêche pas de répondre vertement à son commentaire : « Avec tout mon respect, je n'ai pas de moments de confusion. » Elle exige ensuite que la Maison Blanche obtienne que Kudlow lui fasse des excuses publiques.

S'il arrive fréquemment à Trump d'être agacé ou ennuyé par les gens qui l'entourent, ou de les mépriser, d'en être lassé ou jaloux, c'est peut-être la première fois qu'il donne l'impression de redouter un de ses propres collaborateurs. « Qu'est-ce qu'elle veut ? » ne cesse-t-il de demander à ses amis et à ses conseillers. Haley lui porte sur les nerfs, au lieu que ce soit l'inverse.

Et voilà qu'à quelques semaines des élections de mi-mandat les plus farouchement disputées de l'histoire – une âpre lutte qui pourrait bien se résumer au nombre de femmes que le Parti républicain réussira à mobiliser –, Haley, sacrée reine des républicaines, annonce clairement qu'elle ne soutient plus le président en démissionnant sans qu'on sache vraiment pourquoi et au moment le plus funeste qu'on puisse imaginer. Son intention expresse, une intention à laquelle Trump est désormais impuissant à s'opposer, est, semble-t-il, de lui nuire. Il est difficile de ne pas interpréter sa démission comme un message : « Ne votez pas pour lui. »

Si vous cherchez à séduire l'establishment républicain, si votre objectif est de renouer avec le courant traditionnel en tournant le dos à la cause perdue du trumpisme, si votre ambition est de devenir le chef de file et l'incarnation de la réforme républicaine, c'est indéniablement la bonne façon de procéder : avec inflexibilité et grâce. C'est la bonne façon d'annoncer que vous êtes candidate à la présidence. C'est la bonne façon de vous préserver de l'ignominie dont souffrent tous les anciens trumpistes et, en prime, de vous apprêter à décrocher un contrat d'édition à plusieurs millions de dollars, un siège au conseil d'administration de grandes sociétés et de juteuses missions de consultante.

Le 18 octobre, neuf jours après l'annonce de sa démission et moins de trois semaines avant les midterms, Haley est l'invitée d'honneur du dîner Al Smith, un grand événement caritatif new-yorkais. « On ne peut qu'admirer la dignité avec laquelle Nikki Haley a quitté cette administration », déclare le maître de cérémonie en la présentant à un public parmi lequel on peut reconnaître le gouverneur de New York Andrew Cuomo, le maire Bill de Blasio, l'ancien maire Michael Bloomberg, le sénateur Chuck Schumer, l'ancien secrétaire d'État Henry Kissinger et le financier de Wall

Street Stephen Schwarzman. Ce dîner annuel est une vitrine de talents politiques : c'est le moment idéal pour faire valoir votre habileté, votre acuité intellectuelle, votre charme et votre ingéniosité, en même temps que l'immense admiration que vous inspirez à la classe des donateurs. En 2016, Trump a été la vedette de ce dîner, et la soirée a tourné au désastre ; incapable de manier l'autodérision, il s'est contenté de balancer des boules puantes en direction de Hillary Clinton. En revanche, décochant adroitement des plaisanteries sur Trump, Haley se présente comme une sorte de princesse Disney présidentielle : généreuse, étrangère à tout esprit d'exclusion, gentille et, en plus, d'une intelligence et d'une drôlerie délicieuses.

Lançant sur le mode de la plaisanterie que Trump lui a donné quelques conseils sur ce qu'il convenait de dire à ce dîner, Haley raconte qu'il l'a invitée à se vanter des réussites du président. Puis, dans une allusion à l'intervention récente et largement critiquée du président aux Nations unies, elle déclare : « Ça a vraiment fait un tabac à l'ONU, je peux vous le dire. » Elle raconte, pince-sans-rire, que quand Trump a appris qu'elle avait des origines indiennes, il lui a demandé si elle était « de la même tribu qu'Elizabeth Warren », la sénatrice du Massachusetts dont la revendication d'origines amérindiennes s'attire régulièrement les railleries du président. Mais c'est son ultime reproche, le plus acerbe aussi, qui met la salle à ses pieds : « Dans notre environnement politique toxique, j'ai entendu des membres des deux partis présenter leurs adversaires comme des ennemis ou comme le diable. En Amérique, nos adversaires politiques ne sont *pas* le diable. »

Regardant la retransmission de cette intervention, le président semble ne pas trop savoir comment il s'en sort. Lorsqu'il appelle ses amis, il les sonde pour savoir s'ils ont trouvé les plaisanteries de Haley amusantes et fait des remarques sur sa « robe de grand magasin ».

Bannon n'est pas un fan de Haley. Il voit en elle la porte-parole besogneuse et sérieuse des préjugés de l'establishment républicain, « sans une seule idée originale en tête ». Pourtant, il ne peut s'empêcher de l'admirer. « Elle comprend ce que personne d'autre ne paraît comprendre, remarque-t-il. Il y a de très fortes chances que Trump se casse la figure. Mieux vaut faire ses projets en conséquence. »

Pour Bannon, le départ soigneusement programmé de Haley ne fait pas que rappeler les problèmes que le parti rencontrera avec les femmes diplômées le 6 novembre ; il pense aussi que la perte de Haley anticipe la désaffection de presque tous les électeurs instruits. Le parti s'engage ainsi en *terra incognita*, mais dans la mesure où cela reflète un principe majeur de la stratégie de Trump, il faut bien poursuivre sur cette lancée. « Ça y est, nous sommes le parti des paysans », observe Bannon sans trop de regrets.

Il faut maintenant à Trump, Bannon en est conscient, son propre événement exogène pour enflammer ses troupes. Et voilà : la caravane entre en scène.

Le 12 octobre 2018, une colonne de plus de deux cents Honduriens (les estimations varient entre deux cents et mille) part de la ville de San Pedro Sula et se dirige vers le Mexique et les États-Unis. La plupart prétendent fuir l'anarchie et la violence des gangs ; ils espèrent obtenir l'asile à leur arrivée aux États-Unis.

Tandis que la caravane progresse vers le nord, Bannon prend l'avion pour Mexico où il doit assister à une conférence de gestionnaires de fonds spéculatifs qu'organise chaque année Niall Ferguson, historien, écrivain et commentateur conservateur britannique. Ce voyage donne aussi à Bannon l'occasion de rassembler des informations sur celui qui sera bientôt le nouveau président du Mexique, Andrés Manuel López Obrador, un populiste de gauche prêt à défier Trump, le populiste de droite. (« Un type stoïque, incorruptible, l'ancien maire de Mexico, commente Bannon. N'a jamais détourné un centime – c'est le *premier* type du Mexique à n'avoir jamais détourné un centime –, il vit dans une toute petite maison, c'est un populiste qui pète le feu, un vrai de vrai, qui a fondé toute sa campagne sur cet argument : "Je suis le type capable de tenir tête à Donald Trump." ») Un affrontement potentiel sur la frontière est un des aspects de ce face-à-face prévisible, et, au cours de son voyage mexicain, Bannon est averti que la caravane s'est constituée et que le Mexique a grande envie de la laisser franchir ses frontières.

En contact constant avec les médias conservateurs, Bannon devient un porte-voix majeur de la saga de la caravane. Le scénario lui est on ne peut plus familier : c'est en effet un admirateur du livre culte de la droite française publié en 1973, *Le Camp des saints* de Jean Raspail, un roman xénophobe sur la fin de la civilisation qui met en scène des centaines de bateaux transportant en France des immigrants du tiers monde. Au moment où les navires arrivent à Gibraltar, le président français envoie des troupes vers le sud pour les arrêter, en vain.

L'idée qui a présidé à la constitution de la caravane est que la sécurité des migrants qui voyagent en groupe est mieux assurée que s'ils faisaient le trajet indépendamment. Un individu seul ou accompagné de sa famille est une cible facile pour des organisations criminelles ou pour la police : de plus, il dépend trop souvent de passeurs sans scrupules. En revanche, une masse de gens garantit une meilleure sûreté, l'attention des médias et un certain pouvoir. Elle offre aussi aux médias conservateurs une avalanche prévisible d'images inquiétantes à la veille des élections.

Dans les jours qui suivent, la caravane grandit jusqu'à compter plus de mille voyageurs – ou réfugiés, ou envahisseurs, selon les points de vue. Hannity et Fox prennent officiellement connaissance de l'existence de la caravane le 13 octobre, le président trois jours plus tard. Le 16 octobre, Trump poste dix-sept tweets dont la plupart suivent la ligne habituelle : insultes à l'adresse d'Elizabeth Warren, mises en garde concernant les mineurs non accompagnés à la frontière, défense obstinée du prince d'Arabie saoudite, attaque contre Stormy Daniels, invectives contre le FBI et le « fake dossier ». Mais à ces cibles classiques, il ajoute à présent la caravane :

« Les États-Unis ont fermement averti le président du Honduras que si la grande caravane de gens qui se dirigent vers les États-Unis n'est pas stoppée et renvoyée au Honduras, plus aucune aide et plus aucun financement ne seront accordés au Honduras. Effet immédiat ! »

« Nous avons informé aujourd'hui le Honduras, le Guatemala et le Salvador que s'ils permettent à leurs citoyens, ou à d'autres, de traverser leurs frontières jusqu'aux États-Unis, avec l'intention d'entrer illégalement dans notre pays, tous les financements qui leur sont versés seront STOPPÉS (FINI) ! »

« Toute personne entrant aux États-Unis illégalement sera arrêtée et emprisonnée, avant d'être renvoyée dans son pays ! »

Bannon a attiré les regards de Hannity sur la caravane et maintenant Hannity y a attiré ceux du président.

Pour Trump et ses plus fervents alliés, il n'existe qu'un sujet franchement solide : l'immigration illégale. Au cours de la brève histoire politique de Trump, ce thème n'a jamais manqué d'inspirer ses principaux électeurs et de les pousser à l'action.

La caravane est un scénario Trump-Fox-Bannon. Toutes les autres composantes du spectre républicain font plus ou moins une croix sur la possibilité de conserver la Chambre. Mais l'alliance Trump-Fox-Bannon voit les choses d'un autre œil et sa surprise d'octobre consiste à s'acharner avec une énergie renouvelée sur sa cause la plus efficace.

Le Comité national républicain du Congrès et le Congressional Leadership Fund, un comité d'action politique destiné à faciliter l'élection de républicains au Congrès, continuent à mobiliser des ressources pour les modérés des *swing states*, ces États indécis, à l'image de Barbara Comstock, une favorite du Parti républicain traditionnel qui dispute une course serrée en Virginie. Ils font comme si Trump n'existait pas et comme s'il s'agissait d'une campagne comme les autres. Pendant ce temps, le camp des trumpistes se déchaîne sur la question de l'immigration au risque de s'aliéner de nombreux électeurs républicains traditionnels.

Bannon est impénitent. « Le parti de l'establishment possède Nikki Haley, et nous, on a Donald Trump et la caravane : ce n'est peut-être pas idéal, mais il faut faire avec. » Personne ne peut plus se cacher que les démocrates se rendront massivement aux urnes (les votes anticipés ont déjà démarré dans certains États) et Bannon tient à stimuler la participation des conservateurs, ou, plus précisément, des déplorables.

La caravane n'offre qu'un discours binaire. On peut ajouter foi à la version Trump : une armée d'invasion s'approche, gagnant en puissance et en passion violente au fur et à mesure de sa progression, et elle est soutenue par des forces perfides telles que George Soros. Ou alors, on peut considérer Trump comme un propagandiste aux abois, qui raconte une histoire d'une fragilité outrancière, transparente dans sa tentative pour manipuler les émotions dangereuses et toxiques d'une opinion incitée à la prendre pour argent comptant.

L'équipe politique de Trump décide d'enfoncer le clou sur son thème de clôture grâce à un clip retransmis à l'échelle nationale et d'un racisme si caricatural que même Fox News renonce à le passer au terme de plusieurs diffusions. On y voit Luis Bracamontes, un meurtrier étrangement exubérant, rire comme un dément et se vanter de tuer des flics, plus « Saturday Night Live[1] » que personnage réaliste et véritablement menaçant. Brad Parscale s'enorgueillit d'avoir produit ce spot pour trois fois rien ; le président regrette de ne pas y figurer.

1. Émission satirique diffusée par la NBC. Luis Bracamontes a été condamné à mort en 2018.

Thématiquement, deux autres surprises d'octobre semblent liées à l'obsession du président pour la caravane et aux haines profondes qui sous-tendent la question. Le 22 octobre, on découvre des bombes artisanales chez des individus et au siège de médias que Trump a régulièrement désignés comme ses ennemis. Quatre jours plus tard, Cesar Sayoc, 56 ans, habitant de Floride, est arrêté et accusé d'avoir envoyé ces colis piégés. Sayoc, qui voue un vrai culte au président, paraît incarner toutes les certitudes des anti-trumpistes et la crainte de tous les électeurs indécis quant à l'identité du déplorable par excellence. Avec sa maison saisie, les fenêtres de la camionnette blanche dans laquelle il vit couvertes d'autocollants « *CNN sucks* » (CNN, c'est nul) et un compte de réseau social dédié à Trump et menaçant, Sayoc semble tracer une frontière très nette entre les Américains rationnels de la classe moyenne d'un côté et les partisans amers de MAGA – Rendons sa grandeur à l'Amérique – de l'autre.

Et voilà que le 27 octobre, onze jours avant le scrutin, un tireur ouvre le feu sur la synagogue Tree of Life de Pittsburgh pendant l'office du samedi matin, faisant onze morts et sept blessés. Le coupable, Robert Gregory Bowers, 46 ans, un antisémite actif sur les réseaux sociaux, a été électrisé par les discours du président sur la caravane qui se dirige vers les États-Unis. « Je ne peux pas rester sans rien faire pendant que les miens se font massacrer, poste Bowers peu avant l'attentat. Allez vous faire foutre, j'y vais. »

La question centrale de la nouvelle politique de Trump paraît plus claire que jamais : jusqu'à quel point peut-il pousser l'orgueil nativiste et le sectarisme revitalisé ? Peut-il trouver suffisamment de partisans secrets, et moins secrets, pour remettre en cause l'idée libérale d'un monde moderne réformé ? Ou la sensibilité moderne, la sensibilité éduquée, le monde multiculturel désormais enraciné dans la culture populaire forment-ils un rempart suffisamment efficace contre lui ?

Avant l'entrée de Trump dans l'arène politique, les sous-entendus racistes républicains eux-mêmes étaient probablement devenus moins féroces ; le parti avait mobilisé toute son habileté politique pour envoyer un message de classe sans risquer de se faire accuser de racisme. En revanche, Trump, d'abord en tant que candidat puis comme président, s'est permis des comportements qui, s'agissant de tout autre homme politique américain de stature nationale, auraient pu paraître inconcevables et autodestructeurs. Il invite littéralement à ce qu'on le traite de raciste. De fait, telle est bien la question qui le poursuit : est-il vraiment raciste ?

Tout le monde la pose. Pas seulement les ennemis de Trump, mais aussi ceux qui sont le plus proches de lui. Dans un monde où le racisme est devenu un terme fourre-tout recouvrant des attitudes et des comportements divers, ses alliés lui trouvent souvent des excuses. « Les libéraux traitent de racistes tous ceux qui ne sont pas d'accord avec eux. » Mais à la Maison Blanche même, ses collaborateurs se demandent ce qu'il a vraiment dans le ventre. Peu avant sa démission, Nikki Haley en avait discuté lors d'un déjeuner avec des amis de New York.

Bannon y a longuement réfléchi, lui aussi. Il en a conclu que Trump n'est probablement pas antisémite. Mais il est beaucoup moins sûr qu'il ne soit pas raciste.

S'il n'a pas entendu Trump prononcer le mot de nègre, il imagine très bien qu'il puisse le faire.

Parlant un jour de ses préférences en matière de femmes, Trump a confié à Tucker Carlson qu'il ne dit pas non à « un peu de chocolat dans son régime alimentaire ».

Trump lui-même raconte que ses amis s'étaient moqués de lui parce qu'il avait couché avec une Noire. Mais le lendemain matin, il s'était regardé dans la glace et avait constaté avec soulagement que rien n'avait changé : il était toujours trumpiste. Il raconte cette anecdote pour prouver qu'il n'est pas raciste.

Que Trump ne désavoue pas explicitement le racisme et les racistes, qu'il laisse le sujet dans le vague et que ce soit sa fille qui soit obligée d'assurer personnellement aux gens que non, vraiment, il n'est pas raciste, fait de cette question, à quelques jours des élections, une énigme à la « Rosebud[1] ». L'est-il ou ne l'est-il pas ?

---

1. Mot énigmatique, qui signifie « bouton de rose », prononcé sur son lit de mort au tout début de *Citizen Kane* par le personnage qu'interprète Orson Welles et dont la signification n'est révélée au spectateur qu'à la fin du film.

21

6 novembre

La veille des élections, cela fait cinq semaines que Steve Bannon est quotidiennement sur les routes. « Si j'avais pu imaginer que je passerais une nuit à Buffalo *et* une nuit sur Staten Island… »

Quand il arrive à Buffalo quinze jours avant le scrutin, les républicains locaux s'apprêtent à faire payer 25 dollars la photo d'une poignée de main avec lui lors d'un événement de campagne.

C'est une manifestation lugubre, avec des hommes qui traînent les pieds dans une petite salle des fêtes mal éclairée et se regroupent autour de la cafetière. Ce sont des syndicalistes qui bossent dur, ou d'anciens syndicalistes. Ce sont des fumeurs. D'anciens combattants. En chemise de travail et bottes de chantier. Ils ressemblent à l'Amérique de 1965, déclare Bannon, qui se laisse aller à un accès de sentimentalisme en présence de ses déplorables.

« Il n'est pas question que ces gens-là paient vingt-cinq balles pour avoir ma photo, proteste-t-il. Ça rendrait mes parents dingues. » Il annonce alors qu'au contraire, c'est lui qui versera 25 dollars à l'organisation locale du parti pour chaque cliché et chaque poignée de main.

Pendant ce sprint de cinq semaines, Bannon essaie de se rendre dans un grand nombre des principaux districts hésitants du pays. Trump et lui ne s'adressent peut-être pas la parole, mais Bannon, dans sa tête au moins, reste le plus valeureux soldat de l'armée trumpienne. Cela se duplique : photos de Bannon en pantalon cargo et doudoune sans manches, s'adressant à une poignée d'auditeurs dans une interminable série de salles en tout genre.

Il a réduit le terrain de jeu à l'essentiel. On dénombre quarante-trois courses clés à la Chambre : vingt sont perdues d'avance ; vingt autres sont serrées et les républicains ne peuvent se permettre d'en perdre que cinq ; trois vont probablement basculer du camp démocrate au républicain. Si tout se passe comme l'espère le Parti républicain, vingt-deux sièges vont être perdus, ce qui lui permettra de conserver une voix de majorité. Cette unique voix assure la sécurité de Trump, mais si les républicains perdaient leur avance d'un seul siège, le président serait constamment en péril. Et s'il perdait trente sièges ou plus, ce serait la fin du monde, ou du moins, selon Bannon, la fin concrète de la présidence Trump.

Dans le courant des dernières semaines de campagne, Bannon fait un saut à New York pour aller voir un vieux copain de Trump qui suit de près le moral du président. Que se passera-t-il, se demande Bannon, si les républicains subissent une défaite cuisante et si la nouvelle majorité démocrate multiplie les assignations, les enquêtes agressives et se livre à un contrôle hostile constant ? Trump tiendra-t-il le coup, sachant qu'il a déjà limogé ou fait fuir presque tous les membres de son ancienne brigade de soutien ? « Je crois qu'il se flinguera, dit Bannon, répondant à sa propre question.

— Penses-tu ! réplique le vieil ami de Trump. Il fera semblant d'avoir un infarctus. »

En effet, convient Bannon en riant, Trump trouvera sûrement une parade de ce genre.

Pour Bannon, les enjeux sont clairs : ce sera une présidence de deux ans ou une présidence de quatre ans, un Trump invincible ou un Trump vaincu. Dans cette ultime bataille, Bannon a parfois l'impression de constituer un parti républicain – ou un parti trumpien, ou un parti bannonien – d'un seul membre. L'opération politique de Trump, menée par Brad Parscale, le remplaçant de Kushner, fait l'impasse sur les midterms et, dans un déni optimiste, garde les yeux rivés sur 2020.

Fait révélateur, l'équipe de campagne de Trump ne comporte presque plus aucun membre de la campagne de 2016, à l'exception de Parscale. Ce dernier, webdesigner indépendant de San Antonio, dans le Texas, a commencé à travailler pour la Trump Organization, concevant des sites web pour pas cher, presque dix ans avant le début de la campagne. Il a construit le premier site de la campagne, a décroché le poste de directeur des médias numériques puis, sous Kushner, s'est vu confier le contrôle du ciblage des données et la stratégie de collecte de fonds en ligne. (Bannon relève qu'une des initiatives de Parscale à l'approche des élections de mi-mandat a été de commander un sondage sur l'opportunité de faire utiliser par Trump un langage plus inclusif. « Tout le monde s'est marré », ajoute Bannon.) En faisant de Parscale son principal stratège politique à un moment des plus périlleux de l'histoire politique moderne, Trump a une fois de plus préféré la médiocrité au talent.

La Maison Blanche est ainsi à la fois mal préparée pour la campagne électorale et, à maints égards, indifférente, sinon hostile. De l'avis de Bannon, elle n'apporte presque aucune contribution à la bataille des midterms. Kelly prétend que cela ne relève pas de ses attributions et, de toute façon, il n'adresse pour ainsi dire plus la parole à Trump. Bill Shine, le directeur de la communication, devenu une des cibles privilégiées des railleries et des récriminations de Trump, rase les murs. Le reste de l'équipe de com de la Maison Blanche est complètement désorganisé, comme d'habitude, et de toute façon, Trump l'ignore allégrement. Don Jr. et sa compagne, Kimberly Guilfoyle, mènent une tournée pugnace, mais la seule personne qui, de l'avis des trumpistes, pourrait retenir les électrices, Ivanka Trump, est absente ou occupée ailleurs.

Si tant est que le Parti républicain ait une stratégie, elle consiste à dépenser des sommes folles en opérations médiatiques aux dépens du travail de terrain plus exigeant. Bannon estime que quand la course est serrée, c'est la passion qu'on y met, la disposition à faire du démarchage téléphonique, à arpenter les circonscriptions et à frapper aux portes qui peuvent être déterminantes. « C'est celui qui bosse le plus qui gagne », en langage bannonien. Et dans cette campagne, ce sont les démocrates qui téléphonent, qui arpentent et qui frappent aux portes.

« Il n'y a jamais eu de plan méthodique pour sauver la Chambre, observe Bannon. Les troupes sont restées chez elles ; il n'y a jamais eu de combat, jamais d'engagement. » À deux semaines du scrutin, les responsables républicains tablent sur une perte de trente-cinq sièges, en mettant les choses au mieux.

Trump reste sur la route et continue à remplir les stades partout où la Maison Blanche pense qu'on peut les remplir. Pour Bannon, ces rassemblements ont déjà sombré dans le ronron, dans la nostalgie, ils sont moins exaltants que familiers. Mais ils permettent à Trump de rester dans sa bulle de béatitude, satisfait d'être accueilli par des foules en liesse et préférant ignorer les sondages.

« Il n'a aucune idée de ce qui peut arriver, pas la moindre idée, remarque Bannon. Il est complètement à côté de la plaque. Il prend Nancy Pelosi pour une vieille dame rasoir et ne voit pas que c'est une balle à pointe d'acier pointée droit sur lui. »

À l'approche du jour J, Bannon est sombre, mais il croit encore à la capacité presque légendaire des démocrates de tout faire foirer. Et effectivement, au moment même où les démocrates s'efforcent de conclure la vente, leurs esprits les plus brillants se livrent à une remarquable démonstration d'égocentrisme et d'appât du gain. Cory Booker et Kamala Harris sont partis dans l'Iowa pour donner le coup d'envoi à leurs campagnes présidentielles respectives. Bill et Hillary Clinton font une tournée nationale à but lucratif (« une tournée de racket », comme dit Bannon). Quant à Elizabeth Warren, elle a essayé de prouver qu'elle était au moins un peu indienne grâce à une analyse d'ADN, et a prouvé en définitive exactement le contraire.

Malgré tout, Bannon est impressionné par l'organisation presque sans faille des démocrates. Les représentants républicains en place et les candidats à des sièges vacants ont, sans nécessité, relevé le coût standard d'une campagne à un siège à la Chambre des représentants : une candidature correctement financée vous coûtera 1,5 million de dollars, à prendre ou à laisser. En revanche, des sommes considérables – grosses ou modestes, un immense fleuve vert de désespoir et d'espoir – ont afflué dans les caisses démocrates pour ces élections au Congrès. Pour certains scrutins serrés, les challengers démocrates ont levé jusqu'à quatre fois plus de fonds que les candidats républicains.

Les midterms ont créé deux domaines de dépenses et de ressources distincts. Le premier est « *business as usual* » – on ne change rien aux habitudes – pour les républicains, l'essentiel des fonds provenant des donateurs fortunés traditionnels. Le second est un déluge d'argent démocrate, assez abondant pour neutraliser l'avantage au sortant, surmonter les effets du redécoupage électoral et permettre l'entrée en politique d'une vaste classe d'inconnus remontés à bloc.

En fait, le problème n'est pas le manque d'argent des républicains nationaux ; ils en ont beaucoup. Le problème est qu'ils le jettent par la fenêtre, et ne le mettent pas sur le terrain. Ils le dépensent comme s'il s'agissait d'une campagne de mi-mandat ordinaire, et non d'une élection exclusivement trumpienne. Au moment du scrutin, le Comité national républicain du Congrès et les Comités d'action politique du Congrès auront englouti jusqu'à un demi-milliard de dollars en spots télévisés, une campagne choc qui est surtout rentable, selon Bannon, pour les consultants qui ont réussi à placer ces clips. Qui plus est, une grosse fraction de cet argent est dilapidée pour des courses perdues d'avance.

« Sheldon, déclare Bannon en faisant allusion à Sheldon Adelson, propriétaire de casinos et d'hôtels et qui est aussi le plus gros contributeur du Parti républicain, aurait aussi bien fait de prendre tout ce fric et d'aller le brûler devant le Venetian », son méga-casino et hôtel sur le Strip de Las Vegas.

Sur un toit, à deux pas des bureaux washingtoniens de Fox News, avec le dôme du Capitole en toile de fond, le parti nationaliste-populiste Bannon/Trump-ou-pas-Trump, pourrait-on dire, donne sa soirée électorale. On n'a pas lésiné sur les sandwichs de chez Dean & Deluca ni sur les bouteilles de bière de microbrasseries – « et pas une marque populiste en vue », relève Bannon.

Il a dans l'idée de profiter de cette fête pour se livrer à un peu de pédagogie. Il veut en faire un événement mondain et un conseil de guerre de soirée électorale : dans un flux vidéo diffusé sur les réseaux sociaux, Bannon exposera les chiffres électoraux et expliquera les mécanismes de la mobilisation, circonscription par circonscription, à l'auditoire de déplorables qu'il espère attirer. Pour Bannon, les enjeux de cette soirée dépassent ceux des élections de mi-mandat : « Après Donald Trump, que ce soit demain ou dans plusieurs années, le mouvement devra toujours rassembler des voix. »

Alors que la nuit tombe et que la fête a commencé, Bannon essaie de régler les détails techniques et humains. Il veut une bonne image vidéo du dôme du Capitole, mais la caméra sera obligée de filmer à travers l'épaisse bâche de plastique tendue pour protéger les invités d'une nuit pluvieuse et venteuse. Qui plus est, la retransmission aux experts et aux sites de droite censés assurer le commentaire pendant toute la soirée ne cesse de s'interrompre. S'y ajoutent les représentants curieux de la presse – ainsi que la bande bannonienne de partisans de l'alt-right et de représentants de l'extrême droite européenne, sans parler des amis et de la famille – qui tiennent tous à passer quelques moments avec Bannon et sont déçus de constater qu'à partir de 18 h 30 il est branché sur les réseaux sociaux.

Pendant les six heures qui suivent, Bannon passe son temps à mener une sorte de monologue déferlant. Sam Nunberg s'installe à côté de lui, lui prodiguant chiffres et commentaires. « Pas d'opinions, je vous prie, lance Bannon alors que Nunberg cherche constamment à le couper. Des chiffres, rien d'autre. »

Quand les premiers résultats tombent, l'humeur vire à l'optimisme. Dans l'élection sénatoriale la plus suivie de la soirée, celle que disputent au Texas Ted Cruz, le candidat sortant, et Beto O'Rourke, le nouveau venu, il apparaît immédiatement que la victoire n'ira pas au challenger, ce qui aurait pu ébranler le Parti républicain. L'élection au poste de gouverneur de Géorgie, avec dans le rôle principal Stacey Abrams, une démocrate qui en cas de succès aurait été la première femme et la première Noire gouverneure de cet État, se présente également bien, et dans ce cas aussi, une défaite aurait été dure à encaisser pour les républicains. Et en Floride, l'élection au poste de gouverneur et le scrutin sénatorial, qui récemment encore penchaient l'un comme l'autre en faveur des démocrates, ont rebasculé en faveur des républicains.

Plus tôt dans la soirée, Bannon a présenté Barbara Comstock comme « le baromètre de la nuit ». Le résultat obtenu par Comstock, dans le 10e district de Virginie, déterminera celui de la soirée. Cette circonscription, qui inclut une partie importante des faubourgs sud de Washington, est presque à 70 % blanche et de tendances républicaines modérées. Depuis 1980, elle a envoyé un flot régulier de républicains à la Chambre.

Comstock, 59 ans, trois enfants, diplômée de la fac de droit de Middlebury et de Georgetown, incarne une sorte de républicaine yuppie idéale, favorable aux entreprises et aux femmes. Si elle habite juste au-delà du Beltway[1], elle fait néanmoins partie, comme beaucoup de ses électeurs, de l'élite favorisée qui évolue dans les milieux politiques de Washington et à qui il est souvent reproché d'être coupée du reste du pays. Son travail au Capitole, en tant qu'assistante parlementaire, juriste et conseillère en relations publiques, a toujours été fermement républicain, mais elle sait également faire équipe avec des démocrates. À l'approche de la fin de son deuxième mandat au Congrès, elle est appréciée de son parti, même si, selon certains, elle ne serait pas tout à fait assez conservatrice. Par-dessus tout, cependant, le parti voit en elle une candidate solide dans un district indécis et, au début de la campagne, on a considéré que son siège n'était pas en péril.

Au milieu de l'été, cependant, alors que la première vague de sondages inquiétants commence à alarmer les républicains, Comstock affiche un retard de dix points. Son adversaire, Jennifer Wexton, est juriste,

---

1. L'I-495, le périphérique qui entoure le grand Washington. L'auteur a en tête une expression américaine, « *inside the Beltway* », qui désigne les idées et les préoccupations de la classe dirigeante politique et administrative de la capitale.

comme elle, et c'est une personnalité politique locale ; la seule différence est qu'au lieu d'être une républicaine modérée Wexton est une démocrate modérée. Pendant une grande partie de la campagne, Bannon estime que le Parti républicain ferait mieux de faire une croix sur Comstock et de consacrer ses ressources à des batailles plus prometteuses. Mais c'est une figure populaire au sein du parti, et l'opinion dominante de l'establishment est que s'il y a une bataille à livrer pour arracher leurs voix aux indécis, il faut que cette femme modérée et congressiste sortante la livre, et que le parti la soutienne.

En octobre, la campagne républicaine dans le 10e district de Virginie est devenue l'une des plus coûteuses du pays. Mais dans les journées qui précèdent le scrutin, des sondages internes révèlent que Comstock n'affiche plus que quatre points de retard : une élection qui paraissait perdue pour les républicains s'est transformée en course serrée. À l'approche du 6 novembre, les chiffres du 10e district de Virginie sont communiqués au président accompagnés d'un commentaire indiquant que le parti s'en sort nettement mieux que prévu auprès des électeurs indécis. Ils reviennent, annonce-t-on à Trump.

« Si Comstock n'a qu'un retard de quatre points ou moins, nous tenons la Chambre, déclare un Bannon revigoré peu après le début de la soirée. C'est dans la poche. »

Mais ce scrutin est l'un des premiers résultats incontestables de la soirée. Les bureaux de vote du 10e district ferment à 19 heures, et à 19 h 40, alors qu'on a décompté 56 % des voix, parmi lesquelles celles des bureaux les plus solides de Comstock, celle-ci affiche seize points de retard.

À l'annonce de ce premier résultat, Bannon se tourne vers Nunberg. « Quels sont les chiffres ? » Imaginant encore que la nuit dispensera victoire et butin, il est sceptique. « Vous pensez que ça peut être vrai ?

— On dirait bien.

— Vérifiez.

— J'ai vérifié. »

Debout sur le toit, avec le dôme du Capitole en toile de fond, Bannon sent son humeur basculer subitement de l'optimisme à l'accablement.

Les nouvelles en provenance d'une autre soirée qui se déroule à sept minutes de là à pied sont presque aussi déprimantes pour Bannon que les chiffres de Comstock.

Dans le cadre solennel de l'East Room de la Maison Blanche, le staff présidentiel a organisé un barbecue parodique d'Election Day avec hamburgers et hot-dogs. C'est une soirée pour grands donateurs. Sheldon Adelson, qui pèse 34 milliards de dollars, est présent, tout comme Harold Hamm, le magnat de l'huile de schiste, qui en pèse 13, Steve Schwarzman, le P-DG de Blackstone (12 milliards), Dan Gilbert, le fondateur de Quicken Loans et propriétaire de plusieurs franchises de sport (6 milliards), Michael Milken, ancien trader de Wall Street et roi des obligations à haut risque qui a fait de la prison au début des années 1990 pour délit d'initié (4 milliards), Ron Cameron, un magnat de la volaille de l'Arkansas, et Tom Barrack, ami de Trump et magnat de l'immobilier qui a joué un rôle actif dans l'investiture du président (1 milliard chacun).

Ce soir-là, on reconnaît également Franklin Graham, le fils du prédicateur évangélique Billy Graham, qui a manifesté un soutien inébranlable à Trump, et Betsy DeVos, la secrétaire à l'Éducation et seul membre du cabinet à être là (et milliardaire elle-même). Le vice-président et sa femme circulent au milieu des invités, tout comme Brad Parscale, qui représente la campagne de 2020 et l'opération politique du président.

Bannon n'est pas loin de considérer la réception à la Maison Blanche comme un affront personnel. Les semaines qu'il a passées sur les routes lui ont inspiré certaines considérations métaphysiques sur l'âme de l'Amérique. Dans sa vision des choses, on dépouille de presque tout, jour après jour, la population laborieuse du pays – ses déplorables à lui –, qui constitue pourtant le vrai cœur de la nation. Quand Bannon évoque leur « honnêteté paysanne », leur « sagesse paysanne », leur « loyauté paysanne », on dirait Tolstoï parlant du peuple russe. Bannon espérait, après avoir conduit la campagne de Trump à la victoire, introduire une nouvelle ère jacksonienne à la Maison Blanche ; au lieu de quoi, une clique de donateurs milliardaires du Parti républicain s'empiffre de hamburgers et de hot-dogs dans l'East Room.

C'est la dualité tragique de Trump : il a besoin des hurlements de la foule… ou des caresses des milliardaires. Après leur victoire de 2016, Bannon rencontre le président élu et Tom Barrack, l'ami de Trump, pour discuter de la préparation de la cérémonie d'investiture. Bannon plaide pour qu'on dépense un dollar de moins que la plus faible somme jamais déboursée pour une investiture à l'époque moderne. Puisqu'on a une présidence populiste, son premier symbole doit être une investiture sobre et modeste. Mais Barrack se répand sur la facilité avec laquelle il rassemblera plus d'argent qu'on n'en a encore jamais collecté. Qu'on lui accorde quinze jours et il réunira 100 millions de dollars. Qu'on lui donne un mois, et il aura 400 millions. Les possibilités sont illimitées.

Trump ne met pas longtemps à faire son choix. Bannon, mélancolique, comprend de quels coins du monde viendra cet argent.

« Ce genre d'entrevue se rejouera bien des fois, prédit Bannon. Elle nous met sur la voie de la perdition. Il ne peut rien en sortir de bon. On croit ne pas savoir ce que fera Trump, on s'attend à une surprise renversante, au grand chambardement. Et en fait, non. Il fait ce pour quoi il est programmé. »

Pour Bannon, la bataille de mi-mandat pour la Chambre pouvait être gagnée. Et il considère ce qui se passe à la Maison Blanche, tous les donateurs qui se bousculent dans l'East Room, comme l'élément d'une autre bataille. C'est la bataille trumpienne la plus fondamentale, une bataille que l'on peut elle aussi remporter, mais qu'on est peut-être en train de perdre en cet instant précis.

Pour Bannon, la Chine demeure l'alpha et l'oméga. C'est la clé, et le diable est dans les détails. Trump a d'ailleurs tout compris : *Chine, pas bien*.

Il s'agit d'un pays totalitaire doté d'une économie étatique qui, à grand renfort de manipulations monétaires et de subventions publiques, a réorienté la chaîne d'approvisionnement mondiale et, en l'espace d'une demi-génération à peine, a fait d'une population de 1,4 milliard d'habitants le marché mondial qui connaît la plus forte expansion et a plié à sa volonté les marchés des capitaux et la classe politique occidentaux. Une Chine dominante, dans la vision bannonienne schématique du monde, ce sont des États-Unis en déclin, avec une base industrielle en constante diminution. Pour ceux qui n'ont pas fait d'études supérieures, et dont beaucoup sont des électeurs de Trump, les emplois industriels sont la seule voie d'accès fiable pour la classe moyenne. L'explosion de la classe moyenne chinoise se fait aux dépens de celle des États-Unis, en ébranlant puis en délocalisant la base industrielle américaine.

Telle est, selon Bannon, la lutte élémentaire qui se joue à l'intérieur de l'administration Trump. Pour peu que ceux qui ont conscience de la menace chinoise l'emportent ou même simplement tiennent bon dans cette bataille épique, voilà ce dont on se souviendra dans un siècle.

Mais dès le début, la toute première bataille qui s'est livrée au sein de l'administration Trump a été celle de la capacité de concentration limitée et superficielle du président. Dès que l'aiguille passe de *Chine, pas bien* à *Chine, très compliqué*, Trump prend la tangente. Pendant ce temps, la guerre fait rage autour de lui : pour Bannon, ce sont les populistes contre la bande de Wall Street. C'est un bon salaire journalier pour une bonne journée de travail contre l'accumulation mondiale du capital. C'est mener une lutte économique contre un adversaire économique redoutable, ou gérer le déclin. Prendre le train chinois vers un nouvel ordre mondial est une activité très lucrative pour les marchés des capitaux, mais elle est dévastatrice pour les perspectives d'emploi des travailleurs et des travailleuses américains.

Pourtant, ils ont réussi à s'imposer sur ce champ de bataille, affirme Bannon. Voici ce qu'ils ont accompli au cours des deux dernières années : une nation et un appareil politique jusque-là indifférents à la Chine ou résignés à s'y adapter se dressent agressivement contre ce pays. Une partie croissante de l'establishment partage désormais la conviction fondamentale de Bannon (et de Trump) : *Chine, pas bien.*

Tous les samedis, quand Bannon est à Washington, Peter Navarro, l'économiste anti-Chine que Bannon a recruté à la Maison Blanche dans l'offensive contre les wall-streeters de Kushner, se rend à bicyclette chez Bannon, à l'Ambassade, et monte à la salle à manger. Là, les deux hommes passent la moitié de la journée à comploter contre leurs adversaires mondialistes libre-échangistes. C'est à la table de Bannon qu'ils ont eu l'idée d'employer des mesures d'urgence pour imposer des tarifs douaniers sur l'acier, l'aluminium et la technologie. Et comme ils l'ont prédit, une Chine invincible n'a pas tardé à se transformer en une Chine dévorée d'angoisse. En un rien de temps ou presque, ils ont pétrifié leur adversaire.

Ce changement majeur de perspective, voilà ce qu'a réalisé la Maison Blanche de Trump. Ou plus exactement, voilà ce qu'a réalisé le petit cercle de faucons antichinois qui combattent le cercle de banquiers et d'amis banquiers de Trump.

Mais la bataille est loin d'être terminée. Stephen Schwarzman, dont le groupe Blackstone a beaucoup investi dans la croissance chinoise, et que Bannon et Navarro considèrent comme un quasi-agent chinois, exerce une immense influence sur Trump grâce à ses relations avec Kushner et à ses milliards. Moyennant une bonne dose de persuasion et de distractions, Schwarzman peut presque à coup sûr transformer le credo trumpien *Chine, pas bien* en une forme de désintérêt.

« Les deux Steve », a lancé un jour Trump mi-figue, mi-raisin, comme s'il menaçait l'un de l'autre.

Debout sur le toit ce soir-là à suivre la détérioration de la carte électorale, Bannon est conscient que sa grande cause ne peut que pâtir d'une prise de pouvoir des démocrates à la Chambre. Les démocrates sont le parti de Goldman Sachs. Goldman Sachs est la banque d'investissement de la Chine. Et si Trump veut assurer son salut avec un Congrès démocrate, il passera certainement avec les Chinois un accord propre à rassurer Goldman Sachs.

« Il va conclure une énorme affaire avec la Chine, prédit Bannon pendant une interruption de la diffusion. La Bourse va s'envoler, Schwarzman sera aux anges et les médias diront que Trump a réussi. Mais ce sera une catastrophe pour la vraie guerre que nous menons. »

Le barbecue de l'East Room a commencé depuis plus d'une heure quand le président arrive. Les premiers résultats sont encore assez favorables pour que l'ambiance reste légère et festive. Trump, relève un invité, toujours plus agent commercial que politicien, semble avoir la faculté de se concentrer exclusivement sur les bonnes nouvelles. Pour le président, les résultats positifs limités de la nuit prennent entièrement le pas sur la tendance qui, pourtant, s'assombrit indéniablement.

Trump déclare à un invité : « Super nuit. Fantastique. Balayés. Écrasés. Énorme majorité. Énorme. Une vague ? Quelle vague ? Une vague rouge. Une vague complètement rouge. » L'invité, pour le moins dérouté, effectue un rapide cheminement mental, pensant d'abord que le président est sérieux, puis qu'il est sarcastique, avant de comprendre qu'il a parlé du fond du cœur.

En réalité, si Trump est visiblement déterminé à interpréter les résultats à sa guise, il ne dispose pas, par ailleurs, de suffisamment d'informations pour procéder à une évaluation sérieuse. Se distinguant en cela de presque tous les professionnels de la politique, il ne s'intéresse manifestement pas aux données concrètes. Comme d'habitude, les chiffres l'ennuient.

Brad Parscale lui-même, qui peut pourtant se flatter d'être les yeux et les oreilles politiques du président, semble à peine mieux informé, ce qui lui permet de rester optimiste. N'importe quelle autre Maison Blanche aurait disposé de données plus solides et plus rapides que n'importe qui d'autre, mais la Maison Blanche de Trump paraît mettre un temps fou à rassembler et traiter les chiffres, à moins qu'elle ne s'y intéresse pas. Ce n'est pas que Trump soit désarçonné, remarque un des invités, c'est plutôt qu'il semble n'avoir jamais été en selle. Le succès ou l'échec de la soirée dépendra de quelques dizaines de courses à la Chambre, mais ce n'est que de la petite bière pour lui, il ne s'en soucie pas. Il a l'air incapable de comprendre que c'est une nuit où sa présidence peut se jouer.

« Putain, c'est pas possible ! » lance Bannon à Sam Nunberg à 21 h 33, heure de la côte Est.

En cet instant décoiffant, Fox News est la première chaîne à siffler la fin du match. Les démocrates, communique Fox, remportent la majorité à la Chambre des représentants, avec toutes les assignations, les supervisions et le pouvoir d'enquête qui l'accompagnent.

« Arrêtez, dit Bannon, franchement perplexe. Vous vous foutez de moi : ils annoncent ça *maintenant* ? »

Les autres chaînes doivent leurs informations à l'institut de sondage Edison Research. Fox s'appuie sur l'Associated Press. La prédiction d'une victoire démocrate tombe à un moment où les nouvelles semblent encore relativement favorables aux républicains. Il est un peu plus de 18 h 30 sur la côte Ouest. La conviction persistante que le Parti républicain a toujours de bonnes chances de garder la Chambre peut encore encourager des républicains à aller voter dans plusieurs courses serrées des États de l'Ouest.

Bannon coche les scrutins de Californie et d'ailleurs où les jeux ne sont pas encore faits. Les bureaux sont encore ouverts dans douze des vingt scrutins indécis qu'il a marqués comme gagnables. Selon ses estimations, certains se trancheront peut-être à moins de mille voix près.

La décision d'annoncer les résultats alors qu'on peut encore voter pendant quatre-vingt-dix minutes dans certaines régions du pays a été soumise à Lachlan Murdoch, le nouveau P-DG de Fox. Le jeune Murdoch, qui cherche encore à court-circuiter son père plus conservateur et à imposer son autorité à la tête de la société, a approuvé cette communication prématurée.

Debout devant son bureau de fortune et cherchant à évaluer l'ampleur des dégâts, surtout pour les courses californiennes serrées, Bannon est sous le choc. « Les

Murdoch, dit-il, viennent de tirer un missile dans le cul de Trump. »

Bannon considère l'annonce précoce de Fox comme une prise de position, une nouvelle mise en garde pour l'avenir de Trump. La chaîne trumpienne pure et dure n'aurait pas étouffé les derniers votes du fuseau horaire Rocheuses et Pacifique si elle ne l'avait pas voulu.

Pendant les quatre heures suivantes, tout en continuant à diffuser leur fil sur les réseaux sociaux, Bannon et Nunberg classent les chiffres et les bilans des différentes circonscriptions. Au cours de la soirée, ils voient les démocrates remporter la plupart des vingt courses indécises de Bannon.

Le thème émergent de la soirée aurait du mal à être plus glauque. Les républicains perdent toutes les courses à la Chambre qu'ils peuvent perdre. Pour tenir un siège contesté, ils doivent verrouiller complètement la majorité républicaine. Les indécis, les modérés, les ambivalents, tous ceux qui ne sont pas emballés par Donald Trump… ces gens-là votent en bloc pour les démocrates, ou contre les républicains. La situation est telle qu'en fin de compte les républicains ont de bonnes chances de perdre la Chambre avec une marge de 8 ou 9 %. Bannon envoie Nunberg chercher quel plafond historique risque ainsi d'être crevé.

En tant que baromètre de l'humeur de l'électorat, les résultats de la Chambre pourraient difficilement être plus éloquents. La carte électorale s'est solidifiée. En un sens, la situation n'a pas tellement changé depuis 2016 : il y a un pays pro-Trump et un pays anti-Trump. Les électeurs résolument rouges sont plus intransigeants, les électeurs résolument bleus aussi.

Les électeurs blancs des circonscriptions rurales sont irréductiblement favorables au président ; Trump consolide ses gains et son pouvoir dans ces régions. Les électeurs urbains et banlieusards qui se forgent une nouvelle identité philosophique et politique fondée sur leur opposition passionnée à Trump chassent du pouvoir même des républicains de la vieille école prêts à trouver un terrain d'entente. Si tant est qu'un terrain d'entente ait pu exister un jour, il n'y en a sans doute plus aujourd'hui. Mais voici la réalité essentielle : le camp pro-Trump, aussi dévoué soit-il, est moins nombreux que le camp anti-Trump, avec une marge écrasante qui plus est.

À la fin de la nuit électorale, Bannon est raisonnablement convaincu que les républicains gagneront deux sièges au Sénat, peut-être même trois. Mais ce résultat ne suffit pas à le dérider, et il l'écarte d'un geste. Il ne contient rien de positif pour Trump. Conserver le Sénat n'est pas une victoire mais un bilan déprimant ; tout ce qu'il signifie, c'est que les détails et le calendrier précis du sort affreux qui attend Trump, la part exacte de cruauté et d'humiliation qu'il apportera, sont entre les mains de Mitch McConnell.

La Chambre en revanche, tenir la Chambre, était une question de vie ou de mort. Bannon en est certain maintenant. On se dirige vers une présidence de deux ans.

22

Le shutdown

Le mercredi 7 novembre au matin, Trump passe plusieurs coups de fil à des amis. Un de ses interlocuteurs décrit sa conversation avec le président comme « inquiétante, surnaturelle ». Trump n'a manifestement pas pris conscience que les électeurs des midterms se sont prononcés contre lui et qu'il subit un grave revers politique. Il semble croire, et déduire des autres conversations qu'il a eues ce matin-là, que politiquement il a marqué des points, et que les élections sénatoriales représentent « une immense victoire ».

L'ami en question ne le détrompe pas et devine qu'aucun des autres interlocuteurs du président ne l'a fait. « Grande victoire, grande victoire, grande victoire, répète Trump. C'est exactement ce que nous attendions. »

Le président poursuit en annonçant à son ami que le « plan de victoire » est tout tracé. Sessions, « le salopard », est hors jeu. Mueller peut numéroter ses abattis.

« Jusqu'où êtes-vous prêt à aller ? demande cet ami (autrement dit, le président va-t-il chercher à fermer le bureau du procureur spécial ?).

— Jusqu'au bout », répond Trump.

Il parle aussi en confidence à son ami de Nancy Pelosi, qui va probablement prendre la présidence de la Chambre. Il espère qu'elle arrivera à s'imposer et ne sera pas « éliminée par les rebelles ». Elle va sur ses 79 ans, répète-t-il à plusieurs reprises. C'est une belle femme, relève-t-il, ajoutant qu'elle doit consacrer beaucoup de temps à son apparence. D'ailleurs, ils s'entendent bien. Très bien, même. Ils se sont toujours compris. Ce serait génial qu'elle redevienne présidente. C'est ce qu'elle veut. Tout le monde, dit-il, obtient ce qu'il veut. Et il sait manipuler Nancy. Ce n'est pas un problème. Il sait ce qu'elle veut. Elle veut être belle. « Je sais comment régler ça », affirme le président.

Maintenant qu'il a les midterms derrière lui, il va enfin pouvoir faire tout ce qu'il voulait. « Aujourd'hui, c'est le dernier jour de ce fils de pute de Kelly, annonce Trump. Il va se prendre un coup de pied au cul. » (En fait, Kelly restera en place encore un mois.)

« Tout va changer, insiste Trump. Nouvelle organisation. Tout à fait nouvelle. »

Au fil de la conversation, l'ami se dit que Trump a peut-être compris la leçon. Peut-être, au lendemain de cette désastreuse élection, se prépare-t-il mentalement pour ce qui l'attend. Mais il n'est pas exclu non plus que le président, qui plane encore un peu après près de huit semaines d'affilée de grands rassemblements souvent quotidiens, n'ait pas vraiment pris conscience de ce qui s'est passé, et n'ait pas la moindre idée de ce qui l'attend.

Le matin qui suit les midterms, Bannon rappelle à plusieurs membres de l'équipe initiale de Trump – ceux qui ont fait leur entrée à la Maison Blanche presque deux ans auparavant, le 20 janvier 2017 – une réunion qui s'est tenue trois jours après l'investiture, lors de la première journée de travail de la nouvelle administration Trump. C'était un événement post-investiture traditionnel : les responsables du Congrès avaient été invités à rencontrer le président et ses collaborateurs.

Reince Priebus et Steve Bannon étaient assis à droite du nouveau président, avec Nancy Pelosi en face d'eux. Regardant la responsable de la minorité à la Chambre, Bannon avait senti un frisson lui parcourir l'échine. Il s'était penché vers Priebus et avait chuchoté : « Elle voit en nous, je t'assure. »

Pelosi, la professionnelle, prenait la mesure de l'équipe la plus mal informée, la plus mal formée et la plus mal préparée à avoir jamais mis les pieds à la Maison Blanche. Bannon sentait qu'elle devait serrer les dents pour ne pas manifester son incrédulité et son hilarité. Elle donnait l'impression d'éprouver moins de mépris, devinait Bannon, que de pitié. Elle lisait dans l'avenir.

L'establishment avait peut-être été ébranlé jusqu'à la base par l'élection de Donald Trump. Tous les pouvoirs en place réfléchissaient peut-être à la manière de résister et de finir par détruire l'administration de Donald Trump. Mais Pelosi, à en croire Bannon, voyait plus loin : l'administration Trump s'autodétruirait. Aucun membre de la Maison Blanche, et Donald Trump encore moins que quiconque, n'était capable d'exécuter la danse délicate indispensable pour se maintenir au pouvoir, un art bien plus difficile que de s'en emparer.

« Elle était tranquille, raconte Bannon, parce qu'elle savait que deux ans plus tard elle nous aurait. Pour elle, ce n'était pas une tragédie, c'était une comédie. » Depuis cette réunion, il ne s'est guère écoulé de jours où il n'ait pensé au regard que Pelosi lui a lancé ce jour-là à travers la table.

En ce 7 novembre 2018, la tâche prioritaire du président est de virer enfin son procureur général, le membre de son gouvernement qu'il injuriait sans doute le plus et qui n'hésitait pas à lui rendre la pareille. Il ne perd pas de temps : à midi, il a accepté la démission de Sessions et posté un tweet de remerciements de pure forme.

Il annonce aussi le deuxième volet de son « plan de victoire », la nomination de Matthew Whitaker, un juriste loyaliste qui s'est fait trimballer d'un bout à l'autre de l'administration et n'a guère de soutien que Trump, au poste de procureur général par intérim. Le choix de Whitaker, qui traîne derrière lui un certain nombre de conflits et dont les états de service juridiques sont parfaitement insignifiants, n'est guère apprécié, même au sein du Sénat républicain. On ne peut qu'y voir une nouvelle tentative de Trump pour saper l'autorité du département de la Justice et se mettre à l'abri de l'enquête du procureur spécial. Le président espère selon toute évidence que Mueller communiquera ses conclusions à Whitaker, lequel mettra le rapport sous séquestre tout en donnant à Trump l'occasion de l'attaquer.

Le nouveau rôle de Whitaker à la tête du département de la Justice obtient la bénédiction du Bureau de conseil juridique de ce même département, le bureau qui a déjà estimé qu'un président ne saurait être mis en examen. Il déclare obligeamment que le président est libre d'installer, à titre intérimaire, sans l'avis ni le consentement du Sénat, une personne qui restera en fonction deux cent dix jours, voire plus longtemps si la confirmation d'un procureur général titulaire est en cours. C'est la dernière entourloupe de Trump : il a enfin son procureur général perso.

Peu après la nomination de Whitaker, George Conway, mari de Kellyanne Conway et avocat chez Wachtell Lipton, ainsi que Neal Katyal, qui a travaillé pendant un an sous Obama comme avocat général des États-Unis par intérim, font passer un article dans le *New York Times* affirmant que cette nomination est anticonstitutionnelle. Cet article est destiné à donner un gros coup de pouce à toute tentative pour porter cette nomination devant les tribunaux. Il offrira aussi des munitions au nouveau Congrès pour résister à une remise en question de Mueller.

Ce jour-là, Sheldon Adelson, le milliardaire qui a été dans les faits le principal bienfaiteur de Trump, se rappelle également à son bon souvenir. Adelson n'a demandé qu'une garantie en échange des 113 millions de dollars qu'il a dépensés pour les midterms : l'élection de Danny Tarkanian, le candidat de son choix, dans le 3e district du Nevada. Pas de chance : Tarkanian a été emporté par la vague démocrate. Du point de vue d'Adelson, c'est zéro retour sur investissement.

« Sheldon a l'air salement furax », fait remarquer un Trump ennuyé à un correspondant.

Le vendredi 9 novembre, Trump s'envole pour la France où il doit participer à des cérémonies de commémoration du centenaire de la fin de la Première Guerre mondiale. (Son livre préféré, répète-t-il à plusieurs personnes avant son départ, est *À l'ouest rien de nouveau*, le roman sur la Première Guerre mondiale qu'il a lu au lycée.) Pendant le vol, la Première ministre britannique Theresa May l'appelle pour le féliciter : elle a été prévenue qu'il considère les élections de mi-mandat comme une victoire. Mais dès qu'il commence à comprendre que ces « félicitations » sont une façon de l'amadouer et pourraient même contenir une pointe d'ironie, il explose et pique une crise à propos du Brexit, de l'Iran et des compétences politiques de May

Trump passe une grande partie de ce déplacement à l'étranger au téléphone et donne libre cours à sa colère sur un certain nombre de sujets. Au moment de son arrivée à Paris, plusieurs de ceux auprès de qui il s'est épanché sont eux aussi pendus au téléphone. Ils tirent la sonnette d'alarme : son humeur est plus exécrable que jamais. Tout le monde, fulmine-t-il, l'a déçu. Il n'arrive pas à se débarrasser de Mueller. Il se sent cerné. Il n'y a pas d'issue.

« C'est très, très noir ; plus noir que tout », déclare un correspondant.

Le lendemain à Paris, Trump se lève de bonne heure, il tweete et cherche à défendre Whitaker. Il se terre dans sa chambre, enfermé dans un ressentiment vénéneux. Personne ne peut l'aider à en sortir. Dans une Maison Blanche réduite au strict minimum, son équipe de voyage est formée de gens qu'il considère comme des assistants, des laquais ou des imbéciles, sinon les trois à la fois. Ce groupe comprend Jordan Karem, son assistant personnel qui envisage déjà de démissionner,

Dan Scavino, ancien directeur de l'un des terrains de golf de Trump devenu responsable des réseaux sociaux de la Maison Blanche, Johnny DeStefano, directeur du bureau du personnel de la Maison Blanche qui, après de si nombreuses défections, est passé du rang de personnage inconsistant à celui de collaborateur en titre et se trouve lui-même sur le départ et, enfin, Stephen Miller, haut conseiller et adversaire notoire de l'immigration, que Trump décrit comme « autiste » et « moite ». Quant aux deux membres les plus éminents de son équipe, Trump s'apprête à virer John Kelly, son chef de cabinet, et n'adresse pratiquement pas la parole à son directeur de la communication, Bill Shine.

N'ayant auprès de lui personne qui soit doté du tact, de l'audace ou de l'assurance nécessaires pour l'en dissuader, Trump décide de se dispenser du clou symbolique du voyage, une cérémonie organisée dans un cimetière américain voisin de la capitale française en hommage aux soldats américains tués pendant la Première Guerre mondiale. Son absence, que son équipe impute au mauvais temps, suscite immédiatement des critiques internationales virulentes, qui enfoncent Trump dans une spirale encore plus profonde de récriminations et de découragement.

Le ballon du « Baby Trump » qui lui a porté sur les nerfs lors de son voyage à Londres dans le courant de l'été le poursuit maintenant à Paris, ajoutant à son irritation. Et le dimanche, il assiste à une cérémonie à l'Arc de triomphe lors de laquelle le président Macron prononce ce qu'il prend pour une remontrance personnelle. « Le nationalisme est une trahison du patriotisme, déclare Macron dans son discours. En disant "Nos intérêts d'abord et qu'importent les autres", on gomme ce qu'une nation a de plus précieux, ce qui la fait vivre, ce qui la porte à être grande, ce qui est le plus important : ses valeurs morales. »

Dans une administration dominée par les sautes d'humeur de Trump, ses quarante-trois heures parisiennes comptent, de l'avis de plusieurs observateurs attentifs de ses états d'âme, parmi les plus égarées et les plus furibondes de sa présidence. Au terme de deux années d'instabilité presque permanente, ce ne sont pourtant que les premières manifestations d'un nouvel état mental, nettement plus imprévisible. Et la Chambre des représentants contrôlée par les démocrates n'a même pas encore siégé.

Les sautes d'humeur extrêmes du président inquiètent presque tout le monde. Ses rages sont plus effroyables que jamais et sa cohérence encore plus douteuse ; Sean Hannity dit à Steve Bannon qu'il a l'impression que Trump est « complètement cinglé ».

Mais cette nouvelle phase sert les intérêts de Jared et Ivanka. Trump passant de plus en plus d'heures – consignées, sur l'agenda présidentiel, sous l'obscure mention « *executive time* » (temps de l'exécutif) – loin de la West Wing et coupé de son staff, son gendre et sa fille sont ses seuls collaborateurs à être en contact à peu près constant avec lui.

Ils célèbrent en quelque sorte le triomphe de leur propre bataille politique permanente. Ils ont mis sur la touche les forces trumpistes d'origine – Bannon, Bossie, Lewandowski, Meadows – et ont récemment étouffé dans l'œuf une manœuvre destinée à faire nommer Meadows ou Bossie à la place de John Kelly au poste de chef de cabinet. D'ailleurs, à la veille du renvoi de Kelly et, partant, du démantèlement de la structure organisationnelle qu'il a cherché à imposer à la West Wing et à la famille Trump, Jared et Ivanka sont impatients d'installer le candidat de leur choix, Nick Ayers, l'actuel chef de cabinet du vice-président.

Il semblerait que, à la stupéfaction de toute l'administration Trump et de l'establishment washingtonien lui-même, la fille et le gendre du président aient pour ainsi dire pris le pas sur les professionnels de la politique. Ils sont vraiment devenus, comme ils ont tant rêvé de l'être, les éminences grises du président. Cette ascension leur inspire des sentiments où se mêlent souffrance et grandeur. Ils ont décidé récemment de quitter leur maison de Kalorama à Washington, parce que leurs voisins leur ont fait comprendre qu'ils n'étaient pas les bienvenus ; ils s'apprêtent donc à en acheter une dans un quartier qu'ils espèrent plus tolérant. C'est une pilule particulièrement amère. Après tout, n'ont-ils pas, à maintes reprises et sans l'aide de personne, calmé et freiné le président ?

De surcroît, le grand texte législatif de l'administration en 2018, l'un des rares projets de loi intégralement conçu par la West Wing et conduit par elle à travers tout le processus du Congrès, est leur œuvre personnelle. Le First Step Act, une réforme de la justice pénale, a été adopté par la Chambre et par le Sénat dans les semaines qui ont suivi les élections de mi-mandat. Que cette mesure paraisse aussi étrangement en porte-à-faux avec tout ce que l'administration Trump s'efforce d'accomplir par ailleurs ne fait que confirmer à leurs yeux qu'ils sont des héros méconnus.

Jared et Ivanka sont aussi, aiment-ils à rappeler à leurs amis, les seuls à être apparemment capables de parler au président de sa situation politique et judiciaire périlleuse. Trump fulmine contre tous ceux qui évoquent le sujet, ou bien il les chasse, quand il ne quitte pas simplement la pièce. Kushner, exprimant un point de vue qui plaît au président, explique à celui-ci que sa meilleure défense est de rester au pouvoir.

Parlant du président comme d'un enfant hypernerveux qu'il faut couver et traiter avec douceur, Kushner affirme à un ami que les nuages judiciaires et politiques qui s'accumulent rapidement à l'horizon dépassent l'entendement de Trump. « Il lui faut des questions bien différenciées », explique Kushner alors que les menaces contre Trump et sa famille grandissent presque de jour en jour.

Quelques jours après les élections, la Cour suprême de l'État de New York a autorisé la tenue du procès du procureur général de New York contre la Trump Foundation, une action qui vise directement la famille Trump. La procureure générale de l'État nouvellement élue, Letitia James, a largement défendu un programme voué à attaquer Trump et a mobilisé son bureau pour contribuer à sa chute. Cette procédure constitue, dit Kushner au président, une véritable autoroute menant – parmi d'autres voies possibles – au Saint Graal de la déclaration de revenus de Trump, car le dossier d'un contribuable de l'État de New York constitue l'exact reflet de sa déclaration de revenus fédérale. Bien que l'Internal Revenue Service – le fisc américain – dresse des barrières redoutables à tout accès à une déclaration de revenus, celles-ci sont nettement plus faciles à franchir dans l'État de New York qu'ailleurs.

Sur ces entrefaites, tout en niant en privé la moindre collaboration avec l'enquête Mueller, le district Sud de New York affirme, également en privé, que dans une large mesure son enquête sur la Trump Organization s'aligne chronologiquement sur les recherches de Mueller et qu'il laissera le rapport Mueller sortir le premier. Cela fait presque un an que Kushner et son avocat Abbe Lowell suivent cette enquête. On dit que Michael Cohen et Allen Weisselberg, le directeur financier de la Trump Organization, coopèrent – Weisselberg, connu pour être près de ses sous, a engagé son propre avocat. Robert Khuzami, le procureur fédéral chargé de l'affaire, fait savoir autour de lui qu'il a l'intention de quitter le district Sud vers la fin du printemps, mais espère avoir bouclé le dossier Trump avant.

Le catalogue que dresse Kushner des crises politiques qui attendent le président à la suite de la perte de sa majorité à la Chambre n'est pas moins volumineux.

Quatre présidents démocrates de commissions du Congrès qui vont bientôt prendre leurs sièges ont désormais Trump dans le collimateur. Jerry Nadler de l'État de New York, que Trump a traité de « gros petit Juif » lors d'un conflit sur un programme de promotion immobilière à New York dans les années 1990, présidera la commission judiciaire à laquelle seront soumises toutes les questions relatives à une éventuelle destitution. La commission de surveillance et de réforme d'Elijah Cummings se concentrera sur ce que les démocrates dénoncent comme des abus de l'administration à l'égard de plusieurs agences gouvernementales. Maxine Waters, que le président a insultée à maintes reprises et publiquement, préside la commission bancaire ; elle examinera les dossiers financiers du président, et a déjà mis le doigt sur ses relations complexes avec la Deutsche Bank. Adam Schiff, qui présidera la commission du renseignement et qui est peut-être le membre de la Chambre le plus avide de publicité, prendra la tête d'une enquête sur l'implication de la Russie dans l'élection de 2016.

L'existence de quatre commissions qui cherchent à s'emparer d'une part du même gâteau promet luttes intestines et confusion, mais Nancy Pelosi a enrôlé Barack Obama en personne pour l'aider à maintenir la discipline dans les rangs. Il n'est pas question de perdre cette bataille en agissant précipitamment. Dans un monde idéal, dit-elle, les républicains pousseraient pour que ces affaires soient réglées au plus vite tandis que les démocrates entraveraient les différentes enquêtes.

Pendant tout ce temps, Jared et Ivanka conservent une sorte d'assurance mystique. Que leur allié Nick Ayers, qui est, de l'avis de tous, le meilleur politicien de la Maison Blanche, s'apprête à devenir chef de cabinet n'y est pas étranger. Aux yeux du couple, Ayers sera autant leur chef de cabinet que celui du président, plaçant ainsi définitivement la Maison Blanche sous leur contrôle direct.

Le départ de John Kelly étant enfin imminent – l'annonce de sa démission est fixée au dimanche 8 décembre et ses fonctions prendront officiellement fin le 2 janvier –, Ayers entre en jeu le mercredi 5 décembre. Mais il déchante rapidement : le dimanche, alors que cela fait quatre jours qu'il travaille, comme il le confie à un ami, pour « Monsieur Cinglé-complètement-à-la-masse », Ayers informe le président que, finalement, il préfère renoncer à ce job. Dans un nouvel épisode ahurissant du feuilleton de la West Wing, Ayers démissionne avant même d'être officiellement entré en fonction. Du coup, le lundi, il n'y a pas d'Ayers, pas de Kelly, pas de chef de cabinet.

Le mercredi 11 décembre, sans chef de cabinet et pour ainsi dire sans directeur de la communication puisque Trump continue à bouder Shine, le président invite la direction démocrate dans le Bureau ovale pour une réunion télévisée. Au cours de cette séance, il brandit la menace d'un shutdown gouvernemental à propos du financement du Mur ; on pourrait même dire qu'il le réclame. En l'espace de quelques minutes, Nancy Pelosi, la nouvelle présidente de la Chambre, que Trump cherche à intimider et à asticoter, s'impose devant une audience nationale comme son égale, et comme la responsable d'un Parti démocrate ressuscité.

Trois jours plus tard, sur l'insistance de sa fille, le président entreprend deux démarches pour tenter de réparer les dégâts des quelques jours précédents. D'abord, il accepte les conditions insolites du directeur du budget, Mick Mulvaney, pour devenir chef de cabinet : Mulvaney ne prendra pas cette fonction de façon permanente, mais seulement par intérim, ce qui veut dire, dans une interprétation largement partagée, qu'il est prêt à déguerpir à tout moment. Ensuite, Trump fait machine arrière le lendemain sur son exigence de Mur et sur ses menaces de shutdown.

Le 19 décembre, le mercredi avant Noël, le président prend deux décisions désastreuses. Aux petites heures du jour, sans préparation ni consultation et en contournant le processus normal de vérification militaire et inter-agences, Trump envoie un tweet proclamant : « [Nous] avons vaincu l'État islamique en Syrie », avant d'annoncer le retrait de l'intégralité des troupes américaines de ce pays. Cela fait longtemps que les milieux militaires, diplomatiques et du renseignement ont constaté que les idées de Trump en matière de politique étrangère fluctuent curieusement, et dangereusement, au gré de ses impulsions et de ses changements d'humeur. Mais cette fois, c'est vraiment le bouquet ; déclarant que vaincre Daesh était sa « seule raison d'être [en Syrie] pendant la présidence Trump », le président a tweeté son annonce et respecté ainsi la promesse faite à sa base isolationniste.

Pour le secrétaire à la Défense Jim Mattis, la coupe est pleine. Le lendemain, il annonce sa démission dans une lettre qui contient une critique laconique et dévastatrice des dégâts causés par Trump à la communauté internationale : « Nous devons faire tout notre possible pour favoriser un ordre international propice à notre sécurité, notre prospérité et nos valeurs, et nous sommes renforcés dans cet effort par la solidarité de nos alliances. » Refusant également de recourir au langage anodin habituel pour justifier sa décision, il précise : « Parce que vous avez le droit d'avoir un secrétaire à la Défense dont les vues sont mieux alignées sur les vôtres […] je pense que me retirer est la bonne chose à faire. » La prédiction caustique de Bannon après Helsinki – si Trump perd Mattis, il perdra la présidence – va être mise à l'épreuve.

En ce même mercredi 19 décembre, le président envoie Mike Pence à un déjeuner au Capitole où le vice-président assure que Trump, comme il l'a fait chaque fois qu'un budget est arrivé sur son bureau, signera une « *continuing resolution* », une loi de finance provisoire, connue au Capitole sous les initiales « CR ». La CR assure des crédits du même montant qu'au cours de l'année budgétaire précédente pendant une période supplémentaire bien définie, sans que le financement du Mur soit assuré.

Kellyanne Conway commence à transformer publiquement le Mur en « sécurité frontalière » et à affirmer que le président trouvera d'autres moyens que budgétaires de construire le Mur.

Pour la base, c'est comme si on disait : « Il n'y aura jamais de Mur. » Steve Bannon y voit une alerte rouge et se met aussitôt au travail. Il appelle Hannity, il appelle Lewandowski et, surtout, il appelle Ann Coulter.

Trump admire depuis longtemps la « bouche » d'Ann Coulter, ainsi que – comme il ne se fait jamais faute de le mentionner – « ses cheveux et ses jambes ». La présentatrice et conférencière conservatrice, connue pour ses piques politiquement incorrectes et sa longue chevelure blonde, est depuis plus de vingt ans une des voix médiatiques de droite, également auteure de best-sellers. (En la personne de Kellyanne Conway, une personnalité de droite du petit écran qui a, elle aussi, des cheveux blonds et raides, Trump a décroché, dit-il fréquemment, l'Ann Coulter du pauvre.) En fait, l'influence de Coulter a spectaculairement décliné depuis quelques années. Elle est trop à droite pour CNN et MSNBC, et beaucoup trop imprévisible pour Fox. Supporter de Trump de longue date, elle a estimé presque dès le début de son mandat qu'il trahissait la cause de l'extrême droite anti-immigration, nativiste, « America First ». Invitée à la Trump Tower au moment de la transition, elle a impitoyablement sermonné le président élu, ne mâchant pas ses mots ; elle s'est montrée particulièrement cinglante à propos de sa « putain d'idée à la con » d'embaucher sa famille. Et pourtant, Trump l'admire précisément à cause de sa langue acérée. « Elle met les gens au tapis et ils ne se relèvent pas, remarque-t-il, impressionné. Grande, grande télévision. » Il lui attribue aussi une forme de connexion mythique avec sa base.

Mais voilà que cette base bouillonne de colère et que Coulter s'apprête à donner un coup de pied dans la fourmilière. Le mercredi même où Pence fait son pèlerinage au Capitole, Coulter, à l'instigation de Bannon, publie un éditorial sur Breitbart News. Son titre : « Un président dégonflé dans un pays sans Mur ». Dans le courant de la journée, elle enregistre un podcast avec le *Daily Caller*, et presque au début de cette émission, elle qualifie la présidence de Trump de « blague ». Le lendemain, elle envoie un tweet foudroyant : « Le slogan n'était pas "Signons un projet de loi avec des putains de promesses sur la 'sécurité frontalière' dans un futur plus ou moins proche, échec garanti !" C'était : "Construisons un Mur !" »

Un ami qui parle à Trump ce soir-là est surpris par l'intensité de sa réaction. « Franchement, il avait la voix brisée, observe cet ami. Ann l'a vraiment démoli. La base, la base. Il était complètement paniqué. »

Le vendredi 21 décembre, sous l'influence directe des sarcasmes de Coulter, Trump change brusquement son fusil d'épaule et refuse le moindre compromis sur le projet de loi budgétaire car celui-ci ne prévoit pas de financement du Mur. À minuit, c'est le shutdown.

Presque n'importe quel autre moment des deux ans de présidence de Trump aurait été plus favorable pour imposer un shutdown. En août 2017, quand Bannon a quitté la Maison Blanche, il a allégué que la fin du mois suivant offrait une occasion en or : avec un vote budgétaire qui coïncidait avec un scrutin sur le plafond de la dette, Trump disposait d'excellents moyens de pression. Un shutdown aurait mis le Trésor à sec – le moment idéal, selon Bannon, pour une stratégie de la corde raide. Mais le président a reculé avant de botter en touche avec une autre CR, qui expirait en janvier 2018. Le même scénario s'est reproduit en février 2018, puis à nouveau en septembre 2018, l'actuelle CR expirant cette fois en décembre.

Maintenant, harcelé par Coulter, Trump exige que le Mur soit financé. Au moment précis où les démocrates s'apprêtent à prendre le pouvoir et où, dans leur singulière animosité à son égard, ils sont plus unis que jamais, il met le holà. Ce faisant, il offre une tribune spectaculaire à Nancy Pelosi, leader *de facto* du Parti démocrate et son opposante la plus directe. Par le passé, Trump a manifesté une remarquable capacité à déstabiliser ses adversaires, à les ridiculiser et à les écraser ; cette fois, il fait exactement le contraire. En l'espace de dix jours, Trump a transformé Pelosi en colosse politique.

La décision de Trump de paralyser l'administration paraît inexplicable tant aux démocrates, qui ont peine à croire qu'on leur offre une chance pareille, qu'aux républicains, qui ne peuvent prévoir qu'une catastrophe politique pour le parti et des conséquences fâcheuses pour le président. Et aucune personne dotée de la moindre expérience parlementaire ou d'un minimum de perspicacité politique n'imagine comment Trump va se tirer d'affaire cette fois.

Mitch McConnell, chef de la majorité républicaine au Sénat, célèbre pour la main de fer avec laquelle il contrôle tout ce qui se passe dans cette assemblée, se déclare simple spectateur, observateur en attente de faits nouveaux. Et il quitte Washington pour rentrer chez lui, dans le Kentucky.

À la Maison Blanche, le président annonce à la surprise générale qu'il n'accompagnera pas sa famille à Mar-a-Lago pour les fêtes de fin d'année, une décision déconcertante, et même inquiétante, pour tous ceux qui savent qu'en général il fait passer avant toute affaire présidentielle la possibilité de savourer la douceur du climat et de jouer au golf. Melania n'a certainement pas l'intention de rester à Washington avec lui. Entre autres sujets de friction, certains de leurs amis pensent qu'elle n'a toujours pas digéré les propos de son mari qui, bavardant au téléphone le soir de Noël avec un garçon de 7 ans, lui a demandé s'il croyait encore au Père Noël. « Melania n'a pas trouvé ça drôle », raconte un collaborateur. Trump révélait que, de toute évidence, il « n'avait jamais eu affaire à un enfant de 7 ans ».

Resté à Washington, le président est obnubilé par les membres du *Secret Service* qui patrouillent aux alentours de la Maison Blanche et qu'il découvre perchés dans des arbres, le visage noirci, raconte-t-il à ses interlocuteurs, leurs mitraillettes pointées sur lui. Il essaie d'attirer leur attention, leur fait signe par la fenêtre, mais ils l'ignorent. « Ça fout la trouille, dit-il. C'est comme si j'étais prisonnier. »

Dans une Maison Blanche déserte, une jeune assistante qui travaille à la West Wing et apporte ses papiers et ses fiches de service à la résidence surprend le président, confie-t-elle à des amis, en sous-vêtements. Et voilà que survient un nouvel épisode graveleux.

Trump, qui a remarqué la jeune femme pour la première fois au moment de la transition, répète à qui veut l'entendre : « Elle a un petit quelque chose », formule inquiétante qu'il utilise couramment quand une femme lui plaît. Le président déclare à présent à des amis qu'il ne reste pas à la Maison Blanche à cause du shutdown, mais parce qu'il « baise » la jeune assistante de la West Wing.

Pure provocation en cette période de tension ? Propos de vestiaires ? Ou est-ce le reflet d'une nouvelle réalité alternative dans lequel il semble être le seul à vivre ?

23

Le Mur

Après les fêtes, la Chambre passe sous contrôle démocrate et le shutdown se prolonge. Jared et Ivanka pensent qu'à la suite de la paralysie de l'administration et dans le cadre d'un nouvel équilibre gouvernemental, on pourrait assister à une nouvelle grande négociation sur le Mur et l'immigration, DACA[1] comprise, et sur la possibilité d'amnistie des clandestins. Ils semblent considérer cette résolution fictive comme le fondement même d'un nouvel apaisement politique.

Bannon est sceptique. Pour la base, tenir bon sur la DACA et sur l'amnistie est encore plus important que le Mur. La lutte contre l'amnistie est le moteur du mouvement. Par ailleurs, le nouveau Congrès n'accordera pas son Mur à Trump même si la Maison Blanche cède sur l'amnistie, ce qui est absolument hors de question, à moins qu'elle ne veuille se faire harakiri.

1. *Deferred Action for Childhood Arrivals*. Programme mis en place par l'administration Obama en 2012, permettant aux immigrants entrés illégalement sur le territoire américain avant l'âge de 16 ans d'obtenir plus facilement un permis de séjour, et auquel Trump est farouchement opposé.

Pour Bannon donc, il n'y a qu'une issue à part la capitulation. Les tarifs douaniers imposés à la Chine ont donné un premier exemple de l'utilisation de pouvoirs présidentiels unilatéraux peu connus et rarement appliqués. Dans le cas présent, en exerçant d'autres pouvoirs unilatéraux, le président peut sortir de la situation humiliante dans laquelle il s'est lui-même enfermé : il lui suffit d'annoncer la réouverture du gouvernement et, en déclarant un état d'urgence nationale, de donner ordre à l'armée de construire le Mur. Ou bien, face à d'inévitables contestations, il peut porter ce combat devant les tribunaux au lieu de devoir céder au Congrès.

« Ce n'est pas joli », convient Bannon. Mais c'est une solution.

Le petit groupe favorable à l'état d'urgence nationale, qui concocte les justifications politiques de cette mesure et fait pression sur Trump, est formé de Bannon, Lewandowski, Bossie et Meadows, qui commencent à se retrouver à l'Ambassade dans la première semaine de janvier. Leur argumentaire est simple : il n'y a pas d'autre solution. Bien sûr, la déclaration de l'état d'urgence nationale sera contestée en justice – et, en effet, le Mur ne sera probablement jamais construit –, mais au moins, on aura envoyé un signal de force et non de faiblesse. Les quatre hommes sont parfaitement conscients qu'il s'agit moins de trouver un moyen de construire le Mur que de se sortir du pétrin du shutdown, un pétrin qui, ils en conviennent, est entièrement du fait du président.

Le raisonnement contraire, qui émane exclusivement de la fille et du gendre de Trump, est que les démocrates finiront par négocier. Cette idée est risible à première vue et, comme si souvent au cours des deux années écoulées, personne dans ce petit groupe ne prend le plan du couple au sérieux.

Quand le président, acculé et confus, se voit présenter la stratégie du groupe croupion, il paraît reprendre confiance. L'idée de déclarer un état d'urgence nationale le séduit immédiatement et il commence à présenter cette déclaration en parlant du « pouvoir que [j'ai] » comme d'une baguette magique.

Trump est si bien convaincu qu'il décide d'annoncer l'état d'urgence nationale dans un discours à la nation qu'il prononcera depuis le Bureau ovale, le 8 janvier 2019. Bannon est dubitatif. Il déconseille tant la forme que le lieu, et fait valoir que Trump risque fort d'être jugé – défavorablement – par rapport aux autres présidents qui ont tous laissé des souvenirs historiques dans le décor du Bureau ovale. Mais évidemment, c'est la raison même qui pousse Trump à vouloir faire son annonce ici : il veut montrer à tout le monde qu'il fait partie de ces grands hommes. La crise de la frontière, déclare-t-il, est l'équivalent de la crise des missiles de Cuba, durant laquelle John F. Kennedy a tenu tête aux Russes et s'est adressé à la nation depuis le Bureau ovale.

Bon, se dit Bannon, au moins le président est décidé à prendre le taureau par les cornes. Même si Trump renifle bizarrement comme il a tendance à le faire quand il lit un texte qui défile sur un prompteur, même si, dans un cadre formel, il n'est jamais capable de calquer son expression sur ses paroles et même si les projecteurs accentuent encore la teinte orangée de ses cheveux, déclarer l'état d'urgence nationale contribuera, espère Bannon, à lui conférer une stature présidentielle.

Le discours de neuf minutes du président surprend Bannon autant que tout le monde. Il a été entièrement remanié par Jared et Ivanka au cours des heures, des minutes peut-être, qui l'ont précédé. L'urgence nationale a disparu, remplacée par une « crise humanitaire », ce qui change complètement les conséquences constitutionnelles et l'argument politique de l'urgence nationale. Les atouts politiques que pouvait représenter Trump dans son rôle d'attaquant, de gros dur, de provocateur qui n'hésite pas à choquer sont étrangement absents. Bannon voit dans ce discours un mauvais remake de *Vol au-dessus d'un nid de coucou*. Dans le rôle improbable de l'infirmière Ratched, Ivanka a maté son patient.

Depuis cette chaire auguste et solennelle, d'autant plus symbolique que c'est le premier discours qu'il prononce dans le Bureau ovale, Trump livre un « *nothing burger* », pour reprendre une des expressions favorites de Bannon, un burger à rien du tout, autrement dit, du vent. Il paraît voûté, crispé, ratatiné, et quand la caméra s'approche, ses yeux semblent devenir encore plus petits. C'est un grand acteur dans un rôle qui le rabaisse.

Pas d'état d'urgence nationale, pas de solution, pas de proposition, pas d'avancée. Sous les yeux de la nation tout entière, Trump montre qu'il est coincé.

Mitch McConnell, observe Bannon, se tient soigneusement à l'écart de l'affrontement entre le président et le Congrès. Comme personne ne peut prévoir la fin du shutdown, McConnell consacre son temps et son influence à essayer de convaincre Mike Pompeo de se présenter à ce qui sera un siège vacant au Sénat dans le Kansas en 2020.

En bon joueur d'échecs, McConnell choisit de garder ses distances avec le shutdown jusqu'au moment où l'on pourra conclure un accord, et, avantage non négligeable, il préfère laisser Trump se pendre lui-même. Mais Bannon le soupçonne d'avoir un deuxième programme en tête : de concert avec d'autres responsables et donateurs républicains – le groupe Defending Democracy Together, qui a déjà entrepris ses sondages pour 2020 –, McConnell cherche à se débarrasser de Pompeo afin de dégager la voie à Nikki Haley en tant que candidate républicaine à la présidence. Bannon sait que, parmi les hommes forts du Parti républicain, la non-candidature de Trump aux prochaines élections est en train de s'imposer comme le meilleur scénario envisageable. On ne peut cependant que craindre qu'à l'hiver 2020 Trump soit mortellement blessé sans qu'on dispose d'une autre personnalité d'envergure suffisante pour le défier, ou pour se présenter à sa place. Personne ne semble croire aux chances d'une solution Mike Pence, même si le vice-président devait devenir, au cours de l'année à venir, président par défaut. La seule candidature envisageable pour un parti qui, sous Trump, a presque entièrement abandonné les banlieues et les femmes ayant fait des études supérieures, est celle de Nikki Haley.

Bannon, pendant ce temps, a les yeux rivés sur sa propre partie d'échecs. Il s'est déjà présenté cinq fois devant le procureur spécial. (Certains de ses ennemis chuchotent qu'en réalité il y est même allé huit fois.) Il n'a pas été convoqué devant le grand jury, ce qui signifie peut-être qu'il est « sujet », ou même

« cible », de l'enquête Mueller. Le contenu d'e-mails datant de l'automne 2016 pourrait révéler un lien entre Roger Stone et lui, ainsi que la participation manifeste de Stone à ce qui ressemble fort à des pressions de l'équipe de campagne de Trump pour obtenir la publication de documents piratés émanant du Comité national démocrate. Bannon a fait dégager Stone, mais celui-ci fait partie des habitants de Trumpland dont le simple contact suffit à souiller les autres.

Bannon n'arrive toujours pas à croire à la réalité d'un complot russe si cette affaire repose sur Stone, affabulateur déséquilibré comme on en rencontre tant dans l'entourage de Trump. Au début de sa carrière, Stone a été un défenseur acharné de Nixon avant de devenir, brièvement et avec succès, un lobbyiste international style années 1980 et un « facilitateur » lié à Paul Manafort, jusqu'au jour où, dans les années 1990, un scandale sexuel l'a transformé en caricature et en parodie de lui-même. Il incarne à présent ce mélange de démence fanatique et de défense de ses intérêts personnels – il passe son temps à essayer de vendre un livre ou un produit – qui semble de plus en plus présent aux marges de la politique moderne. Il est trumpiste, certes, mais il conduit bien davantage Trump à le traiter d'enquiquineur et de timbré. On assisterait, songe Bannon, à une curieuse justice, en vérité, si la procédure contre le président se résumait à Stone, Julian Assange et Jerome Corsi : une jolie brochette de cinglés, de conspirateurs, de baratineurs de première et de médiocres figurants.

Corsi, un enquiquineur de droite qui est devenu depuis peu un des personnages de l'enquête et constitue un lien entre Stone, WikiLeaks et Assange, a été autrefois à l'origine des rumeurs d'assassinat du fondateur de Breitbart News, Andrew Breitbart, mort en 2012 d'un infarctus, et d'une implication de Steve Bannon dans cette affaire, de mèche avec la CIA. (Bannon, fou de rage, s'en est pris à Corsi : « Tu vas en chier si tu n'arrêtes pas ça tout de suite. Andrew a une veuve et quatre enfants. Je ne te conseille pas de continuer à dire qu'il a été assassiné. Ce n'est pas vrai. ») Bannon s'amuse aujourd'hui de l'idée que Corsi ait pu jouer un rôle majeur dans n'importe quel complot réel. De même, il a peine à croire que Paul Manafort soit soudain devenu, une fois de plus, un rouage essentiel, parce qu'on suggère l'existence d'une preuve irréfutable qu'il ait transmis aux Russes des résultats de sondages de la campagne de Trump. (« Les seuls sondages réalisés pendant la campagne de Trump étaient des conneries », fait remarquer Bannon.)

Et pourtant, même si toute cette équipe est composée d'escrocs à la petite semaine, cela ne change rien au fait que Trump « donne tout le temps à des types cinglés des ordres cinglés qu'il oublie aussitôt qu'il les a donnés », remarque Bannon. Il s'agit de foutaises, sûrement, plus que d'une collusion, mais, en un sens, on ne peut qu'être accablé de voir le président aussi irrémédiablement englué dans des foutaises.

Dans les enquêtes de New York, la clé pourrait bien être l'enquête sur l'organisation caritative de Trump, susceptible d'impliquer toute la famille. Si l'on doit en arriver là, Trump, aussi humain que quiconque, voudra protéger ses enfants ; et Trump lui-même risque de devoir en assumer les conséquences. En plus de l'organisation caritative familiale, il y a l'enquête RICO de New York qui pourrait facilement entraîner la ruine personnelle de Trump – toutes ces demandes de crédits, toutes ces fraudes bancaires potentielles.

« Voilà où il n'est plus question de chasse aux sorcières ; même pour le noyau dur, il devient un simple homme d'affaires malhonnête qui, précisons-le, ne pèse que 50 millions de dollars au lieu de 10 milliards, observe Bannon toujours au bord de l'écœurement. Un salopard comme il y en a tant, au lieu du milliardaire qu'il prétend être. »

Pour Bannon, que l'outil de destruction soit Mueller, le district Sud de New York, les démocrates ou les propres agissements « cinglés » de Trump, les risques que le président coule sont plus grands que jamais. « Et, ajoute Bannon, il ne finira pas en apothéose. »

Mais le souci premier de Bannon ne concerne pas la chute éventuelle du président. Il doit déterminer quand et comment il rompra avec Trump, tout en préservant le mouvement dont Trump, aux yeux de Bannon, n'a jamais été davantage qu'un véhicule et un agent. Il a toujours prévu que ce jour viendrait, dit-il avec insistance : « Il était clair d'emblée, évidemment, que le vrai défi consisterait à assurer la survie de ce mouvement au-delà de Trump. »

Et pourtant, tout en envisageant sa rupture avec Trump, Bannon envisage également l'inverse. Le malheur de Trump a toujours fait le bonheur de Bannon. En août 2016, à un moment où sa campagne battait de l'aile, Trump en a confié les rênes à Bannon, sans conditions. « Il était complètement malléable. J'ai fait tout ce que je voulais – tout. »

Il se retrouve dans une situation du même genre. Trump est au fond du trou, dans l'impasse. Bannon commence à sonder les gens. « Si on me demande de revenir, je fais quoi ? Est-ce que ça serait débile ? Vous croyez que je pourrai le sauver, si je dispose d'une entière liberté ? »

Il prépare déjà un plan de sauvetage. Peu après le discours de Trump dans le Bureau ovale, Bannon, assis à sa table de l'Ambassade, expose ses idées. « Voilà comment on s'en sort. C'est clair comme de l'eau de roche. Dans le discours sur l'état de l'Union, il faut annoncer l'état d'urgence de sécurité nationale. Vous déclarez : *Je notifie aux chefs d'état-major interarmées que nous militariserons la frontière demain matin*. Puis vous accueillez la procédure d'impeachment à bras ouverts. Allez-y, parce que maintenant, Stormy Daniels, l'obstruction budgétaire et la Russie ne sont plus que roupie de sansonnet. Libre à eux maintenant d'engager une procédure d'impeachment contre lui pour ce qui leur inspire une vraie haine : ses efforts pour changer le système. Franchement, qu'est-ce que vous préféreriez, vous ? Faire l'objet d'un impeachment parce que vous avez essayé de renverser l'establishment ou parce que vous avez payé Stormy Daniels pour vous faire une pipe ? »

Mais à peine né, le plan de Bannon est chamboulé. Le 16 janvier, Nancy Pelosi revient sur l'invitation qu'elle a lancée à Trump de venir prononcer son discours sur l'état de l'Union à la Chambre dans le courant du mois. Mieux vaut, explique-t-elle, attendre la fin du shutdown. Avec une extrême élégance, elle retire ainsi au président sa tribune devant le Congrès et la nation.

Bannon est impressionné. « Même les types de droite la respectent maintenant. Ils ne peuvent pas faire autrement. Elle a pulvérisé ce fils de pute. »

Dans les journées qui suivent, Jared et Ivanka persuadent le président qu'un groupe de sénateurs démocrates est prêt à rejoindre la majorité républicaine pour voter un projet de loi de compromis qui prévoira « une provision substantielle pour le Mur » – un langage qui semble toujours amadouer Trump. Cory Booker est partante. Bob Menendez aussi. Et même Chuck Schumer. Mais c'est du délire : on n'enregistre aucune défection dans les rangs démocrates, loin de là.

Ce qui est désormais le plus long shutdown de l'histoire américaine se poursuit, la grande majorité des sondages imputant ce désastre au président et à son parti. Enfin, le 25 janvier, après trente-cinq jours de paralysie, Trump capitule sur tous les points et signe un texte législatif qui rouvre provisoirement le gouvernement, tout en affirmant que cette loi « n'a rien d'une concession ». Le gouvernement sera financé pendant les vingt et un jours qui suivent, tandis que les négociateurs du Congrès chercheront à élaborer un accord sur la sécurité frontalière. Mais les démocrates mettent immédiatement les choses au point en déclarant explicitement qu'ils rejetteront tout accord prévoyant des fonds destinés à la construction d'un mur physique.

Pour sortir de l'impasse dans laquelle Trump s'est enfermé, il faut quelque chose dont personne ne le croit capable : un coup de génie politique. Il se trouve, une fois encore, dans un bourbier familier. Il sait ce qu'il veut, mais ne sait absolument pas comment l'obtenir. Le Mur, qu'il s'est engagé fermement à construire, sans se préoccuper des complications logistiques et politiques, avant de le négliger largement au cours des deux années écoulées, est une pierre à son cou.

S'agitant comme un beau diable, Trump fait savoir que si les négociations budgétaires s'enlisent, il fermera de nouveau le gouvernement, une solution que le reste de son parti n'acceptera certainement pas. Il ne lui reste que la menace qu'il a déjà brandie, avant de faire promptement machine arrière il y a plus d'un mois : il exercera ses pouvoirs d'urgence pour construire le Mur. Mais ses multiples volte-face ont déjà ébranlé la nature de l'urgence : il a sacrifié la logique en même temps que sa crédibilité personnelle. Les responsables républicains rappellent que toute déclaration d'état d'urgence nationale peut être révoquée par une majorité du Congrès, ce qui obligerait Trump à mettre son veto à un projet de loi défendu par des membres de son propre parti. Quelle que soit l'issue, il ne se fera certainement pas apprécier des autres républicains.

Tout va de mal en pis ; les camouflets se multiplient. Le 29 janvier, Gina Haspel, directrice de la CIA, Christopher Wray, directeur du FBI, et Dan Coats, directeur du Renseignement national – tous nommés par Trump –, se rendent au Capitole pour expliquer, *grosso modo*, que le président ne sait absolument pas de quoi il parle dans son évaluation des menaces qui pèsent sur les États-Unis. Jamais encore des responsables du renseignement n'avaient contredit un président aussi publiquement. Trump vit, semblent-ils dire, dans une réalité parallèle.

Début février, les républicains du Sénat rompent en masse avec Trump et s'opposent à son plan de retrait des troupes de Syrie. Depuis qu'ils ont repris la Chambre, les démocrates affirment que le Congrès est une branche du gouvernement à égalité avec la

Maison Blanche. Voilà que les républicains avancent le même argument.

Le district Sud de New York, chargé de l'affaire RICO, laisse filtrer qu'il interroge des cadres de la Trump Organization. Et des procureurs fédéraux de New York délivrent soudain une nouvelle assignation de grande ampleur à propos des fonds que le comité d'investiture de Trump a collectés et dépensés. Autrement dit, la justice s'engage sur la voie qui risque fort de conduire Bannon à la perdition.

Le président, qui écoute Kushner, croit toujours curieusement que les démocrates lui proposeront encore un accord qui lui permettra de sauver la face. Chuck Schumer, ne se lasse-t-il pas de dire, est un homme à qui il peut parler.

Lou Dobbs, un pilier de Trump et de sa philosophie, avoue à Bannon qu'il a peine à croire à quel point Trump s'enfonce dans le délire.

Trois jours après la fin du shutdown, Nancy Pelosi invite le président à prononcer le discours sur l'état de l'Union le 5 février. Dans les jours précédant l'événement, Jared et les alliés d'Ivanka commencent à laisser fuiter que Trump fera un discours d'« unité ». Cela s'inscrit dans la volonté de Kushner de favoriser une nouvelle atmosphère et une nouvelle « cordialité » avec les démocrates, explique-t-il à des proches. Kushner laisse même entendre que Trump pourrait se détourner des républicains et conclure plusieurs accords majeurs avec les démocrates, sur l'infrastructure, sur le prix des médicaments et sur l'idée, chère à Kushner, d'une vaste loi sur la réforme de l'immigration.

Comme depuis le début de sa présidence, Trump, fondamentalement obsédé par lui-même et qui ne s'intéresse pas à grand-chose d'autre, est prêt à accéder au désir de sa fille et de son gendre qui souhaitent se faire un rang dans l'establishment. En même temps, il est généralement, sinon toujours, conscient de dépendre entièrement de la conviction de ses supporters du noyau dur qu'il mène le même combat qu'eux. Il oscille toujours d'un côté à l'autre de ces pôles divergents, mais l'ampleur de l'oscillation est fonction du moment.

Quelques jours avant le discours sur l'état de l'Union, Bannon est à New York et prend le petit déjeuner avec un vieil ami de Trump. La discussion porte, avec un sentiment grandissant d'urgence, sur le destin de Donald Trump.

« Je pense qu'il va nous revenir, affirme Bannon, prévoyant la teneur et les idées directrices du discours. C'est un acteur de vaudeville. Il ne peut pas perdre son public. Il sent l'humeur d'une salle. » Mais Bannon n'ignore pas non plus que Trump opère désormais dans un monde – qui naguère réussissait – en chute libre. « Tout l'appareil le lâche », observe-t-il.

Le vieil ami de Trump, énumérant toutes les enquêtes en cours et anticipant un éventuel dénouement, demande : « Avec qui négocie-t-il ? Comment est-ce qu'il va démissionner ?

— Oh, sa sortie n'aura rien de classieux, répond Bannon. Nixon avait beau être Nixon, il avait de la classe, et il était habile. Ici, on n'a ni habileté ni classe. À bien y réfléchir, on ne trouve pas tellement de moments inconvenants dans l'histoire américaine. Les sales types eux-mêmes, tout bien considéré, finissent par accepter d'en subir les conséquences. Ça ne va pas se passer comme ça. Il faut s'attendre à quelque chose de très… inconvenant.

— Romney ? Romney pourrait peut-être aller le voir ? suggère l'ami, faisant allusion à l'ancien candidat à la présidence récemment élu au Sénat. Ou bien McConnell ?

— Romney… il le déteste. Mitch ? Il le déteste aussi, mais Mitch est un homme de deal. Trump n'est pas quelqu'un qu'on peut conduire au but par étapes. Il faut aller le voir avec un deal ; il ne partira qu'avec l'assurance d'une relaxe. Département de la Justice, procureur général de l'État, département du Travail, tous les machins RICO, pas de peine de prison, et il garde tout son fric. Il faut que ce soit nickel.

— C'est impossible, objecte l'ami. Un deal nickel, ça n'existe pas. Personne ne lui en proposera un. Alors bon, d'accord, il faut que ce soit Ivanka et Jared qui aillent le voir. Comme Julie et David Eisenhower[1] quand ils sont allés voir Nixon.

— David Eisenhower était le petit-fils d'Eisenhower, remarque Bannon. Jared et Ivanka sont issus d'une tout autre lignée. Ce sont des arnaqueurs » – un mot que Bannon emploie depuis les tout débuts de l'administration et qu'il a ainsi introduit dans le lexique politique moderne. « Ils savent très bien que s'il part, les magouilles sont finies. Elles ne continueront qu'aussi longtemps qu'il sera là. C'est ça l'arnaque. C'est comme ça qu'ils obtiennent qu'Apple les rappelle quand ils téléphonent, c'est comme ça qu'elle fait réenregistrer sa marque par les Chinois. Allons donc, ce sont des *nothing burgers*. Quand il sera parti, le vide

1. Fille et gendre de Nixon.

se fera autour d'eux. Franchement, vous imaginez Jared et Ivanka assurer la survie de Camelot[1] ? »

Après avoir passé deux années à la Maison Blanche, Trump n'a toujours pas de rédacteur de discours. Pour préparer son allocution sur l'état de l'Union, le staff du président sous-traite une grande partie de la rédaction à Newt Gingrich et à ses collaborateurs. D'autres aspects de cette tâche sont gérés par Jared et Ivanka, qui cependant ne prennent pas concrètement la plume ; ils se chargent de présenter des idées stratégiques. Stephen Miller joue un rôle lui aussi, mais il ne s'exprime qu'en PowerPoint et n'est pas un génie de la littérature, c'est le moins qu'on puisse dire. Ce groupe comprend aussi Lewandowski et Bossie qui, à eux deux, ont signé deux livres, bien que dans la pratique aucun d'eux n'en ait écrit une seule ligne.

Voilà l'équipe. Les premières moutures du texte sont tellement alambiquées que c'est à peine si Donald Trump s'y retrouve. Il est incapable de suivre les formules abstraites et trébuche sur les passages verbeux à propos d'unité qui fait chaud au cœur.

Le soir du discours, le président est curieusement seul dans la limousine qui le conduit de la Maison Blanche au Capitole. La mise en scène de la soirée est révélatrice, elle aussi. Alors que les collaborateurs de la Maison Blanche se tiennent traditionnellement dans la coulisse pendant que le président parle, Jared et Ivanka

1. Terme utilisé aux États-Unis pour désigner l'ambiance glamour qui régnait à Washington sous la présidence de John F. Kennedy et dont le côté mythique n'était pas sans évoquer la légende arthurienne.

– qui reprennent leur rang familial – rejoignent Don Jr., Eric, Tiffany et Melania (Barron n'est pas là) aux places réservées aux invités d'honneur.

Bannon, qui s'apprête à suivre la retransmission à New York – « En général, je déteste regarder ces trucs, c'est à grincer des dents » –, manifeste un optimisme prudent. On lui a communiqué des extraits du texte définitif et il remarque, sans dissimuler sa satisfaction : « L'unité n'est plus à l'ordre du jour. »

Le discours s'étire sur une heure vingt, et par moments on peut se demander si ce n'est pas la copie d'un lycéen chargé d'écrire un discours sur l'état de l'Union. Le président partage son temps de parole presque à égalité entre des propos insipides sur la nécessité de prendre en compte des points de vue différents, et une agressivité implacable. S'échauffant quand il aborde ses sujets favoris, il se livre à une condamnation hargneuse des enquêtes qui l'attendent. Il réitère ses récriminations à propos du Mur et promet à nouveau qu'il sera construit. De plus, dit-il, des hordes d'immigrants ont repris la route et marchent sur nous.

« Nous y voilà, soupire Bannon. C'est le gros titre. Et allons donc. Tu vas où, maintenant ? Si tu t'accules dans un coin, il faut que tu sois prêt à en sortir, bille en tête. Combien de fois pourras-tu annoncer que tu n'accepteras rien de moins qu'un grand et beau Mur… pour te contenter finalement de moins ? »

La politique favorise les esprits agiles. Si le pire survient, il faut avoir une autre carte à jouer. Mais Trump est planté là, les mains vides.

« Si on glissait Trump au milieu du groupe républicain au Sénat et qu'on éteignait toutes les lumières avant de compter jusqu'à dix, il serait mort », prophétise un de ses alliés. Le Parti républicain, aussi navré que honteux, n'a plus de cartes à jouer, lui non plus.

Le délai de négociation de vingt et un jours est presque achevé et l'on se dirige inexorablement vers un nouveau shutdown le 15 février. Les élus du Sénat et de la Chambre travaillent dur ; ils ne doutent guère qu'ils vont accomplir leur mission et ne semblent pas s'inquiéter de la réaction de la Maison Blanche. Le président acceptera, ou le Congrès votera en se passant de son soutien et annulera sa décision s'il cherche à mettre son veto. Jared Kushner annonce joyeusement à qui veut l'entendre que tout est sous contrôle. Pas d'inquiétude à avoir ; le gouvernement ne sera pas paralysé et le Mur ne sera pas financé. Tout va bien, tout le monde est à bord.

Sauf que l'homme qui a passé sa vie à faire de la victoire sa marque personnelle est en train de perdre. Rendant son échec encore plus manifeste, Trump se présente à un rassemblement à la frontière entre les États-Unis et le Mexique et affirme avec énergie que le Mur sera construit, qu'en réalité on est déjà en train de le construire. Regardez, là-bas, vous le voyez ?

À Washington, Kushner continue à assurer à tout le monde que son beau-père acceptera l'accord négocié, moins avantageux cependant pour le président que celui qui était sur la table avant le shutdown. On en revient au langage antérieur ; le nouveau projet de loi prévoira une « provision » sur une barrière à la frontière, sous une forme ou une autre. « Il marchera », affirme Kushner à propos de son beau-père.

Mais des armées hostiles le cernent. D'un côté, Trump affronte une majorité de l'électorat convaincue qu'il a abusé de ses hautes fonctions et souillé le pays ; ce point de vue ne cesse de se durcir. D'un autre, il affrontera, dans quelques jours ou quelques semaines, toute une série d'enquêtes déterminées à dresser la liste de ses délits et à empêcher sa présidence de se relever. Sur un troisième côté, il affronte une rébellion qui fermente au sein de son propre parti, sinon son mépris affiché. Enfin, sur un quatrième, il affronte une majorité démocrate à la Chambre qui, en fait, a juré sa perte. Arrivera-t-il à en réchapper une fois de plus ?

Le 14 février, William P. Barr prête serment comme procureur général. Entre autres tâches, il est chargé de superviser les procureurs fédéraux et les grands jurys qui enquêtent sur le président. Barr remplace Matthew Whitaker, le procureur général par intérim personnellement choisi par Trump. Dans les jours qui ont suivi la nomination de Whitaker, Mitch McConnell a fait savoir au président que son idée de se passer de l'approbation du Sénat ne marcherait pas. Trump devait nommer un homme acceptable aux yeux de la majorité républicaine, et il n'avait pas des mois pour le faire, mais quelques semaines à peine.

La direction du Parti républicain prévoit que le procureur général devra servir de médiateur entre les enquêtes du département de la Justice, celle de Mueller incluse, et le président. À un peu plus long terme, le procureur général sera probablement chargé du rôle principal dans les négociations complexes et extrêmement délicates qu'il faudra peut-être mener avec le président pour éviter une crise constitutionnelle.

C'est McConnell qui a proposé Bill Barr. C'est un bon choix : Barr a déjà été procureur général entre 1991 et 1993 sous le président George Bush père. Il reçoit l'accolade de Pat Cipollone, le conseiller juridique de la Maison Blanche, et même de Rudy Giuliani, l'avocat du président, ce qui laisse présager un certain consensus sur la tournure que devront peut-être prendre les choses si la situation était appelée à se gâter.

Barr a été présenté au président comme un procureur respectable, connu pour sa foi en un exécutif fort. Il a publiquement exprimé des doutes à propos de l'enquête Mueller et plus particulièrement à propos de son insistance sur un éventuel délit d'entrave à la justice. Barr a fait connaître son opinion en juin 2018 dans une note envoyée spontanément au département de la Justice ; un certain nombre d'observateurs juridiques ont estimé que ce texte était du niveau d'un devoir d'étudiant en première année de droit et avait pour seul objectif de s'attirer les bonnes grâces du président.

Mais, plus généralement, Trump est passé à côté de l'essentiel. Barr incarne en effet le point de vue de l'establishment. Il ne fait pas seulement partie des piliers du Parti républicain, c'est aussi un fidèle de la famille Bush, il a travaillé pour la CIA et entretient des liens durables avec les milieux du renseignement. Tous ces détails ont été soigneusement cachés au président quand on lui a présenté ses qualifications.

Pendant ce temps, Barr affirme à ses amis qu'il cherche à se faire du blé. S'il parvient à se sortir de cette situation explosive – un président imprévisible et peut-être déséquilibré, une majorité démocrate à la Chambre intransigeante et une direction républicaine mécontente – tout en réussissant à satisfaire quelque idéal indicible de l'establishment républicain, il peut compter ramasser plus tard un sacré paquet de millions.

Barr a pour mandat d'éviter à la fois un conflit constitutionnel et l'anéantissement du Parti républicain. Dans son esprit, réussir à esquiver une authentique épreuve de force avec Donald Trump doit lui rapporter gros ; de l'argent bien mérité, selon lui.

Trump passe la nuit du 14 février au téléphone. Pour essayer de trouver une issue à l'impasse, il ressasse la série de catastrophes des dernières semaines.

Personne ne le défend, se plaint-il amèrement. Personne n'est monté au créneau pour lui. Les juges fédéraux font parler Weisselberg, ajoute-t-il, très agité. Michael Cohen est le pantin des Clinton. Jared l'a empêché de tenir bon sur la question du Mur. À propos, lance-t-il, l'affaire est réglée : Jared va être mis en examen. Il l'a entendu dire.

Mais il a une idée : et s'il graciait tout le monde ? Tout le monde ! Pour le bien du pays ! Il croit encore à la magie de son droit de grâce. « Je pourrais gracier El Chapo[1] », dit-il.

Tous les démocrates sont faibles, affirme-t-il avec une détermination soudaine. Faibles ! Il pourrait les détruire tous. Mais Mitch McConnell le baise. Quel putain de serpent, celui-là !

Il a encore une autre idée audacieuse : un nouveau vice-président. Boum ! Exit Pence. Du sang nouveau. Grosse. Surprise. « Je serai sans doute obligé de choisir Nikki Haley », ajoute-t-il un peu plus sombrement.

---

1. Narcotrafiquant mexicain célèbre pour deux évasions spectaculaires. Arrêté une troisième fois en 2016 par les forces mexicaines, il est extradé vers les États-Unis en janvier 2017. Il a été reconnu coupable en février 2019 de nombreux crimes.

Il sait qu'il va se faire allumer sur l'état d'urgence nationale. Mais que peut-il faire d'autre ? Il faut bien en passer par là. Est-ce qu'il doit le faire ? Oui, il va bien falloir. Le Mur, le Mur, le Mur. Ce putain de Mur.

« On dirait un cerf qui s'est pris une balle », lâche Bannon dégoûté.

Le lendemain matin, paniqué, délirant, incapable de sortir de la boucle de son propre monologue intérieur – cherchant surtout, semble-t-il, à se débarrasser de la question, car il n'y voit plus rien de drôle –, Trump déclare son état d'urgence nationale.

Épilogue

Le rapport

À partir du 3 janvier 2019, alors que la nouvelle majorité démocrate siège à la Chambre, on attend d'un jour à l'autre la remise possible ou même probable du rapport de l'enquête du procureur spécial sur le président. Les semaines s'écoulent, et le rapport se fait toujours attendre ; pendant ce temps, les propriétés déjà prodigieuses qu'on lui attribue – il va changer la donne et faire tomber Trump – prennent une ampleur démesurée. Beaucoup sont convaincus que ce retard signifie que Robert Mueller a mis la main sur un immense dépotoir de méfaits, ce qui l'oblige à creuser toujours plus profondément dans le caractère obscur et les magouilles tordues de Donald Trump.

Quant aux trumpistes, l'angoisse leur noue le ventre et leurs pressentiments sont de plus en plus sombres au fur et à mesure que les jours passent. Abbe Lowell, l'avocat de Jared Kushner, en offre une bonne image. Pendant des mois, il a affirmé avec un aplomb sans faille que son client pouvait dormir sur ses deux oreilles, qu'il l'avait tiré d'affaire, mais voilà que Lowell donne l'impression de se terrer. Ce silence est inquiétant.

Pendant ce temps, Kushner esquisse un scénario sinistre. Même si, en mettant les choses au mieux, aucun haut responsable de la campagne – Kushner lui-même, Flynn, Manafort, Donald Trump Jr. et pourquoi pas le président en personne – n'est mis en examen pour conspiration, ils peuvent certainement s'attendre à essuyer des critiques dévastatrices à propos de l'organisation négligente de la campagne et de sa disposition désinvolte, voire de son empressement, à accepter l'aide des Russes. Le rapport Mueller risque également de relever, avec force détails désobligeants, la bassesse avec laquelle la famille Trump a défendu ses propres intérêts pendant la campagne. Quant à l'accusation d'entrave à la justice, si Kushner espère encore y échapper, il pense que ce ne sera pas le cas de son beau-frère, Don Jr., et que le président sera, à tout le moins, cité comme co-conspirateur non accusé. Même en l'absence d'inculpations, le rapport présentera un récit accablant qui pèsera directement sur l'aptitude de Donald Trump à exercer ses fonctions présidentielles.

Steve Bannon s'est persuadé que le lieu où chacun se trouvera au moment de la remise du rapport restera dans les mémoires au même titre que celui où l'on a appris les attentats du 11 Septembre. Il s'agit après tout d'un exposé systématique de la présidence Trump. Donald Trump s'y trouvera réduit à l'essentiel. En un sens, le jugement qu'il a passé sa vie à esquiver sera rendu. Et personne, Bannon encore moins que quiconque, ne pense que Trump y apparaîtra comme autre chose que Trump.

Le train emballé fonce vers le mur.

Les ailes de l'avion sont en train de se décrocher.

Mais où est le rapport ?

En réalité, il est plus ou moins bouclé depuis début janvier. La plupart des membres de l'équipe Mueller préparent déjà leur sortie. L'humeur jadis collégiale qui régnait parmi les dix-neuf avocats qui ont travaillé sur l'enquête est devenue, au mieux, morose. Au terme de deux années d'enquête et de débats internes, le vaste mandat du procureur spécial s'est resserré pour se limiter désormais à deux questions prudentes, méticuleusement définies. Le président ou des membres de son cercle rapproché ont-ils conspiré avec des agents de l'État russe pour influencer l'élection présidentielle de 2016 ? Et si l'événement-prédicat n'a pas eu lieu, peut-on honnêtement accuser le président d'entrave à la justice, quelle qu'ait été sa détermination à essayer de mettre des bâtons dans les roues des enquêteurs ?

Bob Mueller ne veut pas remettre son rapport tant que Matthew Whitaker est procureur général intérimaire. Il décide d'attendre que William Barr, le candidat du président, soit confirmé et installé dans ses fonctions. Peu après avoir pris son poste le 14 février, Barr fait savoir que, selon lui, la règle veut que ce soit le procureur général qui demande son rapport au procureur spécial ; or, il ne le demande pas encore. Barr ne tient pas à le recevoir avant le sommet du président avec les Nord-Coréens au Viêtnam qui se tiendra fin février. Il ne le demandera peut-être même pas, en fait, avant la fin du sommet prévu en mars avec le président chinois Xi.

Le facteur décisif en l'occurrence est le désir du nouveau procureur général d'accorder la priorité aux affaires essentielles du pays. Mais il est également vrai que Barr rassemble ses forces et attend d'être solidement implanté dans ses nouvelles fonctions pour faire face à ce qui devrait être, dans l'esprit de tous, la déflagration du rapport Mueller.

Au Capitole, l'attente fébrile tourne à la frustration et à l'exaspération. Le 4 mars, la commission judiciaire de la Chambre perd patience et décide d'émettre des demandes d'information concernant quatre-vingt-un individus et organisations. Elle lancera sa propre enquête sans autre délai.

La démarche de la commission judiciaire, qui fait clairement comprendre que la Chambre démocrate définit désormais son propre calendrier, force la main à Barr. Le 5 mars, le procureur général et le procureur spécial s'entretiennent, et Mueller présente les conclusions de son rapport.

Le 14 mars, la rencontre entre Trump et Xi qui devait avoir lieu à Mar-a-Lago est reportée. Le procureur général demande alors officiellement qu'on lui remette le rapport avant la fin de la semaine suivante ; la date butoir est fixée au vendredi 22 mars.

Le même jour, le 14 mars, Andrew Weissmann, le principal adjoint de Bob Mueller, annonce son départ du bureau du procureur spécial. Il avait promis de suivre l'enquête jusqu'au bout. Amèrement déçu, confiera-t-il à des amis, par le champ regrettablement étroit que Mueller a fini par donner à l'enquête, il refuse désormais de rester un instant de plus.

Au cours de presque deux années d'enquête, Robert Mueller, stoïque soldat des Marines, s'est révélé aux yeux de ses collègues et de ses collaborateurs comme un personnage à la Hamlet. Ou, moins tragiquement, comme un bureaucrate prudent et indécis. Il n'a cessé d'osciller entre l'envie de faire usage de toute son autorité contre Donald Trump et la conviction tenace qu'il ne dispose pas de cette autorité. Il pourrait, il le sait, servir de correctif à ce président louche et corrompu ; en même temps, se demande-t-il, de quel droit corrigerait-il le leader dûment élu du pays ? D'un côté, il est possible d'inculper le président parce qu'il se comporte comme s'il était au-dessus des lois ; le projet ultra-confidentiel de mise en examen qui dresse la liste des abus désinvoltes du président est secrètement sur le bureau de Mueller depuis presque un an. De l'autre, un homme raisonnable peut, moyennant quelques nuances, estimer que, par certains aspects, la fonction présidentielle se situe effectivement au-dessus des lois.

En un sens, c'est la conséquence involontaire du silence exceptionnel du bureau du procureur spécial : ce bureau a vécu exclusivement dans sa propre tête. Se tenant à l'écart du débat public, il a fini par se réduire à sa propre ambivalence, ou à celle de Bob Mueller. Pour le procureur spécial, agir correctement devient synonyme d'en faire le moins possible.

Mueller fait savoir que si Donald Trump le préoccupe, Ken Starr, le procureur indépendant qui a mené l'enquête sur Bill Clinton, le préoccupe également. Comme Mueller ne cesse de le rappeler à ses collaborateurs, il existe des différences non négligeables entre un procureur spécial et un procureur indépendant. Le bureau du procureur spécial n'est pas indépendant : il est directement placé sous l'autorité du département de la Justice. De plus, Mueller juge que Starr, avec son bureau enclin aux fuites, son enquête partisane et sa haine viscérale à l'égard de Bill Clinton, a affaibli la fonction présidentielle.

Ken Starr a obligé Bill Clinton à témoigner devant le grand jury. Décider de citer ou non le président à comparaître devient peut-être la principale ligne de faille de l'enquête Mueller, et quand le procureur spécial, décide de *ne pas* assigner le président, il passe outre à la volonté de nombreux membres de son équipe. En l'occurrence, une partie de l'analyse de Mueller ne concerne pas simplement l'autorité limitée du procureur spécial ; elle reconnaît aussi que forcer le président à témoigner ne serait peut-être pas un combat loyal, parce qu'on peut parier que Trump s'auto-incriminera.

Robert Mueller a fini en quelque sorte par accepter la prémisse dialectique de Donald Trump, à savoir que Trump est Trump. Reprocher au président son trait de caractère dominant est un raisonnement circulaire. Pour dire les choses autrement, face à Donald Trump, Mueller jette l'éponge. Chose surprenante, il ne peut que se dire d'accord avec l'ensemble de la Maison Blanche : Donald Trump est président et, pour le meilleur ou pour le pire, il n'y a pas eu tromperie sur la marchandise. Le pays a précisément voté pour ça.

Mais pour le moment, le président ne sait rien de tout cela. Quelques tuyaux sur le contenu du rapport sont communiqués à certains membres de la Maison Blanche, mais on s'efforce de cacher ces informations au président ingouvernable, de crainte qu'il ne se mette à triompher avant l'heure. Il reste, à en croire une description identique présentée par trois alliés différents, « complètement à la masse » jusqu'au bout. Ses tweets, toujours plus ou moins incontrôlés, dérapent dans l'obsessionnel compulsif pendant le week-end qui précède la date butoir de remise du rapport, exposant ainsi son agitation mentale à tous les regards. Il demeure pourtant convaincu qu'il va l'emporter ou, en tout cas, que Bob Mueller n'a pas les tripes qu'il faut pour lui tenir tête. Ses ennemis ont pu faire de Mueller un héros, aux yeux de Trump il reste un zéro.

Curieusement, dans les jours qui précèdent la remise officielle du rapport, un des interlocuteurs réguliers du président est son vieil ami et contributeur de campagne Robert Kraft, propriétaire de l'équipe professionnelle de football des Patriots de la Nouvelle-Angleterre. En février, Kraft a été accusé d'avoir sollicité une prostituée dans un salon de massage de Palm Beach, en Floride.

Trump semble trouver un certain réconfort à donner des conseils à son ami dans ses démêlés avec la justice, lui offrant des recommandations à foison et prétendant qu'il est bien plus compétent dans ce domaine que n'importe quel avocat. Il sait ce qu'il faut faire. Ces gens-là veulent toujours vous faire plaider coupable. Mais il ne faut pas céder d'un pouce. « Tu es innocent », insiste-t-il, bien que la police dispose d'une vidéo montrant Kraft dans le salon de massage.

Le rapport est enfin remis le 22 mars, en fin de journée. Le grand jury, qui siège ce vendredi-là, ne prononce aucune mise en examen, et le bureau du procureur spécial confirme que son enquête n'entraînera pas de nouvelles inculpations.

On ne sait pas exactement quelles sont la longueur et la complexité du rapport. On ne sait pas exactement quels éléments du fruit de vingt-deux mois d'efforts ont été transmis au procureur général. Mais presque immédiatement après avoir reçu le rapport, le procureur général Barr adresse au Congrès une lettre dans laquelle il se dit convaincu d'être rapidement en mesure de livrer un résumé des conclusions du procureur spécial, sous quarante-huit heures si tout va bien.

Un frisson parcourt l'establishment. Peut-être ce rapport ne contient-il pas tant de choses, après tout.

En un sens, c'est là la question essentielle : jusqu'à quel point Bob Mueller a-t-il réduit la portée de son enquête ? Et s'il n'avait pas consacré ses deux années de travail à essayer de bâtir son enquête, mais de la limiter ?

Le dimanche, par une fin d'après-midi printanière, alors qu'il fait 18 degrés à Washington, le procureur général envoie son résumé du rapport au Congrès. Dans une lettre de quatre pages, Barr annonce que le procureur spécial n'a pas pu établir la preuve d'un complot entre Trump ou ses assistants et des représentants du gouvernement russe, destiné à influencer les élections de 2016. En outre, bien que le procureur spécial ait trouvé la preuve d'une possible entrave à la justice, il laisse la décision d'aller plus loin à la discrétion du procureur général. Dans sa lettre, Barr affirme qu'il a estimé, au vu des preuves réunies, qu'il n'y a pas lieu d'engager des poursuites.

Ce texte ajoute de manière elliptique : « Pendant son enquête, le procureur spécial a également soumis d'autres affaires à d'autres bureaux pour suite à donner. » De fait, il y a désormais une bonne dizaine d'autres enquêtes en cours, au niveau fédéral ou au niveau des États, mettant en cause la Maison Blanche de Trump, la Trump Organization, la famille Trump et Donald Trump lui-même. Les délits potentiels qui sont examinés comprennent le blanchiment d'argent, un financement de campagne illégal, un usage abusif du droit de grâce présidentiel, des actes de corruption impliquant des fonds affectés à l'investiture, des déclarations de situation financière mensongères et des fraudes bancaires.

Mais pour le moment, Donald Trump semble avoir échappé aux chasseurs. Comme le fait remarquer un Steve Bannon amusé : « Ne demandez jamais à un Marine de faire le boulot d'un tueur à gages. »

Le dimanche soir, un sentiment de désolation et de désarroi, assez proche du climat de la soirée électorale de 2016, se répand dans les médias traditionnels, dans l'establishment libéral et parmi tous ceux qui étaient convaincus d'avoir définitivement coincé Donald Trump. La victoire qui semblait à portée de main s'est transformée inopinément en défaite.

Presque aussitôt, Trump proclame publiquement sa « disculpation pleine et entière ». Il est bientôt au téléphone à solliciter les félicitations, à recevoir des félicitations, à se féliciter lui-même.

« *Who's the man ? I'm the man. I'm the man*[1] », entonne-t-il face à un sympathisant. Il embraye sur sa ténacité, sa férocité, sa perspicacité stratégique. Il répète en boucle : « Ne jamais, jamais, jamais céder. La faiblesse, voilà ce qu'ils attendent. La peur. Je n'ai pas peur. Ils le savent. Je les ai fait chier dans leur froc. »

Il enchaîne avec des imprécations contre les démocrates et les médias, avant de se lancer dans une longue

1. « C'est qui le mec ? C'est moi. Le mec c'est moi. » Paroles d'une chanson des Killers (2017).

et amère récapitulation des accusations portées contre lui dans l'histoire des *golden showers*. Puis il se laisse aller à insulter Robert Mueller : « Quel trou du cul ! » lance-t-il avec mépris.

En l'occurrence, on ne peut pas entièrement donner tort à Trump. Si c'était pour aboutir à ce résultat – un sauf-conduit sur la conspiration et des dérobades sur l'entrave à la justice –, pourquoi n'avoir pas accéléré l'enquête ou, pis, avoir donné l'impression de faire exactement l'inverse ? Pendant deux ans, le tribunal secret a laissé la nation se convaincre que Trump était coupable et se trouvait sur le fil du rasoir. Fallait-il vraiment vingt-deux mois pour griller un *nothing burger* ?

« Je suis tiré d'affaire ? demande Trump à maintes reprises à son interlocuteur. Je suis tiré d'affaire ? »

Il répond lui-même à cette question : « Ils ne vont pas vouloir me lâcher. »

On vient d'assister à un des retournements de situation les plus spectaculaires de la vie politique américaine, et pourtant, pour Donald Trump, il n'y a là strictement rien qui sorte de l'ordinaire. Une fois de plus, il a échappé à un coup potentiellement mortel. Cependant, sa « disculpation » ne change pas grand-chose : il reste coupable d'être Donald Trump. Ce n'est pas seulement parce que sa nature même continuera à inspirer le rejet d'une majorité de la nation et de presque tous ceux qui sont appelés à entretenir des relations professionnelles avec lui, mais parce qu'elle ne manquera pas de le conduire, encore et encore, au seuil de l'autodestruction.

Il l'a échappé belle, sans doute, mais pas pour longtemps.

Remerciements

Aussitôt après la publication de mon précédent livre, *Le Feu et la Fureur*, le président a publiquement et furieusement rompu avec Steve Bannon, l'homme qui est sans doute le premier responsable de son accession à la Maison Blanche, à cause de choses qu'il m'avait dites. La colère de Donald Trump a contribué à coûter à Bannon le soutien de ses mécènes, le milliardaire Bob Mercer et sa fille Rebekah, et l'a contraint à quitter Breitbart News, le site d'informations en ligne qu'il dirigeait sous le contrôle des Mercer.

Que Bannon soit resté fidèle aux propos qu'il avait tenus pour *Le Feu et la Fureur*, sans jamais se plaindre ou ergoter, donne la mesure de son tempérament. Depuis tant d'années que je travaille dans ce milieu, j'ai rarement rencontré d'informateurs qui, après être sortis du bois, n'accablent pas de leur colère ceux qui les y ont incités.

Steve Bannon, interprète le plus lucide que je connaisse du phénomène Trump, Virgile qu'on ne peut qu'être heureux d'avoir comme guide pour explorer Trumpland, mais aussi Dr Frankenstein lui-même ambivalent face au monstre qu'il a créé, est de nouveau présent dans ce volume, à visage découvert, et je ne peux que le remercier de sa confiance et de sa coopération.

Stephen Rubin et John Sterling, chez Henry Holt, sont des éditeurs que la plupart des écrivains n'ont jamais pu que rêver d'avoir. L'enthousiasme et l'assurance de Steve ont été le moteur de ce livre. L'attention aux choses et la perspicacité de John nourrissent chaque page, et, une fois encore, sa gentillesse l'a mené jusqu'à la ligne d'arrivée. Chez Holt également, Maggie Richards et Pat Eisemann ont assuré la commercialisation du livre avec passion et habileté.

Publier sur un président des États-Unis imprévisible et vindicatif oblige à prendre des risques éditoriaux peu communs. Mes plus vifs remerciements à John Sargent et à Don Weisberg chez Macmillan, la maison mère de Holt, pour leur soutien indéfectible et à vrai dire retentissant.

Mon agent, Andrew Wylie, et ses associés, Jeffrey Posternak à New York et James Pullen à Londres, non contents d'apporter de précieux conseils et de me rendre service presque quotidiennement, ont coordonné une publication internationale complexe qu'ils ont su rendre fluide.

Les avocats qui ont examiné ce livre, Eric Rayman et Diana Frost (tous deux ont essuyé les menaces du président après la publication de *Le Feu et la Fureur*), ont toujours gardé la tête froide, sans prendre peur, sans perdre même leur bonne humeur, et ont toujours soutenu l'idée de publier l'intégralité de cette histoire.

Comme toujours, l'amitié et les conseils de Leela de Kretser m'ont été très précieux. De très vifs remerciements aussi à Danit Lidor qui a vérifié de nombreux détails du manuscrit, à Chris de Kretser qui a vérifié les vérifications, et à Edward Elson et Thomas Godwin, mes excellents assistants de recherche.

Pour ce qui est d'essayer de rendre compte de la Maison Blanche de Trump dans ce qu'elle a de spectaculaire, Michael Jackson, John Lyons, Jay Roach et Ari Emanuel m'ont aidé à examiner certains aspects du problème consistant à raconter une histoire politique qui parle beaucoup moins de notions traditionnelles sur le pouvoir que de l'extraordinaire combat public d'un homme contre presque tout le monde, et peut-être par-dessus tout contre lui-même.

Ma grande reconnaissance à toutes les sources dont les noms n'apparaissent pas ici, et dont beaucoup m'ont apporté des conseils réguliers, sinon quotidiens, tout au long de l'écriture de ce livre.

Mon épouse, Victoria, est mon roc et mon inspiration.

Index

TABLE

Composition et mise en pages
Nord Compo à Villeneuve-d'Ascq

Imprimé en France par CPI
en janvier 2020
N° d'impression : 3036617

S29790/01